Thank you

for the best

holidays of

all !

Aldo Hendrik

Anne Felix

Summer 2003

Die Novellen und Erzählungen begleiten das Schaffen Thomas Manns von den ersten Anfängen an. Ob Thomas Mann nun im ›Tod in Venedig‹ eine moderne Variation des ewigen Themas des platonischen Eros gibt; ob er den Leser mit den ›Vertauschten Köpfen‹ in die indische Märchenwelt oder mit dem ›Gesetz‹ in die Zeit des Propheten Moses führt; ob er in ›Schwere Stunde‹ ein knappes Portrait Schillers zeichnet, in ›Gladius Dei‹ die Atmosphäre Münchens um die Jahrhundertwende beschwört oder in ›Tristan‹ von dem wunderlichen Schriftsteller Detlev Spinell erzählt: »Immer ist er mittendrin ganz und gar, und seine leidenschaftliche Versenkung in den Vorgang, die Person, die Seelenlage, sie zieht uns hinein und läßt uns nicht los.« Erich Kahler

Thomas Mann wurde 1875 in Lübeck geboren und wohnte seit 1893 in München. 1933 verließ er Deutschland und lebte zuerst in der Schweiz am Zürichsee, dann in den Vereinigten Staaten, wo er 1939 eine Professur an der Universität Princeton annahm. Später hatte er seinen Wohnsitz in Kalifornien, danach wieder in der Schweiz. Er starb in Kilchberg bei Zürich am 12. August 1955.
Ein vollständiges Verzeichnis aller im Fischer Taschenbuch Verlag lieferbaren Titel von Thomas Mann findet sich am Schluß des Bandes.

Thomas Mann
Der Tod in Venedig
und andere Erzählungen

Fischer
Taschenbuch
Verlag

Die Texte folgen den Ausgaben:
›Tristan‹ und ›Gladius Dei‹ aus
Tristan. Sechs Novellen. Berlin, S. Fischer Verlag 1903
›Schwere Stunde‹ aus
Das Wunderkind. Novellen. Berlin. S. Fischer Verlag [1914]
(= Fischers Bibliothek zeitgenössischer Romane, Jg. 6, Bd. 6)
›Der Tod in Venedig‹ aus
Der Tod in Venedig. Novelle. München, Hyperionverlag Hans von Weber 1912
›Die vertauschten Köpfe‹ aus
Die vertauschten Köpfe. Eine indische Legende.
Stockholm, Bermann-Fischer Verlag 1940
›Das Gesetz‹ aus
Das Gesetz. Erzählung. Stockholm, Bermann-Fischer Verlag 1944

1411.–1430. Tausend: September 1995

Veröffentlicht im Fischer Taschenbuch Verlag GmbH,
Frankfurt am Main, April 1954

Lizenzausgabe mit freundlicher Genehmigung
des S. Fischer Verlages GmbH, Frankfurt am Main
Umschlaggestaltung: Buchholz / Hinsch / Hensinger
Abbildung: William Turner, »Venedig: Ein Unwetter«
Gesamtherstellung: Clausen & Bosse, Leck
Printed in Germany
ISBN 3-596-20054-7

Gedruckt auf chlor- und säurefreiem Papier

Inhalt

Der Tod in Venedig

Erstes Kapitel

Gustav Aschenbach oder von Aschenbach, wie seit seinem fünfzigsten Geburtstag amtlich sein Name lautete, hatte an einem Frühlingsnachmittag des Jahres 19.., das unserem Kontinent monatelang eine so gefahrdrohende Miene zeigte, von seiner Wohnung in der Prinz-Regentenstraße zu München aus, allein einen weiteren Spaziergang unternommen. Überreizt von der schwierigen und gefährlichen, eben jetzt eine höchste Behutsamkeit, Umsicht, Eindringlichkeit und Genauigkeit des Willens erfordernden Arbeit der Vormittagsstunden, hatte der Schriftsteller dem Fortschwingen des produzierenden Triebwerks in seinem Innern, jenem »motus animi continuus«, worin nach Cicero das Wesen der Beredsamkeit besteht, auch nach der Mittagsmahlzeit nicht Einhalt zu tun vermocht und den entlastenden Schlummer nicht gefunden, der ihm, bei zunehmender Abnutzbarkeit seiner Kräfte, einmal untertags so nötig war. So hatte er bald nach dem Tee das Freie gesucht, in der Hoffnung, daß Luft und Bewegung ihn wieder herstellen und ihm zu einem ersprießlichen Abend verhelfen würden.

Es war Anfang Mai und, nach naßkalten Wochen, ein falscher Hochsommer eingefallen. Der Englische Garten, obgleich nur erst zart belaubt, war dumpfig wie im August und in der Nähe der Stadt voller Wagen und Spaziergänger gewesen. Beim Aumeister, wohin stillere und stillere Wege ihn geführt, hatte Aschenbach eine kleine Weile den volkstümlich belebten Wirtsgarten überblickt, an dessen Rande einige Droschken und Equipagen hielten, hatte von dort bei sinkender Sonne seinen Heimweg außerhalb des Parks über die offene Flur genommen und erwartete, da er sich müde fühlte und über Föhring Gewitter drohte, am Nördlichen Friedhof die Tram, die ihn in gerader Linie zur Stadt zurückbringen sollte.

Zufällig fand er den Halteplatz und seine Umgebung von Menschen leer. Weder auf der gepflasterten Ungererstraße, deren Schienengeleise sich einsam gleißend gegen Schwabing erstreckten, noch auf der Föhringer Chaussee war ein Fuhrwerk zu sehen; hinter den Zäunen der Steinmetzereien, wo zu Kauf stehende Kreuze, Gedächtnistafeln und Monumente ein zweites, unbehaustes Gräberfeld bilden, regte sich nichts, und das byzantinische Bauwerk der Aussegnungshalle gegenüber lag schweigend im Abglanz des scheidenden Tages. Ihre Stirnseite, mit griechischen Kreuzen und hieratischen Schildereien in lichten Farben geschmückt, weist überdies symmetrisch angeordnete Inschriften in Goldlettern auf, ausgewählte, das jenseitige Leben betreffende Schriftworte wie etwa: »Sie gehen ein in die Wohnung Gottes« oder: »Das ewige Licht leuchte ihnen«; und der Wartende hatte während einiger Minuten eine ernste Zerstreuung darin gefunden, die Formeln abzulesen und sein geistiges Auge in ihrer durchscheinenden Mystik sich verlieren zu lassen, als er, aus seinen Träumereien zurückkehrend, im Portikus, oberhalb der beiden apokalyptischen Tiere, welche die Freitreppe bewachen, einen Mann bemerkte, dessen nicht ganz gewöhnliche Erscheinung seinen Gedanken eine völlig andere Richtung gab.

Ob er nun aus dem Innern der Halle durch das bronzene Tor hervorgetreten oder von außen unversehens heran und hinauf gelangt war, blieb ungewiß. Aschenbach, ohne sich sonderlich in die Frage zu vertiefen, neigte zur ersteren Annahme. Mäßig hochgewachsen, mager, bartlos und auffallend stumpfnäsig, gehörte der Mann zum rothaarigen Typ und besaß dessen milchige und sommersprossige Haut. Offenbar war er durchaus nicht bajuwarischen Schlages: wie denn wenigstens der breit und gerade gerandete Basthut, der ihm den Kopf bedeckte, seinem Aussehen ein Gepräge des Fremdländischen und Weitherkommenden verlieh. Freilich trug er dazu den landesüblichen Rucksack um die Schultern geschnallt, einen gelblichen Gurtanzug aus Lodenstoff, wie es schien, einen grauen Wetterkragen über dem linken Unterarm, den er in die Weiche gestützt hielt, und in der

Rechten einen mit eiserner Spitze versehenen Stock, welchen er schräg gegen den Boden stemmte und auf dessen Krücke er, bei gekreuzten Füßen, die Hüfte lehnte. Erhobenen Hauptes, so daß an seinem hager dem losen Sporthemd entwachsenden Halse der Adamsapfel stark und nackt hervortrat, blickte er mit farblosen, rot bewimperten Augen, zwischen denen, sonderbar genug zu seiner kurz aufgeworfenen Nase passend, zwei senkrechte, energische Furchen standen, scharf spähend ins Weite. So – und vielleicht trug sein erhöhter und erhöhender Standort zu diesem Eindruck bei – hatte seine Haltung etwas herrisch Überschauendes, Kühnes oder selbst Wildes; denn sei es, daß er, geblendet, gegen die untergehende Sonne grimassierte oder daß es sich um eine dauernde physiognomische Entstellung handelte: seine Lippen schienen zu kurz, sie waren völlig von den Zähnen zurückgezogen, dergestalt, daß diese, bis zum Zahnfleisch bloßgelegt, weiß und lang dazwischen hervorbleckten.

Wohl möglich, daß Aschenbach es bei seiner halb zerstreuten, halb inquisitiven Musterung des Fremden an Rücksicht hatte fehlen lassen; denn plötzlich ward er gewahr, daß jener seinen Blick erwiderte und zwar so kriegerisch, so gerade ins Auge hinein, so offenkundig gesonnen, die Sache aufs Äußerste zu treiben und den Blick des andern zum Abzug zu zwingen, daß Aschenbach, peinlich berührt, sich abwandte und einen Gang die Zäune entlang begann, mit dem beiläufigen Entschluß, des Menschen nicht weiter achtzuhaben. Er hatte ihn in der nächsten Minute vergessen. Mochte nun aber das Wandererhafte in der Erscheinung des Fremden auf seine Einbildungskraft gewirkt haben oder sonst irgendein physischer oder seelischer Einfluß im Spiele sein: eine seltsame Ausweitung seines Innern ward ihm ganz überraschend bewußt, eine Art schweifender Unruhe, ein jugendlich durstiges Verlangen in die Ferne, ein Gefühl, so lebhaft, so neu oder doch so längst entwöhnt und verlernt, daß er, die Hände auf dem Rücken und den Blick am Boden, gefesselt stehen blieb, um die Empfindung auf Wesen und Ziel zu prüfen.

Es war Reiselust, nichts weiter; aber wahrhaft als Anfall auf-

9

tretend und ins Leidenschaftliche, ja bis zur Sinnestäuschung gesteigert. Er sah nämlich, als Beispiel gleichsam für alle Wunder und Schrecken der mannigfaltigen Erde, die seine Begierde sich auf einmal vorzustellen trachtete, – sah wie mit leiblichem Auge eine ungeheuere Landschaft, ein tropisches Sumpfgebiet unter dickdunstigem Himmel, feucht, üppig und ungesund, eine von Menschen gemiedene Urweltwildnis aus Inseln, Morästen und Schlamm führenden Wasserarmen. Die flachen Eilande, deren Boden mit Blättern, so dick wie Hände, mit riesigen Farnen, mit fettem, gequollenem und abenteuerlich blühendem Pflanzenwerk überwuchert war, sandten haarige Palmenschäfte empor, und wunderlich ungestalte Bäume, deren Wurzeln dem Stamm entwuchsen und sich durch die Luft in den Boden, ins Wasser senkten, bildeten verworrene Waldungen. Auf der stockenden, grünschattig spiegelnden Flut schwammen, wie Schüsseln groß, milchweiße Blumen; Vögel von fremder Art, hochschultrig, mit unförmigen Schnäbeln, standen auf hohen Beinen im Seichten und blickten unbeweglich zur Seite, während durch ausgedehnte Schilffelder ein klapperndes Wetzen und Rauschen ging, wie durch Heere von Geharnischten; dem Schauenden war es, als hauchte der laue, mephitische Odem dieser geilen und untauglichen Öde ihn an, die in einem ungeheuerlichen Zustande von Werden oder Vergehen zu schweben schien, zwischen den knotigen Rohrstämmen eines Bambusdickichts glaubte er einen Augenblick die phosphoreszierenden Lichter des Tigers funkeln zu sehen – und fühlte sein Herz pochen vor Entsetzen und rätselhaftem Verlangen. Dann wich das Gesicht; und mit einem Kopfschütteln nahm Aschenbach seine Promenade an den Zäunen der Grabsteinmetzereien wieder auf.

Er hatte, zum mindesten seit ihm die Mittel zu Gebote gewesen wären, die Vorteile des Weltverkehrs beliebig zu genießen, das Reisen nicht anders denn als eine hygienische Maßregel betrachtet, die gegen Sinn und Neigung dann und wann hatte getroffen werden müssen. Zu beschäftigt mit den Aufgaben, welche sein Ich und die europäische Seele ihm stellten, zu belastet von der Verpflichtung zur Produktion, der Zerstreuung zu abgeneigt, um zum Liebhaber der bunten Außenwelt zu taugen, hatte er sich durchaus mit der Anschauung begnügt, die heute jedermann, ohne sich weit aus seinem Kreise zu rühren, von der Oberfläche der Erde gewinnen kann, und war niemals auch nur versucht gewesen, Europa zu verlassen. Zumal seit sein Leben sich langsam neigte, seit seine Künstlerfurcht, nicht fertig zu werden, – diese Besorgnis, die Uhr möchte abgelaufen sein, bevor er das Seine getan und völlig sich selbst gegeben, nicht mehr als bloße Grille von der Hand zu weisen war, hatte sein äußeres Dasein sich fast ausschließlich auf die schöne Stadt, die ihm zur Heimat geworden, und auf den rauhen Landsitz beschränkt, den er sich im Gebirge errichtet und wo er die regnerischen Sommer verbrachte.

Auch wurde denn, was ihn da eben so spät und plötzlich angewandelt, sehr bald durch Vernunft und von jung auf geübte Selbstzucht gemäßigt und richtig gestellt. Er hatte beabsichtigt, das Werk, für welches er lebte, bis zu einem gewissen Punkte zu fördern, bevor er aufs Land übersiedelte, und der Gedanke einer Weltbummelei, die ihn auf Monate seiner Arbeit entführen würde, schien allzu locker und planwidrig, er durfte nicht ernstlich in Frage kommen. Und doch wußte er nur zu wohl, aus welchem Grunde die Anfechtung so unversehens hervorgegangen war. Fluchtdrang war sie, daß er es sich eingestand, diese Sehnsucht ins Ferne und Neue, diese Begierde nach Befreiung, Entbürdung und Vergessen, – der Drang hinweg vom Werke, von der Alltagsstätte eines starren, kalten und leidenschaftlichen Dienstes. Zwar liebte er ihn und liebte auch fast schon den entnervenden, sich täglich erneuernden Kampf zwischen seinem zähen und stolzen, so oft erprobten Willen und dieser wachsenden Müdigkeit, von der niemand wissen und die das Produkt auf keine Weise, durch kein Anzeichen des Versagens und der Laßheit verraten durfte. Aber verständig schien es, den Bogen nicht zu überspannen und ein so lebhaft ausbrechendes Bedürfnis nicht eigensinnig zu ersticken. Er dachte an seine Arbeit, dachte an die Stelle, an der er sie auch heute wieder, wie gestern schon, hatte verlassen müssen und die weder geduldiger Pflege noch einem raschen Handstreich sich fügen zu wollen schien. Er prüfte sie aufs neue, versuchte die Hemmung zu durchbrechen oder aufzulösen und ließ mit einem Schauder des Widerwillens vom Angriff ab. Hier bot sich keine außerordentliche Schwierigkeit, sondern was ihn lähmte, waren die Skrupeln der Unlust, die sich als eine durch nichts mehr zu befriedigende Ungenügsamkeit darstellte. Ungenügsamkeit freilich hatte schon dem Jüngling als Wesen und innerste Natur des Talentes gegolten, und um ihretwillen hatte er das Gefühl gezügelt und erkältet, weil er wußte, daß es geneigt ist, sich mit einem fröhlichen Ungefähr und mit einer halben Vollkommenheit zu begnügen. Rächte sich nun also die geknechtete Empfindung, indem sie ihn verließ, indem sie seine Kunst fürder zu tragen und zu beflügeln sich weigerte und alle Lust, alles Entzücken an der Form und am Ausdruck mit sich hinwegnahm? Nicht, daß er Schlechtes herstellte: Dies wenigstens war der Vorteil seiner Jahre, daß er sich seiner Meisterschaft jeden Augenblick in Gelassenheit sicher fühlte. Aber er selbst, während die Nation sie ehrte, er ward ihrer nicht froh, und es schien ihm, als ermangle sein Werk jener Merkmale feurig spielender Laune, die, ein Erzeugnis der Freude, mehr als irgend ein innerer Gehalt, ein gewichtigerer Vorzug, die Freude der genießenden Welt bildeten. Er fürchtete sich vor dem Sommer auf dem Lande, allein in dem kleinen Hause mit der Magd, die ihm das Essen bereitete, und dem Diener, der es ihm auftrug; fürchtete sich vor den vertrauten Angesichten der Berggipfel und -wände, die wiederum seine unzufriedene Langsamkeit umstehen würden. Und so tat denn eine Einschaltung not, etwas Stegreifdasein, Tagdieberei, Fernluft und Zufuhr neuen Blutes, damit der Sommer erträglich und ergiebig werde. Reisen also, – er war es zufrieden. Nicht gar weit, nicht gerade bis zu den Tigern. Eine Nacht im Schlafwagen und eine Siesta von drei, vier Wochen an irgend einem Allerweltsferienplatze im liebenswürdigen Süden…

So dachte er, während der Lärm der elektrischen Tram die Ungererstraße daher sich näherte, und einsteigend beschloß er, diesen Abend dem Studium von Karte und Kursbuch zu widmen. Auf der Plattform fiel ihm ein, nach dem Manne im Basthut, dem Genossen dieses immerhin folgenreichen Aufenthaltes, Umschau zu halten. Doch wurde ihm dessen Verbleib nicht deutlich, da er weder an seinem vorherigen Standort, noch auf dem weiteren Halteplatz, noch auch im Wagen ausfindig zu machen war.

Zweites Kapitel

Der Autor der klaren und mächtigen Prosa-Epopöe vom Leben Friedrichs von Preußen; der geduldige Künstler, der in langem Fleiß den figurenreichen, so vielerlei Menschenschicksal im Schatten einer Idee versammelnden Romanteppich, »Maja« mit Namen, wob; der Schöpfer jener starken Erzählung, die »Ein Elender« überschrieben ist und einer ganzen dankbaren Jugend die Möglichkeit sittlicher Entschlossenheit jenseits der tiefsten Erkenntnis zeigte; der Verfasser endlich (und damit sind die Werke seiner Reifezeit kurz bezeichnet) der leidenschaftlichen Abhandlung über »Geist und Kunst«, deren ordnende Kraft und antithetische Beredsamkeit ernste Beurteiler vermochte, sie unmittelbar neben Schillers Raisonnement über naive und sentimentalische Dichtung zu stellen: Gustav Aschenbach also war zu L., einer Kreisstadt der Provinz Schlesien, als Sohn eines höheren Justizbeamten geboren. Seine Vorfahren waren Offiziere, Richter, Verwaltungsfunktionäre gewesen, Männer, die im Dienste des Königs, des Staates, ihr straffes, anständig karges Leben geführt hatten. Innigere Geistigkeit hatte sich einmal, in der Person eines Predigers, unter ihnen verkörpert; rascheres, sinnlicheres Blut war der Familie in der vorigen Generation durch die Mutter des Dichters, Tochter eines böhmischen Kapellmeisters, zugekommen. Von ihr stammten die Merkmale fremder Rasse in seinem Äußern. Die Vermählung dienstlich nüchterner Gewissenhaftigkeit mit dunkleren, feurigeren Impulsen ließ einen Künstler und diesen besonderen Künstler erstehen.

Da sein ganzes Wesen auf Ruhm gestellt war, zeigte er sich, wenn nicht eigentlich früh reif, so doch, dank der Entschiedenheit und persönlichen Prägnanz seines Tonfalls früh für die Öffentlichkeit reif und geschickt. Beinahe noch Gymnasiast, besaß er einen Namen. Zehn Jahre später hatte er gelernt, von seinem Schreibtische aus zu repräsentieren, seinen Ruhm zu verwalten in einem Briefsatz, der kurz sein mußte (denn viele Ansprüche drängen auf den Erfolgreichen, den Vertrauenswürdigen ein), gütig und bedeutend zu sein. Der Vierziger hatte, ermattet von den Strapazen und Wechselfällen der eigentlichen Arbeit, alltäglich eine Post zu bewältigen, die Wertzeichen aus aller Herren Ländern trug.

Ebensoweit entfernt vom Banalen wie vom Exzentrischen, war sein Talent geschaffen, den Glauben des breiten Publikums und die bewundernde, fordernde Teilnahme der Wählerischen zugleich zu gewinnen. So, schon als Jüngling von allen Seiten auf die Leistung – und zwar die außerordentliche – verpflichtet, hatte er niemals den Müßiggang, niemals die Fahrlässigkeit der Jugend gekannt. Als er um sein fünfunddreißigstes Jahr in Wien erkrankte, äußerte ein feiner Beobachter über ihn in Gesellschaft: »Sehen Sie, Aschenbach hat von jeher nur so gelebt« – und der Sprecher schloß die Finger seiner Linken fest zur Faust –; »niemals so« – und er ließ die geöffnete Hand bequem von der Lehne des Sessels hängen. Das traf zu; und das Tapfer-Sittliche daran war, daß seine Natur von nichts weniger als robuster Verfassung und zur ständigen Anspannung nur berufen, nicht eigentlich geboren war.

Ärztliche Fürsorge hatte den Knaben vom Schulbesuch ausgeschlossen und auf häuslichen Unterricht gedrungen. Einzeln, ohne Kameradschaft war er aufgewachsen und hatte doch zeitig erkennen müssen, daß er einem Geschlecht angehörte, in dem nicht das Talent, wohl aber die physische Basis eine Seltenheit war, deren das Talent zu seiner Erfüllung bedarf, – einem Geschlechte, das früh sein Bestes zu geben pflegt und in dem das Können es selten zu Jahren bringt. Aber sein Lieblingswort war »Durchhalten«, – er sah in seinem Friedrich-Roman nichts anderes als die Apotheose dieses Befehlswortes, das ihm als der Inbegriff leitend-tätiger Tugend erschien. Auch wünschte er sehnlichst, alt zu werden, denn er hatte von jeher dafür gehalten, daß wahrhaft groß, umfassend, ja wahrhaft ehrenwert nur das Künstlertum zu nennen sei, dem es beschieden war, auf allen Stufen des Menschlichen charakteristisch fruchtbar zu sein.

Da er also die Aufgaben, mit denen sein Talent ihn belud, auf zarten Schultern tragen und weit gehen wollte, so bedurfte er höchlich der Zucht, – und Zucht war ja zum Glücke sein eingeborenes Erbteil von väterlicher Seite. Mit vierzig, mit fünfzig Jahren wie schon in einem Alter, wo andere verschwenden, schwärmen, die Ausführung großer Pläne getrost verschieben, begann er seinen Tag beizeiten mit Stürzen kalten Wassers über Brust und Rücken und brachte dann, ein Paar hoher Wachskerzen in silbernen Leuchtern zu Häupten des Manuskripts, die Kräfte, die er im Schlaf gesammelt, in zwei oder drei inbrünstig gewissenhaften Morgenstunden der Kunst zum Opfer dar. Es war verzeihlich, ja, es bedeutete recht eigentlich den Sieg seiner Moralität, wenn Unkundige die Maja-Welt oder die epischen Massen, in denen sich Friedrichs Heldenleben entrollte, für das Erzeugnis gedrungener Kraft und eines langen Atems hielten, während sie vielmehr in kleinen Tagewerken aus hundert Einzelinspirationen zur Größe emporgeschichtet und nur darum so durchaus und an jedem Punkte vortrefflich waren, weil ihr Schöpfer mit einer Willensdauer und Zähigkeit, derjenigen ähnlich, die seine Heimatprovinz eroberte, jahrelang unter der Spannung eines und desselben Werkes ausgehalten und an die eigentliche Herstellung ausschließlich seine stärksten und würdigsten Stunden gewandt hatte.

Damit ein bedeutendes Geistesprodukt auf der Stelle eine breite und tiefe Wirkung zu üben vermöge, muß eine tiefe Verwandtschaft, ja Übereinstimmung zwischen dem persönlichen Schicksal seines Urhebers und dem allgemeinen des mitlebenden Geschlechtes bestehen. Die Menschen wissen nicht, warum sie einem Kunstwerk Ruhm bereiten. Weit entfernt von Kennerschaft, glauben sie hundert Vorzüge daran zu entdecken, um so viel Teilnahme zu rechtfertigen; aber der eigentliche Grund ihres Beifalls ist ein Unwägbares, ist Sympathie. Aschenbach hatte es einmal an wenig sichtbarer Stelle unmittelbar ausgesprochen, daß beinahe alles Große, was dastehe, als ein Trotzdem dastehe, trotz Kummer und Qual, Armut, Verlassenheit, Körperschwäche, Laster, Leidenschaft und tausend Hemmnissen zustande gekommen sei. Aber das war mehr als eine Bemerkung, es war eine Erfahrung, war geradezu die Formel seines Lebens und Ruhmes, der Schlüssel zu seinem Werk; und was Wunder also, wenn es auch der sittliche Charakter, die äußere Gebärde seiner eigentümlichsten Figuren war?

Über den neuen, in mannigfach individuellen Erscheinungen wiederkehrenden Heldentyp, den dieser Schriftsteller bevorzugte, hatte schon frühzeitig ein kluger Zergliederer geschrieben: daß er die Konzeption »einer intellektuellen und jünglinghaften Männlichkeit« sei, »die in stolzer Scham die Zähne aufeinanderbeißt und ruhig dasteht, während ihr die Schwerter und Speere durch den Leib gehen«. Das war schön, geistreich und exakt, trotz seiner scheinbar allzu passivischen Prägung. Denn Haltung im Schicksal, Anmut in der Qual bedeutet nicht nur ein Dulden; sie ist eine aktive Leistung, ein positiver Triumph, und die Sebastian-Gestalt ist das schönste Sinnbild, wenn nicht der Kunst überhaupt, so doch gewiß der in Rede stehenden Kunst. Blickte man hinein in diese erzählte Welt, sah man die elegante Selbstbeherrschung, die bis zum letzten Augenblick eine innere Unterhöhlung, den biologischen Verfall vor den Augen der Welt verbirgt; die gelbe, sinnlich benachteiligte Häßlichkeit, die es vermag, ihre schwelende Brunst zur reinen Flamme zu entfachen, ja, sich zur Herrschaft im Reiche der Schönheit aufzuschwingen; die bleiche Ohnmacht, welche aus den glühenden Tiefen des Geistes die Kraft holt, ein ganzes übermütiges Volk zu Füßen des Kreuzes, zu ihren Füßen niederzuwerfen; die liebenswürdige Haltung im leeren und strengen Dienste der Form; das falsche, gefährliche Leben, die rasch entnervende Sehnsucht und Kunst des gebornen Betrügers: betrachtete man all dies Schicksal und wieviel gleichartiges noch, so konnte man zweifeln, ob es überhaupt einen anderen Heroismus gäbe, als denjenigen der Schwäche. Welches Heldentum aber jedenfalls wäre zeitgemäßer als dieses? Gustav Aschenbach war der Dichter all derer, die am Rande der Erschöpfung arbeiten, der Überbürdeten, schon Aufgeriebenen, sich noch Aufrechthaltenden, all dieser Moralisten der Leistung, die, schmächtig von Wuchs und spröde von Mitteln, durch Willensverzückung und kluge Verwaltung sich wenigstens eine Zeitlang die Wirkungen der Größe abgewinnen. Ihrer sind viele, sie sind die Helden des Zeitalters. Und sie alle erkannten sich wieder in seinem Werk, sie fanden sich bestätigt, erhoben, besungen darin, sie wußten ihm Dank, sie verkündeten seinen Namen.

Er war jung und roh gewesen mit der Zeit und, schlecht beraten von ihr, war er öffentlich gestrauchelt, hatte Mißgriffe getan, sich bloßgestellt, Verstöße gegen Takt und Besonnenheit begangen in Wort und Werk. Aber er hatte die Würde gewonnen, nach welcher, wie er behauptete, jedem großen Talente ein natürlicher Drang und Stachel eingeboren ist, ja, man kann sagen, daß seine ganze Entwicklung ein bewußter und trotziger, alle Hemmungen des Zweifels und der Ironie zurücklassender Aufstieg zur Würde gewesen war.

Lebendige, geistig unverbindliche Greifbarkeit der Gestaltung bildet das Ergötzen der bürgerlichen Massen, aber leidenschaftlich unbedingte Jugend wird nur durch das Problematische gefesselt: und Aschenbach war problematisch, war unbedingt gewesen wie nur irgendein Jüngling. Er hatte dem Geiste gefrönt, mit der Erkenntnis Raubbau getrieben, Saatfrucht vermahlen, Geheimnisse preisgegeben, das Talent verdächtigt, die Kunst verraten, – ja, während seine Bildwerke die gläubig Genießenden unterhielten, erhoben, belebten, hatte er, der jugendliche Künstler, die Zwanzigjährigen durch seine Zynismen über das fragwürdige Wesen der Kunst, des Künstlertums selbst in Atem gehalten.

Aber es scheint, daß gegen nichts ein edler und tüchtiger Geist sich rascher, sich gründlicher abstumpft als gegen den scharfen und bitteren Reiz der Erkenntnis; und gewiß ist, daß die schwer-

mütig gewissenhafteste Gründlichkeit des Jünglings Seichtheit
bedeutet im Vergleich mit dem tiefen Entschlusse des Meister
gewordenen Mannes, das Wissen zu leugnen, es abzulehnen, erhobenen Hauptes darüber hinwegzusehen, sofern es den Willen,
die Tat, das Gefühl und selbst die Leidenschaft im Geringsten zu
lähmen, zu entmutigen, zu entwürdigen geeignet ist. Wie wäre
die berühmte Erzählung vom »Elenden« wohl anders zu deuten
denn als Ausbruch des Ekels gegen den unanständigen Psycho-
logismus der Zeit, verkörpert in der Figur jenes weichen und
albernen Halbschurken, der sich ein Schicksal erschleicht, indem er sein Weib, aus Ohnmacht, aus Lasterhaftigkeit, aus ethischer Velleität, in die Arme eines Unbärtigen treibt und aus
Tiefe Nichtswürdigkeiten begehen zu dürfen glaubt? Die Wucht
des Wortes, mit welchem hier das Verworfene verworfen
wurde, verkündete die Abkehr von allem moralischen Zweifel-
sinn, von jeder Sympathie mit dem Abgrund, die Absage an die
Laxheit des Mitleidssatzes, daß alles verstehen alles verzeihen
heiße, und was sich hier vorbereitete, ja schon vollzog, war jenes
»Wunder der wiedergeborenen Unbefangenheit«, auf welches
ein wenig später in einem der Dialoge des Autors ausdrücklich
und nicht ohne geheimnisvolle Betonung die Rede kam. Seltsame Zusammenhänge! War es eine geistige Folge dieser »Wiedergeburt«, dieser neuen Würde und Strenge, daß man um
dieselbe Zeit ein fast übermäßiges Erstarken seines Schönheits-
sinnes beobachtete, jene adelige Reinheit, Einfachheit und
Ebenmäßigkeit der Formgebung, welche seinen Produkten
fortan ein so sinnfälliges, ja gewolltes Gepräge der Meisterlich-
keit und Klassizität verlieh? Aber moralische Entschlossenheit
jenseits des Wissens, der auflösenden und hemmenden Erkenntnis, – bedeutet sie nicht wiederum eine Vereinfachung, eine sittliche Vereinfältigung der Welt und der Seele und also auch ein
Erstarken zum Bösen, Verbotenen, zum sittlich Unmöglichen?
Und hat Form nicht zweierlei Gesicht? Ist sie nicht sittlich und
unsittlich zugleich, – sittlich als Ergebnis und Ausdruck der
Zucht, unsittlich aber und selbst widersittlich, sofern sie von
Natur eine moralische Gleichgültigkeit in sich schließt, ja, we-

sentlich bestrebt ist, das Moralische unter ihr stolzes und unum-
schränktes Szepter zu beugen?

Wie dem auch sei! Eine Entwicklung ist ein Schicksal; und wie
sollte nicht diejenige anders verlaufen, die von der Teilnahme,
dem Massenzutrauen einer weiten Öffentlichkeit begleitet wird,
als jene, die sich ohne den Glanz und die Verbindlichkeiten des
Ruhmes vollzieht? Nur ewiges Zigeunertum findet es langweilig
und ist zu spotten geneigt, wenn ein großes Talent dem libertini-
schen Puppenstande entwächst, die Würde des Geistes aus-
drucksvoll wahrzunehmen sich gewöhnt und die Hofsitten einer
Einsamkeit annimmt, die voll unberatener, hart selbständiger
Leiden und Kämpfe war und es zu Macht und Ehren unter den
Menschen brachte. Wieviel Spiel, Trotz, Genuß ist übrigens in
der Selbstgestaltung des Talentes! Etwas Amtlich-Erzieheri-
sches trat mit der Zeit in Gustav Aschenbachs Vorführungen
ein, sein Stil entriet in späteren Jahren der unmittelbaren Kühn-
heiten, der subtilen und neuen Abschattungen, er wandelte sich
ins Mustergültig-Feststehende, Geschliffen-Herkömmliche,
Erhaltende, Formelle, selbst Formelhafte, und wie die Überlieferung es von Ludwig dem Vierzehnten wissen will, so ver-
bannte der Alternde aus seiner Sprachweise jedes gemeine Wort:
Damals geschah es, daß die Unterrichtsbehörde ausgewählte
Seiten von ihm in die vorgeschriebenen Schullesebücher übernahm. Es war ihm innerlich gemäß, und er lehnte nicht ab, als
ein deutscher Fürst, soeben zum Throne gelangt, dem Dichter
des »Friedrich« zu seinem fünfzigsten Geburtstag den persönlichen Adel verlieh.

Nach einigen Jahren der Unruhe, einigen Versuchsaufenthal-
ten da und dort wählte er frühzeitig München zum dauernden
Wohnsitz und lebte dort in bürgerlichem Ehrenstande, wie er
dem Geiste in besonderen Einzelfällen zuteil wird. Die Ehe, die
er in noch jugendlichem Alter mit einem Mädchen aus gelehrter
Familie eingegangen, wurde nach kurzer Glücksfrist durch den
Tod getrennt. Eine Tochter, schon Gattin, war ihm geblieben.
Einen Sohn hatte er nie besessen.

Gustav von Aschenbach war ein wenig unter Mittelgröße,

brünett, rasiert. Sein Kopf erschien ein wenig zu groß im Verhältnis zu der fast zierlichen Gestalt. Sein rückwärts gebürstetes Haar, am Scheitel gelichtet, an den Schläfen sehr voll und stark ergraut, umrahmte eine hohe, zerklüftete und gleichsam narbige Stirn. Der Bügel einer Goldbrille mit randlosen Gläsern schnitt in die Wurzel der gedrungenen, edel gebogenen Nase ein. Der Mund war groß, oft schlaff, oft plötzlich schmal und gespannt; die Wangenpartie mager und gefurcht, das wohlausgebildete Kinn weich gespalten. Bedeutende Schicksale schienen über dies meist leidend seitwärts geneigte Haupt hinweggegangen zu sein, und doch war die Kunst es gewesen, die hier jene physiognomische Durchbildung übernommen hatte, welche sonst das Werk eines schweren, bewegten Lebens ist. Hinter dieser Stirn waren die blitzenden Repliken des Gesprächs zwischen Voltaire und dem Könige über den Krieg geboren; diese Augen, müde und tief durch die Gläser blickend, hatten das blutige Inferno der Lazarette des Siebenjährigen Krieges gesehen. Auch persönlich genommen ist ja die Kunst ein erhöhtes Leben. Sie beglückt tiefer, sie verzehrt rascher. Sie gräbt in das Antlitz ihres Dieners die Spuren imaginärer und geistiger Abenteuer, und sie erzeugt, selbst bei klösterlicher Stille des äußeren Daseins, auf die Dauer eine Verwöhntheit, Überfeinerung, Müdigkeit und Neugier der Nerven, wie ein Leben voll ausschweifendster Leidenschaften und Genüsse sie kaum hervorzubringen vermag.

Drittes Kapitel

Mehrere Geschäfte weltlicher und literarischer Natur hielten den Reiselustigen noch etwa zwei Wochen nach jenem Spaziergang in München zurück. Er gab endlich Auftrag, sein Landhaus binnen vier Wochen zum Einzuge instandzusetzen und reiste an einem Tage zwischen Mitte und Ende des Mai mit dem Nachtzuge nach Triest, wo er nur vierundzwanzig Stunden verweilte und sich am nächstfolgenden Morgen nach Pola einschiffte.

Was er suchte, war das Fremdartige und Bezuglose, welches jedoch rasch zu erreichen wäre, und so nahm er Aufenthalt auf einer seit einigen Jahren gerühmten Insel der Adria, unfern der istrischen Küste gelegen, mit farbig zerlumptem, in wildfremden Lauten redendem Landvolk und schön zerrissenen Klippenpartien dort, wo das Meer offen war. Allein Regen und schwere Luft, eine kleinweltliche, geschlossen österreichische Hotelgesellschaft und der Mangel jenes ruhevoll innigen Verhältnisses zum Meere, das nur ein sanfter, sandiger Strand gewährt, verdrossen ihn, ließen ihn nicht das Bewußtsein gewinnen, den Ort seiner Bestimmung getroffen zu haben; ein Zug seines Innern, ihm war noch nicht deutlich, wohin, beunruhigte ihn, er studierte Schiffsverbindungen, er blickte suchend umher, und auf einmal, zugleich überraschend und selbstverständlich, stand ihm sein Ziel vor Augen. Wenn man über Nacht das Unvergleichliche, das märchenhaft Abweichende zu erreichen wünschte, wohin ging man? Aber das war klar. Was sollte er hier? Er war fehlgegangen. Dorthin hatte er reisen wollen. Er säumte nicht, den irrigen Aufenthalt zu kündigen. Anderthalb Wochen nach seiner Ankunft auf der Insel trug ein geschwindes Motorboot ihn und sein Gepäck in dunstiger Frühe über die Wasser in den Kriegshafen zurück, und er ging dort nur an Land, um sogleich über einen Brettersteg das feuchte Verdeck eines Schiffes zu beschreiten, das unter Dampf zur Fahrt nach Venedig lag.

Es war ein betagtes Fahrzeug italienischer Nationalität, veraltet, rußig und düster. In einer höhlenartigen, künstlich erleuchteten Koje des inneren Raumes, wohin Aschenbach sofort nach Betreten des Schiffes von einem buckligen und unreinlichen Matrosen mit grinsender Höflichkeit genötigt wurde, saß hinter einem Tische, den Hut schief in der Stirn und einen Zigarettenstummel im Mundwinkel, ein ziegenbärtiger Mann von der Physiognomie eines altmodischen Zirkusdirektors, der mit grimassenhaft leichtem Geschäftsgebaren die Personalien der Reisenden aufnahm und ihnen die Fahrscheine ausstellte. »Nach Venedig!« wiederholte er Aschenbachs Ansuchen, indem er den

Arm reckte und die Feder in den breiigen Restinhalt eines schräg geneigten Tintenfasses stieß. »Nach Venedig erster Klasse! Sie sind bedient, mein Herr!« Und er schrieb große Krähenfüße, streute aus einer Büchse blauen Sand auf die Schrift, ließ ihn in eine tönerne Schale ablaufen, faltete das Papier mit gelben und knochigen Fingern und schrieb aufs neue. »Ein glücklich gewähltes Reiseziel!« schwatzte er unterdessen. »Ah, Venedig! Eine herrliche Stadt! Eine Stadt von unwiderstehlicher Anziehungskraft für den Gebildeten, ihrer Geschichte sowohl wie ihrer gegenwärtigen Reize wegen!« Die glatte Raschheit seiner Bewegungen und das leere Gerede, womit er sie begleitete, hatten etwas Betäubendes und Ablenkendes, etwa als besorgte er, der Reisende möchte in seinem Entschluß, nach Venedig zu fahren, noch wankend werden. Er kassierte eilig und ließ mit Croupiergewandtheit den Differenzbetrag auf den fleckigen Tuchbezug des Tisches fallen. »Gute Unterhaltung, mein Herr!« sagte er mit schauspielerischer Verbeugung. »Es ist mir eine Ehre, Sie zu befördern... Meine Herren!« rief er sogleich mit erhobenem Arm und tat, als sei das Geschäft im flottesten Gange, obgleich niemand mehr da war, der nach Abfertigung verlangt hätte. Aschenbach kehrte auf das Verdeck zurück.

Einen Arm auf die Brüstung gelehnt, betrachtete er das müßige Volk, das, der Abfahrt des Schiffes beizuwohnen, am Quai lungerte, und die Passagiere an Bord. Diejenigen der zweiten Klasse kauerten, Männer und Weiber, auf dem Vorderdeck, indem sie Kisten und Bündel als Sitze benutzten. Eine Gruppe junger Leute bildete die Reisegesellschaft des ersten Verdecks, Polenser Handelsgehülfen, wie es schien, die sich in angeregter Laune zu einem Ausflug nach Italien vereinigt hatten. Sie machten nicht wenig Aufhebens von sich und ihrem Unternehmen, schwatzten, lachten, genossen selbstgefällig das eigene Gebärdenspiel und riefen den Kameraden, die, Portefeuilles unterm Arm, in Geschäften die Hafenstraße entlang gingen und den Feiernden mit dem Stöckchen drohten, über das Geländer gebeugt, zungengeläufige Spottreden nach. Einer, in hellgelbem, übermodisch geschnittenem Sommeranzug, roter Krawatte und kühn aufgebogenem Panama, tat sich mit krähender Stimme an Aufgeräumtheit vor allen andern hervor. Kaum aber hatte Aschenbach ihn genauer ins Auge gefaßt, als er mit einer Art von Entsetzen erkannte, daß der Jüngling falsch war. Er war alt, man konnte nicht zweifeln. Runzeln umgaben ihm Augen und Mund. Das matte Karmesin der Wangen war Schminke, das braune Haar unter dem farbig umwundenen Strohhut Perücke, sein Hals verfallen und sehnig, sein aufgesetztes Schnurrbärtchen und die Fliege am Kinn gefärbt, sein gelbes und vollzähliges Gebiß, das er lachend zeigte, ein billiger Ersatz, und seine Hände, mit Siegelringen an beiden Zeigefingern, waren die eines Greises. Schauerlich angemutet sah Aschenbach ihm und seiner Gemeinschaft mit den Freunden zu. Wußten, bemerkten sie nicht, daß er alt war, daß er zu Unrecht ihre stutzerhafte und bunte Kleidung trug, zu Unrecht einen der Ihren spielte? Selbstverständlich und gewohnheitsmäßig, wie es schien, duldeten sie ihn in ihrer Mitte, behandelten ihn als ihresgleichen, erwiderten ohne Abscheu seine neckischen Rippenstöße. Wie ging das zu? Aschenbach bedeckte seine Stirn mit der Hand und schloß die Augen, die heiß waren, da er zu wenig geschlafen hatte. Ihm war, als lasse nicht alles sich ganz gewöhnlich an, als beginne eine träumerische Entfremdung, eine Entstellung der Welt ins Sonderbare um sich zu greifen, der vielleicht Einhalt zu tun wäre, wenn er sein Gesicht ein wenig verdunkelte und aufs neue um sich schaute. In diesem Augenblick jedoch berührte ihn das Gefühl des Schwimmens, und mit unvernünftigem Erschrecken aufsehend, gewahrte er, daß der schwere und düstere Körper des Schiffes sich langsam vom gemauerten Ufer löste. Zollweise, unter dem Vorwärts- und Rückwärtsarbeiten der Maschine, verbreitete sich der Streifen schmutzig schillernden Wassers zwischen Quai und Schiffswand, und nach schwerfälligen Manövern kehrte der Dampfer seinen Bugspriet dem offenen Meere zu. Aschenbach ging nach der Steuerbordseite hinüber, wo der Bucklige ihm einen Liegestuhl aufgeschlagen hatte und ein Steward in fleckigem Frack nach seinen Befehlen fragte.

Der Himmel war grau, der Wind feucht; Hafen und Inseln

waren zurückgeblieben, und rasch verlor sich aus dem dunstigen Gesichtskreise alles Land. Flocken von Kohlenstaub gingen, gedunsen von Nässe, auf das gewaschene Deck nieder, das nicht trocknen wollte. Schon nach einer Stunde spannte man ein Segeldach aus, da es zu regnen begann.

In seinen Mantel geschlossen, ein Buch im Schoße, ruhte der Reisende, und die Stunden verrannen ihm unversehens. Es hatte zu regnen aufgehört; man entfernte das leinene Dach. Der Horizont war vollkommen. Unter der breiten Kuppel des Himmels dehnte sich rings die ungeheure Scheibe des öden Meeres; aber im leeren, ungegliederten Raume fehlt unserem Sinn auch das Maß der Zeit, und wir dämmern im Ungemessenen. Schattenhaft sonderbare Gestalten, der greise Geck, der Ziegenbart aus dem Schiffsinnern, gingen mit unbestimmten Gebärden, mit verwirrten Traumworten durch den Geist des Ruhenden, und er schlief ein.

Um Mittag nötigte man ihn hinab, damit er in dem korridorartigen Speisesaal, auf den die Türen der Schlafkojen mündeten, zu Häupten eines langen Tisches, an dessen unterem Ende die Handelsgehülfen, einschließlich des Alten, seit zehn Uhr mit dem munteren Kapitän pokulierten, die bestellte Mahlzeit nähme. Sie war armselig, und er beendete sie rasch. Es trieb ihn ins Freie, nach dem Himmel zu sehen: ob er denn nicht über Venedig sich erhellen wollte.

Er hatte nicht anders gedacht, als daß dies geschehen müsse, denn stets hatte die Stadt ihn im Glanze empfangen. Aber Himmel und Meer blieben trüb und bleiern, zeitweilig ging neblichter Regen nieder, und er fand sich darein, auf dem Wasserwege ein anderes Venedig zu erreichen, als er, zu Lande sich nähernd, je angetroffen hatte. Er stand am Fockmast, den Blick im Weiten, das Land erwartend. Er gedachte des schwermütig-enthusiastischen Dichters, dem vormals die Kuppeln und Glockentürme seines Traumes aus diesen Fluten gestiegen waren, er wiederholte im Stillen einiges von dem, was damals an Ehrfurcht, Glück und Trauer zu maßvollem Gesange geworden, und von schon gestalteter Empfindung mühelos bewegt, prüfte er sein ernstes und müdes Herz, ob eine erneuernde Begeisterung und Verwirrung, ein spätes Abenteuer des Gefühles dem fahrenden Müßiggänger vielleicht noch vorbehalten sein könne.

Da tauchte zur Rechten die flache Küste auf, Fischerboote belebten das Meer, die Bäderinsel erschien, der Dampfer ließ sie zur Linken, glitt verlangsamten Ganges durch den schmalen Port, der nach ihr benannt ist, und auf der Lagune, angesichts bunt armseliger Behausungen hielt er ganz, da die Barke des Sanitätsdienstes erwartet werden mußte.

Eine Stunde verging, bis sie erschien. Man war angekommen und war es nicht; man hatte keine Eile und fühlte sich doch von Ungeduld getrieben. Die jungen Polenser, patriotisch angezogen auch wohl von den militärischen Hornsignalen, die aus der Gegend der öffentlichen Gärten her über das Wasser klangen, waren auf Deck gekommen, und, vom Asti begeistert, brachten sie Lebehochs auf die drüben exerzierenden Bersaglieri aus. Aber widerlich war es zu sehen, in welchen Zustand den aufgestutzten Greisen seine falsche Gemeinschaft mit der Jugend gebracht hatte. Sein altes Hirn hatte dem Weine nicht wie die jugendlich rüstigen Stand zu halten vermocht, er war kläglich betrunken. Verblödeten Blicks, eine Zigarette zwischen den zitternden Fingern, schwankte er, mühsam das Gleichgewicht haltend, auf der Stelle, vom Rausche vorwärts und rückwärts gezogen. Da er beim ersten Schritte gefallen wäre, getraute er sich nicht vom Fleck, doch zeigte er einen jammervollen Übermut, hielt jeden, der sich ihm näherte, am Knopfe fest, lallte, zwinkerte, kicherte, hob seinen beringten, runzeligen Zeigefinger zu alberner Neckerei und leckte auf abscheulich zweideutige Art mit der Zungenspitze die Mundwinkel. Aschenbach sah ihm mit finsteren Brauen zu, und wiederum kam ein Gefühl von Benommenheit ihn an, so, als zeige die Welt eine leichte, doch nicht zu hemmende Neigung, sich ins Sonderbare und Fratzenhafte zu entstellen; ein Gefühl, dem nachzuhängen freilich die Umstände ihn abhielten, da eben die stampfende Tätigkeit der Maschine aufs neue begann und das Schiff seine so nah dem Ziel unterbrochene Fahrt durch den Kanal von San Marco wieder aufnahm.

So sah er ihn denn wieder, den erstaunlichsten Landungsplatz, jene blendende Komposition phantastischen Bauwerks, welche die Republik den ehrfürchtigen Blicken nahender Seefahrer entgegenstellte: die leichte Herrlichkeit des Palastes und die Seufzerbrücke, die Säulen mit Löw' und Heiligem am Ufer, die prunkend vortretende Flanke des Märchentempels, den Durchblick auf Torweg und Riesenuhr, und anschauend bedachte er, daß zu Lande, auf dem Bahnhof in Venedig anlangen, einen Palast durch eine Hintertür betreten heiße, und daß man nicht anders als wie nun er, als zu Schiffe, als über das hohe Meer die unwahrscheinlichste der Städte erreichen sollte.

Die Maschine stoppte, Gondeln drängten herzu, die Fallreepstreppe ward herabgelassen, Zollbeamte stiegen an Bord und walteten obenhin ihres Amtes; die Ausschiffung konnte beginnen. Aschenbach gab zu verstehen, daß er eine Gondel wünsche, die ihn und sein Gepäck zur Station jener kleinen Dampfer bringen solle, welche zwischen der Stadt und dem Lido verkehren; denn er gedachte am Meere Wohnung zu nehmen. Man billigt sein Vorhaben, man schreit seinen Wunsch zur Wasserfläche hinab, wo die Gondelführer im Dialekt mit einander zanken. Er ist noch gehindert, hinabzusteigen, sein Koffer hindert ihn, der eben mit Mühsal die leiterartige Treppe hinunter gezerrt und geschleppt wird. So sieht er sich minutenlang außerstande, den Zudringlichkeiten des schauderhaften Alten zu entkommen, den die Trunkenheit dunkel antreibt, dem Fremden Abschiedshonneurs zu machen. »Wir wünschen den glücklichsten Aufenthalt«, meckert er unter Kratzfüßen. »Man empfiehlt sich geneigter Erinnerung! Au revoir, excusez und bon jour, Euer Exzellenz!« Sein Mund wässert, er drückt die Augen ein, er leckt die Mundwinkel, und die gefärbte Bartfliege an seiner Greisenlippe sträubt sich empor. »Unsere Komplimente«, lallt er, zwei Fingerspitzen am Munde, »unsere Komplimente dem Liebchen, dem allerliebsten, dem schönsten Liebchen...« Und plötzlich fällt ihm das falsche Obergebiß vom Kiefer auf die Unterlippe. Aschenbach konnte entweichen. »Dem Liebchen, dem feinen Liebchen«, hörte er in girrenden, hohlen und behinderten Lauten in seinem Rücken, während er, am Strickgeländer sich haltend, die Fallreepstreppe hinabklomm.

Wer hätte nicht einen flüchtigen Schauder, eine geheime Scheu und Beklommenheit zu bekämpfen gehabt, wenn es zum ersten Male oder nach langer Entwöhnung galt, eine venezianische Gondel zu besteigen? Das seltsame Fahrzeug, aus balladesken Zeiten ganz unverändert überkommen und so eigentümlich schwarz, wie sonst unter allen Dingen nur Särge sind, es erinnert an lautlose und verbrecherische Abenteuer in plätschernder Nacht, es erinnert noch mehr an den Tod selbst, an Bahre und düsteres Begängnis und letzte, schweigsame Fahrt. Und hat man bemerkt, daß der Sitz einer solchen Barke, dieser sargschwarz lackierte, mattschwarz gepolsterte Armstuhl, der weichste, üppigste, der erschlaffendste Sitz von der Welt ist? Aschenbach ward es gewahr, als er zu Füßen des Gondoliers, seinem Gepäck gegenüber, das am Schnabel reinlich beisammen lag, sich niedergelassen hatte. Die Ruderer zankten immer noch, rauh, unverständlich, mit drohenden Gebärden. Aber die besondere Stille der Wasserstadt schien ihre Stimmen sanft aufzunehmen, zu entkörpern, über der Flut zu zerstreuen. Es war warm hier im Hafen. Lau angerührt vom Hauch des Scirocco, auf dem nachgiebigen Element in Kissen gelehnt, schloß der Reisende die Augen im Genuß einer so ungewohnten als süßen Lässigkeit. Die Fahrt wird kurz sein, dachte er; möchte sie immer währen! In leisem Schwanken fühlte er sich dem Gedränge, dem Stimmengewirr entgleiten.

Wie still und stiller es um ihn wurde! Nichts war zu vernehmen als das Plätschern des Ruders, das hohle Aufschlagen der Wellen gegen den Schnabel der Barke, der steil, schwarz und an der Spitze hellebardenartig bewehrt über dem Wasser stand und noch ein Drittes, ein Reden, ein Raunen, – das Flüstern des Gondoliers, der zwischen den Zähnen, stoßweise, in Lauten, die von der Arbeit seiner Arme gepreßt waren, zu sich selber sprach. Aschenbach blickte auf, und mit leichter Befremdung gewahrte er, daß um ihn her die Lagune sich weitete und seine Fahrt dem offenen Meere zugekehrt war. Es schien folglich, daß er nicht allzu sehr ruhen dürfe, sondern auf den Vollzug seines Willens ein wenig bedacht sein müsse.

– Zur Dampferstation also! sagte er mit einer halben Wendung rückwärts. Das Raunen verstummte. Er erhielt keine Antwort.

– Zur Dampferstation also! wiederholte er, indem er sich vollends umwandte und in das Gesicht des Gondoliers emporblickte, der hinter ihm, auf erhöhtem Borde stehend, vor dem fahlen Himmel aufragte. Es war ein Mann von ungefälliger, ja brutaler Physiognomie, seemännisch blau gekleidet, mit einer gelben Schärpe gegürtet und einen formlosen Strohhut, dessen Geflecht sich aufzulösen begann, verwegen schief auf dem Kopfe. Seine Gesichtsbildung, sein blonder, lockiger Schnurrbart unter der kurz aufgeworfenen Nase ließen ihn durchaus nicht italienischen Schlages erscheinen. Obgleich eher schmächtig von Leibesbeschaffenheit, so daß man ihn für seinen Beruf nicht sonderlich geschickt geglaubt hätte, führte er das Ruder, bei jedem Schlage den ganzen Körper einsetzend, mit großer Energie. Ein paarmal zog er vor Anstrengung die Lippen zurück und entblößte seine weißen Zähne. Die rötlichen Brauen gerunzelt, blickte er über den Gast hinweg, indem er bestimmten, fast groben Tones erwiderte:

– Sie fahren zum Lido.

Aschenbach entgegnete:

– Allerdings. Aber ich habe die Gondel nur genommen, um mich nach San Marco übersetzen zu lassen. Ich wünsche den Vaporetto zu benutzen.

– Sie können den Vaporetto nicht benutzen, mein Herr.

– Und warum nicht?

– Weil der Vaporetto kein Gepäck befördert.

Das war richtig; Aschenbach erinnerte sich. Er schwieg. Aber die schroffe, überhebliche, einem Fremden gegenüber so wenig landesübliche Art des Menschen schien unleidlich. Er sagte:

– Das ist meine Sache. Vielleicht will ich mein Gepäck in Verwahrung geben. Sie werden umkehren.

Er blieb still. Das Ruder plätscherte, das Wasser schlug dumpf an den Bug. Und das Reden und Raunen begann wieder: der Gondolier sprach zwischen den Zähnen mit sich selbst.

Was war zu tun? Allein auf der Flut mit dem sonderbar unbotmäßigen, unheimlich entschlossenen Menschen, sah der Reisende kein Mittel, seinen Willen durchzusetzen. Wie weich er übrigens ruhen durfte, wenn er sich nicht empörte. Hatte er nicht gewünscht, daß die Fahrt lange, daß sie immer dauern möge? Es war das Klügste, den Dingen ihren Lauf zu lassen, und es war hauptsächlich höchst angenehm. Ein Bann der Trägheit schien auszugehen von seinem Sitz, von diesem niedrigen, schwarzgepolsterten Armstuhl, so sanft gewiegt von den Ruderschlägen des eigenmächtigen Gondoliers in seinem Rücken. Die Vorstellung, einem Verbrecher in die Hände gefallen zu sein, streifte träumerisch Aschenbachs Sinn, – unvermögend, seine Gedanken zu tätiger Abwehr aufzurufen. Verdrießlicher schien die Möglichkeit, daß alles auf simple Geldschneiderei angelegt sei. Eine Art Pflichtgefühl oder Stolz, die Erinnerung gleichsam, daß man dem vorbeugen müsse, vermochte ihn, sich noch einmal aufzuraffen. Er fragte:

– Was fordern Sie für die Fahrt?

Und über ihn hinsehend antwortete der Gondolier:

– Sie werden bezahlen.

Es stand fest, was hierauf zurückzugeben war. Aschenbach sagte mechanisch:

– Ich werde nichts bezahlen, durchaus nichts, wenn Sie mich fahren, wohin ich nicht will.

– Sie wollen zum Lido.

– Aber nicht mit Ihnen.

– Ich fahre Sie gut.

Das ist wahr, dachte Aschenbach und spannte sich ab. Das ist wahr, du fährst mich gut. Selbst, wenn du es auf meine Barschaft abgesehen hast und mich hinterrücks mit einem Ruderschlage ins Haus des Aides schickst, wirst du mich gut gefahren haben. Allein nichts dergleichen geschah. Sogar Gesellschaft stellte sich ein, ein Boot mit musikalischen Wegelagerern, Männern und Weibern, die zur Guitarre, zur Mandoline sangen, aufdringlich Bord an Bord mit der Gondel fuhren und die Stille über den Wassern mit ihrer gewinnsüchtigen Fremdenpoesie erfüllten. Aschenbach warf Geld in den hingehaltenen Hut. Sie schwiegen dann und fuhren davon. Und das Flüstern des Gondoliers war wieder wahrnehmbar, der stoßweise und abgerissen mit sich selber sprach.

So kam man denn an, geschaukelt vom Kielwasser eines zur Stadt fahrenden Dampfers. Zwei Munizipalbeamte, die Hände auf dem Rücken, die Gesichter der Lagune zugewandt, gingen am Ufer auf und ab. Aschenbach verließ am Stege die Gondel, unterstützt von jenem Alten, der an jedem Landungsplatze Venedigs mit seinem Enterhaken zur Stelle ist; und da es ihm an kleinerem Gelde fehlte, ging er hinüber in das der Dampferbrücke benachbarte Hotel, um dort zu wechseln und den Ruderer nach Gutdünken abzulohnen. Er wird in der Halle bedient, er kehrt zurück, er findet sein Reisegut auf einem Karren am Quai, und Gondel und Gondolier sind verschwunden.

– Er hat sich fortgemacht, sagte der Alte mit dem Enterhaken. Ein schlechter Mann, ein Mann ohne Konzession, gnädiger Herr. Er ist der einzige Gondolier, der keine Konzession besitzt. Die andern haben hierher telephoniert. Er sah, daß er erwartet wurde. Da hat er sich fortgemacht.

Aschenbach zuckte die Achseln.

– Der Herr ist umsonst gefahren, sagte der Alte und hielt den Hut hin. Aschenbach warf Münzen hinein. Er gab Weisung, sein Gepäck ins Bäder-Hotel zu bringen, und folgte dem Karren durch die Allee, die weißblühende Allee, welche, Tavernen, Bazare, Pensionen zu beiden Seiten, quer über die Insel zum Strande läuft.

Er betrat das weitläufige Hotel von hinten, von der Gartenterrasse aus und begab sich durch die große Halle und die Vorhalle ins Office. Da er angemeldet war, wurde er mit dienstfertigem Einverständnis empfangen. Ein Manager, ein kleiner, leiser, schmeichelnd höflicher Mann mit schwarzem Schnurrbart und in französisch geschnittenem Gehrock, begleitete ihn im Lift zum zweiten Stockwerk hinauf und wies ihm sein Zimmer an, einen angenehmen, in Kirschholz möblierten Raum, den man mit starkduftenden Blumen geschmückt hatte und dessen hohe Fenster die Aussicht aufs offene Meer gewährten. Er trat an eines davon, nachdem der Angestellte sich zurückgezogen, und während man hinter ihm sein Gepäck hereinschaffte und im Zimmer unterbrachte, blickte er hinaus auf den nachmittäglich menschenarmen Strand und die unbesonnte See, die Flutzeit hatte und niedrige, gestreckte Wellen in ruhigem Gleichtakt gegen das Ufer sandte.

Die Beobachtungen und Begegnisse des Einsam-Stummen sind zugleich verschwommener und eindringlicher als die des Geselligen, seine Gedanken schwerer, wunderlicher und nie ohne einen Anflug von Traurigkeit. Bilder und Wahrnehmungen, die mit einem Blick, einem Lachen, einem Urteilsaustausch leichthin abzutun wären, beschäftigen ihn über Gebühr, vertiefen sich im Schweigen, werden bedeutsam, Erlebnis, Abenteuer, Gefühl. Einsamkeit zeitigt das Originale, das gewagt und befremdend Schöne, das Gedicht. Einsamkeit zeitigt aber auch das Verkehrte, das Unverhältnismäßige, das Absurde und Unerlaubte. – So beunruhigten die Erscheinungen der Herreise, der gräßliche alte Stutzer mit seinem Gefasel vom Liebchen, der verpönte, um seinen Lohn geprellte Gondolier, noch jetzt das Gemüt des Reisenden. Ohne der Vernunft Schwierigkeiten zu bieten, ohne eigentlich Stoff zum Nachdenken zu geben, waren sie dennoch grundsonderbar von Natur, wie es ihm schien, und beunruhigend wohl eben durch diesen Widerspruch. Dazwischen grüßte er das Meer mit den Augen und empfand Freude, Venedig in so leicht erreichbarer Nähe zu wissen. Er wandte sich endlich, badete sein Gesicht, traf gegen das Zimmermädchen einige Anordnungen zur Vervollständigung seiner Bequemlichkeit und ließ sich von dem grün gekleideten Schweizer, der den Lift bediente, ins Erdgeschoß hinunterfahren.

Er nahm seinen Tee auf der Terrasse der Seeseite, stieg dann hinab und verfolgte den Promenaden-Quai eine gute Strecke in der Richtung auf das Hotel Excelsior. Als er zurückkehrte, schien es schon an der Zeit, sich zur Abendmahlzeit umzukleiden. Er tat es langsam und genau, nach seiner Art, da er bei der Toilette zu arbeiten gewöhnt war, und fand sich trotzdem ein wenig verfrüht in der Halle ein, wo er einen großen Teil der Hotelgäste, fremd untereinander und in gespielter gegenseitiger Teilnahmslosigkeit, aber in der gemeinsamen Erwartung des Essens, versammelt fand. Er nahm eine Zeitung vom Tische, ließ sich in einen Ledersessel nieder und betrachtete die Gesellschaft, die sich von derjenigen seines ersten Aufenthaltes in einer ihm angenehmen Weise unterschied.

Ein weiter, duldsam vieles umfassender Horizont tat sich auf. Gedämpft, vermischten sich die Laute der großen Sprachen. Der weltgültige Abendanzug, eine Uniform der Gesittung, faßte äußerlich die Spielarten des Menschlichen zu anständiger Einheit zusammen. Man sah die trockene und lange Miene des Amerikaners, die vielgliedrige russische Familie, englische Damen, deutsche Kinder mit französischen Bonnen. Der slavische Bestandteil schien vorzuherrschen. Gleich in der Nähe ward polnisch gesprochen.

Es war eine Gruppe halb und kaum Erwachsener, unter der Obhut einer Erzieherin oder Gesellschafterin um ein Rohrtischchen versammelt: drei junge Mädchen, fünfzehn- bis siebzehnjährig, wie es schien, und ein langhaariger Knabe von vielleicht vierzehn Jahren. Mit Erstaunen bemerkte Aschenbach, daß der Knabe vollkommen schön war. Sein Antlitz, – bleich und anmutig verschlossen, von honigfarbenem Haar umringelt, mit der gerade abfallenden Nase, dem lieblichen Munde, dem Ausdruck von holdem und göttlichem Ernst, erinnerte an griechische Bildwerke aus edelster Zeit, und bei reinster Vollendung der Form war es von so einmalig-persönlichem Reiz, daß der Schauende weder in Natur noch bildender Kunst etwas ähnlich Geglücktes angetroffen zu haben glaubte. Was ferner auffiel, war ein offenbar grundsätzlicher Kontrast zwischen den erzieherischen Gesichtspunkten, nach denen die Geschwister gekleidet und allgemein gehalten schienen. Die Herrichtung der drei Mädchen, von denen die Älteste für erwachsen gelten konnte, war bis zum Entstellenden herb und keusch. Eine gleichmäßig klösterliche Tracht, schieferfarben, halblang, nüchtern und gewollt unkleidsam von Schnitt, mit weißen Fallkrägen als einziger Aufhellung, unterdrückte und verhinderte jede Gefälligkeit der Gestalt. Das glatt und fest an den Kopf geklebte Haar ließ die Gesichter nonnenhaft leer und nichtssagend erscheinen. Gewiß, es war eine Mutter, die hier waltete, und sie dachte nicht einmal daran, auch auf den Knaben die pädagogische Strenge anzuwenden, die ihr den Mädchen gegenüber geboten schien. Weichheit und Zärtlichkeit bestimmten ersichtlich seine Existenz. Man hatte sich gehütet, die Scheere an sein schönes Haar zu legen; wie beim Dornauszieher lockte es sich in die Stirn, über die Ohren und tiefer noch in den Nacken. Ein englisches Matrosenkostüm, dessen bauschige Ärmel sich nach unten verengerten und die feinen Gelenke seiner noch kindlichen, aber schmalen Hände knapp umspannten, verlieh mit seinen Schnüren, Maschen und Stickereien der zarten Gestalt etwas Reiches und Verwöhntes. Er saß, im Halbprofil gegen den Betrachtenden, einen Fuß im schwarzen Lackschuh vor den andern gestellt, einen Ellenbogen auf die Armlehne seines Korbsessels gestützt, die Wange an die geschlossene Hand geschmiegt, in einer Haltung von lässigem Anstand und ganz ohne die fast untergeordnete Steifheit, an die seine weiblichen Geschwister gewöhnt schienen. War er leidend? Denn die Haut seines Gesichtes stach weiß wie Elfenbein gegen das goldige Dunkel der umrahmenden Locken ab. Oder war er einfach ein verzärteltes Vorzugskind, von parteilicher und launischer Liebe getragen? Aschenbach war geneigt, dies zu glauben. Fast jedem Künstlernaturell ist ein üppiger und verräterischer Hang eingeboren, Schönheit schaffende Ungerechtigkeit anzuerkennen und aristokratischer Bevorzugung Teilnahme und Huldigung entgegenzubringen.

Ein Kellner ging umher und meldete auf englisch, daß die Mahlzeit bereit sei. Allmählich verlor sich die Gesellschaft durch die Glastür in den Speisesaal. Nachzügler, vom Vestibül, von den Lifts kommend, gingen vorüber. Man hatte drinnen zu servieren begonnen, aber die jungen Polen verharrten noch um ihr

Rohrtischchen, und Aschenbach, in tiefem Sessel behaglich aufgehoben und übrigens das Schöne vor Augen, wartete mit ihnen.

Die Gouvernante, eine kleine und korpulente Halbdame mit rotem Gesicht, gab endlich das Zeichen, sich zu erheben. Mit hochgezogenen Brauen schob sie ihren Stuhl zurück und verneigte sich, als eine große Frau, grau-weiß gekleidet und sehr reich mit Perlen geschmückt, die Halle betrat. Die Haltung dieser Frau war kühl und gemessen, die Anordnung ihres leicht gepuderten Haares sowohl wie die Machart ihres Kleides von jener Einfachheit, die überall da den Geschmack bestimmt, wo Frömmigkeit als Bestandteil der Vornehmheit gilt. Sie hätte die Frau eines hohen deutschen Beamten sein können. Etwas von phantastischem Aufwand kam in ihre Erscheinung einzig durch ihren Schmuck, der in der Tat kaum schätzbar war und aus Ohrgehängen, sowie einer dreifachen, sehr langen Kette kirschengroßer, mild schimmernder Perlen bestand.

Die Geschwister waren rasch aufgestanden. Sie beugten sich zum Kuß über die Hand ihrer Mutter, die mit einem zurückhaltenden Lächeln ihres gepflegten, doch etwas müden und spitznäsigen Gesichtes über ihre Köpfe hinwegblickte und einige Worte in französischer Sprache an die Erzieherin richtete. Dann schritt sie zur Glastür. Die Geschwister folgten ihr: die Mädchen in der Reihenfolge ihres Alters, nach ihnen die Gouvernante, zuletzt der Knabe. Aus irgend einem Grunde wandte er sich um, bevor er die Schwelle überschritt, und da niemand sonst mehr in der Halle sich aufhielt, begegneten seine eigentümlich dämmergrauen Augen denen Aschenbachs, der, seine Zeitung auf den Knien, in Anschauung versunken, der Gruppe nachblickte.

Was er gesehen, war gewiß in keiner Einzelheit auffallend gewesen. Man war nicht vor der Mutter zu Tische gegangen, man hatte sie erwartet, sie ehrerbietig begrüßt und beim Eintritt in den Saal gebräuchliche Formen beobachtet. Allein das alles hatte sich so ausdrücklich, mit einem solchen Akzent von Zucht, Verpflichtung und Selbstachtung dargestellt, daß Aschenbach sich sonderbar ergriffen fühlte. Er zögerte noch einige Augenblicke, ging dann auch seinerseits in den Speisesaal hinüber und ließ sich sein Tischchen anweisen, das, wie er mit einer kurzen Regung des Bedauerns feststellte, sehr weit von dem der polnischen Familie entfernt war.

Müde und dennoch geistig bewegt, unterhielt er sich während der langwierigen Mahlzeit mit abstrakten, ja transzendenten Dingen, sann nach über die geheimnisvolle Verbindung, welche das Gesetzmäßige mit dem Individuellen eingehen müsse, damit menschliche Schönheit entstehe, kam von da aus auf allgemeine Probleme der Form und der Kunst und fand am Ende, daß seine Gedanken und Funde gewissen scheinbar glücklichen Einflüsterungen des Traumes glichen, die sich bei ernüchtertem Sinn als vollständig schal und untauglich erweisen. Er hielt sich nach Tische rauchend, sitzend, umherwandelnd, in dem abendlich duftenden Parke auf, ging zeitig zur Ruhe und verbrachte die Nacht in anhaltend tiefem, aber von Traumbildern verschiedentlich belebtem Schlaf.

Das Wetter ließ sich am folgenden Tage nicht günstiger an. Landwind ging. Unter fahlem, bedecktem Himmel lag das Meer in stumpfer Ruhe, verschrumpft gleichsam, mit nüchtern nahem Horizont und so weit vom Strande zurückgetreten, daß es mehrere Reihen langer Sandbänke freiließ. Als Aschenbach sein Fenster öffnete, glaubte er den fauligen Geruch der Lagune zu spüren.

Verstimmung befiel ihn. Schon in diesem Augenblick dachte er an Abreise. Einmal, vor Jahren, hatte nach zwei heiteren Frühlingswochen hier dies Wetter ihn heimgesucht und sein Befinden so schwer geschädigt, daß er Venedig wie ein Fliehender hatte verlassen müssen. Stellte nicht schon wieder die fiebrige Unlust von damals, der Druck in den Schläfen, die Schwere der Augenlider sich ein? Noch einmal den Aufenthalt zu wechseln würde lästig sein; wenn aber der Wind nicht umschlug, so war seines Bleibens hier nicht. Er packte zur Sicherheit nicht völlig aus. Um neun Uhr frühstückte er in dem hierfür vorbehaltenen Büfettzimmer zwischen Halle und Speisesaal.

In dem Raum herrschte die feierliche Stille, die zum Ehrgeiz der großen Hotels gehört. Die bedienenden Kellner gingen auf leisen Sohlen umher. Ein Klappern des Teegerätes, ein halbgeflüstertes Wort war alles, was man vernahm. In einem Winkel, schräg gegenüber der Tür und zwei Tische von seinem entfernt, bemerkte Aschenbach die polnischen Mädchen mit ihrer Erzieherin. Sehr aufrecht, das aschblonde Haar neu geglättet und mit geröteten Augen, in steifen blauleinenen Kleidern mit kleinen weißen Fallkrägen und Manschetten saßen sie da und reichten einander ein Glas mit Eingemachtem. Sie waren mit ihrem Frühstück fast fertig. Der Knabe fehlte.

Aschenbach lächelte. Nun kleiner Phäake! dachte er. Du scheinst vor diesen das Vorrecht beliebigen Ausschlafens zu genießen. Und plötzlich aufgeheitert rezitierte er bei sich selbst den Vers:

»Oft veränderten Schmuck und warme Bäder und Ruhe.«

Er frühstückte ohne Eile, empfing aus der Hand des Portiers, der mit gezogener Tressenmütze in den Saal kam, einige nachgesandte Post und öffnete, eine Zigarette rauchend, ein paar Briefe. So geschah es, daß er dem Eintritt des Langschläfers noch beiwohnte, den man dort drüben erwartete.

Er kam durch die Glastür und ging in der Stille schräg durch den Raum zum Tisch seiner Schwestern. Sein Gehen war sowohl in der Haltung des Oberkörpers wie in der Bewegung der Kniee, dem Aufsetzen des weißbeschuhten Fußes von außerordentlicher Anmut, sehr leicht, zugleich zart und stolz und verschönt noch durch die kindliche Verschämtheit, in welcher er zweimal unterwegs, mit einer Kopfwendung in den Saal, die Augen aufschlug und senkte. Lächelnd, mit einem halblauten Wort in seiner weich verschwommenen Sprache nahm er seinen Platz ein, und jetzt zumal, da er dem Schauenden sein genaues Profil zuwandte, erstaunte dieser aufs neue, ja erschrak über die wahrhaft gottähnliche Schönheit des Menschenkindes. Der Knabe trug heute einen leichten Blusenanzug aus blau und weiß gestreiftem Waschstoff mit rotseidener Masche auf der Brust und am Halse von einem einfachen weißen Stehkragen abgeschlossen. Auf diesem Kragen aber, der nicht einmal sonderlich elegant zum Charakter des Anzugs passen wollte, ruhte die Blüte des Hauptes in unvergleichlichem Liebreiz, – das Haupt des Eros, vom gelblichen Schmelze parischen Marmors, mit feinen und ernsten Brauen, Schläfen und Ohr vom rechtwinklig einspringenden Geringel des Haares dunkel und weich bedeckt.

Gut, gut, dachte Aschenbach mit jener fachmännisch kühlen Billigung, in welche Künstler zuweilen einem Meisterwerk gegenüber ihr Entzücken, ihre Hingerissenheit kleiden. Und weiter dachte er: Wahrhaftig, erwarteten mich nicht Meer und Strand, ich bliebe hier, so lange du bleibst! So aber ging er denn, ging unter den Aufmerksamkeiten des Personals durch die Halle, die große Terrasse hinab und gerade aus über den Brettersteg zum abgesperrten Strand der Hotelgäste. Er ließ sich von dem barfüßigen Alten, der sich in Leinwandhose, Matrosenbluse und Strohhut dort unten als Bademeister tätig zeigte, die gemietete Strandhütte zuweisen, ließ Tisch und Sessel hinaus auf die sandig bretterne Plattform stellen und machte sich's bequem in dem Liegestuhl, den er weiter zum Meere hin in den wachsgelben Sand gezogen hatte.

Das Strandbild, dieser Anblick sorglos sinnlich genießender Kultur am Rande des Elementes, unterhielt und erfreute ihn wie nur je. Schon war die graue und flache See belebt von watenden Kindern, Schwimmern, bunten Gestalten, welche, die Arme unter dem Kopf verschränkt, auf den Sandbänken lagen. Andere ruderten in kleinen rot und blau gestrichenen Booten ohne Kiel und kenterten lachend. Vor der gedehnten Zeile der Capannen, auf deren Plattformen man wie auf kleinen Veranden saß, gab es spielende Bewegung und träg hingestreckte Ruhe, Besuche und Geplauder, sorgfältige Morgeneleganz neben der Nacktheit, die keck-behaglich die Freiheiten des Ortes genoß. Vorn auf dem feuchten und festen Sande lustwandelten Einzelne in weißen Bademänteln, in weiten, starkfarbigen Hemdgewändern. Eine vielfältige Sandburg zur Rechten, von Kindern hergestellt, war rings mit kleinen Flaggen in den Farben aller Länder besteckt. Verkäufer von Muscheln, Kuchen und Früchten breiteten kniend ihre Waren aus. Links, vor einer der Hütten, die quer zur

Reihe der übrigen und zum Meere standen und auf dieser Seite einen Abschluß des Strandes bildeten, kampierte eine russische Familie: Männer mit Bärten und großen Zähnen, mürbe und träge Frauen, ein baltisches Fräulein, das an einer Staffelei sitzend unter Ausrufen der Verzweiflung das Meer malte, zwei gutmütig-häßliche Kinder, eine alte Magd im Kopftuch und mit zärtlich unterwürfigen Sklavenmanieren. Dankbar genießend lebten sie dort, riefen unermüdlich die Namen der unfolgsam sich tummelnden Kinder, scherzten vermittelst weniger italienischer Worte lange mit dem humoristischen Alten, von dem sie Zuckerwerk kauften, küßten einander auf die Wangen und kümmerten sich um keinen Beobachter ihrer menschlichen Gemeinschaft.

Ich will also bleiben, dachte Aschenbach. Wo wäre es besser? Und die Hände im Schoß gefaltet, ließ er seine Augen sich in den Weiten des Meeres verlieren, seinen Blick entgleiten, verschwimmen, sich brechen im eintönigen Dunst der Raumeswüste. Er liebte das Meer aus tiefen Gründen: aus dem Ruheverlangen des schwer arbeitenden Künstlers, der von der anspruchsvollen Vielgestalt der Erscheinungen an der Brust des Einfachen, Ungeheueren sich zu bergen begehrt; aus einem verbotenen, seiner Aufgabe gerade entgegengesetzten und eben darum verführerischen Hange zum Ungegliederten, Maßlosen, Ewigen, zum Nichts. Am Vollkommenen zu ruhen, ist die Sehnsucht dessen, der sich um das Vortreffliche müht; und ist nicht das Nichts eine Form des Vollkommenen? Wie er nun aber so tief ins Leere träumte, ward plötzlich die Horizontale des Ufersaumes von einer menschlichen Gestalt überschnitten, und als er seinen Blick aus dem Unbegrenzten einholte und sammelte, da war es der schöne Knabe, der von links kommend vor ihm im Sande vorüberging. Er ging barfuß, zum Waten bereit, die schlanken Beine bis über die Kniee entblößt, langsam, aber so leicht und stolz, als sei er ohne Schuhwerk sich zu bewegen ganz gewöhnt, und schaute sich nach den querstehenden Hütten um. Kaum aber hatte er die russische Familie bemerkt, die dort in dankbarer Eintracht ihr Wesen trieb, als ein Unwetter zorniger Verachtung sein Gesicht überzog. Seine Stirn verfinsterte sich, sein Mund ward emporgehoben, von den Lippen nach einer Seite ging ein erbittertes Zerren, daß die Wange zerriß, und seine Brauen waren so schwer gerunzelt, daß unter ihrem Druck die Augen eingesunken schienen und böse und dunkel darunter hervor die Sprache des Hasses führten. Er blickte zu Boden, blickte noch einmal drohend zurück, tat dann mit der Schulter eine heftig wegwerfende Bewegung und ließ die Feinde im Rücken.

Eine Art Zartgefühl oder Erschrockenheit, etwas wie Achtung und Scham, veranlaßte Aschenbach, sich abzuwenden, als ob er nichts gesehen hätte; denn dem ernsten Zufallsbeobachter der Leidenschaft widerstrebt es, von seinen Wahrnehmungen auch nur vor sich selber Gebrauch zu machen. Er war aber erheitert und erschüttert zugleich, das heißt: beglückt. Dieser kindische Fanatismus, gerichtet gegen das gutmütigste Stück Leben, – er stellte das Göttlich-Nichtssagende in menschliche Beziehungen; er ließ ein kostbares Bildwerk der Natur, das nur zur Augenweide getaugt hatte, einer tieferen Teilnahme wert erscheinen; und er verlieh der ohnehin durch Schönheit bedeutenden Gestalt des Halbwüchsigen eine politisch-geschichtliche Folie, die gestattete, ihn über seine Jahre ernst zu nehmen.

Noch abgewandt, lauschte Aschenbach auf die Stimme des Knaben, seine helle, ein wenig schwache Stimme, mit der er sich von weitem schon den um die Sandburg beschäftigten Gespielen grüßend anzukündigen suchte. Man antwortete ihm, indem man ihm seinen Namen oder eine Koseform seines Namens mehrfach entgegenrief, und Aschenbach horchte mit einer gewissen Neugier darauf, ohne Genaueres erfassen zu können, als zwei melodische Silben wie »Adgio« oder öfter noch »Adgiu« mit rufend gedehntem u-Laut am Ende. Er freute sich des Klanges, er fand ihn in seinem Wohllaut dem Gegenstande angemessen, wiederholte ihn im Stillen und wandte sich befriedigt seinen Briefen und Papieren zu.

Seine kleine Reiseschreibmappe auf den Knien, begann er, mit dem Füllfederhalter diese und jene Korrespondenz zu erledigen. Aber nach einer Viertelstunde schon fand er es schade, die Situation, die genießenswerteste, die er kannte, so im Geist zu verlassen und durch gleichgültige Tätigkeit zu versäumen. Er warf das Schreibzeug beiseite, er kehrte zum Meere zurück, und nicht lange, so wandte er, abgelenkt von den Stimmen der Jugend am Sandbau, den Kopf bequem an der Lehne des Stuhles nach rechts, um sich nach dem Treiben und Bleiben des trefflichen Adgio wieder umzutun.

Der erste Blick fand ihn; die rote Masche auf seiner Brust war nicht zu verfehlen. Mit anderen beschäftigt, eine alte Planke als Brücke über den feuchten Graben der Sandburg zu legen, gab er rufend und mit dem Kopfe winkend seine Anweisungen zu diesem Werk. Es waren da mit ihm ungefähr zehn Genossen, Knaben und Mädchen, von seinem Alter und einige jünger, die in Zungen, polnisch, französisch und auch in Balkan-Idiomen durcheinander schwatzten. Aber sein Name war es, der am öftesten erklang. Offenbar war er begehrt, umworben, bewundert. Einer namentlich, Pole gleich ihm, ein stämmiger Bursche, der ähnlich wie »Jaschu« gerufen wurde, mit schwarzem, pomadisiertem Haar und leinenem Gürtelanzug, schien sein nächster Vasall und Freund. Sie gingen, als für diesmal die Arbeit am Sandbau beendigt war, umschlungen den Strand entlang, und der, welcher »Jaschu« gerufen wurde, küßte den Schönen.

Aschenbach war versucht, ihm mit dem Finger zu drohen. »Dir aber rat ich Kritobulos«, dachte er lächelnd, »geh ein Jahr auf Reisen! Denn soviel brauchst du mindestens Zeit zur Genesung.« Und dann frühstückte er große, vollreife Erdbeeren, die er von einem Händler erstand. Es war sehr warm geworden, obgleich die Sonne die Dunstschicht des Himmels nicht zu durchdringen vermochte. Trägheit fesselte den Geist, indes die Sinne die ungeheure und betäubende Unterhaltung der Meeresstille genossen. Zu erraten, zu erforschen, welcher Name es sei, der ungefähr »Adgio« lautete, schien dem ernsten Mann eine angemessene, vollkommen ausfüllende Aufgabe und Beschäftigung. Und mit Hilfe einiger polnischer Erinnerungen stellte er fest, daß »Tadzio« gemeint sein müsse, die Abkürzung von »Tadeusz« und im Anrufe »Tadziu« lautend.

Tadzio badete. Aschenbach, der ihn aus den Augen verloren hatte, entdeckte seinen Kopf, seinen Arm, mit dem er rudernd ausholte, weit draußen im Meer; denn das Meer mochte flach sein bis weit hinaus. Aber schon schien man besorgt um ihn, schon riefen Frauenstimmen nach ihm von den Hütten, stießen wiederum diesen Namen aus, der den Strand beinahe wie eine Losung beherrschte und mit seinen weichen Mitlauten, seinem gezogenen u-Ruf am Ende, etwas zugleich Süßes und Wildes hatte: »Tadziu, Tadziu!« Er gehorchte, er lief, das widerstrebende Wasser mit den Beinen zu Schaum schlagend, zurückgeworfenen Kopfes durch die Flut; und zu sehen, wie die lebendige Gestalt, vormännlich hold und herb, mit triefenden Locken und schön wie ein zarter Gott, herkommend aus den Tiefen von Himmel und Meer, dem Elemente entstieg und entrann: Dieser Anblick gab mythische Vorstellungen ein, er war wie Dichterkunde von anfänglichen Zeiten, vom Ursprung der Form und von der Geburt der Götter. Aschenbach lauschte mit geschlossenen Augen auf diesen in seinem Innern antönenden Gesang; und abermals dachte er, daß es hier gut sei und daß er bleiben wolle.

Später lag Tadzio, vom Bade ausruhend, im Sande, gehüllt in sein weißes Laken, das unter der rechten Schulter durchgezogen war, den Kopf auf den bloßen Arm gebettet; und auch wenn Aschenbach ihn nicht betrachtete, sondern einige Seiten in seinem Buche las, vergaß er fast niemals, daß jener dort lag und daß es ihn nur eine leichte Wendung des Kopfes nach rechts kostete, um das Bewunderungswürdige zu erblicken. Beinahe schien es ihm, als säße er hier, um den Ruhenden zu behüten, – mit eigenen Angelegenheiten beschäftigt und dabei doch in beständiger Wachsamkeit für das edle Menschenbild dort zur Rechten, nicht weit von ihm. Und eine väterliche Huld, die gerührte Hinneigung dessen, der sich opfernd im Geiste das Schöne zeugt, zu dem, der die Schönheit hat, erfüllte und bewegte sein Herz.

Nach Mittag verließ er den Strand, kehrte ins Hotel zurück und ließ sich hinauf vor sein Zimmer fahren. Er verweilte dort drinnen längere Zeit vor dem Spiegel und betrachtete sein graues Haar, sein müdes und scharfes Gesicht. In diesem Augenblick dachte er an seinen Ruhm und daran, daß Viele ihn auf den Straßen kannten und ehrerbietig betrachteten, um seines sicher treffenden und mit Anmut gekrönten Wortes willen, – rief alle äußeren Erfolge seines Talentes auf, die ihm irgend einfallen wollten und gedachte sogar seiner Nobilitierung. Er begab sich dann zum Lunch hinab in den Saal und speiste an seinem Tischchen. Als er nach beendeter Mahlzeit den Lift bestieg, drängte junges Volk, das gleichfalls vom Frühstück kam, ihm nach in das schwebende Kämmerchen, und auch Tadzio trat ein. Er stand ganz nahe bei Aschenbach, zum ersten Male so nah, daß dieser ihn nicht in bildmäßigem Abstand, sondern genau, mit den Einzelheiten seiner Menschlichkeit wahrnahm und erkannte. Der Knabe ward angeredet von irgend jemandem, und während er mit unbeschreiblich lieblichem Lächeln antwortete, trat er schon wieder aus, im ersten Stockwerk, rückwärts, mit niedergeschlagenen Augen. Schönheit macht schamhaft, dachte Aschenbach und bedachte sehr eindringlich, warum. Er hatte jedoch bemerkt, daß Tadzios Zähne nicht recht erfreulich waren: etwas zackig und blaß, ohne den Schmelz der Gesundheit und von eigentümlich spröder Durchsichtigkeit wie zuweilen bei Bleichsüchtigen. Er ist sehr zart, er ist kränklich, dachte Aschenbach. Er wird wahrscheinlich nicht alt werden. Und er verzichtete darauf, sich Rechenschaft über ein Gefühl der Genugtuung oder Beruhigung zu geben, das diesen Gedanken begleitete.

Er verbrachte zwei Stunden auf seinem Zimmer und fuhr am Nachmittag mit dem Vaporetto über die faulriechende Lagune nach Venedig. Er stieg aus bei San Marco, nahm den Tee auf dem Platze und trat dann, seiner hiesigen Tagesordnung gemäß, einen Spaziergang durch die Straßen an. Es war jedoch dieser Gang, der einen völligen Umschwung seiner Stimmung, seiner Entschlüsse herbeiführte.

Eine widerliche Schwüle lag in den Gassen, die Luft war so dick, daß die Gerüche, die aus Wohnungen, Läden, Garküchen quollen, Öldunst, Wolken von Parfüm und viele andere in

Schwaden standen, ohne sich zu zerstreuen. Zigarettenrauch hing an seinem Orte und entwich nur langsam. Das Menschengeschiebe in der Enge belästigte den Spaziergänger, statt ihn zu unterhalten. Je länger er ging, desto quälender bemächtigte sich seiner der abscheuliche Zustand, den die Seeluft zusammen mit dem Scirocco hervorbringen kann, und der zugleich Erregung und Erschlaffung ist. Peinlicher Schweiß brach ihm aus. Die Augen versagten den Dienst, die Brust war beklommen, er fieberte, das Blut pochte im Kopf. Er floh aus den drangvollen Geschäftsgassen über Brücken in die Gänge der Armen: dort behelligten ihn Bettler, und die üblen Ausdünstungen der Kanäle verleideten das Atmen. Auf stillem Platz, einer jener vergessen und verwunschen anmutenden Örtlichkeiten, die sich im Innern Venedigs finden, am Rande eines Brunnens rastend, trocknete er die Stirn und sah ein, daß er reisen müsse.

Zum zweitenmal und nun endgültig war es erwiesen, daß diese Stadt bei dieser Witterung ihm höchst schädlich war. Eigensinniges Ausharren erschien vernunftwidrig, die Aussicht auf ein Umschlagen des Windes ganz ungewiß. Es galt rasche Entscheidung. Schon jetzt nach Hause zurückzukehren, verbot sich. Weder Sommer- noch Winterquartier war bereit, ihn aufzunehmen. Aber nicht nur hier gab es Meer und Strand, und anderwärts fanden sie sich ohne die böse Zutat der Lagune und ihres Fieberdunstes. Er erinnerte sich eines kleinen Seebades nicht weit von Triest, das man ihm rühmlich genannt hatte. Warum nicht dorthin? Und zwar ohne Verzug, damit der abermalige Aufenthaltswechsel sich noch lohne. Er erklärte sich für entschlossen und stand auf. Am nächsten Gondelhalteplatz nahm er ein Fahrzeug und ließ sich durch das trübe Labyrinth der Kanäle, unter zierlichen Marmorbalkonen hin, die von Löwenbildern flankiert waren, um glitschige Mauerecken, vorbei an trauernden Palastfassaden, die große Firmenschilder im Abfall schaukelnden Wasser spiegelten, nach San Marco leiten. Er hatte Mühe, dorthin zu gelangen, denn der Gondolier, der mit Spitzenfabriken und Glasbläsereien im Bunde stand, versuchte überall, ihn zu Besichtigung und Einkauf abzusetzen, und wenn die bizarre Fahrt durch Venedig ihren Zauber zu üben begann, so tat der beutelschneiderische Geschäftsgeist der gesunkenen Königin das seine, den Sinn wieder verdrießlich zu ernüchtern.

Ins Hotel zurückgekehrt, gab er noch vor dem Diner im Bureau die Erklärung ab, daß unvorhergesehene Umstände ihn nötigten, morgen früh abzureisen. Man bedauerte, man quittierte seine Rechnung. Er speiste und verbrachte den lauen Abend, Journale lesend, in einem Schaukelstuhl auf der rückwärtigen Terrasse. Bevor er zur Ruhe ging, machte er sein Gepäck vollkommen zur Abreise fertig.

Er schlief nicht zum besten, da der bevorstehende Wiederaufbruch ihn beunruhigte. Als er am Morgen die Fenster öffnete, war der Himmel bezogen nach wie vor, aber die Luft schien frischer, und – es begann auch schon seine Reue. War diese Kündigung nicht überstürzt und irrtümlich, die Handlung eines kranken und unmaßgeblichen Zustandes gewesen? Hätte er sie ein wenig zurückbehalten, hätte er es, ohne so rasch zu verzagen, auf den Versuch einer Anpassung an die venezianische Luft oder auf Besserung des Wetters ankommen lassen, so stand ihm jetzt, statt Hast und Last, ein Vormittag am Strande gleich dem gestrigen bevor. Zu spät. Nun mußte er fortfahren, zu wollen, was er gestern gewollt hatte. Er kleidete sich an und fuhr um acht Uhr zum Frühstück ins Erdgeschoß hinab.

Der Büfettraum war, als er eintrat, noch leer von Gästen. Einzelne kamen, während er saß und das Bestellte erwartete. Die Teetasse am Munde, sah er die polnischen Mädchen nebst ihrer Begleiterin sich einfinden; streng und morgenfrisch, mit geröteten Augen schritten sie zu ihrem Tisch in der Fensterecke. Gleich darauf näherte sich ihm der Portier mit gezogener Mütze und mahnte zum Aufbruch. Das Automobil stehe bereit, ihn und andere Reisende nach dem Hotel »Excelsior« zu bringen, von wo das Motorboot die Herrschaften durch den Privatkanal der Gesellschaft zum Bahnhof befördern werde. Die Zeit dränge. – Aschenbach fand, daß sie das nicht im mindesten tue. Mehr als eine Stunde blieb bis zur Abfahrt seines Zuges. Er ärgerte sich an der Gasthofsitte, den Abreisenden vorzeitig aus dem Hause zu

44

schaffen und bedeutete dem Portier, daß er in Ruhe zu frühstük-
ken wünsche. Der Mann zog sich zögernd zurück, um nach fünf
Minuten wieder aufzutreten. Unmöglich, daß der Wagen länger
warte. Dann möge er fahren und seinen Koffer mitnehmen, entgegnete Aschenbach gereizt. Er selbst wolle zur gegebenen Zeit
das öffentliche Dampfboot benutzen und bitte, die Sorge um
sein Fortkommen ihm selber zu überlassen. Der Angestellte verbeugte sich. Aschenbach, froh, die lästigen Mahnungen abge-
wehrt zu haben, beendete seinen Imbiß ohne Eile, ja ließ sich
sogar noch vom Kellner Tagesblätter reichen. Die Zeit war recht
knapp geworden, als er aufstand. Es fügte sich, daß im selben
Augenblick Tadzio durch die Glastür hereinkam.

Er kreuzte, zum Tische der Seinen gehend, den Weg des Auf-
brechenden, schlug vor dem grauhaarigen, hochgestirnten
Mann bescheiden die Augen nieder, um sie nach seiner lieblichen
Art sogleich wieder weich und voll zu ihm aufzuschlagen und
war vorüber. Adieu, Tadzio! dachte Aschenbach. Ich sah dich
kurz. Und indem er gegen seine Gewohnheit das Gedachte
wirklich mit den Lippen ausbildete und vor sich hinsprach, fügte
er hinzu: Sei gesegnet! – Er hielt dann Abreise, verteilte Trink-
gelder, ward von dem kleinen leisen Manager im französischen
Gehrock verabschiedet und verließ das Hotel zu Fuß, wie er gekommen, um sich, gefolgt von dem Handgepäck tragenden
Hausdiener, durch die weiß blühende Allee quer über die Insel
zur Dampferbrücke zu begeben. Er erreicht sie, er nimmt Platz,
– und was folgte, war eine Leidensfahrt, kummervoll, durch alle
Tiefen der Reue.

Es war die vertraute Fahrt über die Lagune, an San Marco
vorbei, den großen Kanal hinauf. Aschenbach saß auf der Rund-
bank am Buge, den Arm aufs Geländer gestützt, mit der Hand
die Augen beschattend. Die öffentlichen Gärten blieben zurück,
die Piazzetta eröffnete sich noch einmal in fürstlicher Anmut
und ward verlassen, es kam die große Flucht der Paläste, und als
die Wasserstraße sich wendete, erschien des Rialto prächtig gespannter Marmorbogen. Der Abschiednehmende schaute, und
seine Brust war zerrissen. Die Atmosphäre der Stadt, diesen leis

fauligen Geruch von Meer und Sumpf, den zu fliehen es ihn so sehr gedrängt hatte, – er atmete ihn jetzt in tiefen, zärtlich schmerzlichen Zügen. War es möglich, daß er nicht gewußt, nicht bedacht hatte, wie sehr sein Herz an dem allen hing? Was heute morgen ein halbes Bedauern, ein leiser Zweifel an der Richtigkeit seines Tuns gewesen war, das wurde jetzt zum Harm, zum wirklichen Weh, zu einer Seelennot, so bitter, daß sie ihm mehrmals Tränen in die Augen trieb, und von der er sich sagte, daß er sie unmöglich habe vorhersehen können. Was er als so schwer erträglich, ja, zuweilen als völlig unleidlich empfand, war offenbar der Gedanke, daß er Venedig nie wieder sehen solle, daß dies ein Abschied für immer sei. Denn da sich zum zweiten Male gezeigt hatte, daß die Stadt ihn krank mache, da er sie zum zweiten Male jäh zu verlassen gezwungen war, so hatte er sie ja fortan als einen ihm unmöglichen und verbotenen Aufenthalt zu betrachten, dem er nicht gewachsen war und den wieder aufzusuchen sinnlos gewesen wäre. Ja, er empfand, daß, wenn er jetzt abreise, Scham und Trotz ihn hindern müßten, die geliebte Stadt je wieder zu sehen, der gegenüber er zweimal körperlich versagt hatte; und dieser Streitfall zwischen seelischer Neigung und körperlichem Vermögen schien dem Alternden auf einmal so schwer und wichtig, die physische Niederlage so schmählich, so um jeden Preis hintanzuhalten, daß er die leichtfertige Ergebung nicht begriff, mit welcher er gestern, ohne ernstlichen Kampf, sie zu tragen und anzuerkennen beschlossen hatte.

Unterdessen nähert sich das Dampfboot dem Bahnhof, und Schmerz und Ratlosigkeit steigen bis zur Verwirrung. Die Abreise dünkt dem Gequälten unmöglich, die Umkehr nicht minder. So ganz zerrissen betritt er die Station. Es ist sehr spät, er hat keinen Augenblick zu verlieren, wenn er den Zug erreichen will. Er will es und will es nicht. Aber die Zeit drängt, sie geißelt ihn vorwärts; er eilt, sich sein Billett zu verschaffen und sieht sich im Tumult der Halle nach dem hier stationierten Beamten der Hotelgesellschaft um. Der Mensch zeigt sich und meldet, der große Koffer sei aufgegeben. Schon aufgegeben? Ja, bestens, – nach

Como. Nach Como? Und aus einem hastigen Hin und Her, aus zornigen Fragen und betretenen Antworten kommt zu Tage, daß der Koffer, schon im Gepäckbeförderungs-Amt des Hotels »Excelsior« zusammen mit anderer, fremder Bagage, in völlig falsche Richtung geleitet wurde.

Aschenbach hatte Mühe, die Miene zu bewahren, die unter diesen Umständen einzig begreiflich war. Eine abenteuerliche Freude, eine unglaubliche Heiterkeit erschütterte von innen fast krampfhaft seine Brust. Der Angestellte stürzte davon, um möglicherweise den Koffer noch anzuhalten und kehrte, wie zu erwarten gewesen, unverrichteter Dinge zurück. Da erklärte denn Aschenbach, daß er ohne sein Gepäck nicht zu reisen wünsche, sondern umzukehren und das Wiedereintreffen des Stükkes im Bäderhotel zu erwarten entschlossen sei. Ob das Motorboot der Gesellschaft am Bahnhof liege. Der Mann beteuerte, es liege vor der Tür. Er bestimmte in italienischer Suade den Schalterbeamten, den gelösten Fahrschein zurückzunehmen, er schwor, daß depeschiert werden, daß nichts gespart und versäumt werden solle, um den Koffer in Bälde zurückzugewinnen, und – so fand das Seltsame statt, daß der Reisende, zwanzig Minuten nach seiner Ankunft am Bahnhof, sich wieder im Großen Kanal auf dem Rückweg zum Lido sah.

Wunderlich unglaubhaftes, beschämendes, komisch traumartiges Abenteuer: Stätten, von denen man eben in tiefster Wehmut Abschied auf immer genommen, vom Schicksal umgewandt und zurückverschlagen, in derselben Stunde noch wiederzusehen! Schaum vor dem Buge, drollig behend zwischen Gondeln und Dampfern lavierend, schoß das kleine, eilfertige Fahrzeug seinem Ziele zu, indes sein Passagier unter der Maske ärgerlicher Resignation die ängstlich-übermütige Erregung eines entlaufenen Knaben verbarg. Noch immer, von Zeit zu Zeit, ward seine Brust bewegt von Lachen über dies Mißgeschick, das, wie er sich sagte, ein Sonntagskind nicht gefälliger hätte heimsuchen können. Es waren Erklärungen zu geben, erstaunte Gesichter zu bestehen, – dann war, so sagte er sich, alles wieder gut, dann war ein Unglück verhütet, ein schwerer Irrtum richtig gestellt, und alles, was er im Rücken zu lassen geglaubt hatte, eröffnete sich ihm wieder, war auf beliebige Zeit wieder sein... Täuschte ihn übrigens die rasche Fahrt oder kam wirklich zum Überfluß der Wind nun dennoch vom Meere her?

Die Wellen schlugen gegen die betonierten Wände des schmalen Kanals, der durch die Insel zum Hotel »Excelsior« gelegt ist. Ein automobiler Omnibus erwartete dort den Wiederkehrenden und führte ihn oberhalb des gekräuselten Meeres auf geradem Wege zum Bäder-Hotel. Der kleine schnurrbärtige Manager im geschweiften Gehrock kam zur Begrüßung die Freitreppe herab.

Leise schmeichelnd bedauerte er den Zwischenfall, nannte ihn äußerst peinlich für ihn und das Institut, billigte aber mit Überzeugung Aschenbachs Entschluß, das Gepäckstück hier zu erwarten. Freilich sei sein Zimmer vergeben, ein anderes jedoch, nicht schlechter, sogleich zur Verfügung. »Pas de chance, monsieur«, sagte der schweizerische Liftführer lächelnd, als man hinaufglitt. Und so wurde der Flüchtling wieder einquartiert, in einem Zimmer, das dem vorigen nach Lage und Einrichtung fast vollkommen glich.

Ermüdet, betäubt von dem Wirbel dieses seltsamen Vormittags, ließ er sich, nachdem er den Inhalt seiner Handtasche im Zimmer verteilt, in einem Lehnstuhl am offenen Fenster nieder. Das Meer hatte eine blaßgrüne Färbung angenommen, die Luft schien dünner und reiner, der Strand mit seinen Hütten und Booten farbiger, obgleich der Himmel noch grau war. Aschenbach blickte hinaus, die Hände im Schoß gefaltet, zufrieden, wieder hier zu sein, kopfschüttelnd unzufrieden über seinen Wankelmut, seine Unkenntnis der eigenen Wünsche. So saß er wohl eine Stunde, ruhend und gedankenlos träumend. Um Mittag erblickte er Tadzio, der in gestreiftem Leinenanzug mit roter Masche, vom Meere her, durch die Strandsperre und die Bretterwege entlang zum Hotel zurückkehrte. Aschenbach erkannte ihn aus seiner Höhe sofort, bevor er ihn eigentlich ins Auge gefaßt, und wollte etwas denken, wie: »Sieh, Tadzio, da bist ja auch du wieder!« Aber im gleichen Augenblick fühlte er, wie der lässige Gruß vor der Wahrheit seines Herzens hinsank und verstummte, – fühlte die Begeisterung seines Blutes, die Freude, den Schmerz seiner Seele und erkannte, daß ihm um Tadzios willen der Abschied so schwer geworden war.

Er saß ganz still, ganz ungesehen an seinem hohen Platze und blickte in sich hinein. Seine Züge waren erwacht, seine Brauen stiegen, ein aufmerksames, neugierig geistreiches Lächeln spannte seinen Mund. Dann hob er den Kopf und beschrieb mit beiden, schlaff über die Lehne des Sessels hinabhängenden Armen eine langsam drehende und hebende Bewegung, die Handflächen vorwärts kehrend, so, als deute er ein Öffnen und Ausbreiten der Arme an. Es war eine bereitwillig willkommen heißende, gelassen aufnehmende Gebärde.

Viertes Kapitel

Nun lenkte Tag für Tag der Gott mit den hitzigen Wangen nakkend sein gluthauchendes Viergespann durch die Räume des Himmels und sein gelbes Gelock flatterte im zugleich ausstürmenden Ostwind. Weißlich seidiger Glanz lag auf den Weiten des träge wallenden Pontos. Der Sand glühte. Unter der silbrig flirrenden Bläue des Äthers waren rostfarbene Segeltücher vor den Strandhütten ausgespannt, und auf dem scharf umgrenzten Schattenfleck, den sie boten, verbrachte man die Vormittagsstunden. Aber köstlich war auch der Abend, wenn die Pflanzen des Parks balsamisch dufteten, die Gestirne droben ihren Reigen schritten und das Murmeln des umnachteten Meeres, leise heraufdringend, die Seele besprach. Solch ein Abend trug in sich die freudige Gewähr eines neuen Sonnentages von leicht geordneter Muße und geschmückt mit zahllosen, dicht beieinander liegenden Möglichkeiten lieblichen Zufalls.

Der Gast, den ein so gefügiges Mißgeschick hier festgehalten, war weit entfernt, in der Rückgewinnung seiner Habe einen Grund zu erneutem Aufbruch zu sehen. Er hatte zwei Tage lang einige Entbehrung dulden und zu den Mahlzeiten im großen

Speisesaal im Reiseanzug erscheinen müssen. Dann, als man endlich die verirrte Last wieder in seinem Zimmer niedersetzte, packte er gründlich aus und füllte Schrank und Schubfächer mit dem Seinen, entschlossen zu vorläufig unabsehbarem Verweilen, vergnügt, die Stunden des Strandes in seidenem Anzug verbringen und beim Diner sich wieder in schicklicher Abendtracht an seinem Tischchen zeigen zu können.

Der wohlige Gleichtakt dieses Daseins hatte ihn schon in seinen Bann gezogen, die weiche und glänzende Milde dieser Lebensführung ihn rasch berückt. Welch ein Aufenthalt in der Tat, der die Reize eines gepflegten Badelebens an südlichem Strande mit der traulich bereiten Nähe der wunderlich-wundersamen Stadt verbindet! Aschenbach liebte nicht den Genuß. Wann immer und wo es galt, zu feiern, der Ruhe zu pflegen, sich gute Tage zu machen, verlangte ihn bald – und namentlich in jüngeren Jahren war dies so gewesen – mit Unruhe und Widerwillen zurück in die hohe Mühsal, den heilig nüchternen Dienst seines Alltags. Nur dieser Ort verzauberte ihn, entspannte sein Wollen, machte ihn glücklich. Manchmal vormittags, unter dem Schattentuch seiner Hütte, hinträumend über die Bläue des Südmeers, oder bei lauer Nacht auch wohl, gelehnt in die Kissen der Gondel, die ihn vom Markusplatz, wo er sich lange verweilt, unter dem groß gestirnten Himmel heimwärts zum Lido führte – und die bunten Lichter, die schmelzenden Klänge der Serenade blieben zurück, – erinnerte er sich seines Landsitzes in den Bergen, der Stätte seines sommerlichen Ringens, wo die Wolken tief durch den Garten zogen, fürchterliche Gewitter am Abend das Licht des Hauses löschten und die Raben, die er fütterte, sich in den Wipfeln der Fichten schwangen. Dann schien es ihm wohl, als sei er entrückt ins elysische Land, an die Grenzen der Erde, wo leichtestes Leben den Menschen beschert ist, wo nicht Schnee ist und Winter noch Sturm und strömender Regen, sondern immer sanft kühlenden Anhauch Okeanos aufsteigen läßt und in seliger Muße die Tage verrinnen, mühelos, kampflos und ganz nur der Sonne und ihren Festen geweiht.

Viel, fast beständig sah Aschenbach den Knaben Tadzio; ein

beschränkter Raum, eine jedem gegebene Lebensordnung brachten es mit sich, daß der Schöne ihm tagüber mit kurzen Unterbrechungen nahe war. Er sah, er traf ihn überall: in den unteren Räumen des Hotels, auf den kühlenden Wasserfahrten zur Stadt und von dort zurück, im Gepränge des Platzes selbst und oft noch zwischenein auf Wegen und Stegen, wenn der Zufall ein Übriges tat. Hauptsächlich aber und mit der glücklichsten Regelmäßigkeit bot ihm der Vormittag am Strande ausgedehnte Gelegenheit, der holden Erscheinung Andacht und Studium zu widmen. Ja, diese Gebundenheit des Glückes, diese täglich-gleichmäßig wieder anbrechende Gunst der Umstände war es so recht, was ihn mit Zufriedenheit und Lebensfreude erfüllte, was ihm den Aufenthalt teuer machte und einen Sonnentag so gefällig hinhaltend sich an den anderen reihen ließ.

Er war früh auf, wie sonst wohl bei pochendem Arbeitsdrange, und vor den meisten am Strand, wenn die Sonne noch milde war und das Meer weiß blendend in Morgenträumen lag. Er grüßte menschenfreundlich den Wächter der Sperre, grüßte auch vertraulich den barfüßigen Weißbart, der ihm die Stätte bereitet, das braune Schattentuch ausgespannt, die Möbel der Hütte hinaus auf die Plattform gerückt hatte, und ließ sich nieder. Drei Stunden oder vier waren dann sein, in denen die Sonne zur Höhe stieg und furchtbare Macht gewann, in denen das Meer tiefer und tiefer blaute und in denen er Tadzio sehen durfte.

Er sah ihn kommen, von links, am Rande des Meeres daher, sah ihn von rückwärts zwischen den Hütten hervortreten oder fand auch wohl plötzlich und nicht ohne ein frohes Erschrecken, daß er sein Kommen versäumt und daß er schon da war, schon in dem blau und weißen Badeanzug, der jetzt am Strand seine einzige Kleidung war, sein gewohntes Treiben in Sonne und Sand wieder aufgenommen hatte, – dies lieblich nichtige, müßig unstete Leben, das Spiel war und Ruhe, ein Schlendern, Waten, Graben, Haschen, Lagern und Schwimmen, bewacht, berufen von den Frauen auf der Plattform, die mit Kopfstimmen seinen Namen ertönen ließen: »Tadziu! Tadziu!« und zu denen er mit eifrigem Gebärdenspiel gelaufen kam, ihnen zu erzählen, was er erlebt, ihnen zu zeigen, was er gefunden, gefangen: Muscheln, Seepferdchen, Quallen und seitlich laufende Krebse. Aschenbach verstand nicht ein Wort von dem, was er sagte, und mochte es das Alltäglichste sein, es war verschwommener Wohllaut in seinem Ohr. So erhob Fremdheit des Knaben Rede zur Musik, eine übermütige Sonne goß verschwenderischen Glanz über ihn aus, und die erhabene Tiefsicht des Meeres war immer seiner Erscheinung Folie und Hintergrund.

Bald kannte der Betrachtende jede Linie und Pose dieses so gehobenen, so frei sich darstellenden Körpers, begrüßte freudig jede schon vertraute Schönheit aufs Neue und fand der Bewunderung, der zarten Sinneslust kein Ende. Man rief den Knaben, einen Gast zu begrüßen, der den Frauen bei der Hütte aufwartete; er lief herbei, lief naß vielleicht aus der Flut, er warf die Locken, und indem er die Hand reichte, auf einem Beine ruhend, den anderen Fuß auf die Zehenspitzen gestellt, hatte er eine reizende Drehung und Wendung des Körpers, anmutig spannungsvoll, verschämt aus Liebenswürdigkeit, gefallsüchtig aus adeliger Pflicht. Er lag ausgestreckt, das Badetuch um die Brust geschlungen, den zart gemeißelten Arm in den Sand gestützt, das Kinn in der hohlen Hand; der, welcher »Jaschu« gerufen wurde, saß kauernd bei ihm und tat ihm schön, und nichts konnte bezaubernder sein, als das Lächeln der Augen und Lippen, mit dem der Ausgezeichnete zu dem Geringeren, Dienenden aufblickte. Er stand am Rande der See, allein, abseits von den Seinen, ganz nahe bei Aschenbach, – aufrecht, die Hände im Nacken verschlungen, langsam sich auf den Fußballen schaukelnd, und träumte ins Blaue, während kleine Wellen, die anliefen, seine Zehen badeten. Sein honigfarbenes Haar schmiegte sich in Ringeln an die Schläfen und in den Nacken, die Sonne erleuchtete den Flaum des oberen Rückgrates, die feine Zeichnung der Rippen, das Gleichmaß der Brust traten durch die knappe Umhüllung des Rumpfes hervor, seine Achselhöhlen waren noch glatt wie bei einer Statue, seine Kniekehlen glänzten, und ihr bläuliches Geäder ließ seinen Körper wie aus klarerem Stoffe gebildet erscheinen. Welch eine Zucht, welche Präzision des Gedankens war ausgedrückt in diesem gestreckten und jugendlich vollkommenen Leibe! Der strenge und reine Wille jedoch, der, dunkel tätig, dies göttliche Bildwerk ans Licht zu treiben vermocht hatte, – war er nicht ihm, dem Künstler, bekannt und vertraut? Wirkte er nicht auch in ihm, wenn er, besonnener Leidenschaft voll, aus der Marmormasse der Sprache die schlanke Form befreite, die er im Geiste geschaut und die er als Standbild und Spiegel geistiger Schönheit den Menschen darstellte?

Standbild und Spiegel! Seine Augen umfaßten die edle Gestalt dort am Rande des Blauen, und in aufschwärmendem Entzükken glaubte er mit diesem Blick das Schöne selbst zu begreifen, die Form als Gottesgedanken, die eine und reine Vollkommenheit, die im Geiste lebt und von der ein menschliches Abbild und Gleichnis hier leicht und hold zur Anbetung aufgerichtet war. Das war der Rausch; und unbedenklich, ja gierig, hieß der alternde Künstler ihn willkommen. Sein Geist kreiste, seine Bildung geriet ins Wallen, sein Gedächtnis warf uralte, seiner Jugend überlieferte und bis dahin niemals von eigenem Feuer belebte Gedanken auf. Stand nicht geschrieben, daß die Sonne unsere Aufmerksamkeit von den intellektuellen auf die sinnlichen Dinge wendet? Sie betäube und bezaubere, hieß es, Verstand und Gedächtnis, dergestalt, daß die Seele vor Vergnügen ihres eigentlichen Zustandes ganz vergesse und mit staunender Bewunderung an dem schönsten der besonnten Gegenstände hängen bleibe: ja, nur mit Hülfe eines Körpers vermöge sie dann noch zu höherer Betrachtung sich zu erheben. Amor fürwahr tat es den Mathematikern gleich, die unfähigen Kindern greifbare Bilder der reinen Formen vorzeigen: So auch bediente der Gott sich, um uns das Geistige sichtbar zu machen, gern der Gestalt und Farbe menschlicher Jugend, die er zum Werkzeug der Erinnerung mit allem Abglanz der Schönheit schmückte und bei deren Anblick wir dann wohl in Schmerz und Hoffnung entbrannten.

So dachte der Enthusiasmierte; so vermochte er zu empfinden. Und aus Meerrausch und Sonnenglast spann sich ihm ein reizendes Bild. Es war die alte Platane unfern den Mauern Athens, – war jener heilig-schattige, vom Dufte der Kirschbaumblüten erfüllte Ort, den Weihbilder und fromme Gaben schmückten zu Ehren der Nymphen und des Acheloos. Ganz klar fiel der Bach zu Füßen des breitgeästeten Baums über glatte Kiesel; die Grillen geigten. Auf dem Rasen aber, der sanft abfiel, so, daß man im Liegen den Kopf hoch halten konnte, lagerten Zwei, geborgen hier vor der Glut des Tages: ein Ältlicher und ein Junger, ein Häßlicher und ein Schöner, der Weise beim Liebenswürdigen. Und unter Artigkeiten und geistreich werbenden Scherzen belehrte Sokrates den Phaidros über Sehnsucht und Tugend. Er sprach ihm von dem heißen Erschrecken, das der Fühlende leidet, wenn sein Auge ein Gleichnis der ewigen Schönheit erblickt; sprach ihm von den Begierden des Weihelosen und Schlechten, der die Schönheit nicht denken kann, wenn er ihr Abbild sieht, und der Ehrfurcht nicht fähig ist; sprach von der heiligen Angst, die den Edlen befällt, wenn ein gottgleiches Antlitz, ein vollkommener Leib ihm erscheint, – wie er dann aufbebt und außer sich ist und hinzusehen sich kaum getraut und den verehrt, der die Schönheit hat, ja, ihm opfern würde, wie einer Bildsäule, wenn er nicht fürchten müßte, den Menschen närrisch zu scheinen. Denn die Schönheit, mein Phaidros, nur sie, ist liebenswürdig und sichtbar zugleich: sie ist, merke das wohl! die einzige Form des Geistigen, welche wir sinnlich empfangen, sinnlich ertragen können. Oder was würde aus uns, wenn das Göttliche sonst, wenn Vernunft und Tugend und Wahrheit uns sinnlich erscheinen wollten? Würden wir nicht vergehen und verbrennen vor Liebe, wie Semele einstmals vor Zeus? So ist die Schönheit der Weg des Fühlenden zum Geiste, – nur der Weg, ein Mittel nur, kleiner Phaidros... Und dann sprach er das Feinste aus, der verschlagene Hofmacher: Dies, daß der Liebende göttlicher sei, als der Geliebte, weil in jenem der Gott sei nicht aber im andern, – diesen zärtlichsten, spöttischsten Gedanken vielleicht, der jemals gedacht ward, und dem alle Schalkheit und heimlichste Wollust der Sehnsucht entspringt.

Glück des Schriftstellers ist der Gedanke, der ganz Gefühl, ist das Gefühl, das ganz Gedanke zu werden vermag. Solch ein pulsender Gedanke, solch genaues Gefühl gehörte und gehorchte dem Einsamen damals: nämlich, daß die Natur vor Wonne erschaure, wenn der Geist sich huldigend vor der Schönheit neige. Er wünschte plötzlich, zu schreiben. Zwar liebt Eros, heißt es, den Müßiggang, und für solchen nur ist er geschaffen. Aber an diesem Punkte der Krisis war die Erregung des Heimgesuchten auf Produktion gerichtet. Fast gleichgültig der Anlaß. Eine Frage, eine Anregung, über ein gewisses großes und brennendes Problem der Kultur und des Geschmackes sich bekennend vernehmen zu lassen, war in die geistige Welt ergangen und bei dem Verreisten eingelaufen. Der Gegenstand war ihm geläufig, war ihm Erlebnis; sein Gelüst, ihn im Licht seines Wortes erglänzen zu lassen, auf einmal unwiderstehlich. Und zwar ging sein Verlangen dahin, in Tadzios Gegenwart zu arbeiten, beim Schreiben den Wuchs des Knaben zum Muster zu nehmen, seinen Stil den Linien dieses Körpers folgen zu lassen, der ihm göttlich schien, und seine Schönheit ins Geistige zu tragen, wie der Adler einst den troischen Hirten zum Äther trug. Nie hatte er die Lust des Wortes süßer empfunden, nie so gewußt, daß Eros im Worte sei, wie während der gefährlich köstlichen Stunden, in denen er, an seinem rohen Tische unter dem Schattentuch, im Angesicht des Idols und die Musik seiner Stimme im Ohr, nach Tadzios Schönheit seine kleine Abhandlung, – jene anderthalb Seiten erlesener Prosa formte, deren Lauterkeit, Adel und schwingende Gefühlsspannung binnen kurzem die Bewunderung vieler erregen sollte. Es ist sicher gut, daß die Welt nur das schöne Werk, nicht auch seine Ursprünge, nicht seine Entstehungsbedingungen kennt; denn die Kenntnis der Quellen, aus denen dem Künstler Eingebung floß, würde sie oftmals verwirren, abschrecken und so die Wirkungen des Vortrefflichen aufheben. Sonderbare Stunden! Sonderbar entnervende Mühe! Seltsam zeugender Verkehr des Geistes mit einem Körper! Als Aschenbach seine Arbeit verwahrte und vom Strande aufbrach, fühlte er sich erschöpft, ja

zerrüttet, und ihm war, als ob sein Gewissen wie nach einer Aus-
schweifung Klage führe.

Es war am folgenden Morgen, daß er, im Begriff das Hotel zu
verlassen, von der Freitreppe aus gewahrte, wie Tadzio, schon
unterwegs zum Meere – und zwar allein, – sich eben der Strandsperre näherte. Der Wunsch, der einfache Gedanke, die Gelegenheit zu nutzen und mit dem, der ihm unwissentlich so viel
Erhebung und Bewegung bereitet, leichte, heitere Bekanntschaft zu machen, ihn anzureden, sich seiner Antwort, seines
Blickes zu erfreuen, lag nahe und drängte sich auf. Der Schöne
ging schlendernd, er war einzuholen, und Aschenbach beschleu-
nigte seine Schritte. Er erreicht ihn auf dem Brettersteig hinter
den Hütten, er will ihm die Hand aufs Haupt, auf die Schulter
legen und irgend ein Wort, eine freundliche französische Phrase
schwebt ihm auf den Lippen: da fühlt er, daß sein Herz, vielleicht auch vom schnellen Gang, wie ein Hammer schlägt, daß
er, so knapp bei Atem, nur gepreßt und bebend wird sprechen
können; er zögert, er sucht sich zu beherrschen, er fürchtet
plötzlich, schon zu lange dicht hinter dem Schönen zu gehen,
fürchtet sein Aufmerksamwerden, sein fragendes Umschauen,
nimmt noch einen Anlauf, versagt, verzichtet und geht gesenkten Hauptes vorüber.

Zu spät! dachte er in diesem Augenblick. Zu spät! Jedoch war
es zu spät? Dieser Schritt, den zu tun er versäumte, er hätte sehr
möglicherweise zum Guten, Leichten und Frohen, zu heilsamer
Ernüchterung geführt. Allein es war wohl an dem, daß der Alternde die Ernüchterung nicht wollte, daß der Rausch ihm zu
teuer war. Wer enträtselt Wesen und Gepräge des Künstlertums!
Wer begreift die tiefe Instinktverschmelzung von Zucht und Zügellosigkeit, worin es beruht! Denn heilsame Ernüchterung
nicht wollen zu können, ist Zügellosigkeit. Aschenbach war zur
Selbstkritik nicht mehr aufgelegt; der Geschmack, die geistige
Verfassung seiner Jahre, Selbstachtung, Reife und späte Einfachheit machten ihn nicht geneigt, Beweggründe zu zergliedern
und zu entscheiden, ob er aus Gewissen, ob aus Liederlichkeit
und Schwäche sein Vorhaben nicht ausgeführt habe. Er war ver-

wirrt, er fürchtete, daß irgend jemand, wenn auch der Strand-
wächter nur, seinen Lauf, seine Niederlage beobachtet haben
möchte, fürchtete sehr die Lächerlichkeit. Im übrigen scherzte er
bei sich selbst über seine komisch-heilige Angst. »Bestürzt«,
dachte er, »bestürzt wie ein Hahn, der angstvoll seine Flügel im
Kampfe hängen läßt. Das ist wahrlich der Gott, der beim Anblick des Liebenswürdigen so unseren Mut bricht und unsern
stolzen Sinn so gänzlich zu Boden drückt...« Er spielte,
schwärmte und war viel zu hochmütig, um ein Gefühl zu fürchten.

Schon überwachte er nicht mehr den Ablauf der Mußezeit,
die er sich selber gewährt; der Gedanke an Heimkehr berührte
ihn nicht einmal. Er hatte sich reichlich Geld verschrieben.
Seine Besorgnis galt einzig der möglichen Abreise der polnischen Familie; doch hatte er unter der Hand, durch beiläufige
Erkundigung beim Coiffeur des Hotels, erfahren, daß diese
Herrschaften ganz kurz vor seiner eigenen Ankunft hier abge-
stiegen seien. Die Sonne bräunte ihm Antlitz und Hände, der
erregende Salzhauch stärkte ihn zum Gefühl, und wie er sonst
jede Erquickung, die Schlaf, Nahrung oder Natur ihm gespen-
det, sogleich an ein Werk zu verausgaben gewohnt war, so ließ
er nun alles, was Sonne, Muße und Meerluft ihm an täglicher
Kräftigung zuführten, hochherzig-unwirtschaftlich aufgehen
in Rausch und Empfindung.

Sein Schlaf war flüchtig; die köstlich einförmigen Tage waren
getrennt durch kurze Nächte voll glücklicher Unruhe. Zwar
zog er sich zeitig zurück, denn um neun Uhr, wenn Tadzio vom
Schauplatz verschwunden war, schien der Tag ihm beendet.
Aber ums erste Morgengrauen weckte ihn ein zart durchdrin-
gendes Erschrecken, sein Herz erinnerte sich seines Abenteuers,
es litt ihn nicht mehr in den Kissen, er erhob sich, und leicht
eingehüllt gegen die Schauer der Frühe setzte er sich ans offene
Fenster, den Aufgang der Sonne zu erwarten. Das wundervolle
Ereignis erfüllte seine vom Schlafe geweihte Seele mit Andacht.
Noch lagen Himmel, Erde und Meer in geisterhaft glasiger
Dämmerblässe; noch schwamm ein vergehender Stern im We-

senlosen. Aber ein Wehen kam, eine beschwingte Kunde von unnahbaren Wohnplätzen, daß Eos sich von der Seite des Gatten erhebe, und jenes erste, süße Erröten der fernsten Himmels- und Meeresstriche geschah, durch welches das Sinnlichwerden der Schöpfung sich anzeigt. Die Göttin nahte, die Jünglingsentführerin, die den Kleitos, den Kephalos raubte und dem Neide aller Olympischen trotzend die Liebe des schönen Orion genoß. Ein Rosenstreuen begann da am Rande der Welt, ein unsäglich holdes Scheinen und Blühen, kindliche Wolken, verklärt, durchleuchtet, schwebten gleich dienenden Amoretten im rosigen, bläulichen Duft, Purpur fiel auf das Meer, das ihn wallend vorwärts zu schwemmen schien, goldene Speere zuckten von unten zur Höhe des Himmels hinauf, der Glanz ward zum Brande, lautlos, mit göttlicher Übergewalt wälzten sich Glut und Brunst und lodernde Flammen herauf, und mit raffenden Hufen stiegen des Bruders heilige Renner über den Erdkreis empor. Angestrahlt von der Pracht des Gottes saß der Einsam-Wache, er schloß die Augen und ließ von der Glorie seine Lider küssen. Ehemalige Gefühle, frühe, köstliche Drangsale des Herzens, die im strengen Dienst seines Lebens erstorben waren und nun so sonderbar gewandelt zurückkehrten, – er erkannte sie mit verwirrtem, verwundertem Lächeln. Er sann, er träumte, langsam bildeten seine Lippen einen Namen, und noch immer lächelnd, mit aufwärts gekehrtem Antlitz, die Hände im Schoße gefaltet, entschlummerte er in seinem Sessel noch einmal.

Aber der Tag, der so feurig-festlich begann, war im ganzen seltsam gehoben und mythisch verwandelt. Woher kam und stammte der Hauch, der auf einmal so sanft und bedeutend, höherer Einflüsterung gleich, Schläfe und Ohr umspielte? Weiße Federwölkchen standen in verbreiteten Scharen am Himmel, gleich weidenden Herden der Götter. Stärkerer Wind erhob sich, und die Rosse Poseidons liefen, sich bäumend, daher, Stiere auch wohl, dem Bläulichgelockten gehörig, welche mit Brüllen anrennend die Hörner senkten. Zwischen dem Felsengeröll des entfernteren Strandes jedoch hüpften die Wellen empor als springende Ziegen. Eine heilig entstellte Welt voll panischen Lebens schloß den Berückten ein, und sein Herz träumte zarte Fabeln. Mehrmals, wenn hinter Venedig die Sonne sank, saß er auf einer Bank im Park, um Tadzio zuzuschauen, der sich, weiß gekleidet und farbig gegürtet, auf dem gewalzten Kiesplatz mit Ballspiel vergnügte, und Hyakinthos war es, den er zu sehen glaubte, und der sterben mußte, weil zwei Götter ihn liebten. Ja, er empfand Zephyrs schmerzenden Neid auf den Nebenbuhler, der des Orakels, des Bogens und der Kithara vergaß, um immer mit dem Schönen zu spielen; er sah die Wurfscheibe, von grausamer Eifersucht gelenkt, das liebliche Haupt treffen, er empfing, erblassend auch er, den geknickten Leib, und die Blume, dem süßen Blute entsprossen, trug die Inschrift seiner unendlichen Klage...

Seltsamer, heikler ist nichts als das Verhältnis von Menschen, die sich nur mit den Augen kennen, – die täglich, ja stündlich einander begegnen, beobachten und dabei den Schein gleichgültiger Fremdheit grußlos und wortlos aufrecht zu halten durch Sittenzwang oder eigene Grille genötigt sind. Zwischen ihnen ist Unruhe und überreizte Neugier, die Hysterie eines unbefriedigten, unnatürlich unterdrückten Erkenntnis- und Austauschbedürfnisses und namentlich auch eine Art von gespannter Achtung. Denn der Mensch liebt und ehrt den Menschen, so lange er ihn nicht zu beurteilen vermag, und die Sehnsucht ist ein Erzeugnis mangelhafter Erkenntnis.

Irgend eine Beziehung und Bekanntschaft mußte sich notwendig ausbilden zwischen Aschenbach und dem jungen Tadzio, und mit durchdringender Freude konnte der Ältere feststellen, daß Teilnahme und Aufmerksamkeit nicht völlig unerwidert blieben. Was bewog zum Beispiel den Schönen, niemals mehr, wenn er morgens am Strande erschien, den Brettersteg an der Rückseite der Hütten zu benützen, sondern nur noch auf dem vorderen Wege, durch den Sand, an Aschenbachs Wohnplatz vorbei und manchmal unnötig dicht an ihm vorbei, seinen Tisch, seinen Stuhl fast streifend, zur Hütte der Seinen zu schlendern? Wirkte so die Anziehung, die Faszination eines überlegenen Gefühls auf seinen zarten und gedankenlosen Gegenstand? Aschenbach erwartete täglich Tadzios Auftreten, und zuweilen tat er, als sei er beschäftigt, wenn es sich vollzog, und ließ den Schönen scheinbar unbeachtet vorübergehen. Zuweilen aber auch blickte er auf, und ihre Blicke trafen sich. Sie waren beide tief ernst, wenn das geschah. In der gebildeten und würdevollen Miene des Älteren verriet nichts eine innere Bewegung; aber in Tadzios Augen war ein Forschen, ein nachdenkliches Fragen, in seinen Gang kam ein Zögern, er blickte zu Boden, er blickte lieblich wieder auf, und wenn er vorüber war, so schien ein Etwas in seiner Haltung auszudrücken, daß nur Erziehung ihn hinderte, sich umzuwenden.

Einmal jedoch, eines Abends, begab es sich anders. Die polnischen Geschwister hatten nebst ihrer Gouvernante bei der Hauptmahlzeit im großen Saale gefehlt, – mit Besorgnis hatte Aschenbach es wahrgenommen. Er erging sich nach Tische, sehr unruhig über ihren Verbleib, in Abendanzug und Strohhut vor dem Hotel, zu Füßen der Terrasse, als er plötzlich die nonnenähnlichen Schwestern mit der Erzieherin und vier Schritte hinter ihnen Tadzio im Lichte der Bogenlampen auftauchen sah. Offenbar kamen sie von der Dampferbrücke, nachdem sie aus irgendeinem Grunde in der Stadt gespeist. Auf dem Wasser war es wohl kühl gewesen; Tadzio trug eine dunkelblaue Seemanns-Überjacke mit goldenen Knöpfen und auf dem Kopf eine zugehörige Mütze. Sonne und Seeluft verbrannten ihn nicht, seine Hautfarbe war marmorhaft gelblich geblieben wie zu Beginn; doch schien er blässer heute als sonst, sei es infolge der Kühle oder durch den bleichenden Mondschein der Lampen. Seine ebenmäßigen Brauen zeichneten sich schärfer ab, seine Augen dunkelten tief. Er war schöner, als es sich sagen läßt, und Aschenbach empfand wie schon oftmals mit Schmerzen, daß das Wort die sinnliche Schönheit nur zu preisen, nicht wiederzugeben vermag.

Er war der teuren Erscheinung nicht gewärtig gewesen, sie kam unverhofft, er hatte nicht Zeit gehabt, seine Miene zu Ruhe und Würde zu befestigen. Freude, Überraschung, Bewunderung mochten sich offen darin malen, als sein Blick dem des

Vermißten begegnete, – und in dieser Sekunde geschah es, daß Tadzio lächelte: ihn anlächelte, sprechend, vertraut, liebreizend und unverhohlen, mit Lippen, die sich im Lächeln erst langsam öffneten. Es war das Lächeln des Narziß, der sich über das spiegelnde Wasser neigt, jenes tiefe, bezauberte, hingezogene Lächeln, mit dem er nach dem Widerschein der eigenen Schönheit die Arme streckt, – ein ganz wenig verzerrtes Lächeln, verzerrt von der Aussichtslosigkeit seines Trachtens, die holden Lippen seines Schattens zu küssen, kokett, neugierig und leise gequält, betört und betörend.

Der, welcher dies Lächeln empfangen, enteilte damit wie mit einem verhängnisvollen Geschenk. Er war so sehr erschüttert, daß er das Licht der Terrasse, des Vorgartens, zu fliehen gezwungen war und mit hastigen Schritten das Dunkel des rückwärtigen Parkes suchte. Sonderbar entrüstete und zärtliche Vermahnungen entrangen sich ihm: »Du darfst so nicht lächeln! Höre, man darf so niemandem lächeln!« Er warf sich auf eine Bank, er atmete außer sich den nächtlichen Duft der Pflanzen. Und zurückgelehnt, mit hängenden Armen, überwältigt und mehrfach von Schauern überlaufen, flüsterte er die stehende Formel der Sehnsucht, – unmöglich hier, absurd, verworfen, lächerlich und heilig doch, ehrwürdig auch hier noch: »Ich liebe dich!«

Fünftes Kapitel

In der vierten Woche seines Aufenthalts auf dem Lido machte Gustav von Aschenbach einige die Außenwelt betreffende unheimliche Wahrnehmungen. Erstens schien es ihm, als ob bei steigender Jahreszeit die Frequenz seines Gasthofes eher ab- als zunähme, und, insbesondere, als ob die deutsche Sprache um ihn her versiege und verstumme, so daß bei Tisch und am Strand endlich nur noch fremde Laute sein Ohr trafen. Eines Tages dann fing er beim Coiffeur, den er jetzt häufig besuchte, im Gespräche ein Wort auf, das ihn stutzig machte. Der Mann hatte einer deutschen Familie erwähnt, die soeben nach kurzem Verweilen abgereist war und setzte plaudernd und schmeichelnd hinzu: »Sie bleiben, mein Herr; Sie haben keine Furcht vor dem Übel.« Aschenbach sah ihn an. »Dem Übel?« wiederholte er. Der Schwätzer verstummte, tat beschäftigt, überhörte die Frage, und als sie dringlicher gestellt ward, erklärte er, er wisse von nichts und suchte mit verlegener Beredsamkeit abzulenken.

Das war um Mittag. Nachmittags fuhr Aschenbach bei Windstille und schwerem Sonnenbrand nach Venedig; denn ihn trieb die Manie, den polnischen Geschwistern zu folgen, die er mit ihrer Begleiterin den Weg zur Dampferbrücke hatte einschlagen sehen. Er fand den Abgott nicht bei San Marco. Aber beim Tee, an seinem eisernen Rundtischchen auf der Schattenseite des Platzes sitzend, witterte er plötzlich in der Luft ein eigentümliches Arom, von dem ihm jetzt schien, als habe es schon seit Tagen, ohne ihm ins Bewußtsein zu dringen, seinen Sinn berührt, – einen süßlich-offizinellen Geruch, der an Elend und Wunden und verdächtige Reinlichkeit erinnerte. Er prüfte und erkannte ihn nachdenklich, beendete seinen Imbiß und verließ den Platz auf der dem Tempel gegenüberliegenden Seite. In der Enge verstärkte sich der Geruch. An den Straßenecken hafteten gedruckte Anschläge, durch welche die Bevölkerung wegen gewisser Erkrankungen des gastrischen Systems, die bei dieser Witterung an der Tagesordnung seien, vor dem Genusse von Austern und Muscheln, auch vor dem Wasser der Kanäle stadtväterlich gewarnt wurde. Die beschönigende Natur des Erlasses war deutlich. Volksgruppen standen schweigsam auf Brücken und Plätzen beisammen; und der Fremde stand spürend und grübelnd unter ihnen.

Einen Ladeninhaber, der zwischen Korallenschnüren und falschen Amethyst-Geschmeiden in der Türe seines Gewölbes lehnte, bat er um Auskunft über den fatalen Geruch. Der Mann maß ihn mit schweren Augen und ermunterte sich hastig. »Eine vorbeugende Maßregel, mein Herr!« antwortete er mit Gebärdenspiel. »Eine Verfügung der Polizei, die man billigen muß. Diese Witterung drückt, der Scirocco ist der Gesundheit nicht zuträglich. Kurz, Sie verstehen, – eine vielleicht übertriebene

Vorsicht...« Aschenbach dankte ihm und ging weiter. Auch auf dem Dampfer, der ihn zum Lido zurücktrug, spürte er jetzt den Geruch des keimbekämpfenden Mittels.

Ins Hotel zurückgekehrt, begab er sich sogleich in die Halle zum Zeitungstisch und hielt in den Blättern Umschau. Er fand in den fremdsprachigen nichts. Die heimatlichen verzeichneten Gerüchte, führten schwankende Ziffern an, gaben amtliche Ableugnungen wieder und bezweifelten deren Wahrhaftigkeit. So erklärte sich der Abzug des deutschen und österreichischen Elementes. Die Angehörigen der übrigen Nationen wußten offenbar nichts, ahnten nichts, waren noch nicht beunruhigt. »Man soll schweigen!« dachte Aschenbach erregt, indem er die Journale auf den Tisch zurückwarf. »Man soll das verschweigen!« Aber zugleich füllte sein Herz sich mit Genugtuung über das Abenteuer, in welches die Außenwelt geraten wollte. Denn der Leidenschaft ist, wie dem Verbrechen, die gesicherte Ordnung und Wohlfahrt des Alltags nicht gemäß, und jede Lockerung des bürgerlichen Gefüges, jede Verwirrung und Heimsuchung der Welt muß ihr willkommen sein, weil sie ihren Vorteil dabei zu finden unbestimmt hoffen kann. So empfand Aschenbach eine dunkle Zufriedenheit über die obrigkeitlich bemäntelten Vorgänge in den schmutzigen Gäßchen Venedigs, – dieses schlimme Geheimnis der Stadt, das mit seinem eigensten Geheimnis verschmolz, und an dessen Bewahrung auch ihm so sehr gelegen war. Denn der Verliebte besorgte nichts, als daß Tadzio abreisen könnte und erkannte nicht ohne Entsetzen, daß er nicht mehr zu leben wissen werde, wenn das geschähe.

Neuerdings begnügte er sich nicht damit, Nähe und Anblick des Schönen der Tagesregel und dem Glücke zu danken; er verfolgte ihn, er stellte ihm nach. Sonntags zum Beispiel erschienen die Polen niemals am Strande; er erriet, daß sie die Messe in San Marco besuchten, er eilte dorthin, und aus der Glut des Platzes in die goldene Dämmerung des Heiligtums eintretend, fand er den Entbehrten, über ein Betpult gebeugt beim Gottesdienst. Dann stand er im Hintergrunde, auf zerklüftetem Mosaikboden, inmitten knieenden, murmelnden, kreuzschlagenden Volkes, und die gedrungene Pracht des morgenländischen Tempels lastete üppig auf seinen Sinnen. Vorn wandelte, hantierte und sang der schwergeschmückte Priester, Weihrauch quoll auf, er umnebelte die kraftlosen Flämmchen der Altarkerzen, und in den dumpf-süßen Opferduft schien sich leise ein anderer zu mischen: der Geruch der erkrankten Stadt. Aber durch Dunst und Gefunkel sah Aschenbach, wie der Schöne dort vorn den Kopf wandte, ihn suchte und ihn erblickte.

Wenn dann die Menge durch die geöffneten Portale hinaus-strömte auf den leuchtenden, von Tauben wimmelnden Platz, verbarg sich der Betörte in der Vorhalle, er versteckte sich, er legte sich auf die Lauer. Er sah die Polen die Kirche verlassen, sah, wie die Geschwister sich auf zeremoniöse Art von der Mut-ter verabschiedeten und wie diese sich heimkehrend zur Piaz-zetta wandte; er stellte fest, daß der Schöne, die klösterlichen Schwestern und die Gouvernante den Weg zur Rechten durch das Tor des Uhrturmes und in die Merceria einschlugen, und nachdem er sie einigen Vorsprung hatte gewinnen lassen, folgte er ihnen, folgte ihnen verstohlen auf ihrem Spaziergang durch Venedig.

Er mußte stehen bleiben, wenn sie sich verweilten, mußte in Garküchen und Höfe flüchten, um die Umkehrenden vorüber zu lassen; er verlor sie, suchte erhitzt und erschöpft nach ihnen über Brücken und in schmutzigen Sackgassen und erduldete Mi-nuten tödlicher Pein, wenn er sie plötzlich in enger Passage, wo kein Ausweichen möglich war, sich entgegenkommen sah. Dennoch kann man nicht sagen, daß er litt. Haupt und Herz waren ihm trunken, und seine Schritte folgten den Weisungen des Dämons, dem es Lust ist, des Menschen Vernunft und Würde unter seine Füße zu treten.

Irgendwo nahmen Tadzio und die Seinen dann wohl eine Gondel, und Aschenbach, den, während sie einstiegen, ein Vor-bau, ein Brunnen verborgen gehalten hatte, tat, kurz nachdem sie vom Ufer abgestoßen, ein Gleiches. Er sprach hastig und gedämpft, wenn er den Ruderer, unter dem Versprechen eines reichlichen Trinkgeldes, anwies, jener Gondel, die eben dort um die Ecke biege, unauffällig in einigem Abstand zu folgen; und es überrieselte ihn, wenn der Mensch, mit der spitzbübischen Erbötigkeit eines Gelegenheitsmachers, ihm in demselben Tone versicherte, daß er bedient, daß er gewissenhaft bedient werden solle.

So glitt und schwankte er denn, in weiche, schwarze Kissen gelehnt, der anderen schwarzen, geschnabelten Barke nach, an deren Spur die Passion ihn fesselte. Zuweilen entschwand sie ihm: dann fühlte er Kummer und Unruhe. Aber sein Führer, als sei er in solchen Aufträgen wohl geübt, wußte ihm stets durch schlaue Manöver, durch rasche Querfahrten und Abkürzungen das Begehrte wieder vor Augen zu bringen. Die Luft war still und riechend, schwer brannte die Sonne durch den Dunst, der den Himmel schieferig färbte. Wasser schlug glucksend gegen Holz und Stein. Der Ruf des Gondoliers, halb Warnung, halb Gruß, ward fernher aus der Stille des Labyrinths nach sonderbarer Übereinkunft beantwortet. Aus kleinen, hochliegenden Gärten hingen Blütendolden, weiß und purpurn, nach Mandeln duftend, über morsches Gemäuer. Arabische Fensterumrahmungen bildeten sich im Trüben ab. Die Marmorstufen einer Kirche stiegen in die Flut; ein Bettler, darauf kauernd, sein Elend beteuernd, hielt seinen Hut hin und zeigte das Weiße der Augen, als sei er blind, ein Altertumshändler, vor seiner Spelunke, lud den Vorüberziehenden mit kriecherischen Gebärden zum Aufenthalt ein, in der Hoffnung, ihn zu betrügen. Das war Venedig, die schmeichlerische und verdächtige Schöne, – diese Stadt, halb Märchen, halb Fremdenfalle, in deren fauliger Luft die Kunst einst schwelgerisch aufwucherte und welche den Musikern Klänge eingab, die wiegen und buhlerisch einlullen. Dem Abenteuernden war es, als tränke sein Auge dergleichen Üppigkeit, als würde sein Ohr von solchen Melodien umworben; er erinnerte sich auch, daß die Stadt krank sei und es aus Gewinnsucht verheimliche, und er spähte ungezügelter aus nach der voranschwebenden Gondel.

So wußte und wollte denn der Verwirrte nichts anderes mehr, als den Gegenstand, der ihn entzündete, ohne Unterlaß zu verfolgen, von ihm zu träumen, wenn er abwesend war, und, nach der Weise der Liebenden, seinem bloßen Schattenbild zärtliche Worte zu geben. Einsamkeit, Fremde und das Glück eines späten und tiefen Rausches ermutigten und überredeten ihn, sich auch das Befremdlichste ohne Scheu und Erröten durchgehen zu lassen, wie es denn vorgekommen war, daß er, spät abends von Venedig heimkehrend, im ersten Stock des Hotels an des Schönen Zimmertür Halt gemacht, seine Stirn in völliger Trunkenheit an die Angel der Tür gelehnt und sich lange von dort nicht zu trennen vermocht hatte, auf die Gefahr, in einer so wahnsinnigen Lage ertappt und betroffen zu werden.

Dennoch fehlte es nicht an Augenblicken des Innehaltens und der halben Besinnung. Auf welchen Wegen! dachte er dann mit Bestürzung. Auf welchen Wegen! Wie jeder Mann, dem natürliche Verdienste ein aristokratisches Interesse für seine Abstammung einflößen, war er gewohnt, bei den Leistungen und Erfolgen seines Lebens der Vorfahren zu gedenken, sich ihrer Zustimmung, ihrer Genugtuung, ihrer notgedrungenen Achtung im Geiste zu versichern. Er dachte ihrer auch jetzt und hier, verstrickt in ein so unstatthaftes Erlebnis, begriffen in so exotischen Ausschweifungen des Gefühls; gedachte der haltungsvollen Strenge, der anständigen Männlichkeit ihres Wesens und lächelte schwermütig. Was würden sie sagen? Aber freilich, was hätten sie zu seinem ganzen Leben gesagt, das von dem ihren so bis zur Entartung abgewichen war, zu diesem Leben im Banne der Kunst, über das er selbst einst, im Bürgersinne der Väter, so spöttische Jünglingserkenntnisse hatte verlauten lassen und das dem ihren im Grunde so ähnlich gewesen war! Auch er hatte gedient, auch er sich in harter Zucht geübt; auch er war Soldat und Kriegsmann gewesen, gleich manchen von ihnen, – denn die Kunst war ein Krieg, ein aufreibender Kampf, für welchen man heute nicht lange taugte. Ein Leben der Selbstüberwindung und des Trotzdem, ein herbes, standhaftes und enthaltsames Leben, das er zum Sinnbild für einen zarten und zeitgemäßen Heroismus gestaltet hatte, – wohl durfte er es männlich, durfte er es tapfer nennen, und es wollte ihm scheinen, als sei der Eros, der sich seiner bemeistert, einem solchen Leben auf irgendeine Weise besonders gemäß und geneigt. Hatte er nicht bei den tapfersten Völkern vorzüglich in Ansehen gestanden, ja, hieß es nicht, daß er durch Tapferkeit in ihren Städten geblüht habe? Zahlreiche Kriegshelden der Vorzeit hatten willig sein Joch getragen, denn gar keine Erniedrigung galt, die der Gott verhängte, und Taten, die als Merkmale der Feigheit wären gescholten worden, wenn sie um anderer Zwecke willen geschehen wären: Fußfälle, Schwüre, inständige Bitten und sklavisches Wesen, solche gereichten dem Liebenden nicht zur Schande, sondern er erntete vielmehr noch Lob dafür.

So war des Betörten Denkweise bestimmt, so suchte er sich zu stützen, seine Würde zu wahren. Aber zugleich wandte er beständig eine spürende und eigensinnige Aufmerksamkeit den unsauberen Vorgängen im Innern Venedigs zu, jenem Abenteuer der Außenwelt, das mit dem seines Herzens dunkel zusammenfloß und seine Leidenschaft mit unbestimmten, gesetzlosen Hoffnungen nährte. Versessen darauf, Neues und Sicheres über Stand oder Fortschritt des Übels zu erfahren, durchstöberte er in den Kaffeehäusern der Stadt die heimatlichen Blätter, da sie vom Lesetisch der Hotelhalle seit mehreren Tagen verschwunden waren. Behauptungen und Widerrufe wechselten darin. Die Zahl der Erkrankungs-, der Todesfälle sollte sich auf zwanzig, auf vierzig, ja hundert und mehr belaufen, und gleich darauf wurde jedes Auftreten der Seuche wenn nicht rundweg in Abrede gestellt, so doch auf völlig vereinzelte, von außen eingeschleppte Fälle zurückgeführt. Warnende Bedenken, Proteste gegen das gefährliche Spiel der welschen Behörden waren eingestreut. Gewißheit war nicht zu erlangen.

Dennoch war sich der Einsame eines besonderen Anrechtes bewußt, an dem Geheimnis teil zu haben, und, gleichwohl ausgeschlossen, fand er eine bizarre Genugtuung darin, die Wissenden mit verfänglichen Fragen anzugehen und sie, die zum Schweigen verbündet waren, zur ausdrücklichen Lüge zu nötigen. Eines Tages beim Frühstück im großen Speisesaal stellte er so den Geschäftsführer zur Rede, jenen kleinen, leise auftretenden Menschen im französischen Gehrock, der sich grüßend und beaufsichtigend zwischen den Speisenden bewegte und auch an Aschenbachs Tischchen zu einigen Plauderworten Halt machte. Warum man denn eigentlich, fragte der Gast in lässiger und beiläufiger Weise, warum in aller Welt, man seit einiger Zeit Venedig desinfiziere? – »Es handelt sich«, antwortete der Schleicher, »um eine Maßnahme der Polizei, bestimmt, allerlei Unzuträglichkeiten oder Störungen der öffentlichen Gesundheit, welche durch die brütende und ausnehmend warme Witterung erzeugt werden möchten, pflichtgemäß und beizeiten hintanzuhalten.« – »Die Polizei ist zu loben«, erwiderte Aschenbach, und nach Austausch einiger meteorologischer Bemerkungen empfahl sich der Manager.

Selbigen Tages noch, abends nach dem Diner, geschah es, daß eine kleine Bande von Straßensängern aus der Stadt sich im Vorgarten des Gasthofes hören ließ. Sie standen, zwei Männer und zwei Weiber, an dem eisernen Mast einer Bogenlampe und wandten ihre weißbeschienenen Gesichter zur großen Terrasse empor, wo die Kurgesellschaft sich bei Kaffee und kühlenden Getränken die volkstümliche Darbietung gefallen ließ. Das Hotelpersonal, Liftboys, Kellner und Angestellte der Office, zeigte sich lauschend an den Türen zur Halle. Die russische Familie, eifrig und genau im Genuß, hatte sich Rohrstühle in den Garten hinabstellen lassen, um den Ausübenden näher zu sein, und saß dort dankbar im Halbkreise. Hinter der Herrschaft, in turbanartigem Kopftuch, stand ihre alte Sklavin.

Mandoline, Guitarre, Harmonika und eine quinkelierende Geige waren unter den Händen der Bettelvirtuosen in Tätigkeit. Mit instrumentalen Durchführungen wechselten Gesangsnummern, wie denn das jüngere der Weiber, scharf und quäkend von Stimme, sich mit dem süß falsettierenden Tenor zu einem verlangenden Liebesduett zusammentat. Aber als das eigentliche Talent und Haupt der Vereinigung zeigte sich unzweideutig der andere der Männer, Inhaber der Guitarre und im Charakter eine Art Baryton-Buffo, fast ohne Stimme dabei, aber mimisch begabt und von bemerkenswerter komischer Energie. Oftmals löste er sich, sein großes Instrument im Arm, von der Gruppe der anderen los und drang agierend gegen die Rampe vor, wo man seine Eulenspiegeleien mit aufmunterndem Lachen belohnte. Namentlich die Russen, in ihrem Parterre, zeigten sich entzückt über soviel südliche Beweglichkeit und ermutigten ihn durch Beifall und Zurufe, immer kecker und sicherer aus sich heraus zu gehen.

Aschenbach saß an der Balustrade und kühlte zuweilen die Lippen mit einem Gemisch aus Granatapfelsaft und Soda, das vor ihm rubinrot im Glase funkelte. Seine Nerven nahmen die dudelnden Klänge, die vulgären und schmachtenden Melodien begierig auf, denn die Leidenschaft lähmt den wählerischen Sinn und läßt sich allen Ernstes mit Reizen ein, welche die Nüchternheit humoristisch aufnehmen oder unwillig ablehnen würde. Seine Züge waren durch die Sprünge des Gauklers zu einem fix gewordenen und schon schmerzenden Lächeln verrenkt. Er saß lässig da, während eine äußerste Aufmerksamkeit sein Inneres spannte, denn sechs Schritte von ihm lehnte Tadzio am Steingeländer.

Er stand dort in dem weißen Gürtelanzug, den er zuweilen zur Hauptmahlzeit anlegte, in unvermeidlicher und anerschaffener Grazie, den linken Unterarm auf der Brüstung, die Füße gekreuzt, die rechte Hand in der tragenden Hüfte, und blickte mit einem Ausdruck, der kaum ein Lächeln, nur eine entfernte Neugier, ein höfliches Entgegennehmen war, zu den Bänkelsängern hinab. Manchmal richtete er sich gerade auf und zog, indem er die Brust dehnte, mit einer schönen Bewegung beider Arme den weißen Kittel durch den Ledergürtel hinunter. Manchmal aber auch, und der Alternde gewahrte es mit Triumph, mit einem Taumeln seiner Vernunft und auch mit Entsetzen, wandte er zögernd und behutsam oder auch rasch und plötzlich, als gelte es eine Überrumpelung, den Kopf über die linke Schulter gegen den Platz seines Liebhabers. Er fand nicht dessen Augen, denn eine schmähliche Besorgnis zwang den Verwirrten, seine Blicke ängstlich im Zaum zu halten. Im Grund der Terrasse saßen die Frauen, die Tadzio behüteten, und es war dahin gekommen, daß der Verliebte fürchten mußte, auffällig geworden und beargwöhnt zu sein. Ja, mit einer Art von Erstarrung hatte er mehrmals, am Strande, in der Hotelhalle und auf der Piazza San Marco, zu bemerken gehabt, daß man Tadzio aus seiner Nähe zurückrief, ihn von ihm fernzuhalten bedacht war – und eine furchtbare Beleidigung daraus entnehmen müssen, unter der sein Stolz sich in ungekannten Qualen wand, und welche von sich zu weisen sein Gewissen ihn hinderte.

Unterdessen hatte der Guitarrist zu eigener Begleitung ein Solo begonnen, einen mehrstrophigen, eben in ganz Italien florierenden Gassenhauer, in dessen Kehrreim seine Gesellschaft jedesmal mit Gesang und sämtlichem Musikzeug einfiel und den er auf eine plastisch-dramatische Art zum Vortrag zu bringen wußte. Schmächtig gebaut und auch von Antlitz mager und ausgemergelt, stand er, abgetrennt von den Seinen, den schäbigen Filz im Nacken, so daß ein Wulst seines roten Haars unter der Krempe hervorquoll, in einer Haltung von frecher Bravour auf dem Kies und schleuderte zum Schollern der Saiten in eindringlichem Sprechgesang seine Späße zur Terrasse empor, indes vor produzierender Anstrengung die Adern auf seiner Stirne schwollen. Er schien nicht venezianischen Schlages, vielmehr von der Rasse der neapolitanischen Komiker, halb Zuhälter, halb Komödiant, brutal und verwegen, gefährlich und unterhaltend. Sein Lied, lediglich albern dem Wortlaut nach, gewann in seinem Munde, durch sein Mienenspiel, seine Körperbewegungen, seine Art, andeutend zu blinzeln und die Zunge schlüpfrig im Mundwinkel spielen zu lassen, etwas Zweideutiges, unbestimmt Anstößiges. Dem weichen Kragen des Sporthemdes, das er zu übrigens städtischer Kleidung trug, entwuchs sein hagerer Hals mit auffallend groß und nackt wirkendem Adamsapfel. Sein bleiches, stumpfnäsiges Gesicht, aus dessen bartlosen Zügen schwer auf sein Alter zu schließen war, schien durchpflügt von Grimassen und Laster, und sonderbar wollten zum Grinsen seines beweglichen Mundes die beiden Furchen passen, die trotzig, herrisch, fast wild zwischen seinen rötlichen Brauen standen. Was jedoch des Einsamen tiefe Achtsamkeit eigentlich auf ihn lenkte, war die Bemerkung, daß die verdächtige Figur auch ihre eigene verdächtige Atmosphäre mit sich zu führen schien. Jedesmal nämlich, wenn der Refrain wieder einsetzte, unternahm der Sänger unter Faxen und grüßendem Handschütteln einen grotesken Rundmarsch, der ihn unmittelbar unter Aschenbachs Platz vorüberführte, und jedesmal, wenn das geschah, wehte, von seinen Kleidern, seinem Körper ausgehend, ein Schwaden starken Karbolgeruchs zur Terrasse empor.

Nach geendigtem Couplet begann er, Geld einzuziehen. Er fing bei den Russen an, die man bereitwillig spenden sah, und kam dann die Stufen herauf. So frech er sich bei der Produktion benommen, so demütig zeigte er sich hier oben. Katzbuckelnd, unter Kratzfüßen schlich er zwischen den Tischen umher, und ein Lächeln tückischer Unterwürfigkeit entblößte seine starken Zähne, während doch immer noch die beiden Furchen drohend zwischen seinen roten Brauen standen. Man musterte das fremdartige, seinen Unterhalt einsammelnde Wesen mit Neugier und einigem Abscheu, man warf mit spitzen Fingern Münzen in seinen Filz und hütete sich, ihn zu berühren. Die Aufhebung der physischen Distanz zwischen dem Komödianten und den Anständigen erzeugt, und war das Vergnügen noch so groß, stets eine gewisse Verlegenheit. Er fühlte sie und suchte, sich durch Kriecherei zu entschuldigen. Er kam zu Aschenbach und mit ihm der Geruch, über den niemand ringsum sich Gedanken zu machen schien.

»Höre!« sagte der Einsame gedämpft und fast mechanisch. »Man desinfiziert Venedig. Warum?« – Der Spaßmacher antwortete heiser: »Von wegen der Polizei! Das ist Vorschrift, mein Herr, bei solcher Hitze und bei Scirocco. Der Scirocco drückt. Er ist der Gesundheit nicht zuträglich...« Er sprach wie verwundert darüber, daß man dergleichen fragen könne und demonstrierte mit der flachen Hand, wie sehr der Scirocco drücke. – »Es ist also kein Übel in Venedig?« fragte Aschenbach sehr leise und zwischen den Zähnen. – Die muskulösen Züge des Possenreißers fielen in eine Grimasse komischer Ratlosigkeit. »Ein Übel? Aber was für ein Übel? Ist der Scirocco ein Übel? Ist vielleicht unsere Polizei ein Übel? Sie belieben zu scherzen! Ein Übel! Warum nicht gar! Eine vorbeugende Maßregel, verstehen Sie doch! Eine polizeiliche Anordnung gegen die Wirkungen der drückenden Witterung…« Er gestikulierte. – »Es ist gut«, sagte Aschenbach wiederum kurz und leise und ließ rasch ein ungebührlich bedeutendes Geldstück in den Hut fallen. Dann winkte er dem Menschen mit den Augen, zu gehen. Er gehorchte grinsend, unter Bücklingen; aber er hatte noch nicht die Treppe erreicht, als zwei Hotelangestellte sich auf ihn warfen und ihn, ihre Gesichter dicht an dem seinen, in ein geflüstertes Kreuzverhör nahmen. Er zuckte die Achseln, er gab Beteuerungen, er schwor, verschwiegen gewesen zu sein; man sah es. Entlassen, kehrte er in den Garten zurück, und, nach einer kurzen Verabredung mit den Seinen unter der Bogenlampe, trat er zu einem Dank- und Abschiedsliede noch einmal vor.

Es war ein Lied, das jemals gehört zu haben der Einsame sich nicht erinnerte; ein dreister Schlager in unverständlichem Dialekt und ausgestattet mit einem Lach-Refrain, in den die Bande regelmäßig aus vollem Halse einfiel. Es hörten hierbei sowohl die Worte wie auch die Begleitung der Instrumente auf, und nichts blieb übrig als ein rhythmisch irgendwie geordnetes, aber sehr natürlich behandeltes Lachen, das namentlich der Solist mit großem Talent zu täuschendster Lebendigkeit zu gestalten wußte. Er hatte bei wiederhergestelltem künstlerischen Abstand zwischen ihm und den Herrschaften seine ganze Frechheit wiedergefunden, und sein Kunstlachen, unverschämt zur Terrasse emporgesandt, war Hohngelächter. Schon gegen das Ende des artikulierten Teiles der Strophe schien er mit einem unwiderstehlichen Kitzel zu kämpfen. Er schluchzte, seine Stimme schwankte, er preßte die Hand gegen den Mund, er verzog die Schultern, und im gegebenen Augenblick brach, heulte und platzte das unbändige Lachen aus ihm hervor, mit solcher Wahrheit, daß es ansteckend wirkte und sich den Zuhörern mitteilte, daß auch auf der Terrasse eine gegenstandslose und nur von sich selbst lebende Heiterkeit um sich griff. Dies aber eben schien des Sängers Ausgelassenheit zu verdoppeln. Er beugte die Knie, er schlug die Schenkel, er hielt sich die Seiten, er wollte sich ausschütten, er lachte nicht mehr, er schrie; er wies mit dem Finger hinauf, als gäbe es nichts Komischeres, als die lachende Gesellschaft dort oben, und endlich lachte dann alles im Garten und auf der Veranda, bis zu den Kellnern, Liftboys und Hausdienern in den Türen.

Aschenbach ruhte nicht mehr im Stuhl, er saß aufgerichtet wie zum Versuche der Abwehr oder der Flucht. Aber das Gelächter, der heraufwehende Hospitalgeruch und die Nähe des Schönen verwoben sich ihm zu einem Traumbann, der unzerreißbar und unentrinnbar sein Haupt, seinen Sinn umfangen hielt. In der allgemeinen Bewegung und Zerstreuung wagte er es, zu Tadzio hinüberzublicken, und indem er es tat, durfte er bemerken, daß der Schöne, in Erwiderung seines Blickes ebenfalls ernst blieb, ganz so, als richte er Verhalten und Miene nach der des Anderen und als vermöge die allgemeine Stimmung nichts über ihn, da jener sich ihr entzog. Diese kindliche und beziehungsvolle Folgsamkeit hatte etwas so Entwaffnendes, Überwältigendes, daß der Grauhaarige sich mit Mühe enthielt, sein Gesicht in den Händen zu verbergen. Auch hatte es ihm geschienen, als bedeute Tadzios gelegentliches Sichaufrichten und Aufatmen ein Seufzen, eine Beklemmung der Brust. »Er ist kränklich, er wird wahrscheinlich nicht alt werden«, dachte er wiederum mit jener Sachlichkeit, zu welcher Rausch und Sehnsucht bisweilen sich sonderbar emanzipieren, und reine Fürsorge zugleich mit einer ausschweifenden Genugtuung erfüllte sein Herz.

Die Venezianer unterdessen hatten geendigt und zogen ab. Beifall begleitete sie, und ihr Anführer versäumte nicht, noch seinen Abgang mit Späßen auszuschmücken. Seine Kratzfüße, seine Kußhände wurden belacht, und er verdoppelte sie daher. Als die Seinen schon draußen waren, tat er noch, als renne er rückwärts empfindlich gegen einen Lampenmast und schlich scheinbar krumm vor Schmerzen zur Pforte. Dort endlich warf er auf einmal die Maske des komischen Pechvogels ab, richtete sich, ja schnellte elastisch auf, bleckte den Gästen auf der Terrasse frech die Zunge heraus und schlüpfte ins Dunkel. Die Badegesellschaft verlor sich; Tadzio stand längst nicht mehr an der Balustrade. Aber der Einsame saß noch lange, zum Befremden der Kellner, bei dem Rest seines Granatapfelgetränkes an seinem Tischchen. Die Nacht schritt vor, die Zeit zerfiel. Im Hause seiner Eltern, vor vielen Jahren, hatte es eine Sanduhr gegeben, – er sah das gebrechliche und bedeutende Gerätchen auf einmal wieder, als stünde es vor ihm. Lautlos und fein rann der rostrot gefärbte Sand durch die gläserne Enge, und da er in der oberen Höhlung zur Neige ging, hatte sich dort ein kleiner, reißender Strudel gebildet.

Schon am folgenden Tage, nachmittags, tat der Starrsinnige einen neuen Schritt zur Versuchung der Außenwelt und diesmal mit allem möglichen Erfolge. Er trat nämlich vom Markusplatz in das dort gelegene englische Reisebureau, und nachdem er an der Kasse einiges Geld gewechselt, richtete er mit der Miene des mißtrauischen Fremden an den ihn bedienenden Clerk seine fatale Frage. Es war ein wollig gekleideter Brite, noch jung, mit in der Mitte geteiltem Haar, nahe bei einander liegenden Augen und von jener gesetzten Loyalität des Wesens, die im spitzbübisch behenden Süden so fremd, so merkwürdig anmutet. Er fing an: »Kein Grund zur Besorgnis, Sir. Eine Maßregel ohne ernste Bedeutung. Solche Anordnungen werden häufig getroffen, um gesundheitsschädlichen Wirkungen der Hitze und des Scirocco vorzubeugen...« Aber seine blauen Augen aufschlagend, begegnete er dem Blicke des Fremden, einem müden und etwas traurigen Blick, der mit leichter Verachtung auf seine Lippen gerichtet war. Da errötete der Engländer. »Dies ist«, fuhr er halblaut und in einiger Bewegung fort, »die amtliche Erklärung, auf der zu bestehen man hier für gut befindet. Ich werde Ihnen sagen, daß noch etwas anderes dahinter steckt.« Und dann sagte er in seiner redlichen und bequemen Sprache die Wahrheit.

Seit mehreren Jahren schon hatte die indische Cholera eine verstärkte Neigung zur Ausbreitung und Wanderung an den Tag gelegt. Erzeugt aus den warmen Morästen des Ganges-Deltas, aufgestiegen mit dem mephitischen Odem jener üppig-untauglichen, von Menschen gemiedenen Urwelt- und Inselwildnis, in deren Bambusdickichten der Tiger kauert, hatte die Seuche in ganz Hindustan andauernd und ungewöhnlich heftig gewütet, hatte östlich nach China, westlich nach Afghanistan und Persien übergegriffen und, den Hauptstraßen des Karawanenverkehrs folgend, ihre Schrecken bis Astrachan, ja selbst bis Moskau getragen. Aber während Europa zitterte, das Gespenst möchte von dort aus und zu Lande seinen Einzug halten, war es, von syrischen Kauffahrern übers Meer verschleppt, fast gleichzeitig in mehreren Mittelmeerhäfen aufgetaucht, hatte in Toulon und Malaga sein Haupt erhoben, in Palermo und Neapel mehrfach seine Maske gezeigt und schien aus ganz Calabrien und Apulien nicht mehr weichen zu wollen. Der Norden der Halbinsel war verschont geblieben. Jedoch Mitte Mai dieses Jahres fand man zu Venedig an ein und demselben Tage die furchtbaren Vibrionen in den ausgemergelten, schwärzlichen Leichnamen eines Schifferknechtes und einer Grünwarenhändlerin. Die Fälle wurden verheimlicht. Aber nach einer Woche waren es deren zehn, waren es zwanzig, dreißig und zwar in verschiedenen Quartieren. Ein Mann aus der österreichischen Provinz, der sich zu seinem Vergnügen einige Tage in Venedig aufgehalten, starb, in sein Heimatstädtchen zurückgekehrt, unter unzweideutigen Anzeichen, und so kam es, daß die ersten Gerüchte von der Heimsuchung der Lagunenstadt in deutsche Tagesblätter gelangten. Venedigs Obrigkeit ließ antworten, daß die Gesundheitsverhältnisse der Stadt nie besser gewesen seien und traf die notwendigsten Maßregeln zur Bekämpfung. Aber wahrscheinlich waren Nahrungsmittel infiziert worden. Gemüse, Fleisch oder Milch, denn geleugnet und vertuscht, fraß das Sterben in der Enge der Gäßchen um sich, und die vorzeitig eingefallene Sommerhitze, welche das Wasser der Kanäle laulich erwärmte, war der Verbreitung besonders günstig. Ja, es schien, als ob die Seuche eine Neubelebung ihrer Kräfte erfahren, als ob die Tenazität und Fruchtbarkeit ihrer Erreger sich verdoppelt hätte. Fälle der Genesung waren sehr selten; achtzig vom Hundert der Befallenen starben und zwar auf entsetzliche Weise, denn das Übel trat mit äußerster Wildheit auf und zeigte häufig jene gefährlichste Form, welche »die trockene« benannt ist. Hierbei vermochte der Körper das aus den Blutgefäßen massenhaft abgesonderte Wasser nicht einmal auszutreiben. Binnen wenigen Stunden verdorrte der Kranke und erstickte am pechartig zähe gewordenen Blut unter Krämpfen und heiseren Klagen. Wohl ihm, wenn, was zuweilen geschah, der Ausbruch nach leichtem Übelbefinden in Gestalt einer tiefen Ohnmacht erfolgte, aus der er nicht mehr oder kaum noch erwachte. Anfang Juni füllten sich in der Stille die Isolierbaracken des Ospedale civico, in den beiden Waisenhäusern begann es an Platz zu mangeln, und ein schauerlich reger Verkehr herrschte zwischen dem Kai der neuen Fundamente und San Michele, der Friedhofsinsel. Aber die Furcht vor allgemeiner Schädigung, die Rücksicht auf die kürzlich eröffnete Gemäldeausstellung in den öffentlichen Gärten, auf die gewaltigen Ausfälle, von denen im Falle der Panik und des Verrufes die Hotels, die Geschäfte, das ganze vielfältige Fremdengewerbe bedroht waren, zeigte sich mächtiger in der Stadt als Wahrheitsliebe und Achtung vor internationalen Abmachungen; sie vermochte die Behörde, ihre Politik des Verschweigens und des Ableugnens hartnäckig aufrecht zu erhalten. Der oberste Medizinalbeamte Venedigs, ein verdienter Mann, war entrüstet von seinem Posten zurückgetreten und unter der Hand durch eine gefügigere Persönlichkeit ersetzt worden. Das Volk wußte das; und die Korruption der Oberen zusammen mit der herrschenden Unsicherheit, dem Ausnahmezustand, in welchen der umgehende Tod die Stadt versetzte, brachte eine gewisse Entsittlichung der unteren Schichten hervor, eine Ermutigung lichtscheuer und antisozialer Triebe, die sich in Unmäßigkeit, Schamlosigkeit und wachsender Kriminalität bekundete. Gegen die Regel bemerkte man abends viele Betrunkene; bösartiges Gesindel machte, so hieß es, nachts die Straßen unsicher; räuberische Anfälle und selbst Mordtaten wiederholten sich, denn schon zweimal hatte sich erwiesen, daß angeblich der Seuche zum Opfer gefallene Personen vielmehr von ihren eigenen Anverwandten mit Gift aus dem Leben geräumt worden waren; und die gewerbsmäßige Liederlichkeit nahm aufdringliche und ausschweifende Formen an, wie sie sonst hier nicht bekannt und nur im Süden des Landes und im Orient zu Hause gewesen waren.

Von diesen Dingen sprach der Engländer das Entscheidende aus. »Sie täten gut«, schloß er, »lieber heute als morgen zu reisen. Länger, als ein paar Tage noch, kann die Verhängung der Sperre kaum auf sich warten lassen.« – »Danke Ihnen«, sagte Aschenbach und verließ das Amt.

Der Platz lag in sonnenloser Schwüle. Unwissende Fremde saßen vor den Cafés oder standen, ganz von Tauben bedeckt, vor der Kirche und sahen zu, wie die Tiere, wimmelnd, flügelschlagend, einander verdrängend, nach den in hohlen Händen dargebotenen Maiskörnern pickten. In fiebriger Erregung, triumphierend im Besitze der Wahrheit, einen Geschmack von Ekel dabei auf der Zunge und ein phantastisches Grauen im Herzen, schritt der Einsame die Fliesen des Prachthofes auf und nieder. Er erwog eine reinigende und anständige Handlung. Er konnte heute Abend nach dem Diner der perlengeschmückten Frau sich nähern und zu ihr sprechen, was er wörtlich entwarf: »Gestatten Sie dem Fremden, Madame, Ihnen mit einem Rat, einer Warnung zu dienen, die der Eigennutz Ihnen vorenthält. Reisen Sie ab, sogleich, mit Tadzio und Ihren Töchtern! Venedig ist verseucht.« Er konnte dann dem Werkzeug einer höhnischen Gottheit zum Abschied die Hand aufs Haupt legen, sich wegwenden und diesem Sumpfe entfliehen. Aber er fühlte zugleich, daß er unendlich weit entfernt war, einen solchen Schritt im Ernste zu wollen. Er würde ihn zurückführen, würde ihn sich selber wiedergeben; aber wer außer sich ist, verabscheut nichts mehr, als wieder in sich zu gehen. Er erinnerte sich eines weißen Bauwerks, geschmückt mit abendlich gleißenden Inschriften, in deren durchscheinender Mystik das Auge seines Geistes sich verloren hatte; jener seltsamen Wandrergestalt sodann, die dem Alternden schweifende Jünglingssehnsucht ins Weite und Fremde erweckt hatte; und der Gedanke an Heimkehr, an Besonnenheit, Nüchternheit, Mühsal und Meisterschaft, widerte ihn in solchem Maße, daß sein Gesicht sich zum Ausdruck physischer Übelkeit verzerrte. »Man soll schweigen!« flüsterte er heftig. Und: »Ich werde schweigen!« Das Bewußtsein seiner Mitwisserschaft, seiner Mitschuld berauschte ihn, wie geringe Mengen Weines ein müdes Hirn berauschen. Das Bild der heimgesuchten und verwahrlosten Stadt, wüst seinem Geiste vorschwebend, entzündete in ihm Hoffnungen, unsagbar, die Vernunft überschreitend, und von ungeheuerlicher Süßigkeit. Was war ihm das zarte Glück, von dem er vorhin einen Augenblick geträumt, verglichen mit diesen Erwartungen? Was galt ihm noch Kunst und Tugend gegenüber den Vorteilen des Chaos? Er schwieg und blieb.

In dieser Nacht hatte er einen furchtbaren Traum, – wenn man als Traum ein körperhaft-geistiges Erlebnis bezeichnen kann, das ihm zwar im tiefsten Schlaf und in völligster Unabhängigkeit und sinnlicher Gegenwart widerfuhr, aber ohne daß er sich außer den Geschehnissen im Raume wandelnd und anwesend sah; sondern ihr Schauplatz war vielmehr seine Seele selbst, und sie brachen von außen herein, seinen Widerstand – einen tiefen und geistigen Widerstand – gewalttätig niederwerfend, gingen hindurch und ließen seine Existenz, ließen die Kultur seines Lebens verheert, vernichtet zurück.

Angst war der Anfang, Angst und Lust und eine entsetzte Neugier nach dem, was kommen wollte. Nacht herrschte, und seine Sinne lauschten; denn weither näherte sich Getümmel, Getöse, ein Gemisch von Lärm: Rasseln, Schmettern und dumpfes Donnern, schrilles Jauchzen dazu und ein bestimmtes Geheul im gezogenen u-Laut, alles durchsetzt und grauenhaft süß übertönt von tief girrendem, ruchlos beharrlichen Flötenspiel, welches auf schamlos zudringende Art die Eingeweide bezauberte. Aber er wußte ein Wort, dunkel, doch das benennend was kam: »Der fremde Gott!« Qualmige Glut glomm auf: da erkannte er Bergland, ähnlich dem um sein Sommerhaus. Und in zerrissenem Licht, von bewaldeter Höhe, zwischen Stämmen und moosigen Felstrümmern wälzte es sich und stürzte wirbelnd herab: Menschen, Tiere, ein Schwarm, eine tobende Rotte, –

und überschwemmte die Halde mit Leibern, Flammen, Tumult und taumelndem Rundtanz. Weiber, strauchelnd über zu lange Fellgewänder, die ihnen vom Gürtel hingen, schüttelten Schellentrommeln über ihren stöhnend zurückgeworfenen Häuptern, schwangen stiebende Fackelbrände und nackte Dolche, hielten züngelnde Schlangen in der Mitte des Leibes erfaßt oder trugen schreiend ihre Brüste in beiden Händen. Männer, Hörner über den Stirnen, mit Pelzwerk geschürzt und zottig von Haut, beugten die Nacken und hoben Arme und Schenkel, ließen eherne Becken erdröhnen und schlugen wütend auf Pauken, während glatte Knaben mit umlaubten Stäben Böcke stachelten, an deren Hörner sie sich klammerten und von deren Sprüngen sie sich jauchzend schleifen ließen. Und die Begeisterten heulten den Ruf aus weichen Mitlauten und gezogenem u-Ruf am Ende, süß und wild zugleich, wie kein jemals erhörter: hier klang er auf, in die Lüfte geröhrt, wie von Hirschen, und dort gab man ihn wieder, vielstimmig, in wüstem Triumph, hetzte einander damit zum Tanz und Schleudern der Glieder und ließ ihn niemals verstummen. Aber alles durchdrang und beherrschte der tiefe, lockende Flötenton. Lockte er nicht auch ihn, den widerstrebend Erlebenden, schamlos beharrlich zum Fest und Unmaß des äußersten Opfers? Groß war sein Abscheu, groß seine Furcht, redlich sein Wille, bis zuletzt das Seine zu schützen gegen den Fremden, den Feind des gefaßten und würdigen Geistes. Aber der Lärm, das Geheul, vervielfacht von hallender Bergwand, wuchs, nahm Überhand, schwoll zu hinreißendem Wahnsinn. Dünste bedrängten den Sinn, der beizende Ruch der Böcke, Witterung keuchender Leiber und ein Hauch wie von faulenden Wassern, dazu ein anderer noch, vertraut: nach Wunden und umlaufender Krankheit. Mit den Paukenschlägen dröhnte sein Herz, sein Gehirn kreiste, Wut ergriff ihn, Verblendung, betäubende Wollust, und seine Seele begehrte, sich anzuschließen dem Reigen des Gottes. Das obszöne Symbol, riesig, aus Holz, ward enthüllt und erhöht: da heulten sie zügelloser die Losung. Schaum vor den Lippen tobten sie, reizten einander mit geilen Gebärden und buhlenden Händen, lachend und ächzend,

– stießen die Stachelstäbe einander ins Fleisch und leckten das Blut von den Gliedern. Aber mit ihnen, in ihnen war der Träumende nun und dem fremden Gotte gehörig. Ja, sie waren er selbst, als sie reißend und mordend sich auf die Tiere hinwarfen und dampfende Fetzen verschlangen, als auf zerwühltem Moosgrund grenzenlose Vermischung begann, dem Gotte zum Opfer. Und seine Seele kostete Unzucht und Raserei des Unterganges.

Aus diesem Traum erwachte der Heimgesuchte entnervt, zerrüttet und kraftlos dem Dämon verfallen. Er scheute nicht mehr die beobachtenden Blicke der Menschen; ob er sich ihrem Verdacht aussetze, kümmerte ihn nicht. Auch flohen sie ja, reisten ab; zahlreiche Strandhütten standen leer, die Besetzung des Speisesaals wies größere Lücken auf, und in der Stadt sah man selten noch einen Fremden. Die Wahrheit schien durchgesickert, die Panik, trotz zähen Zusammenhaltens der Interessenten, nicht länger hintanzuhalten. Aber die Frau im Perlenschmuck blieb mit den Ihren, sei es, weil die Gerüchte nicht zu ihr drangen, oder weil sie zu stolz und furchtlos war, um ihnen zu weichen: Tadzio blieb; und jenem, in seiner Umfangenheit, war es zuweilen, als könne Flucht und Tod alles störende Leben in der Runde entfernen und er allein mit dem Schönen auf dieser Insel zurückbleiben, – ja, wenn vormittags am Meere sein Blick schwer, unverantwortlich, unverwandt auf dem Begehrten ruhte, wenn er bei sinkendem Tage durch Gassen, in denen verheimlichterweise das ekle Sterben umging, ihm unwürdig nachfolgte, so schien das Ungeheuerliche ihm aussichtsreich und hinfällig das Sittengesetz.

Wie irgend ein Liebender wünschte er, zu gefallen und empfand bittere Angst, daß es nicht möglich sein möchte. Er fügte seinem Anzuge jugendlich aufheiternde Einzelheiten hinzu, er legte Edelsteine an und benutzte Parfums, er brauchte mehrmals am Tage viel Zeit für seine Toilette und kam geschmückt, erregt und gespannt zu Tische. Angesichts der süßen Jugend, die es ihm angetan, ekelte ihn sein alternder Leib, der Anblick seines grauen Haares, seiner scharfen Gesichtszüge stürzte ihn in

Scham und Hoffnungslosigkeit. Es trieb ihn, sich körperlich zu erquicken und wiederherzustellen; er besuchte häufig den Coiffeur des Hauses.

Im Frisiermantel, unter den pflegenden Händen des Schwätzers im Stuhle zurückgelehnt, betrachtete er gequälten Blickes sein Spiegelbild.

»Grau«, sagte er mit verzerrtem Munde.

»Ein wenig«, antwortete der Mensch. »Nämlich durch Schuld einer kleinen Vernachlässigung, einer Indifferenz in äußerlichen Dingen, die bei bedeutenden Personen begreiflich ist, die man aber doch nicht unbedingt loben kann und zwar umso weniger, als gerade solchen Personen Vorurteile in Sachen des Natürlichen oder Künstlichen wenig angemessen sind. Würde sich die Sittenstrenge gewisser Leute gegenüber der kosmetischen Kunst logischerweise auch auf ihre Zähne erstrecken, so würden sie nicht wenig Anstoß erregen. Schließlich sind wir so alt, wie unser Geist, unser Herz sich fühlen, und graues Haar bedeutet unter Umständen eine wirklichere Unwahrheit, als die verschmähte Korrektur bedeuten würde. In Ihrem Falle, mein Herr, hat man ein Recht auf seine natürliche Haarfarbe. Sie erlauben mir, Ihnen die Ihrige einfach zurückzugeben?«

»Wie das?« fragte Aschenbach.

Da wusch der Beredte das Haar des Gastes mit zweierlei Wasser, einem klaren und einem dunklen, und es war schwarz wie in jungen Jahren. Er bog es hierauf mit der Brennscheere in weiche Lagen, trat rückwärts und musterte das behandelte Haupt.

»Es wäre nun nur noch«, sagte er, »die Gesichtshaut ein wenig aufzufrischen.«

Und wie jemand, der nicht enden, sich nicht genug tun kann, ging er mit immer neu belebter Geschäftigkeit von einer Hantierung zur anderen über. Aschenbach, bequem ruhend, der Abwehr nicht fähig, hoffnungsvoll erregt vielmehr von dem, was geschah, sah im Glase seine Brauen sich entschiedener und ebenmäßiger wölben, den Schnitt seiner Augen sich verlängern, ihren Glanz durch eine leichte Untermalung des Lides sich heben, sah weiter unten, wo die Haut bräunlich-ledern gewesen, weich aufgetragen, ein zartes Karmin erwachen, seine Lippen, blutarm soeben noch, himbeerfarben schwellen, die Furchen der Wangen, des Mundes, die Runzeln der Augen unter Crème und Jugendhauch verschwinden, – erblickte mit Herzklopfen einen blühenden Jüngling. Der Kosmetiker gab sich endlich zufrieden, indem er nach Art solcher Leute dem, den er bedient hatte, mit kriechender Höflichkeit dankte. »Eine unbedeutende Nachhilfe«, sagte er, indem er eine letzte Hand an Aschenbachs Äußeres legte. »Nun kann der Herr sich unbedenklich verlieben.« Der Berückte ging, traumglücklich, verwirrt und furchtsam. Seine Krawatte war rot, sein breitschattender Strohhut mit einem mehrfarbigen Bande umwunden.

Lauwarmer Sturmwind war aufgekommen; es regnete selten und spärlich, aber die Luft war feucht, dick und von Fäulnisdünsten erfüllt. Flattern, Klatschen und Sausen umgab das Gehör, und dem unter der Schminke Fiebernden schienen Windgeister üblen Geschlechts im Raume ihr Wesen zu treiben, unholdes Gevögel des Meeres, das des Verurteilten Mahl zerwühlt, zernagt und mit Unrat schändet. Denn die Schwüle wehrte der Eßlust, und die Vorstellung drängte sich auf, daß die Speisen mit Ansteckungsstoffen vergiftet seien.

Auf den Spuren des Schönen hatte Aschenbach sich eines Nachmittags in das innere Gewirr der kranken Stadt vertieft. Mit versagendem Ortssinn, da die Gäßchen, Gewässer, Brücken und Plätzchen des Labyrinthes zu sehr einander gleichen, auch der Himmelsgegenden nicht mehr sicher, war er durchaus darauf bedacht, das sehnlich verfolgte Bild nicht aus den Augen zu verlieren, und zu schmählicher Behutsamkeit genötigt, an Mauern gedrückt, hinter dem Rücken Vorangehender Schutz suchend, ward er sich lange nicht der Müdigkeit, der Erschöpfung bewußt, welche Gefühl und immerwährende Spannung seinem Körper, seinem Geiste zugefügt hatten. Tadzio ging hinter den Seinen, er ließ der Pflegerin und den nonnenähnlichen Schwestern in der Enge gewöhnlich den Vortritt, und einzeln schlendernd wandte er zuweilen das Haupt, um sich über die Schulter hinweg der Gefolgschaft seines Liebhabers mit einem

Blick seiner eigentümlich dämmergrauen Augen zu versichern. Er sah ihn, und er verriet ihn nicht. Berauscht von dieser Erkenntnis, von diesen Augen vorwärts gelockt, am Narrenseile geleitet von der Passion, stahl der Verliebte sich seiner unziemlichen Hoffnung nach – und sah sich schließlich dennoch um ihren Anblick betrogen. Die Polen hatten eine kurz gewölbte Brücke überschritten, die Höhe des Bogens verbarg sie dem Nachfolgenden, und seinerseits hinaufgelangt, entdeckte er sie nicht mehr. Er forschte nach ihnen in drei Richtungen, geradeaus und nach beiden Seiten den schmalen und schmutzigen Quai entlang, vergebens. Entnervung, Hinfälligkeit nötigten ihn endlich, vom Suchen abzulassen.

Sein Kopf brannte, sein Körper war mit klebrigem Schweiß bedeckt, sein Genick zitterte, ein nicht mehr erträglicher Durst peinigte ihn, er sah sich nach irgendwelcher, nach augenblicklicher Labung um. Vor einem kleinen Gemüseladen kaufte er einige Früchte, Erdbeeren, überreife und weiche Ware und aß im Gehen davon. Ein kleiner Platz, verlassen, verwunschen anmutend, öffnete sich vor ihm, er erkannte ihn, es war hier gewesen, wo er vor Wochen den vereitelten Fluchtplan gefaßt hatte. Auf den Stufen der Zisterne, inmitten des Ortes, ließ er sich niedersinken und lehnte den Kopf an das steinerne Rund. Es war still, Gras wuchs zwischen dem Pflaster. Abfälle lagen umher. Unter den verwitterten, unregelmäßig hohen Häusern in der Runde erschien eines palastartig, mit Spitzbogenfenstern, hinter denen die Leere wohnte, und kleinen Löwenbalkonen. Im Erdgeschoß eines anderen befand sich eine Apotheke. Warme Windstöße brachten zuweilen Karbolgeruch.

Er saß dort, der Meister, der würdig gewordene Künstler, der Autor des »Elenden«, der in so vorbildlich reiner Form dem Zigeunertum und der trüben Tiefe abgesagt, dem Abgrunde die Sympathie gekündigt und das Verworfene verworfen hatte, der Hochgestiegene, der, Überwinder seines Wissens und aller Ironie entwachsen, in die Verbindlichkeiten des Massenzutrauens sich gewöhnt hatte, er, dessen Ruhm amtlich, dessen Name geadelt war und an dessen Styl die Knaben sich zu bilden angehalten

wurden, – er saß dort, seine Lider waren geschlossen, nur zuweilen glitt, rasch sich wieder verbergend, ein spöttischer und
betretener Blick seitlich darunter hervor, und seine schlaffen
Lippen, kosmetisch aufgehöht, bildeten einzelne Worte aus von
dem, was sein halb schlummerndes Hirn an seltsamer Traumlogik hervorbrachte.

»Denn die Schönheit, Phaidros, merke das wohl! nur die
Schönheit ist göttlich und sichtbar zugleich, und so ist sie denn
also des Sinnlichen Weg, ist, kleiner Phaidros, der Weg des
Künstlers zum Geiste. Glaubst du nun aber, mein Lieber, daß
derjenige jemals Weisheit und wahre Manneswürde gewinnen
könne, für den der Weg zum Geistigen durch die Sinne führt?
Oder glaubst du vielmehr (ich stelle dir die Entscheidung frei),
daß dies ein gefährlich-lieblicher Weg sei, wahrhaft ein Irr- und
Sündenweg, der mit Notwendigkeit in die Irre leitet? Denn du
mußt wissen, daß wir Dichter den Weg der Schönheit nicht gehen können, ohne daß Eros sich zugesellt und sich zum Führer
aufwirft; ja, mögen wir auch Helden auf unsere Art und züchtige Kriegsleute sein, so sind wir wie Weiber, denn Leidenschaft ist unsere Erhebung, und unsere Sehnsucht muß Liebe
bleiben, – das ist unsere Lust und unsere Schande. Siehst du
nun wohl, daß wir Dichter nicht weise noch würdig sein können? Daß wir notwendig in die Irre gehen, notwendig liederlich und Abenteurer des Gefühles bleiben? Die Meisterhaltung
unseres Styls ist Lüge und Narrentum, unser Ruhm und Ehrenstand eine Posse, das Vertrauen der Menge zu uns höchst lächerlich, Volks- und Jugenderziehung durch die Kunst ein gewagtes, zu verbietendes Unternehmen. Denn wie sollte wohl
der zum Erzieher taugen, dem eine unverbesserliche und natürliche Richtung zum Abgrunde eingeboren ist? Wir möchten
ihn wohl verleugnen und Würde gewinnen, aber wie wir uns
auch wenden mögen, er zieht uns an. So sagen wir etwa der
auflösenden Erkenntnis ab, denn die Erkenntnis, Phaidros, hat
keine Würde und Strenge: sie ist wissend, verstehend, verzeihend, ohne Haltung und Form; sie hat Sympathie mit dem Abgrund, sie ist der Abgrund. Diese also verwerfen wir mit Ent-

84

schlossenheit, und fortan gilt unser Trachten einzig der Schönheit, das will sagen der Einfachheit, Größe und neuen Strenge, der zweiten Unbefangenheit und der Form. Aber Form und Unbefangenheit, Phaidros, führen zum Rausch und zur Begierde, führen den Edlen vielleicht zu grauenhaftem Gefühlsfrevel, den seine eigene schöne Strenge als infam verwirft, führen zum Abgrund, zum Abgrund auch sie. Uns Dichter, sage ich, führen sie dahin, denn wir vermögen nicht, uns aufzuschwingen, wir vermögen nur auszuschweifen. Und nun gehe ich, Phaidros, bleibe du hier; und erst wenn du mich nicht mehr siehst, so gehe auch du.«

Einige Tage später verließ Gustav von Aschenbach, da er sich leidend fühlte, das Bäder-Hotel zu späterer Morgenstunde als gewöhnlich. Er hatte mit gewissen, nur halb körperlichen Schwindelanfällen zu kämpfen, die von einer heftig aufsteigenden Angst und Ratlosigkeit begleitet waren, einem Gefühl der Ausweg- und Aussichtslosigkeit, von dem nicht klar wurde, ob es sich auf die äußere Welt oder auf seine eigene Existenz bezog. In der Halle bemerkte er eine große Menge zum Transport bereitliegenden Gepäcks, fragte einen Türhüter, wer es sei, der reise, und erhielt zur Antwort den polnischen Adelsnamen, dessen er insgeheim gewärtig gewesen war. Er empfing ihn, ohne daß seine verfallenen Gesichtszüge sich verändert hätten, mit jener kurzen Hebung des Kopfes, mit der man etwas, was man nicht zu wissen brauchte, beiläufig zur Kenntnis nimmt, und fragte noch: »Wann?« Man antwortete ihm: »Nach dem Lunch.« Er nickte und ging zum Meere.

Es war unwirtlich dort. Über das weite, flache Gewässer, das den Strand von der ersten gestreckten Sandbank trennte, liefen kräuselnde Schauer von vorn nach hinten. Herbstlichkeit, Überlebtheit schien über dem einst so farbig belebten, nun fast verlassenen Lustorte zu liegen, dessen Sand nicht mehr reinlich gehalten wurde. Ein photographischer Apparat, scheinbar herrenlos, stand auf seinem dreibeinigen Stativ am Rande der See, und ein schwarzes Tuch, darüber gebreitet, flatterte klatschend im kälteren Winde.

Tadzio, mit drei oder vier Gespielen, die ihm geblieben waren, bewegte sich zur Rechten vor der Hütte der Seinen, und, eine Decke über den Knieen, etwa in der Mitte zwischen dem Meer und der Reihe der Strandhütten in seinem Liegestuhl ruhend, sah Aschenbach ihm noch einmal zu. Das Spiel, das unbeaufsichtigt war, denn die Frauen mochten mit Reisevorbereitungen beschäftigt sein, schien regellos und artete aus. Jener Stämmige, im Gürtelanzug und mit schwarzem, pomadisiertem Haar, der »Jaschu« gerufen wurde, durch einen Sandwurf ins Gesicht gereizt und geblendet, zwang Tadzio zum Ringkampf, der rasch mit dem Fall des schwächeren Schönen endete. Aber als ob in der Abschiedsstunde das dienende Gefühl des Geringeren sich in grausame Roheit verkehre und für eine lange Sklaverei Rache zu nehmen trachte, ließ der Sieger auch dann noch nicht von dem Unterlegenen ab, sondern drückte, auf seinem Rücken knieend, dessen Gesicht so anhaltend in den Sand, daß Tadzio, ohnedies vom Kampf außer Atem, zu ersticken drohte. Seine Versuche, den Lastenden abzuschütteln, waren krampfhaft, sie unterblieben auf Augenblicke ganz und wiederholten sich nur noch als ein Zucken. Entsetzt wollte Aschenbach zur Rettung aufspringen, als der Gewalttätige endlich sein Opfer freigab. Tadzio, sehr bleich, richtete sich zur Hälfte auf und saß, auf einen Arm gestützt, mehrere Minuten lang unbeweglich, mit verwirrtem Haar und dunkelnden Augen. Dann stand er vollends auf und entfernte sich langsam. Man rief ihn, anfänglich munter, dann bänglich und bittend; er hörte nicht. Der Schwarze, den Reue über seine Ausschreitung sogleich erfaßt haben mochte, holte ihn ein und suchte ihn zu versöhnen. Eine Schulterbewegung wies ihn zurück. Tadzio ging schräg hinunter zum Wasser. Er war barfuß und trug seinen gestreiften Leinenanzug mit roter Schleife.

Am Rande der Flut verweilte er sich, gesenkten Hauptes mit einer Fußspitze Figuren im feuchten Sande zeichnend, und ging dann in die seichte Vorsee, die an ihrer tiefsten Stelle noch nicht seine Knie benetzte, durchschritt sie, lässig vordringend, und gelangte zur Sandbank. Dort stand er einen Augenblick, das Gesicht der Weite zugekehrt, und begann hierauf, die lange und schmale Strecke entblößten Grundes nach links hin langsam abzuschreiten. Vom Festlande geschieden durch breite Wasser, geschieden von den Genossen durch stolze Laune, wandelte er, eine höchst abgesonderte und verbindungslose Erscheinung, mit flatterndem Haar dort draußen im Meere, im Winde, vorm Nebelhaft-Grenzenlosen. Abermals blieb er zur Ausschau stehen. Und plötzlich, wie unter einer Erinnerung, einem Impuls, wandte er den Oberkörper, eine Hand in der Hüfte, in schöner Drehung aus seiner Grundpositur und blickte über die Schulter zum Ufer. Der Schauende dort saß wie er einst gesessen, als zuerst, von jener Schwelle zurückgesandt, dieser dämmergraue Blick dem seinen begegnet war. Sein Haupt war an der Lehne des Stuhles langsam der Bewegung des draußen Schreitenden gefolgt; nun hob es sich, gleichsam dem Blicke entgegen, und sank auf die Brust, so daß seine Augen von unten sahen, indes sein Antlitz den schlaffen, innig versunkenen Ausdruck tiefen Schlummers zeigte. Ihm war aber, als ob der bleiche und liebliche Psychagog dort draußen ihm lächle, ihm winke; als ob er, die Hand aus der Hüfte lösend, hinausdeute, voranschwebe ins Verheißungsvoll-Ungeheure. Und wie so oft machte er sich auf, ihm zu folgen.

Minuten vergingen, bis man dem seitlich im Stuhle Hinabgesunkenen zur Hilfe eilte. Man brachte ihn auf sein Zimmer. Und noch desselben Tages empfing eine respektvoll erschütterte Welt die Nachricht von seinem Tode.

Tristan

Hier ist ›Einfried‹, das Sanatorium! Weiß und geradlinig liegt es mit seinem langgestreckten Hauptgebäude und seinem Seitenflügel inmitten des weiten Gartens, der mit Grotten, Laubengängen und kleinen Pavillons aus Baumrinde ergötzlich ausgestattet ist, und hinter seinen Schieferdächern ragen tannengrün, massig und weich zerklüftet die Berge himmelan.

Nach wie vor leitet Doktor Leander die Anstalt. Mit seinem zweispitzigen schwarzen Bart, der hart und kraus ist wie das Roßhaar, mit dem man die Möbel stopft, seinen dicken, funkelnden Brillengläsern und diesem Aspekt eines Mannes, den die Wissenschaft gekältet, gehärtet und mit stillem, nachsichtigem Pessimismus erfüllt hat, hält er auf kurz angebundene und verschlossene Art die Leidenden in seinem Bann, – alle diese Individuen, die, zu schwach, sich selbst Gesetze zu geben und sie zu halten, ihm ihr Vermögen ausliefern, um sich von seiner Strenge stützen lassen zu dürfen.

Was Fräulein von Osterloh betrifft, so steht sie mit unermüdlicher Hingabe dem Haushalte vor. Mein Gott, wie tätig sie, treppauf und treppab, von einem Ende der Anstalt zum anderen eilt! Sie herrscht in Küche und Vorratskammer, sie klettert in den Wäscheschränken umher, sie kommandiert die Dienerschaft und bestellt unter den Gesichtspunkten der Sparsamkeit, der Hygiene, des Wohlgeschmacks und der äußeren Anmut den Tisch des Hauses, sie wirtschaftet mit einer rasenden Umsicht, und in ihrer extremen Tüchtigkeit liegt ein beständiger Vorwurf für die gesamte Männerwelt verborgen, von der noch niemand darauf verfallen ist, sie heimzuführen. Auf ihren Wangen aber glüht in zwei runden, karmoisinroten Flecken die unauslöschliche Hoffnung, dereinst Frau Doktor Leander zu werden...

Ozon und stille, stille Luft... für Lungenkranke ist ›Einfried‹, was Doktor Leanders Neider und Rivalen auch sagen mögen, aufs wärmste zu empfehlen. Aber es halten sich nicht nur Phthisiker, es halten sich Patienten aller Art, Herren, Damen und sogar Kinder hier auf: Doktor Leander hat auf den verschiedensten Gebieten Erfolge aufzuweisen. Es gibt hier gastrisch Leidende, wie die Magistratsrätin Spatz, die überdies an den Ohren krankt, Herrschaften mit Herzfehlern, Paralytiker, Rheumatiker und Nervöse in allen Zuständen. Ein diabetischer General verzehrt hier unter immerwährendem Murren seine Pension. Mehrere Herren mit entfleischten Gesichtern werfen auf jene unbeherrschte Art ihre Beine, die nichts Gutes bedeutet. Eine fünfzigjährige Dame, die Pastorin Höhlenrauch, die neunzehn Kinder zur Welt gebracht hat und absolut keines Gedankens mehr fähig ist, gelangt dennoch nicht zum Frieden, sondern irrt, von einer blöden Unrast getrieben, seit einem Jahre bereits am Arm ihrer Privatpflegerin starr und stumm, ziellos und unheimlich durch das ganze Haus.

Dann und wann stirbt jemand von den ›Schweren‹, die in ihren Zimmern liegen und nicht zu den Mahlzeiten noch im Konversationszimmer erscheinen, und niemand, selbst der Zimmernachbar nicht, erfährt etwas davon. In stiller Nacht wird der wächserne Gast beiseite geschafft, und ungestört nimmt das Treiben in ›Einfried‹ seinen Fortgang, das Massieren, Elektrisieren und Injizieren, das Duschen, Baden, Turnen, Schwitzen und Inhalieren in den verschiedenen mit allen Errungenschaften der Neuzeit ausgestatteten Räumlichkeiten...

Ja, es geht lebhaft zu hierselbst. Das Institut steht in Flor. Der Portier, am Eingange des Seitenflügels, rührt die große Glocke, wenn neue Gäste eintreffen, und in aller Form geleitet Doktor Leander, zusammen mit Fräulein von Osterloh, die Abreisenden zum Wagen. Was für Existenzen hat ›Einfried‹ nicht schon beherbergt! Sogar ein Schriftsteller ist da, ein exzentrischer Mensch, der den Namen irgendeines Minerals oder Edelsteines führt und hier dem Herrgott die Tage stiehlt...

Übrigens ist, neben Herrn Doktor Leander, noch ein zweiter Arzt vorhanden, für die leichten Fälle und die Hoffnungslosen. Aber er heißt Müller und ist überhaupt nicht der Rede wert.

2

Anfang Januar brachte Großkaufmann Klöterjahn – in Firma A. C. Klöterjahn & Comp. – seine Gattin nach ›Einfried‹; der Portier rührte die Glocke, und Fräulein von Osterloh begrüßte die weither gereisten Herrschaften im Empfangszimmer zu ebener Erde, das, wie beinahe das ganze vornehme alte Haus, in wunderbar reinem Empirestil eingerichtet war. Gleich darauf erschien auch Doktor Leander; er verbeugte sich, und es entspann sich eine erste, für beide Teile orientierende Konversation.

Draußen lag der winterliche Garten mit Matten über den Beeten, verschneiten Grotten und vereinsamten Tempelchen, und zwei Hausknechte schleppten vom Wagen her, der auf der Chaussee vor der Gatterpforte hielt – denn es führte keine Anfahrt zum Hause –, die Koffer der neuen Gäste herbei.

»Langsam, Gabriele, take care, mein Engel, und halte den Mund zu«, hatte Herr Klöterjahn gesagt, als er seine Frau durch den Garten führte; und in dieses »take care« mußte zärtlichen und zitternden Herzens jedermann innerlich einstimmen, der sie erblickte, – wenn auch nicht zu leugnen ist, daß Herr Klöterjahn es anstandslos auf deutsch hätte sagen können.

Der Kutscher, welcher die Herrschaften von der Station zum Sanatorium gefahren hatte, ein roher, unbewußter Mann ohne Feingefühl, hatte geradezu die Zunge zwischen die Zähne genommen vor ohnmächtiger Behutsamkeit, während der Großkaufmann seiner Gattin beim Aussteigen behilflich war; ja, es hatte ausgesehen, als ob die beiden Braunen, in der stillen Frostluft qualmend, mit rückwärts gerollten Augen angestrengt diesen ängstlichen Vorgang verfolgten, voll Besorgnis für soviel schwache Grazie und zarten Liebreiz.

Die junge Frau litt an der Luftröhre, wie ausdrücklich in dem anmeldenden Schreiben zu lesen stand, das Herr Klöterjahn vom Strande der Ostsee aus an den dirigierenden Arzt von ›Einfried‹ gerichtet hatte, und Gott sei Dank, daß es nicht die Lunge war! Wenn es aber dennoch die Lunge gewesen wäre, – diese neue Patientin hätte keinen holderen und veredelteren, keinen entrückteren und unstofflicheren Anblick gewähren können als jetzt, da sie an der Seite ihres stämmigen Gatten, weich und ermüdet in den weißlackierten, gradlinigen Armsessel zurückgelehnt, dem Gespräche folgte.

Ihre schönen, blassen Hände, ohne Schmuck bis auf den schlichten Ehering, ruhten in den Schoßfalten eines schweren und dunklen Tuchrockes, und sie trug eine silbergraue, anschließende Taille mit festem Stehkragen, die mit hochaufliegenden Sammetarabesken über und über besetzt war. Aber diese gewichtigen und warmen Stoffe ließen die unsägliche Zartheit, Süßigkeit und Mattigkeit des Köpfchens nur noch rührender, unirdischer und lieblicher erscheinen. Ihr lichtbraunes Haar, tief im Nacken zu einem Knoten zusammengefaßt, war glatt zurückgestrichen, und nur in der Nähe der rechten Schläfe fiel eine krause, lose Locke in die Stirn, unfern der Stelle, wo über der markant gezeichneten Braue ein kleines, seltsames Äderchen sich blaßblau und kränklich in der Klarheit und Makellosigkeit dieser wie durchsichtigen Stirn verzweigte. Dies blaue Äderchen über dem Auge beherrschte auf eine beunruhigende Art das ganze feine Oval des Gesichts. Es trat sichtbarer hervor, sobald die Frau zu sprechen begann, ja sobald sie auch nur lächelte, und es gab alsdann dem Gesichtsausdruck etwas Angestrengtes, ja selbst Bedrängtes, was unbestimmte Befürchtungen erweckte. Dennoch sprach sie und lächelte. Sie sprach freimütig und freundlich mit ihrer leicht verschleierten Stimme, und sie lächelte mit ihren Augen, die ein wenig mühsam blickten, ja hie und da eine kleine Neigung zum *Verschießen* zeigten, und deren Winkel, zu beiden Seiten der schmalen Nasenwurzel, in tiefem Schatten lagen, sowie mit ihrem schönen, breiten Munde, der blaß war und dennoch zu leuchten schien, vielleicht, weil seine Lippen so überaus scharf und deutlich umrissen waren. Manchmal hüstelte sie. Hierbei führte sie ihr Taschentuch zum Munde und betrachtete es alsdann.

»Hüstle nicht, Gabriele«, sagte Herr Klöterjahn. »Du weißt, daß Doktor Hinzpeter zu Hause es dir extra verboten hat, darling, und es ist bloß, daß man sich zusammennimmt, mein Engel. Es ist, wie gesagt, die Luftröhre«, wiederholte er. »Ich glaubte wahrhaftig, es wäre die Lunge, als es losging, und kriegte, weiß Gott, einen Schreck. Aber es ist nicht die Lunge, nee, Deubel noch mal, auf so was lassen wir uns nicht ein, was, Gabriele? hö, hö!«

»Zweifelsohne«, sagte Doktor Leander und funkelte sie mit seinen Brillengläsern an.

Hierauf verlangte Herr Klöterjahn Kaffee – Kaffee und Buttersemmeln, und er hatte eine anschauliche Art, den K-Laut ganz hinten im Schlunde zu bilden und »Bottersemmeln« zu sagen, daß jedermann Appetit bekommen mußte.

Er bekam, was er wünschte, bekam auch Zimmer für sich und seine Gattin, und man richtete sich ein.

Übrigens übernahm Doktor Leander selbst die Behandlung, ohne Doktor Müller für den Fall in Anspruch zu nehmen.

3

Die Persönlichkeit der neuen Patientin erregte ungewöhnliches Aufsehen in ›Einfried‹, und Herr Klöterjahn, gewöhnt an solche Erfolge, nahm jede Huldigung, die man ihr darbrachte, mit Genugtuung entgegen. Der diabetische General hörte einen Augenblick zu murren auf, als er ihrer zum ersten Male ansichtig wurde, die Herren mit den entfleischten Gesichtern lächelten und versuchten angestrengt, ihre Beine zu beherrschen, wenn sie in ihre Nähe kamen, und die Magistratsrätin Spatz schloß sich ihr sofort als ältere Freundin an. Ja, sie machte Eindruck, die Frau, die Herrn Klöterjahns Namen trug! Ein Schriftsteller, der seit ein paar Wochen in ›Einfried‹ seine Zeit verbrachte, ein befremdender Kauz, dessen Name wie der eines Edelgesteines lautete, verfärbte sich geradezu, als sie auf dem Korridor an ihm vorüberging, blieb stehen und stand noch immer wie angewurzelt, als sie schon längst entschwunden war.

Zwei Tage waren noch nicht vergangen, als die ganze Kurgesellschaft mit ihrer Geschichte vertraut war. Sie war aus Bremen gebürtig, was übrigens, wenn sie sprach, an gewissen liebenswürdigen Lautverzerrungen zu erkennen war, und hatte dortselbst vor zwiefacher Jahresfrist dem Großhändler Klöterjahn ihr Ja-Wort fürs Leben erteilt. Sie war ihm in seine Vaterstadt, dort oben am Ostseestrande, gefolgt und hatte ihm vor nun etwa zehn Monaten unter ganz außergewöhnlich schweren und gefährlichen Umständen ein Kind, einen bewundernswert lebhaften und wohlgeratenen Sohn und Erben beschert. Seit diesen furchtbaren Tagen aber war sie nicht wieder zu Kräften gekommen, gesetzt, daß sie jemals bei Kräften gewesen war. Sie war kaum vom Wochenbette erstanden, äußerst erschöpft, äußerst verarmt an Lebenskräften, als sie beim Husten ein wenig Blut aufgebracht hatte, – oh, nicht viel, ein unbedeutendes bißchen Blut; aber es wäre doch besser überhaupt nicht zum Vorschein gekommen, und das Bedenkliche war, daß derselbe kleine unheimliche Vorfall sich nach kurzer Zeit wiederholte. Nun, es gab Mittel hiergegen, und Doktor Hinzpeter, der Hausarzt, bediente sich ihrer. Vollständige Ruhe wurde geboten, Eisstückchen wurden geschluckt, Morphium ward gegen den Hustenreiz verabfolgt und das Herz nach Möglichkeit beruhigt. Die Genesung aber wollte sich nicht einstellen, und während das Kind, Anton Klöterjahn der Jüngere, ein Prachtstück von einem Baby, mit ungeheurer Energie und Rücksichtslosigkeit seinen Platz im Leben eroberte und behauptete, schien die junge Mutter in einer sanften und stillen Glut dahinzuschwinden... Es war, wie gesagt, die Luftröhre, ein Wort, das in Doktor Hinzpeters Munde eine überraschend tröstliche, beruhigende, fast erheiternde Wirkung auf alle Gemüter ausübte. Aber obgleich es nicht die Lunge war, hatte der Doktor schließlich den Einfluß eines milderen Klimas und des Aufenthaltes in einer Kuranstalt zur Beschleunigung der Heilung als dringend wünschenswert erachtet, und der Ruf des Sanatoriums ›Einfried‹ und seines Leiters hatte das übrige getan.

So verhielt es sich; und Herr Klöterjahn selbst erzählte es jedem, der Interesse dafür an den Tag legte. Er redete laut, salopp und gutgelaunt, wie ein Mann, dessen Verdauung sich in so guter Ordnung befindet wie seine Börse, mit weit ausladenden Lippenbewegungen, in der breiten und dennoch rapiden Art der Küstenbewohner vom Norden. Manche Worte schleuderte er hervor, daß jeder Laut einer kleinen Entladung glich, und lachte darüber wie über einen gelungenen Spaß.

Er war mittelgroß, breit, stark und kurzbeinig und besaß ein volles, rotes Gesicht mit wasserblauen Augen, die von ganz hellblonden Wimpern beschattet waren, geräumigen Nüstern und feuchten Lippen. Er trug einen englischen Backenbart, war ganz englisch gekleidet und zeigte sich entzückt, eine englische Familie, Vater, Mutter und drei hübsche Kinder mit ihrer nurse, in ›Einfried‹ anzutreffen, die sich hier aufhielt, einzig und allein, weil sie nicht wußte, wo sie sich sonst aufhalten sollte, und mit der er morgens englisch frühstückte. Übrigens liebte er es, viel und gut zu speisen und zu trinken, zeigte sich als ein wirklicher Kenner von Küche und Keller und unterhielt die Kurgesellschaft aufs anregendste von den Diners, die daheim in seinem Bekanntenkreise gegeben wurden, sowie mit der Schilderung gewisser auserlesener, hier unbekannter Platten. Hierbei zogen seine Augen sich mit freundlichem Ausdruck zusammen und seine Sprache erhielt etwas Gaumiges und Nasales, indes leicht schmatzende Geräusche im Schlunde sie begleiteten. Daß er auch anderen irdischen Freuden nicht grundsätzlich abhold war, bewies er an jenem Abend, als ein Kurgast von ›Einfried‹, ein Schriftsteller von Beruf, ihn auf dem Korridor in ziemlich unerlaubter Weise mit einem Stubenmädchen scherzen sah, – ein kleiner, humoristischer Vorgang, zu dem der betreffende Schriftsteller eine lächerlich angeekelte Miene machte.

Was Herrn Klöterjahns Gattin anging, so war klar und deutlich zu beobachten, daß sie ihm von Herzen zugetan war. Sie folgte lächelnd seinen Worten und Bewegungen: nicht mit der überheblichen Nachsicht, die manche Leidenden den Gesunden entgegenbringen, sondern mit der liebenswürdigen Freude und Teilnahme gutgearteter Kranker an den zuversichtlichen Lebensäußerungen von Leuten, die in ihrer Haut sich wohlfühlen.

Herr Klöterjahn verweilte nicht lange in ›Einfried‹. Er hatte seine Gattin hierher geleitet; nach Verlauf einer Woche aber, als er sie wohl aufgehoben und in guten Händen wußte, war seines Bleibens nicht länger. Pflichten von gleicher Wichtigkeit, sein blühendes Kind, sein ebenfalls blühendes Geschäft, riefen ihn in die Heimat zurück; sie zwangen ihn, abzureisen und seine Frau im Genusse der besten Pflege zurückzulassen.

4

Spinell hieß der Schriftsteller, der seit mehreren Wochen in ›Einfried‹ lebte, Detlev Spinell war sein Name, und sein Äußeres war wunderlich.

Man vergegenwärtige sich einen Brünetten am Anfang der Dreißiger und von stattlicher Statur, dessen Haar an den Schläfen schon merklich zu ergrauen beginnt, dessen rundes, weißes, ein wenig gedunsenes Gesicht aber nicht die Spur irgendeines Bartwuchses zeigt. Es war nicht rasiert, – man hätte es gesehen; weich, verwischt und knabenhaft, war es nur hier und da mit einzelnen Flaumhärchen besetzt. Und das sah ganz merkwürdig aus. Der Blick seiner rehbraunen, blanken Augen war von sanftem Ausdruck, die Nase gedrungen und ein wenig zu fleischig. Ferner besaß Herr Spinell eine gewölbte, poröse Oberlippe römischen Charakters, große, kariöse Zähne und Füße von seltenem Umfange. Einer der Herren mit den unbeherrschten Beinen, der ein Zyniker und Witzbold war, hatte ihn hinter seinem Rücken »der verweste Säugling« getauft; aber das war hämisch und wenig zutreffend. – Er ging gut und modisch gekleidet, in langem schwarzen Rock und farbig punktierter Weste.

Er war ungesellig und hielt mit keiner Seele Gemeinschaft. Nur zuweilen konnte eine leutselige, liebevolle und überquellende Stimmung ihn befallen, und das geschah jedesmal, wenn Herr Spinell in ästhetischen Zustand verfiel, wenn der Anblick von irgend etwas Schönem, der Zusammenklang zweier Farben, eine Vase von edler Form, das vom Sonnenuntergang bestrahlte Gebirge ihn zu lauter Bewunderung hinriß. »Wie schön!« sagte er dann, indem er den Kopf auf die Seite legte, die Schultern emporzog, die Hände spreizte und Nase und Lippen krauste. »Gott, sehen Sie, wie schön!« Und er war imstande, blindlings die distinguiertesten Herrschaften, ob Mann oder Weib, zu umhalsen in der Bewegung solcher Augenblicke...

Beständig lag auf seinem Tische, für jeden sichtbar, der sein Zimmer betrat, das Buch, das er geschrieben hatte. Es war ein Roman von mäßigem Umfange, mit einer vollkommen verwirrenden Umschlagzeichnung versehen und gedruckt auf einer Art von Kaffee-Sieb-Papier mit Buchstaben, von denen ein jeder aussah wie eine gotische Kathedrale. Fräulein von Osterloh hatte es in einer müßigen Viertelstunde gelesen und fand es »raffiniert«, was ihre Form war, das Urteil »unmenschlich langweilig« zu umschreiben. Es spielte in mondänen Salons, in üppigen Frauengemächern, die voller erlesener Gegenstände waren, voll von Gobelins, uralten Meubles, köstlichem Porzellan, unbezahlbaren Stoffen und künstlerischen Kleinodien aller Art. Auf die Schilderung dieser Dinge war der liebevollste Wert gelegt, und beständig sah man dabei Herrn Spinell, wie er die Nase kraus zog und sagte: »Wie schön! Gott, sehen Sie, wie schön!« ... Übrigens mußte es wundernehmen, daß er noch nicht mehr Bücher verfaßt hatte als dieses eine, denn augenscheinlich schrieb er mit Leidenschaft. Er verbrachte den größeren Teil des Tages schreibend auf seinem Zimmer und ließ außerordentlich viele Briefe zur Post befördern, fast täglich einen oder zwei, – wobei es nur als befremdend und belustigend auffiel, daß er seinerseits höchst selten welche empfing...

Herr Spinell saß der Gattin Herrn Klöterjahns bei Tische gegenüber. Zur ersten Mahlzeit, an der die Herrschaften teilnahmen, erschien er ein wenig zu spät in dem großen Speisesaal im Erdgeschoß des Seitenflügels, sprach mit weicher Stimme einen an alle gerichteten Gruß und begab sich an seinen Platz, worauf Doktor Leander ihn ohne viel Zeremonie den neu Angekommenen vorstellte. Er verbeugte sich und begann dann, offenbar ein wenig verlegen, zu essen, indem er Messer und Gabel mit seinen großen, weißen und schön geformten Händen, die aus sehr engen Ärmeln hervorsahen, in ziemlich affektierter Weise bewegte. Später ward er frei und betrachtete in Gelassenheit abwechselnd Herrn Klöterjahn und seine Gattin. Auch richtete Herr Klöterjahn im Verlaufe der Mahlzeit einige Fragen und Bemerkungen betreffend die Anlage und das Klima von ›Einfried‹ an ihn, in die seine Frau in ihrer lieblichen Art zwei oder drei Worte einfließen ließ, und die Herr Spinell höflich beantwortete. Seine Stimme war mild und recht angenehm; aber er hatte eine etwas behinderte und schlürfende Art zu sprechen, als seien seine Zähne der Zunge im Wege.

Nach Tische, als man ins Konversationszimmer hinübergegangen war und Doktor Leander den neuen Gästen im besonderen eine gesegnete Mahlzeit wünschte, erkundigte sich Herrn Klöterjahns Gattin nach ihrem Gegenüber.

»Wie heißt der Herr?« fragte sie... »Spinelli? Ich habe den Namen nicht verstanden.«

»Spinell... nicht Spinelli, gnädige Frau. Nein, er ist kein Italiener, sondern bloß aus Lemberg gebürtig, soviel ich weiß...«

»Was sagten Sie? Er ist Schriftsteller? Oder was?« fragte Herr Klöterjahn; er hielt die Hände in den Taschen seiner bequemen englischen Hose, neigte sein Ohr dem Doktor zu und öffnete, wie manche Leute pflegen, den Mund beim Horchen.

»Ja, ich weiß nicht, – er schreibt...« antwortete Doktor Leander. »Er hat, glaube ich, ein Buch veröffentlicht, eine Art Roman, ich weiß wirklich nicht...«

Dieses wiederholte »Ich weiß nicht« deutete an, daß Doktor Leander keine großen Stücke auf den Schriftsteller hielt und jede Verantwortung für ihn ablehnte.

»Aber das ist ja sehr interessant!« sagte Herrn Klöterjahns Gattin. Sie hatte noch nie einen Schriftsteller von Angesicht zu Angesicht gesehen.

»O ja«, erwiderte Doktor Leander entgegenkommend. »Er soll sich eines gewissen Rufes erfreuen...« Dann wurde nicht mehr von dem Schriftsteller gesprochen.

Aber ein wenig später, als die neuen Gäste sich zurückgezogen hatten und Doktor Leander ebenfalls das Konversationszimmer verlassen wollte, hielt Herr Spinell ihn zurück und erkundigte sich auch seinerseits.

»Wie ist der Name des Paares?« fragte er... »Ich habe natürlich nichts verstanden.«

»Klöterjahn«, antwortete Doktor Leander und ging schon wieder.

»*Wie* heißt der Mann?« fragte Herr Spinell...

»*Klöterjahn* heißen sie!« sagte Doktor Leander und ging seiner Wege. – Er hielt gar keine großen Stücke auf den Schriftsteller.

6

Waren wir schon soweit, daß Herr Klöterjahn in die Heimat zurückgekehrt war? Ja, er weilte wieder am Ostseestrande, bei seinen Geschäften und seinem Kinde, diesem rücksichtslosen und lebensvollen kleinen Geschöpf, das seiner Mutter sehr viele Leiden und einen kleinen Defekt an der Luftröhre gekostet hatte. Sie selbst aber, die junge Frau, blieb in ›Einfried‹ zurück, und die Magistratsrätin Spatz schloß sich ihr als ältere Freundin an. Das aber hinderte nicht, daß Herrn Klöterjahns Gattin auch mit den übrigen Kurgästen gute Kameradschaft pflegte, zum Beispiel mit Herrn Spinell, der ihr zum Erstaunen aller (denn er hatte bislang mit keiner Seele Gemeinschaft gehalten) von Anbeginn eine außerordentliche Ergebenheit und Dienstfertigkeit entgegenbrachte, und mit dem sie in den Freistunden, die eine strenge Tagesordnung ihr ließ, nicht ungern plauderte.

Er näherte sich ihr mit einer ungeheuren Behutsamkeit und Ehrerbietung und sprach zu ihr nicht anders als mit sorgfältig gedämpfter Stimme, so daß die Rätin Spatz, die an den Ohren krankte, meistens überhaupt nichts von dem verstand, was er sagte. Er trat auf den Spitzen seiner großen Füße zu dem Sessel, in dem Herrn Klöterjahns Gattin zart und lächelnd lehnte, blieb in einer Entfernung von zwei Schritten stehen, hielt das eine Bein zurückgestellt und den Oberkörper vorgebeugt und sprach in seiner etwas behinderten und schlürfenden Art leise, eindringlich und jeden Augenblick bereit, eilends zurückzutreten und zu verschwinden, sobald ein Zeichen von Ermüdung und Überdruß sich auf ihrem Gesicht bemerkbar machen würde. Aber er verdroß sie nicht; sie forderte ihn auf, sich zu ihr und der Rätin zu setzen, richtete irgendeine Frage an ihn und hörte ihm dann lächelnd und neugierig zu, denn manchmal ließ er sich so amüsant und seltsam vernehmen, wie es ihr noch niemals begegnet war.

»Warum sind Sie eigentlich in ›Einfried‹?« fragte sie. »Welche Kur gebrauchen Sie, Herr Spinell?«

»Kur?... Ich werde ein bißchen elektrisiert. Nein, das ist nicht der Rede wert. Ich werde Ihnen sagen, gnädige Frau, warum ich hier bin. – Des Stiles wegen.«

»Ah!« sagte Herrn Klöterjahns Gattin, stützte das Kinn in die Hand und wandte sich ihm mit einem übertriebenen Eifer zu, wie man ihn Kindern vorspielt, wenn sie etwas erzählen wollen.

»Ja, gnädige Frau. ›Einfried‹ ist ganz empire, es ist ehedem ein Schloß, eine Sommer-Residenz gewesen, wie man mir sagt. Dieser Seitenflügel ist ja ein Anbau aus späterer Zeit, aber das Hauptgebäude ist alt und echt. Es gibt Zeiten, in denen ich das empire einfach nicht entbehren kann, in denen es mir, um einen bescheidenen Grad des Wohlbefindens zu erreichen, unbedingt nötig ist. Es ist klar, daß man sich anders befindet zwischen Möbeln weich und bequem bis zur Laszivität, und anders zwischen diesen gereadlinigen Tischen, Sesseln und Draperieen... Diese Helligkeit und Härte, diese kalte, herbe Einfachheit und reservierte Strenge verleiht mir Haltung und Würde, gnädige Frau, sie hat auf die Dauer eine innere Reinigung und Restaurierung zur Folge, sie hebt mich sittlich, ohne Frage...«

»Ja, das ist merkwürdig«, sagte sie. »Übrigens verstehe ich es, wenn ich mir Mühe gebe.«

Hierauf erwiderte er, daß es irgendwelcher Mühe nicht lohne, und dann lachten sie miteinander. Auch die Rätin Spatz lachte und fand es merkwürdig; aber sie sagte nicht, daß sie es verstünde.

Das Konversationszimmer war geräumig und schön. Die hohe, weiße Flügeltür zu dem anstoßenden Billard-Raume stand weit geöffnet, wo die Herren mit den unbeherrschten Beinen und andere sich vergnügten. Andererseits gewährte eine Glastür den Ausblick auf die breite Terrasse und den Garten. Seitwärts davon stand ein Piano. Ein grünausgeschlagener Spieltisch war vorhanden, an dem der diabetische General mit ein paar anderen Herren Whist spielte. Damen lasen und waren mit Handarbeiten beschäftigt. Ein eiserner Ofen besorgte die Heizung, aber vor dem stilvollen Kamin, in dem nachgeahmte, mit glühroten Papierstreifen beklebte Kohlen lagen, waren behagliche Plauderplätze.

»Sie sind ein Frühaufsteher, Herr Spinell«, sagte Herrn Klöterjahns Gattin. »Zufällig habe ich Sie nun schon zwei- oder dreimal um halb acht Uhr am Morgen das Haus verlassen sehen.«

»Ein Frühaufsteher? Ach, sehr mit Unterschied, gnädige Frau. Die Sache ist die, daß ich früh aufstehe, weil ich eigentlich ein Langschläfer bin.«

»Das müssen Sie nun erklären, Herr Spinell!« – Auch die Rätin Spatz wollte es erklärt haben.

»Nun... ist man ein Frühaufsteher, so hat man es, dünkt mich, nicht nötig, gar so früh aufzustehen. Das Gewissen, gnädige Frau... es ist eine schlimme Sache mit dem Gewissen! Ich und meinesgleichen, wir schlagen uns zeit unseres Lebens damit herum und haben alle Hände voll zu tun, es hier und da zu betrügen und ihm kleine, schlaue Genugtuungen zuteil werden zu lassen. Wir sind unnütze Geschöpfe, ich und meinesgleichen, und abgesehen von wenigen guten Stunden schleppen wir uns an dem Bewußtsein unserer Unnützlichkeit wund und krank. Wir hassen das Nützliche, wir wissen, daß es gemein und unschön ist, und wir verteidigen diese Wahrheit, wie man nur Wahrheiten verteidigt, die man unbedingt nötig hat. Und dennoch sind wir so ganz vom bösen Gewissen zernagt, daß kein heiler Fleck mehr an uns ist. Hinzu kommt, daß die ganze Art unserer inneren Existenz, unsere Weltanschauung, unsere Arbeitsweise... von schrecklich ungesunder, unterminierender, aufreibender Wirkung ist, und auch dies verschlimmert die Sache. Da gibt es nun kleine Linderungsmittel, ohne die man es einfach nicht aushielte. Eine gewisse Artigkeit und hygienische Strenge der Lebensführung zum Beispiel ist manchen von uns Bedürfnis. Früh aufstehen, grausam früh, ein kaltes Bad und ein Spaziergang hinaus in den Schnee... Das macht, daß wir vielleicht eine Stunde lang ein wenig zufrieden mit uns sind. Gäbe ich mich, wie ich bin, so würde ich bis in den Nachmittag hinein im Bette liegen, glauben Sie mir. Wenn ich früh aufstehe, so ist das eigentlich Heuchelei.«

»Nein, weshalb, Herr Spinell! Ich nenne das Selbstüberwindung... Nicht wahr, Frau Rätin?« – Auch die Rätin Spatz nannte es Selbstüberwindung.

»Heuchelei oder Selbstüberwindung, gnädige Frau! Welches Wort man nun vorzieht. Ich bin so gramvoll ehrlich veranlagt, daß ich...«

»Das ist es. Sicher grämen Sie sich zuviel.«

»Ja, gnädige Frau, ich gräme mich viel.«

– Das gute Wetter hielt an. Weiß, hart und sauber, in Windstille und lichtem Frost, in blendender Helle und bläulichem Schatten lag die Gegend, lagen Berge, Haus und Garten, und ein zartblauer Himmel, in dem Myriaden von flimmernden Leuchtkörperchen, von glitzernden Kristallen zu tanzen schienen, wölbte sich makellos über dem Ganzen. Der Gattin Herrn Klöterjahns ging es leidlich in dieser Zeit; sie war fieberfrei, hustete fast gar nicht und aß ohne allzuviel Widerwillen. Oftmals saß sie, wie das ihre Vorschrift war, stundenlang im sonnigen Frost auf der Terrasse. Sie saß im Schnee, ganz in Decken und Pelzwerk verpackt, und atmete hoffnungsvoll die reine, eisige Luft, um ihrer Luftröhre zu dienen. Dann bemerkte sie zuweilen Herrn Spinell, wie er, ebenfalls warm gekleidet und in Pelzschuhen, die seinen Füßen einen phantastischen Umfang verliehen, sich im Garten erging. Er ging mit tastenden Schritten und einer gewissen behutsamen und steif-graziösen Armhaltung durch den Schnee, grüßte sie ehrerbietig, wenn er zur Terrasse kam, und stieg die unteren Stufen hinan, um ein kleines Gespräch zu beginnen.

»Heute, auf meinem Morgenspaziergang, habe ich eine schöne Frau gesehen... Gott, sie war schön!« sagte er, legte den Kopf auf die Seite und spreizte die Hände.

»Wirklich, Herr Spinell? Beschreiben Sie sie mir doch!«

»Nein, das kann ich nicht. Oder ich würde Ihnen doch ein unrichtiges Bild von ihr geben. Ich habe die Dame im Vorübergehen nur mit einem halben Blicke gestreift, ich habe sie in Wirklichkeit nicht gesehen. Aber der verwischte Schatten von ihr, den ich empfing, hat genügt, meine Phantasie anzuregen und mich ein Bild mit fortnehmen lassen, das schön ist... Gott, es ist schön!«

Sie lachte. »Ist das Ihre Art, sich schöne Frauen zu betrachten, Herr Spinell?«

»Ja, gnädige Frau; und es ist eine bessere Art, als wenn ich ihnen plump und wirklichkeitsgierig ins Gesicht starrte und den Eindruck einer fehlerhaften Tatsächlichkeit davontrüge...«

»Wirklichkeitsgierig... Das ist ein sonderbares Wort! Ein richtiges Schriftstellerwort, Herr Spinell! Aber es macht Eindruck auf mich, will ich Ihnen sagen. Es liegt so manches darin, wovon ich wenig verstehe, etwas Unabhängiges und Freies, das sogar der Wirklichkeit die Achtung kündigt, obgleich sie doch das Respektabelste ist, was es gibt, ja das Respektable selbst... Und dann begreife ich, daß es etwas gibt außer dem Handgreiflichen, etwas Zarteres...«

»Ich weiß nur ein Gesicht«, sagte er plötzlich mit einer seltsam freudigen Bewegung in der Stimme, erhob seine geballten Hände zu den Schultern und ließ in einem exaltierten Lächeln seine kariösen Zähne sehen... »Ich weiß nur ein Gesicht, dessen veredelte Wirklichkeit durch meine Einbildung korrigieren zu wollen sündhaft wäre, das ich betrachten, auf dem ich verweilen möchte, nicht Minuten, nicht Stunden, sondern mein ganzes Leben lang, mich ganz darin verlieren und alles Irdische darüber vergessen...«

»Ja, ja, Herr Spinell! Nur daß Fräulein von Osterloh doch ziemlich abstehende Ohren hat.«

Er schwieg und verbeugte sich tief. Als er wieder aufrecht stand, ruhten seine Augen mit einem Ausdruck von Verlegenheit und Schmerz auf dem kleinen, seltsamen Äderchen, das sich blaßblau und kränklich in der Klarheit ihrer wie durchsichtigen Stirn verzweigte.

7

Ein Kauz, ein ganz wunderlicher Kauz! Herrn Klöterjahns Gattin dachte zuweilen nach über ihn, denn sie hatte sehr viel Zeit zum Nachdenken. Sei es, daß der Luftwechsel anfing, die Wirkung zu versagen, oder daß irgendein positiv schädlicher Einfluß sie berührt hatte: ihr Befinden war schlechter geworden, der Zustand ihrer Luftröhre schien zu wünschen übrigzulassen, sie fühlte sich schwach, müde, appetitlos, fieberte nicht selten; und Doktor Leander hatte ihr aufs entschiedenste Ruhe, Stillverhalten und Vorsicht empfohlen. So saß sie, wenn sie nicht liegen mußte, in Gesellschaft der Rätin Spatz, verhielt sich still und hing, eine Handarbeit im Schoße, an der sie nicht arbeitete, diesem oder jenem Gedanken nach.

Ja, er machte ihr Gedanken, dieser absonderliche Herr Spinell, und, was das Merkwürdige war, nicht sowohl über seine als über ihre eigene Person; auf irgendeine Weise rief er in ihr eine seltsame Neugier, ein nie gekanntes Interesse für ihr eigenes Sein hervor. Eines Tages hatte er gesprächsweise geäußert:

»Nein, es sind rätselvolle Tatsachen, die Frauen... sowenig

neu es ist, sowenig kann man ablassen, davor zu stehen und zu staunen. Da ist ein wunderbares Geschöpf, eine Sylphe, ein Duftgebild, ein Märchentraum von einem Wesen. Was tut sie? Sie geht hin und ergibt sich einem Jahrmarktsherkules oder Schlächterburschen. Sie kommt an seinem Arme daher, lehnt vielleicht sogar ihren Kopf an seine Schulter und blickt dabei verschlagen lächelnd um sich her, als wollte sie sagen: Ja, nun zerbrecht euch die Köpfe über diese Erscheinung! – Und wir zerbrechen sie uns. « –

Hiermit hatte Herrn Klöterjahns Gattin sich wiederholt beschäftigt.

Eines anderen Tages fand zum Erstaunen der Rätin Spatz folgendes Zwiegespräch zwischen ihnen statt.

»Darf ich einmal fragen, gnädige Frau (aber es ist wohl naseweis), wie Sie heißen, wie eigentlich Ihr Name ist?«

»Ich heiße doch Klöterjahn, Herr Spinell!«

»Hm. – Das weiß ich. Oder vielmehr: ich leugne es. Ich meine natürlich Ihren eigenen Namen, Ihren Mädchennamen. Sie werden gerecht sein und einräumen, gnädige Frau, daß, wer Sie ›Frau Klöterjahn‹ nennen wollte, die Peitsche verdient.«

Sie lachte so herzlich, daß das blaue Äderchen über ihrer Braue beängstigend deutlich hervortrat und ihrem zarten, süßen Gesicht einen Ausdruck von Anstrengung und Bedrängnis verlieh, der tief beunruhigte.

»Nein! Bewahre, Herr Spinell! Die Peitsche? Ist ›Klöterjahn‹ Ihnen so fürchterlich?«

»Ja, gnädige Frau, ich hasse diesen Namen aus Herzensgrund, seit ich ihn zum erstenmal vernahm. Er ist komisch und zum Verzweifeln unschön, und es ist Barbarei und Niedertracht, wenn man die Sitte so weit treibt, auf Sie den Namen Ihres Herrn Gemahls zu übertragen.«

»Nun, und ›Eckhof‹? Ist Eckhof schöner? Mein Vater heißt Eckhof.«

»Oh, sehen Sie! ›Eckhof‹ ist etwas ganz anderes! Eckhof hieß sogar ein großer Schauspieler. Eckhof passiert. – Sie erwähnten nur Ihres Vaters. Ist Ihre Frau Mutter...«

»Ja; meine Mutter starb, als ich noch klein war.«

»Ah. – Sprechen Sie mir doch ein wenig mehr von Ihnen, darf ich Sie bitten? Wenn es Sie ermüdet, dann nicht. Dann ruhen Sie, und ich fahre fort, Ihnen von Paris zu erzählen, wie neulich. Aber Sie könnten ja ganz leise reden, ja, wenn Sie flüstern, so wird das alles nur schöner machen... Sie wurden in Bremen geboren?« Und diese Frage tat er beinahe tonlos, mit einem ehrfurchtsvollen und inhaltsschweren Ausdruck, als sei Bremen eine Stadt ohnegleichen, eine Stadt voller unnennbarer Abenteuer und verschwiegener Schönheiten, in der geboren zu sein eine geheimnisvolle Hoheit verleihe.

»Ja, denken Sie!« sagte sie unwillkürlich. »Ich bin aus Bremen.«

»Ich war einmal dort«, bemerkte er nachdenklich. –

»Mein Gott, Sie waren auch *dort*? Nein, hören Sie, Herr Spinell, zwischen Tunis und Spitzbergen haben Sie, glaube ich, alles gesehen!«

»Ja, ich war einmal dort«, wiederholte er. »Ein paar kurze Abendstunden. Ich entsinne mich einer alten, schmalen Straße, über deren Giebeln schief und seltsam der Mond stand. Dann war ich in einem Keller, in dem es nach Wein und Moder roch. Das ist eine durchdringende Erinnerung...«

»Wirklich? Wo mag das gewesen sein? – Ja, in solchem grauen Giebelhause, einem alten Kaufmannshause mit hallender Diele und weißlackierter Galerie, bin ich geboren.«

»Ihr Herr Vater ist also Kaufmann?« fragte er ein wenig zögernd.

»Ja. Aber außerdem und eigentlich wohl in erster Linie ist er ein Künstler.«

»Ah! Ah! Inwiefern?«

»Er spielt die Geige... Aber das sagt nicht viel. *Wie* er sie spielt, Herr Spinell, das ist die Sache! Einige Töne habe ich niemals hören können, ohne daß mir die Tränen so merkwürdig brennend in die Augen stiegen, wie sonst bei keinem Erlebnis. Sie glauben es nicht...«

»Ich glaube es! Ach, ob ich es glaube!... Sagen Sie mir, gnädige Frau: Ihre Familie ist wohl alt? Es haben wohl schon viele Generationen in dem grauen Giebelhaus gelebt, gearbeitet und das Zeitliche gesegnet?«

»Ja. – Warum fragen Sie übrigens?«

»Weil es nicht selten geschieht, daß ein Geschlecht mit praktischen, bürgerlichen und trockenen Traditionen sich gegen das Ende seiner Tage noch einmal durch die Kunst verklärt.«

»Ist dem so? – Ja, was meinen Vater betrifft, so ist er sicherlich mehr ein Künstler als mancher, der sich so nennt und vom Ruhme lebt. Ich spiele nur ein bißchen Klavier. Jetzt haben sie es mir ja verboten; aber damals, zu Hause, spielte ich noch. Mein Vater und ich, wir spielten zusammen... Ja, ich habe all die Jahre in lieber Erinnerung; besonders den Garten, unseren Garten, hinterm Hause. Er war jämmerlich verwildert und verwuchert und von zerbröckelten, bemoosten Mauern eingeschlossen; aber gerade das gab ihm viel Reiz. In der Mitte war ein Springbrunnen, mit einem dichten Kranz von Schwertlilien umgeben. Im Sommer verbrachte ich dort lange Stunden mit meinen Freundinnen. Wir saßen alle auf kleinen Feldsesseln rund um den Springbrunnen herum...«

»Wie schön!« sagte Herr Spinell und zog die Schultern empor. »Saßen Sie und sangen?«

»Nein, wir häkelten meistens.«

»Immerhin... Immerhin...«

»Ja, wir häkelten und schwatzten, meine sechs Freundinnen und ich...«

»Wie schön! Gott, hören Sie, wie schön!« rief Herr Spinell, und sein Gesicht war gänzlich verzerrt.

»Was finden Sie nun *hieran* so besonders schön, Herr Spinell!«

»Oh, dies, daß es sechs außer Ihnen waren, daß Sie nicht in diese Zahl eingeschlossen waren, sondern daß Sie gleichsam als Königin daraus hervortraten... Sie waren ausgezeichnet vor Ihren sechs Freundinnen. Eine kleine goldene Krone, ganz unscheinbar, aber bedeutungsvoll, saß in Ihrem Haar und blinkte...«

»Nein, Unsinn, nichts von einer Krone...«

»Doch, sie blinkte heimlich. Ich hätte sie gesehen, hätte sie deutlich in Ihrem Haar gesehen, wenn ich in einer dieser Stunden unvermerkt im Gestrüpp gestanden hätte...«

»Gott weiß, was Sie gesehen hätten. Sie standen aber nicht dort, sondern eines Tages war es mein jetziger Mann, der zusammen mit meinem Vater aus dem Gebüsch hervortrat. Ich fürchte, sie hatten sogar allerhand von unserem Geschwätz belauscht...«

»Dort war es also, wo Sie Ihren Herrn Gemahl kennenlernten, gnädige Frau?«

»Ja, dort lernte ich ihn kennen!« sagte sie laut und fröhlich, und indem sie lächelte, trat das zartblaue Äderchen angestrengt und seltsam über ihrer Braue hervor. »Er besuchte meinen Vater in Geschäften, wissen Sie. Am nächsten Tage war er zum Diner geladen, und noch drei Tage später hielt er um meine Hand an.«

»Wirklich! Ging das alles so außerordentlich schnell?«

»Ja... Das heißt, von nun an ging es ein wenig langsamer. Denn mein Vater war der Sache eigentlich gar nicht geneigt, müssen Sie wissen, und machte eine längere Bedenkzeit zur Bedingung. Erstens wollte er mich lieber bei sich behalten, und dann hatte er noch andere Skrupeln. Aber...«

»Aber?«

»Aber ich *wollte* es eben«, sagte sie lächelnd, und wieder beherrschte das blaßblaue Äderchen mit einem bedrängten und kränklichen Ausdruck ihr ganzes liebliches Gesicht.

»Ah, Sie wollten es.«

»Ja, und ich habe einen ganz festen und respektablen Willen gezeigt, wie Sie sehen...«

»Wie ich es sehe. Ja.«

»... so daß mein Vater sich schließlich darein ergeben mußte.«

»Und so verließen Sie ihn denn und seine Geige, verließen das alte Haus, den verwucherten Garten, den Springbrunnen und Ihre sechs Freundinnen und zogen mit Herrn Klöterjahn.«

»Und zog mit... Sie haben eine Ausdrucksweise, Herr Spinell –! Beinahe biblisch! – Ja, ich verließ das alles, denn so will es ja die Natur.«

»Ja, so will sie es wohl.«

»Und dann handelte es sich ja um mein Glück.«

»Gewiß. Und es kam, das Glück...«

»Das kam in der Stunde, Herr Spinell, als man mir zuerst den kleinen Anton brachte, unseren kleinen Anton, und als er so kräftig mit seinen kleinen gesunden Lungen schrie, stark und gesund wie er ist...«

»Es ist nicht das erstemal, daß ich Sie von der Gesundheit Ihres kleinen Anton sprechen höre, gnädige Frau. Er muß ganz ungewöhnlich gesund sein?«

»Das ist er. Und er sieht meinem Mann so lächerlich ähnlich!«

»Ah! – Ja, so begab es sich also. Und nun heißen Sie nicht mehr Eckhof, sondern anders, und haben den kleinen gesunden Anton und leiden ein wenig an der Luftröhre.«

»Ja. – Und *Sie* sind ein durch und durch rätselhafter Mensch, Herr Spinell, dessen versichere ich Sie...«

»Ja, straf' mich Gott, das sind Sie!« sagte die Rätin Spatz, die übrigens auch noch vorhanden war.

Aber auch mit diesem Gespräch beschäftigte Herrn Klöterjahns Gattin sich mehrere Male in ihrem Innern. So nichtssagend es war, barg es doch einiges auf seinem Grunde, was ihren Gedanken über sich selbst Nahrung gab. War *dies* der schädliche Einfluß, der sie berührte? Ihre Schwäche nahm zu, und oft stellte Fieber sich ein, eine stille Glut, in der sie mit einem Gefühle sanfter Gehobenheit ruhte, der sie sich in einer nachdenklichen, preziösen, selbstgefälligen und ein wenig beleidigten Stimmung überließ. Wenn sie nicht das Bett hütete und Herr Spinell auf den Spitzen seiner großen Füße mit ungeheurer Behutsamkeit zu ihr trat, in einer Entfernung von zwei Schritten stehenblieb und, das eine Bein zurückgestellt und den Oberkörper vorgebeugt, mit ehrfürchtig gedämpfter Stimme zu ihr sprach, wie als höbe er sie in scheuer Andacht sanft und hoch empor und bettete sie auf Wolkenpfühle, woselbst kein schriller Laut und keine irdische Berührung sie erreichen solle..., so erinnerte sie sich der Art, in der Herr Klöterjahn zu sagen pflegte: »Vorsichtig, Gabriele, take care, mein Engel, und halte den Mund zu!«, eine Art, die wirkte, als schlüge er einem hart und wohlmeinend auf die Schulter. Dann aber wandte sie sich rasch von dieser Erinnerung ab, um in Schwäche und Gehobenheit auf den Wolkenpfühlen zu ruhen, die Herr Spinell ihr dienend bereitete.

Eines Tages kam sie unvermittelt auf das kleine Gespräch zurück, das sie mit ihm über ihre Herkunft und Jugend geführt hatte.

»Es ist also wahr«, fragte sie, »Herr Spinell, daß Sie die Krone gesehen hätten?«

Und obgleich jene Plauderei schon vierzehn Tage zurücklag, wußte er sofort, um was es sich handelte, und versicherte ihr mit bewegten Worten, daß er damals am Springbrunnen, als sie unter ihren sechs Freundinnen saß, die kleine Krone hätte blinken, – sie heimlich in ihrem Haar hätte blinken sehen.

Einige Tage später erkundigte sich ein Kurgast aus Artigkeit bei ihr nach dem Wohlergehen ihres kleinen Anton daheim. Sie ließ zu Herrn Spinell, der sich in der Nähe befand, einen hurtigen Blick hinübergleiten und antwortete ein wenig gelangweilt:

»Danke; wie soll es dem wohl gehen? – Ihm und meinem Mann geht es gut.«

8

Ende Februar, an einem Frosttage, reiner und leuchtender als alle, die vorhergegangen waren, herrschte in ›Einfried‹ nichts als Übermut. Die Herrschaften mit den Herzfehlern besprachen sich untereinander mit geröteten Wangen, der diabetische General trällerte wie ein Jüngling, und die Herren mit den unbeherrschten Beinen waren ganz außer Rand und Band. Was ging vor? Nichts Geringeres, als daß eine gemeinsame Ausfahrt unternommen werden sollte, eine Schlittenpartie in mehreren Fuhrwerken mit Schellenklang und Peitschenknall ins Gebirge hinein: Doktor Leander hatte zur Zerstreuung seiner Patienten diesen Beschluß gefaßt.

Natürlich mußten die ›Schweren‹ zu Hause bleiben. Die armen ›Schweren‹! Man nickte sich zu und verabredete sich, sie nichts von dem Ganzen wissen zu lassen; es tat allgemein wohl, ein wenig Mitleid üben und Rücksicht nehmen zu können. Aber auch von denen, die sich an dem Vergnügen sehr wohl hätten beteiligen können, schlossen sich einige aus. Was Fräulein von Osterloh anging, so war sie ohne weiteres entschuldigt. Wer wie sie mit Pflichten überhäuft war, durfte an Schlittenpartieen nicht ernstlich denken. Der Hausstand verlangte gebieterisch ihre Anwesenheit, und kurzum: sie blieb in ›Einfried‹. Daß aber auch Herrn Klöterjahns Gattin erklärte, daheim bleiben zu wollen, verstimmte allseitig. Vergebens redete Doktor Leander ihr zu, die frische Fahrt auf sich wirken zu lassen; sie behauptete, nicht aufgelegt zu sein, Migräne zu haben, sich matt zu fühlen, und so mußte man sich fügen. Der Zyniker und Witzbold aber nahm Anlaß zu der Bemerkung:

»Geben Sie acht, nun fährt auch der verweste Säugling nicht mit.«

Und er bekam recht, denn Herr Spinell ließ wissen, daß er heute nachmittag arbeiten wolle – er gebrauchte sehr gern das Wort ›arbeiten‹ für seine zweifelhafte Tätigkeit. Übrigens beklagte sich keine Seele über sein Fortbleiben, und ebenso leicht verschmerzte man es, daß die Rätin Spatz sich entschloß, ihrer jüngeren Freundin Gesellschaft zu leisten, da das Fahren sie seekrank mache.

Gleich nach dem Mittagessen, das heute schon gegen zwölf Uhr stattgefunden hatte, hielten die Schlitten vor ›Einfried‹, und in lebhaften Gruppen, warm vermummt, neugierig und angeregt, bewegten sich die Gäste durch den Garten. Herrn Klöterjahns Gattin stand mit der Rätin Spatz an der Glastür, die zur Terrasse führte, und Herr Spinell am Fenster seines Zimmers, um der Abfahrt zuzusehen. Sie beobachteten, wie unter Scherzen und Gelächter kleine Kämpfe um die besten Plätze entstanden, wie Fräulein von Osterloh, eine Pelzboa um den Hals, von einem Gespann zum anderen lief, um Körbe mit Eßwaren unter die Sitze zu schieben, wie Doktor Leander, die Pelzmütze in der

Stirn, mit seinen funkelnden Brillengläsern noch einmal das Ganze überschaute, dann ebenfalls Platz nahm und das Zeichen zum Aufbruch gab... Die Pferde zogen an, ein paar Damen kreischten und fielen hintüber, die Schellen klapperten, die kurzstieligen Peitschen knallten und ließen ihre langen Schnüre im Schnee hinter den Kufen dreinschleppen, und Fräulein von Osterloh stand an der Gatterpforte und winkte mit ihrem Schnupftuch, bis an einer Biegung der Landstraße die gleitenden Gefährte verschwanden, das frohe Geräusch sich verlor. Dann kehrte sie durch den Garten zurück, um ihren Pflichten nachzueilen, die beiden Damen verließen die Glastür, und fast gleichzeitig trat auch Herr Spinell von seinem Aussichtspunkte ab.

Ruhe herrschte in ›Einfried‹. Die Expedition war vor Abend nicht zurückzuerwarten. Die ›Schweren‹ lagen in ihren Zimmern und litten. Herrn Klöterjahns Gattin und ihre ältere Freundin unternahmen einen kurzen Spaziergang, worauf sie in ihre Gemächer zurückkehrten. Auch Herr Spinell befand sich in dem seinen und beschäftigte sich auf seine Art. Gegen vier Uhr brachte man den Damen je einen halben Liter Milch, während Herr Spinell seinen leichten Tee erhielt. Kurze Zeit darauf pochte Herrn Klöterjahns Gattin an die Wand, die ihr Zimmer von dem der Magistratsrätin Spatz trennte, und sagte:

»Wollen wir nicht ins Konversationszimmer hinuntergehen, Frau Rätin? Ich weiß nicht mehr, was ich hier anfangen soll.«

»Sogleich, meine Liebe!« antwortete die Rätin. »Ich ziehe nur meine Stiefel an, wenn Sie erlauben. Ich habe nämlich auf dem Bette gelegen, müssen Sie wissen.«

Wie zu erwarten stand, war das Konversationszimmer leer. Die Damen nahmen am Kamine Platz. Die Rätin Spatz stickte Blumen auf ein Stück Stramin, und auch Herrn Klöterjahns Gattin tat ein paar Stiche, worauf sie die Handarbeit in den Schoß sinken ließ und über die Armlehne ihres Sessels hinweg ins Leere träumte. Schließlich machte sie eine Bemerkung, die nicht lohnte, daß man ihretwegen die Zähne voneinander tat; da aber die Rätin Spatz trotzdem »Wie?« fragte, so mußte sie zu ihrer Demütigung den ganzen Satz wiederholen. Die Rätin Spatz fragte nochmals »Wie?« In diesem Augenblicke aber wurden auf dem Vorplatze Schritte laut, die Tür öffnete sich, und Herr Spinell trat ein.

»Störe ich?« fragte er noch an der Schwelle mit sanfter Stimme, während er ausschließlich Herrn Klöterjahns Gattin anblickte und den Oberkörper auf eine gewisse zarte und schwebende Art nach vorne beugte... Die junge Frau antwortete:

»Ei, warum nicht gar? Erstens ist dieses Zimmer doch als Freihafen gedacht, Herr Spinell, und dann: worin sollten Sie uns stören. Ich habe das entschiedene Gefühl, die Rätin zu langweilen...«

Hierauf wußte er nichts mehr zu erwidern, sondern ließ nur lächelnd seine kariösen Zähne sehen und ging unter den Augen der Damen mit ziemlich unfreien Schritten bis zur Glastür, woselbst er stehen blieb und hinausschaute, indem er in etwas unerzogener Weise den Damen den Rücken zuwandte. Dann machte er eine halbe Wendung rückwärts, fuhr aber fort, in den Garten hinauszublicken, indes er sagte:

»Die Sonne ist fort. Unvermerkt hat der Himmel sich bezogen. Es fängt schon an, dunkel zu werden.«

»Wahrhaftig, ja, alles liegt im Schatten«, antwortete Herrn Klöterjahns Gattin. »Unsere Ausflügler werden doch noch Schnee bekommen, wie es scheint. Gestern war es um diese Zeit noch voller Tag; nun dämmert es schon.«

»Ach«, sagte er, »nach allen diesen überhellen Wochen tut das Dunkel den Augen wohl. Ich bin dieser Sonne, die Schönes und Gemeines mit gleich aufdringlicher Deutlichkeit bestrahlt, geradezu dankbar, daß sie sich endlich ein wenig verhüllt.«

»Lieben Sie die Sonne nicht, Herr Spinell?«

»Da ich kein Maler bin... Man wird innerlicher ohne Sonne. – Es ist eine dicke, weißgraue Wolkenschicht. Vielleicht bedeutet es Tauwetter für morgen. Übrigens würde ich Ihnen nicht raten, dort hinten noch auf die Handarbeit zu blicken, gnädige Frau.«

»Ach, seien Sie unbesorgt, das tue ich ohnehin nicht. Aber was soll man beginnen?«

Er hatte sich auf den Drehsessel vorm Piano niedergelassen, indem er einen Arm auf den Deckel des Instrumentes stützte.

»Musik...« sagte er. »Wer jetzt ein bißchen Musik zu hören bekäme! Manchmal singen die englischen Kinder kleine nigger-songs, das ist alles.«

»Und gestern nachmittag hat Fräulein von Osterloh in aller Eile die ›Klosterglocken‹ gespielt«, bemerkte Herrn Klöterjahns Gattin.

»Aber Sie spielen ja, gnädige Frau«, sagte er bittend und stand auf... »Sie haben ehemals täglich mit Ihrem Herrn Vater musiziert.«

»Ja, Herr Spinell, das war damals! Zur Zeit des Springbrunnens, wissen Sie...«

»Tun Sie es heute!« bat er. »Lassen Sie dies eine Mal ein paar Takte hören! Wenn Sie wüßten, wie ich dürste...«

»Unser Hausarzt sowohl wie Doktor Leander haben es mir ausdrücklich verboten, Herr Spinell.«

»Sie sind nicht da, weder der eine noch der andere! Wir sind frei... Sie sind frei, gnädige Frau! Ein paar armselige Akkorde...«

»Nein, Herr Spinell, daraus wird nichts. Wer weiß, was für Wunderdinge Sie von mir erwarten! Und ich habe alles verlernt, glauben Sie mir. Auswendig kann ich beinahe nichts.«

»Oh, dann spielen Sie dieses Beinahe-nichts! Und zum Überfluß sind hier Noten, hier liegen sie, oben auf dem Klavier. Nein, dies hier ist nichts. Aber hier ist Chopin...«

»Chopin?«

»Ja, die Nocturnes. Und nun fehlt nur, daß ich die Kerzen anzünde...«

»Glauben Sie nicht, daß ich spiele, Herr Spinell! Ich darf nicht. Wenn es mir nun schadet?!« –

Er verstummte. Er stand, mit seinen großen Füßen, seinem langen, schwarzen Rock und seinem grauhaarigen, verwischten, bartlosen Kopf, im Lichte der beiden Klavierkerzen und ließ die Hände hinunterhängen.

»Nun bitte ich nicht mehr«, sagte er endlich leise. »Wenn Sie fürchten, sich zu schaden, gnädige Frau, so lassen Sie die Schönheit tot und stumm, die unter ihren Fingern laut werden möchte. Sie waren nicht immer so sehr verständig; wenigstens nicht, als es im Gegenteile galt, sich der Schönheit zu begeben. Sie waren nicht besorgt um Ihren Körper und zeigten einen unbedenklicheren und festeren Willen, als Sie den Springbrunnen verließen und die kleine goldene Krone ablegten... Hören Sie«, sagte er nach einer Pause, und seine Stimme senkte sich noch mehr, »wenn Sie jetzt hier niedersitzen und spielen wie einst, als noch Ihr Vater neben Ihnen stand und seine Geige jene Töne singen ließ, die Sie weinen machten... dann kann es geschehen, daß man sie wieder heimlich in Ihrem Haare blinken sieht, die kleine, goldene Krone...«

»Wirklich?« fragte sie und lächelte... Zufällig versagte ihr die Stimme bei diesem Wort, so daß es zur Hälfte heiser und zur Hälfte tonlos herauskam. Sie hüstelte und sagte dann: »Sind es wirklich die Nocturnes von Chopin, die Sie da haben?«

»Gewiß. Sie sind aufgeschlagen, und alles ist bereit.«

»Nun, so will ich denn in Gottes Namen eins davon spielen«, sagte sie. »Aber nur eines, hören Sie? Dann werden Sie ohnehin für immer genug haben.«

Damit erhob sie sich, legte ihre Handarbeit beiseite und ging zum Klavier. Sie nahm auf dem Drehsessel Platz, auf dem ein paar gebundene Notenbücher lagen, richtete die Leuchter und blätterte in den Noten. Herr Spinell hatte einen Stuhl an ihre Seite gerückt und saß neben ihr wie ein Musiklehrer.

Sie spielte das Nocturne in Es-Dur, opus 9, Nummer 2. Wenn sie wirklich einiges verlernt hatte, so mußte ihr Vortrag ehedem vollkommen künstlerisch gewesen sein. Das Piano war nur mittelmäßig, aber schon nach den ersten Griffen wußte sie es mit sicherem Geschmack zu behandeln. Sie zeigte einen nervösen Sinn für differenzierte Klangfarbe und eine Freude an rhythmischer Beweglichkeit, die bis zum Phantastischen ging. Ihr Anschlag war sowohl fest als weich. Unter ihren Händen sang die Melodie ihre letzte Süßigkeit aus, und mit einer zögernden Grazie schmiegten sich die Verzierungen um ihre Glieder.

Sie trug das Kleid vom Tage ihrer Ankunft: die dunkle, gewichtige Taille mit den plastischen Sammetarabesken, die Haupt und Hände so unirdisch zart erscheinen ließ. Ihr Gesichtsausdruck veränderte sich nicht beim Spiele, aber es schien, als ob die Umrisse ihrer Lippen noch klarer würden, die Schatten in den Winkeln ihrer Augen sich vertieften. Als sie geendigt hatte, legte sie die Hände in den Schoß und fuhr fort, auf die Noten zu blicken. Herr Spinell blieb ohne Laut und Bewegung sitzen.

Sie spielte noch ein Nocturne, spielte ein zweites und drittes. Dann erhob sie sich; aber nur, um auf dem oberen Klavierdeckel nach neuen Noten zu suchen.

Herr Spinell hatte den Einfall, die Bände in schwarzen Pappdeckeln zu untersuchen, die auf dem Drehsessel lagen. Plötzlich stieß er einen unverständlichen Laut aus, und seine großen, weißen Hände fingerten leidenschaftlich an einem dieser vernachlässigten Bücher.

»Nicht möglich! . . . Es ist nicht wahr! . . . « sagte er . . . »Und dennoch täusche ich mich nicht! . . . Wissen Sie, was es ist? . . . Was hier lag? . . . Was ich hier halte? . . . «

»Was ist es?« fragte sie.

Da wies er ihr stumm das Titelblatt. Er war ganz bleich, ließ das Buch sinken und sah sie mit zitternden Lippen an.

»Wahrhaftig? Wie kommt das hierher? Also geben Sie«, sagte sie einfach, stellte die Noten aufs Pult, setzte sich und begann nach einem Augenblick der Stille mit der ersten Seite.

Er saß neben ihr, vornübergebeugt, die Hände zwischen den Knieen gefaltet, mit gesenktem Kopfe. Sie spielte den Anfang mit einer ausschweifenden und quälenden Langsamkeit, mit beunruhigend gedehnten Pausen zwischen den einzelnen Figuren. Das Sehnsuchtsmotiv, eine einsame und irrende Stimme in der Nacht, ließ leise seine bange Frage vernehmen. Eine Stille und ein Warten. Und siehe, es antwortet: derselbe zage und einsame Klang, nur heller, nur zarter. Ein neues Schweigen. Da setzte mit jenem gedämpften und wundervollen Sforzato, das ist wie ein Sich-Aufraffen und seliges Aufbegehren der Leidenschaft, das Liebesmotiv ein, stieg aufwärts, rang sich entzückt empor bis zur süßen Verschlingung, sank, sich lösend, zurück, und mit ihrem tiefen Gesange von schwerer, schmerzlicher Wonne traten die Celli hervor und führten die Weise fort...

Nicht ohne Erfolg versuchte die Spielende, auf dem armseligen Instrument die Wirkungen des Orchesters anzudeuten. Die Violinläufe der großen Steigerung erklangen mit leuchtender Präzision. Sie spielte mit preziöser Andacht, verharrte gläubig bei jedem Gebilde und hob demütig und demonstrativ das Einzelne hervor, wie der Priester das Allerheiligste über sein Haupt erhebt. Was geschah? Zwei Kräfte, zwei entrückte Wesen strebten in Leiden und Seligkeit nacheinander und umarmten sich in dem verzückten und wahnsinnigen Begehren nach dem Ewigen und Absoluten... Das Vorspiel flammte auf und neigte sich. Sie endigte da, wo der Vorhang sich teilt, und fuhr dann fort, schweigend auf die Noten zu blicken.

Unterdessen hatte bei der Rätin Spatz die Langeweile jenen Grad erreicht, wo sie des Menschen Antlitz entstellt, ihm die Augen aus dem Kopfe treibt und ihm einen leichenhaften und furchteinflößenden Ausdruck verleiht. Außerdem wirkte diese Art von Musik auf ihre Magennerven, sie versetzte diesen dyspeptischen Organismus in Angstzustände und machte, daß die Rätin einen Krampfanfall befürchtete.

»Ich bin genötigt, auf mein Zimmer zu gehen«, sagte sie schwach. »Leben Sie wohl, ich kehre zurück...«

Damit ging sie. Die Dämmerung war weit vorgeschritten. Draußen sah man dicht und lautlos den Schnee auf die Terrasse herniedergehen. Die beiden Kerzen gaben ein wankendes und begrenztes Licht.

»Den zweiten Aufzug«, flüsterte er; und sie wandte die Seiten und begann mit dem zweiten Aufzug.

Hörnerschall verlor sich in der Ferne. Wie? oder war es das Säuseln des Laubes? Das sanfte Rieseln des Quells? Schon hatte die Nacht ihr Schweigen durch Hain und Haus gegossen, und kein flehendes Mahnen vermochte dem Walten der Sehnsucht mehr Einhalt zu tun. Das heilige Geheimnis vollendete sich. Die

Leuchte erlosch, mit einer seltsamen, plötzlich gedeckten Klangfarbe senkte das Todesmotiv sich herab, und in jagender Ungeduld ließ die Sehnsucht ihren weißen Schleier dem Geliebten entgegenflattern, der ihr mit ausgebreiteten Armen durchs Dunkel nahte.

O überschwenglicher und unersättlicher Jubel der Vereinigung im ewigen Jenseits der Dinge! Des quälenden Irrtums entledigt, den Fesseln des Raumes und der Zeit entronnen, verschmolzen das Du und das Ich, das Dein und Mein sich zu erhabener Wonne. Trennen konnte sie des Tages tückisches Blendwerk, doch seine prahlende Lüge vermochte die Nachtsichtigen nicht mehr zu täuschen, seit die Kraft des Zaubertrankes ihnen den Blick geweiht. Wer liebend des Todes Nacht und ihr süßes Geheimnis erschaute, dem blieb im Wahn des Lichtes ein einzig Sehnen, die Sehnsucht hin zur heiligen Nacht, der ewigen, wahren, der einsmachenden...

O sink hernieder, Nacht der Liebe, gib ihnen jenes Vergessen, das sie ersehnen, umschließe sie ganz mit deiner Wonne und löse sie los von der Welt des Truges und der Trennung. Siehe, die letzte Leuchte verlosch! Denken und Dünken versank in heiliger Dämmerung, die sich welterlösend über des Wahnes Qualen breitet. Dann, wenn das Blendwerk erbleicht, wenn in Entzükken sich mein Auge bricht: Das, wovon die Lüge des Tages mich ausschloß, was sie zu unstillbarer Qual meiner Sehnsucht täuschend entgegenstellte, – *selbst* dann, o Wunder der Erfüllung! selbst dann bin ich die Welt. – Und es erfolgte zu Brangänens dunklem Habet-Acht-Gesange jener Aufstieg der Violinen, welcher höher ist als alle Vernunft.

»Ich verstehe nicht alles, Herr Spinell; sehr vieles ahne ich nur. Was bedeutet doch dieses – ›Selbst – dann bin ich die Welt‹?«

Er erklärte es ihr, leise und kurz.

»Ja, so ist es. – Wie kommt es nur, daß Sie, der Sie es so gut verstehen, es nicht auch spielen können?«

Seltsamerweise vermochte er dieser harmlosen Frage nicht standzuhalten. Er errötete, rang die Hände und versank gleichsam mit seinem Stuhle.

»Das trifft selten zusammen«, sagte er endlich gequält. »Nein, spielen kann ich nicht. – Aber fahren Sie fort.«

Und sie fuhren fort in den trunkenen Gesängen des Mysterienspieles. Starb je die Liebe? Tristans Liebe? Die Liebe deiner und meiner Isolde? Oh, des Todes Streiche erreichen die Ewige nicht! Was stürbe wohl ihm, als was uns stört, was die Einigen täuschend entzweit? Durch ein süßes Und verknüpfte sie beide die Liebe... zerriß es der Tod, wie anders, als mit des einen eigenem Leben, wäre dem anderen der Tod gegeben? Und ein geheimnisvoller Zwiegesang vereinigte sie in der namenlosen Hoffnung des Liebestodes, des endlos ungetrennten Umfangenseins im Wunderreiche der Nacht. Süße Nacht! Ewige Liebesnacht! Alles umspannendes Land der Seligkeit! Wer dich ahnend erschaut, wie könnte er ohne Bangen je zum öden Tage zurückerwachen? Banne du das Bangen, holder Tod! Löse du nun die Sehnenden ganz von der Not des Erwachens! O fassungsloser Sturm der Rhythmen! O chromatisch empordrängendes Entzücken der metaphysischen Erkenntnis! Wie sie fassen, wie sie lassen, diese Wonne fern den Trennungsqualen des Lichts? Sanftes Sehnen ohne Trug und Bangen, hehres, leidloses Verlöschen, überseliges Dämmern im Unermeßlichen! Du Isolde, Tristan ich, nicht mehr Tristan, nicht mehr Isolde – – –

Plötzlich geschah etwas Erschreckendes. Die Spielende brach ab und führte ihre Hand über die Augen, um ins Dunkel zu spähen, und Herr Spinell wandte sich rasch auf seinem Sitze herum. Die Tür dort hinten, die zum Korridor führte, hatte sich geöffnet, und herein kam eine finstere Gestalt, gestützt auf den Arm einer zweiten. Es war ein Gast von ›Einfried‹, der gleichfalls nicht in der Lage gewesen war, an der Schlittenpartie teilzunehmen, sondern diese Abendstunde zu einem seiner instinktiven und traurigen Rundgänge durch die Anstalt benutzte, es war jene Kranke, die neunzehn Kinder zur Welt gebracht hatte und keines Gedankens mehr fähig war, es war die Pastorin Höhlenrauch am Arme ihrer Pflegerin. Ohne aufzublicken, durchmaß sie mit tappenden, wandernden Schritten den Hintergrund des Gemaches und entschwand durch die entgegengesetzte Tür, –

stumm und stier, irrwandelnd und unbewußt. – Es herrschte Stille.

»Das war die Pastorin Höhlenrauch«, sagte er.

»Ja, das war die arme Höhlenrauch«, sagte sie. Dann wandte sie die Blätter und spielte den Schluß des Ganzen, spielte Isoldens Liebestod.

Wie farblos und klar ihre Lippen waren, und wie die Schatten in den Winkeln ihrer Augen sich vertieften! Oberhalb der Braue, in ihrer durchsichtigen Stirn, trat angestrengt und beunruhigend das blaßblaue Äderchen deutlicher und deutlicher hervor. Unter ihren arbeitenden Händen vollzog sich die unerhörte Steigerung, zerteilt von jenem beinahe ruchlosen, plötzlichen Pianissimo, das wie ein Entgleiten des Bodens unter den Füßen und wie ein Versinken in sublimer Begierde ist. Der Überschwang einer ungeheuren Lösung und Erfüllung brach herein, wiederholte sich, ein betäubendes Brausen maßloser Befriedigung, unersättlich wieder und wieder, formte sich zurückflutend um, schien verhauchen zu wollen, wob noch einmal das Sehnsuchtsmotiv in seine Harmonie, atmete aus, erstarb, verklang, entschwebte.

Tiefe Stille.

Sie horchten beide, legten die Köpfe auf die Seite und horchten.

»Das sind Schellen«, sagte sie.

»Es sind die Schlitten«, sagte er. »Ich gehe.«

Er stand auf und ging durch das Zimmer. An der Tür dort hinten machte er halt, wandte sich um und trat einen Augenblick unruhig von einem Fuß auf den anderen. Und dann begab es sich, daß er, fünfzehn oder zwanzig Schritte von ihr entfernt, auf seine Kniee sank, lautlos auf beide Kniee. Sein langer, schwarzer Gehrock breitete sich auf dem Boden aus. Er hielt die Hände über seinem Munde gefaltet, und seine Schultern zuckten.

Sie saß, die Hände im Schoße, vornübergelehnt, vom Klavier abgewandt, und blickte auf ihn. Ein ungewisses und bedrängtes Lächeln lag auf ihrem Gesicht, und ihre Augen spähten sinnend und so mühsam ins Halbdunkel, daß sie eine kleine Neigung zum Verschießen zeigten.

Aus weiter Ferne her näherten sich Schellenklappern, Peitschenknall und das Ineinanderklingen menschlicher Stimmen.

9

Die Schlittenpartie, von der lange noch alle sprachen, hatte am 26. Februar stattgefunden. Am 27., einem Tauwettertage, an dem alles sich erweichte, tropfte, plantschte, floß, ging es der Gattin Herrn Klöterjahns vortrefflich. Am 28. gab sie ein wenig Blut von sich... oh, unbedeutend; aber es war Blut. Zu gleicher Zeit wurde sie von einer Schwäche befallen, so groß wie noch niemals, und legte sich nieder.

Doktor Leander untersuchte sie, und sein Gesicht war steinkalt dabei. Dann verordnete er, was die Wissenschaft vorschreibt: Eisstückchen, Morphium, unbedingte Ruhe. Übrigens legte er am folgenden Tage wegen Überbürdung die Behandlung nieder und übertrug sie an Doktor Müller, der sie pflicht- und kontraktgemäß in aller Sanftmut übernahm: ein stiller, blasser, unbedeutender und wehmütiger Mann, dessen bescheidene und ruhmlose Tätigkeit den beinahe Gesunden und den Hoffnungslosen gewidmet war.

Die Ansicht, der er vor allem Ausdruck gab, war die, daß die Trennung zwischen dem Klöterjahn'schen Ehepaare nun schon recht lange währe. Es sei dringend wünschenswert, daß Herr Klöterjahn, wenn anders sein blühendes Geschäft es irgend gestatte, wieder einmal zu Besuch nach › Einfried ‹ käme. Man könne ihm schreiben, ihm vielleicht ein kleines Telegramm zukommen lassen... Und sicherlich werde es die junge Mutter beglücken und stärken, wenn er den kleinen Anton mitbrächte: abgesehen davon, daß es für die Ärzte geradezu interessant sein werde, die Bekanntschaft dieses gesunden kleinen Anton zu machen.

Und siehe, Herr Klöterjahn erschien. Er hatte Doktor Müllers kleines Telegramm erhalten und kam vom Strande der Ostsee.

Er stieg aus dem Wagen, ließ sich Kaffee und Buttersemmeln geben und sah sehr verdutzt aus.

»Herr«, sagte er, »was ist? Warum ruft man mich zu ihr?«

»Weil es wünschenswert ist«, antwortete Doktor Müller, »daß Sie jetzt in der Nähe Ihrer Frau Gemahlin weilen.«

»Wünschenswert... Wünschenswert... Aber auch notwendig? Ich sehe auf mein Geld, mein Herr, die Zeiten sind schlecht und die Eisenbahnen sind teuer. War diese Tagesreise nicht zu umgehen? Ich wollte nichts sagen, wenn es beispielsweise die Lunge wäre; aber da es Gott sei Dank die Luftröhre ist...«

»Herr Klöterjahn«, sagte Doktor Müller sanft, »erstens ist die Luftröhre ein wichtiges Organ...« Er sagte unkorrekterweise »erstens«, obgleich er gar kein »zweitens« darauf folgen ließ.

Gleichzeitig aber mit Herrn Klöterjahn war eine üppige, ganz in Rot, Schottisch und Gold gehüllte Person in ›Einfried‹ eingetroffen, und sie war es, die auf ihrem Arme Anton Klöterjahn den Jüngeren, den kleinen gesunden Anton trug. Ja, er war da, und niemand konnte leugnen, daß er in der Tat von einer exzessiven Gesundheit war. Rosig und weiß, sauber und frisch gekleidet, dick und duftig lastete er auf dem nackten, roten Arm seiner betreßten Dienerin, verschlang gewaltige Mengen von Milch und gehacktem Fleisch, schrie und überließ sich in jeder Beziehung seinen Instinkten.

Vom Fenster seines Zimmers aus hatte der Schriftsteller Spinell die Ankunft des jungen Klöterjahn beobachtet. Mit einem seltsamen, verschleierten und dennoch scharfen Blick hatte er ihn ins Auge gefaßt, während er vom Wagen ins Haus getragen wurde, und war dann noch längere Zeit mit demselben Gesichtsausdruck an seinem Platze verharrt.

Von da an mied er das Zusammentreffen mit Anton Klöterjahn dem Jüngeren so weit als tunlich.

10

Herr Spinell saß in seinem Zimmer und ›arbeitete‹.

Es war ein Zimmer wie alle in ›Einfried‹: altmodisch, einfach und distinguiert. Die massige Kommode war mit metallenen Löwenköpfen beschlagen, der hohe Wandspiegel war keine glatte Fläche, sondern aus vielen kleinen quadratischen, in Blei gefaßten Scherben zusammengesetzt, kein Teppich bedeckte den bläulich lackierten Estrich, in dem die steifen Beine der Meubles als klare Schatten sich fortsetzten. Ein geräumiger Schreibtisch stand in der Nähe des Fensters, vor welches der Romancier einen gelben Vorhang gezogen hatte, wahrscheinlich, um sich innerlicher zu machen.

In gelblicher Dämmerung saß er über die Platte des Sekretärs gebeugt und schrieb, – schrieb an einem jener zahlreichen Briefe, die er allwöchentlich zur Post befördern ließ, und auf die er belustigenderweise meistens gar keine Antwort erhielt. Ein großer, starker Bogen lag vor ihm, in dessen linkem oberen Winkel unter einer verzwickt gezeichneten Landschaft der Name Detlev Spinell in völlig neuartigen Lettern zu lesen war, und den er mit einer kleinen, sorgfältig gemalten und überaus reinlichen Handschrift bedeckte.

»Mein Herr!« stand dort. »Ich richte die folgenden Zeilen an Sie, weil ich nicht anders kann, weil das, was ich Ihnen zu sagen habe, mich erfüllt, mich quält und zittern macht, weil mir die Worte mit einer solchen Heftigkeit zuströmen, daß ich an ihnen ersticken würde, dürfte ich mich ihrer nicht in diesem Briefe entlasten...«

Der Wahrheit die Ehre zu geben, so war dies mit dem »Zuströmen« ganz einfach nicht der Fall, und Gott wußte, aus was für eitlen Gründen Herr Spinell es behauptete. Die Worte schienen ihm durchaus nicht zuzuströmen, für einen, dessen bürgerlicher Beruf das Schreiben ist, kam er jämmerlich langsam von der Stelle, und wer ihn sah, mußte zu der Anschauung gelangen, daß ein Schriftsteller ein Mann ist, dem das Schreiben schwerer fällt als allen anderen Leuten.

Mit zwei Fingerspitzen hielt er eins der sonderbaren Flaumhärchen an seiner Wange erfaßt und drehte Viertelstunden lang daran, indem er ins Leere starrte und nicht um eine Zeile vorwärtsrückte, schrieb dann ein paar zierliche Wörter und stockte aufs neue. Andererseits muß man zugeben, daß das, was schließlich zustande kam, den Eindruck der Glätte und Lebhaftigkeit erweckte, wenn es auch inhaltlich einen wunderlichen, fragwürdigen und oft sogar unverständlichen Charakter trug.

»Es ist«, so setzte der Brief sich fort, »das unabweisliche Bedürfnis, das, was ich sehe, was seit Wochen als eine unauslöschliche Vision vor meinen Augen steht, auch Sie sehen zu machen, es Sie mit meinen Augen, in derjenigen sprachlichen Beleuchtung schauen zu lassen, in der es vor meinem inneren Blicke steht. Ich bin gewohnt, diesem Drange zu weichen, der mich zwingt, in unvergeßlich und flammend richtig an ihrem Platze stehenden Worten meine Erlebnisse zu denen der Welt zu machen. Und darum hören Sie mich an.

Ich will nichts als sagen, was war und ist, ich erzähle lediglich eine Geschichte, eine ganz kurze, unsäglich empörende Geschichte, erzähle sie ohne Kommentar, ohne Anklage und Urteil, nur mit meinen Worten. Es ist die Geschichte Gabriele Eckhofs, mein Herr, der Frau, die Sie die Ihrige nennen... und merken Sie wohl! Sie waren es, der sie erlebte; und dennoch bin ich es, dessen Worte sie Ihnen erst in Wahrheit zur Bedeutung eines Erlebnisses erheben wird.

Erinnern Sie sich des Gartens, mein Herr, des alten, verwucherten Gartens hinter dem grauen Patrizierhause? Das grüne Moos sproß in den Fugen der verwitterten Mauern, die seine verträumte Wildnis umschlossen. Erinnern Sie sich auch des Springbrunnens in seiner Mitte? Lilafarbene Lilien neigten sich über sein morsches Rund, und sein weißer Strahl plauderte geheimnisvoll auf das zerklüftete Gestein hinab. Der Sommertag neigte sich.

Sieben Jungfrauen saßen im Kreis um den Brunnen; in das Haar der Siebenten aber, der Ersten, der Einen, schien die sinkende Sonne heimlich ein schimmerndes Abzeichen der Oberhoheit zu weben. Ihre Augen waren wie ängstliche Träume, und dennoch lächelten ihre klaren Lippen...

Sie sangen. Sie hielten ihre schmalen Gesichter zur Höhe des Springstrahles emporgewandt, dorthin, wo er in müder und edler Rundung sich zum Falle neigte, und ihre leisen, hellen Stimmen umschwebten seinen schlanken Tanz. Vielleicht hielten sie ihre zarten Hände um ihre Kniee gefaltet, indes sie sangen...

Entsinnen Sie sich des Bildes, mein Herr? Sahen Sie es? Sie sahen es nicht. Ihre Augen waren nicht geschaffen dafür, und Ihre Ohren nicht, die keusche Süßigkeit seiner Melodie zu vernehmen. Sahen Sie es – Sie durften nicht wagen, zu atmen, Sie mußten Ihrem Herzen zu schlagen verwehren. Sie mußten gehen, zurück ins Leben, in Ihr Leben, und für den Rest Ihres Erdendaseins das Geschaute als ein unantastbares und unverletzliches Heiligtum in Ihrer Seele bewahren. Was aber taten Sie?

Dies Bild war ein Ende, mein Herr; mußten Sie kommen und es zerstören, um ihm eine Fortsetzung der Gemeinheit und des häßlichen Leidens zu geben? Es war eine rührende und friedevolle Apotheose, getaucht in die abendliche Verklärung des Verfalles, der Auflösung und des Verlöschens. Ein altes Geschlecht, zu müde bereits und zu edel zur Tat und zum Leben, steht am Ende seiner Tage, und seine letzten Äußerungen sind Laute der Kunst, ein paar Geigentöne, voll von der wissenden Wehmut der Sterbensreife... Sahen Sie die Augen, denen diese Töne Tränen entlockten? Vielleicht, daß die Seelen der sechs Gespielinnen dem Leben gehörten; diejenige aber ihrer schwesterlichen Herrin gehörte der Schönheit und dem Tode.

Sie sahen sie, diese Todesschönheit: sahen sie an, um ihrer zu begehren. Nichts von Ehrfurcht, nichts von Scheu berührte Ihr Herz gegenüber ihrer rührenden Heiligkeit. Es genügte Ihnen nicht, zu schauen; Sie mußten besitzen, ausnützen, entweihen... Wie fein Sie Ihre Wahl trafen! Sie sind ein Gourmand, mein Herr, ein plebejischer Gourmand, ein Bauer mit Geschmack.

Ich bitte Sie, zu bemerken, daß ich keineswegs den Wunsch hege, Sie zu kränken. Was ich sage, ist kein Schimpf, sondern die

Formel, die einfache psychologische Formel für Ihre einfache, literarisch gänzlich uninteressante Persönlichkeit, und ich spreche sie aus, nur weil es mich treibt, Ihnen Ihr eigenes Tun und Wesen ein wenig zu erhellen, weil es auf Erden mein unausweichlicher Beruf ist, die Dinge bei Namen zu nennen, sie reden zu machen, und das Unbewußte zu durchleuchten. Die Welt ist voll von dem, was ich den ›unbewußten Typus‹ nenne: und ich ertrage sie nicht, alle diese unbewußten Typen! Ich ertrage es nicht, all dies dumpfe, unwissende und erkenntnislose Leben und Handeln, diese Welt von aufreizender Naivität um mich her! Es treibt mich mit qualvoller Unwiderstehlichkeit, alles Sein in der Runde – so weit meine Kräfte reichen – zu erläutern, auszusprechen und zum Bewußtsein zu bringen, – unbekümmert darum, ob dies eine fördernde oder hemmende Wirkung nach sich zieht, ob es Trost und Linderung bringt oder Schmerz zufügt.

Sie sind, mein Herr, wie ich sagte, ein plebejischer Gourmand, ein Bauer mit Geschmack. Eigentlich von plumper Konstitution und auf einer äußerst niedrigen Entwicklungsstufe befindlich, sind Sie durch Reichtum und sitzende Lebensweise zu einer plötzlichen, unhistorischen und barbarischen Korruption des Nervensystems gelangt, die eine gewisse lüsterne Verfeinerung des Genußbedürfnisses nach sich zieht. Wohl möglich, daß die Muskeln Ihres Schlundes in eine schmatzende Bewegung gerieten, wie angesichts einer köstlichen Suppe oder seltenen Platte, als Sie beschlossen, Gabriele Eckhof zu eigen zu nehmen…

In der Tat, Sie lenken ihren verträumten Willen in die Irre, Sie führen sie aus dem verwucherten Garten in das Leben und in die Häßlichkeit, Sie geben ihr Ihren ordinären Namen und machen sie zum Eheweibe, zur Hausfrau, machen sie zur Mutter. Sie erniedrigen die müde, scheue und in erhabener Unbrauchbarkeit blühende Schönheit des Todes in den Dienst des gemeinen Alltags und jenes blöden, ungefügen und verächtlichen Götzen, den man die Natur nennt, und nicht eine Ahnung von der tiefen Niedertracht dieses Beginnens regt sich in Ihrem bäuerischen Gewissen.

Nochmals: Was geschieht? Sie, mit den Augen, die wie ängstliche Träume sind, schenkt Ihnen ein Kind; sie gibt diesem Wesen, das eine Fortsetzung der niedrigen Existenz seines Erzeugers ist, alles mit, was sie an Blut und Lebensmöglichkeit besitzt, und stirbt. Sie stirbt, mein Herr! Und wenn sie nicht in Gemeinheit dahinfährt, wenn sie dennoch zuletzt sich aus den Tiefen ihrer Erniedrigung erhob und stolz und selig unter dem tödlichen Kusse der Schönheit vergeht, so ist das *meine* Sorge gewesen. Die Ihrige war es wohl unterdessen, sich auf verschwiegenen Korridoren mit Stubenmädchen die Zeit zu verkürzen.

Ihr Kind aber, Gabriele Eckhofs Sohn, gedeiht, lebt und triumphiert. Vielleicht wird er das Leben seines Vaters fortführen, ein handeltreibender, Steuern zahlender und gut speisender Bürger werden; vielleicht ein Soldat oder Beamter, eine unwissende und tüchtige Stütze des Staates; in jedem Falle ein amusisches, normal funktionierendes Geschöpf, skrupellos und zuversichtlich, stark und dumm.

Nehmen Sie das Geständnis, mein Herr, daß ich Sie hasse, Sie und Ihr Kind, wie ich das Leben selbst hasse, das gemeine, das lächerliche und dennoch triumphierende Leben, das Sie darstellen, den ewigen Gegensatz und Todfeind der Schönheit. Ich darf nicht sagen, daß ich Sie verachte. Ich kann es nicht. Ich bin ehrlich. Sie sind der Stärkere. Ich habe Ihnen im Kampfe nur eines entgegenzustellen, das erhabene Gewaffen und Rachewerkzeug der Schwachen: Geist und Wort. Heute habe ich mich seiner bedient. Denn dieser Brief – auch darin bin ich ehrlich, mein Herr – ist nichts als ein Racheakt, und ist nur ein einziges Wort darin scharf, glänzend und schön genug, Sie betroffen zu machen, Sie eine fremde Macht spüren zu lassen, Ihren robusten Gleichmut einen Augenblick ins Wanken zu bringen, so will ich frohlocken.

Detlev Spinell. «

Und dieses Schriftstück couvertierte und frankierte Herr Spinell, versah es mit einer zierlichen Adresse und überlieferte es der Post.

11

Herr Klöterjahn pochte an Herrn Spinells Stubentür; er hielt einen großen, reinlich beschriebenen Bogen in der Hand und sah aus wie ein Mann, der entschlossen ist, energisch vorzugehen. Die Post hatte ihre Pflicht getan, der Brief war seinen Weg gegangen, er hatte die wunderliche Reise von ›Einfried‹ nach ›Einfried‹ gemacht und war richtig in die Hände des Adressaten gelangt. Es war vier Uhr am Nachmittage.

Als Herr Klöterjahn eintrat, saß Herr Spinell auf dem Sofa und las in seinem eigenen Roman mit der verwirrenden Umschlagzeichnung. Er stand auf und sah den Besucher überrascht und fragend an, obgleich er deutlich errötete.

»Guten Tag«, sagte Herr Klöterjahn. »Entschuldigen Sie, daß ich Sie in Ihren Beschäftigungen störe. Aber darf ich fragen, ob Sie dies geschrieben haben?« Damit hielt er den großen, reinlich beschriebenen Bogen mit der linken Hand empor und schlug mit dem Rücken der Rechten darauf, so daß es heftig knisterte. Hierauf schob er die Rechte in die Tasche seines weiten, bequemen Beinkleides, legte den Kopf auf die Seite und öffnete, wie manche Leute pflegen, den Mund zum Horchen.

Sonderbarerweise lächelte Herr Spinell; er lächelte zuvorkommend, ein wenig verwirrt und halb entschuldigend, führte die Hand zum Kopfe, als besänne er sich, und sagte:

»Ah, richtig... ja... ich erlaubte mir...«

Die Sache war die, daß er sich heute gegeben hatte, wie er war, und bis gegen Mittag geschlafen hatte. Infolge hiervon litt er an schlimmem Gewissen und blödem Kopfe, fühlte er sich nervös und wenig widerstandsfähig. Hinzu kam, daß die Frühlingsluft, die eingetreten war, ihn matt und zur Verzweiflung geneigt machte. Dies alles muß erwähnt werden als Erklärung dafür, daß er sich während dieser Szene so äußerst albern benahm.

»So! Aha! Schön!« sagte Herr Klöterjahn, indem er das Kinn auf die Brust drückte, die Brauen emporzog, die Arme reckte und eine Menge ähnlicher Anstalten traf, nach Erledigung dieser Formfrage ohne Erbarmen zur Sache zu kommen. Aus Freude an seiner Person ging er ein wenig zu weit in diesen Anstalten; was schließlich erfolgte, entsprach nicht völlig der drohenden Umständlichkeit dieser mimischen Vorbereitungen. Aber Herr Spinell war ziemlich bleich.

»Sehr schön!« wiederholte Herr Klöterjahn. »Dann lassen Sie sich die Antwort mündlich geben, mein Lieber, und zwar in Anbetracht des Umstandes, daß ich es für blödsinnig halte, jemandem, den man stündlich sprechen kann, seitenlange Briefe zu schreiben...«

»Nun... blödsinnig...« sagte Herr Spinell lächelnd, entschuldigend und beinahe demütig...

»Blödsinnig!« wiederholte Herr Klöterjahn und schüttelte heftig den Kopf, um zu zeigen, wie unangreifbar sicher er seiner Sache sei. »Und ich würde dies Geschreibsel nicht eines Wortes würdigen, es wäre mir, offen gestanden, ganz einfach als Butterbrotpapier zu schlecht, wenn es mich nicht über gewisse Dinge aufklärte, die ich bis dahin nicht begriff, gewisse Veränderungen... Übrigens geht Sie das nichts an und gehört nicht zur Sache. Ich bin ein tätiger Mann, ich habe Besseres zu bedenken als Ihre unaussprechlichen Visionen...«

»Ich habe ›unauslöschliche Vision‹ geschrieben«, sagte Herr Spinell und richtete sich auf. Es war der einzige Moment dieses Auftrittes, in dem er ein wenig Würde an den Tag legte.

»Unauslöschlich... unaussprechlich...!« entgegnete Herr Klöterjahn und blickte ins Manuskript. »Sie schreiben eine Hand, die miserabel ist, mein Lieber; ich möchte Sie nicht in meinem Kontor beschäftigen. Auf den ersten Blick scheint es ganz sauber, aber bei Licht besehen ist es voller Lücken und Zittrigkeiten. Aber das ist Ihre Sache und geht mich nichts an. Ich bin gekommen, um Ihnen zu sagen, daß Sie erstens ein Hanswurst sind –, nun, das ist Ihnen hoffentlich bekannt. Außerdem aber sind Sie ein großer Feigling, und auch das brauche ich Ihnen wohl nicht ausführlich zu beweisen. Meine Frau hat mir einmal geschrieben, Sie sähen den Weibspersonen, denen Sie begegnen, nicht ins Gesicht, sondern schielten nur so hin, um eine schöne Ahnung davonzutragen, aus Angst vor der Wirklichkeit. Leider hat sie später aufgehört, in ihren Briefen von Ihnen zu erzählen; sonst wüßte ich noch mehr Geschichten von Ihnen. Aber so sind Sie. ›Schönheit‹ ist Ihr drittes Wort, aber im Grunde ist es nichts als Bangebüchsigkeit und Duckmäuserei und Neid, und daher wohl auch Ihre unverschämte Bemerkung von den ›verschwiegenen Korridoren‹, die mich wahrscheinlich so recht durchbohren sollte und mir doch bloß Spaß gemacht hat. Spaß hat sie mir gemacht! Aber wissen Sie nun Bescheid? Habe ich Ihnen Ihr... Ihr ›Tun und Wesen‹ nun ›ein wenig erhellt‹, Sie Jammermensch? Obgleich es nicht mein ›unausbleiblicher Beruf‹ ist, hö, hö!...«

»Ich habe ›unausweichlicher Beruf‹ geschrieben«, sagte Herr Spinell; aber er gab es gleich wieder auf. Er stand da, hilflos und abgekanzelt, wie ein großer, kläglicher, grauhaariger Schuljunge.

»Unausweichlich... unausbleiblich... Ein niederträchtiger Feigling sind Sie, sage ich Ihnen. Täglich sehen Sie mich bei Tische. Sie grüßen mich und lächeln, Sie reichen mir Schüsseln und lächeln, Sie wünschen mir gesegnete Mahlzeit und lächeln. Und eines Tages schicken Sie mir solch einen Wisch voll blödsinniger Injurien auf den Hals. Hö, ja, schriftlich haben Sie Mut! Und wenn es bloß dieser lachhafte Brief wäre. Aber Sie haben gegen mich intrigiert, hinter meinem Rücken gegen mich intrigiert, ich begreife es jetzt sehr wohl... obgleich Sie sich nicht einzubilden brauchen, daß es Ihnen etwas genützt hat! Wenn Sie sich etwa der Hoffnung hingeben, meiner Frau Grillen in den Kopf gesetzt zu haben, so befinden Sie sich auf dem Holzwege, mein wertgeschätzter Herr, dazu ist sie ein zu vernünftiger Mensch! Oder wenn Sie am Ende gar glauben, daß sie mich irgendwie anders als sonst empfangen hat, mich und das Kind, als wir kamen, so setzten Sie Ihrer Abgeschmacktheit die Krone auf! Wenn sie dem Kleinen keinen Kuß gegeben hat, so geschah es aus Vorsicht, weil neuerdings die Hypothese aufgetaucht ist, daß es nicht die Luftröhre, sondern die Lunge ist, und man in diesem Falle nicht wissen kann... obgleich es übrigens noch sehr zu beweisen ist, das mit der Lunge, und Sie mit Ihrem – ›sie stirbt, mein Herr!‹ Sie sind ein Esel!«

Hier suchte Herr Klöterjahn seine Atmung ein wenig zu regeln. Er war nun sehr in Zorn geraten, stach beständig mit dem rechten Zeigefinger in die Luft und richtete das Manuskript in seiner Linken aufs übelste zu. Sein Gesicht, zwischen dem blonden englischen Backenbart, war furchtbar rot, und seine umwölkte Stirn war von geschwollenen Adern zerrissen wie von Zornesblitzen.

»Sie hassen mich«, fuhr er fort, »und Sie würden mich verachten, wenn ich nicht der Stärkere wäre... Ja, das bin ich, zum Teufel, ich habe das Herz auf dem rechten Fleck, während Sie das Ihre wohl meistens in den Hosen haben, und ich würde Sie in die Pfanne hauen mitsamt Ihrem ›Geist und Wort‹, Sie hinterlistiger Idiot, wenn das nicht verboten wäre. Aber damit ist nicht gesagt, mein Lieber, daß ich mir Ihre Invektiven so ohne weiteres gefallen lasse, und wenn ich das mit dem ›ordinären Namen‹ zu Haus meinem Anwalt zeige, so wollen wir sehen, ob Sie nicht Ihr blaues Wunder erleben. Mein Name ist gut, mein Herr, und zwar durch mein Verdienst. Ob Ihnen jemand auf den Ihren auch nur einen Silbergroschen borgt, diese Frage mögen Sie mit sich selbst erörtern, Sie hergelaufener Bummler! Gegen Sie muß man gesetzlich vorgehen! Sie sind gemeingefährlich! Sie machen die Leute verrückt!... Obgleich Sie sich nicht einzubilden brauchen, daß es Ihnen diesmal gelungen ist, Sie heimtückischer Patron! Von Individuen, wie Sie eins sind, lasse ich mich denn doch nicht aus dem Felde schlagen. Ich habe das Herz auf dem rechten Fleck...«

Herr Klöterjahn war nun wirklich äußerst erregt. Er schrie und sagte wiederholt, daß er das Herz auf dem rechten Fleck habe.

»›Sie sangen.‹ Punkt. Sie sangen gar nicht! Sie strickten. Außerdem sprachen sie, soviel ich verstanden habe, von einem Rezept für Kartoffelpuffer, und wenn ich das mit dem ›Verfall‹ und der ›Auflösung‹ meinem Schwiegervater sage, so belangt er Sie gleichfalls von Rechts wegen, da können Sie sicher sein! ...›Sahen Sie das Bild, sahen Sie es?‹ Natürlich sah ich es, aber ich begreife nicht, warum ich deshalb den Atem anhalten und davonlaufen sollte. Ich schiele den Weibern nicht am Gesicht vorbei, ich sehe sie mir an, und wenn sie mir gefallen, und wenn sie mich wollen, so nehme ich sie mir. Ich habe das Herz auf dem rechten Fl...«

Es pochte. – Es pochte gleich neun- oder zehnmal ganz rasch hintereinander an die Stubentür, ein kleiner, heftiger, ängstlicher Wirbel, der Herrn Klöterjahn verstummen machte, und eine Stimme, die gar keinen Halt hatte, sondern vor Bedrängnis fortwährend aus den Fugen ging, sagte in größter Hast:

»Herr Klöterjahn, Herr Klöterjahn, ach, ist Herr Klöterjahn da?«

»Draußen bleiben«, sagte Herr Klöterjahn unwirsch... »Was ist? Ich habe hier zu reden.«

»Herr Klöterjahn«, sagte die schwankende und sich brechende Stimme, »Sie müssen kommen... auch die Ärzte sind da... oh, es ist so entsetzlich traurig...«

Da war er mit einem Schritt an der Tür und riß sie auf. Die Rätin Spatz stand draußen. Sie hielt ihr Schnupftuch vor den Mund, und große, längliche Tränen rollten paarweise in dieses Tuch hinein.

»Herr Klöterjahn«, brachte sie hervor..., »es ist so entsetzlich traurig... Sie hat so viel Blut aufgebracht, so fürchterlich viel... Sie saß ganz ruhig im Bette und summte ein Stückchen Musik vor sich hin, und da kam es, lieber Gott, so übermäßig viel...«

»Ist sie tot?!« schrie Herr Klöterjahn... Dabei packte er die Rätin am Oberarm und zog sie auf der Schwelle hin und her. »Nein, nicht ganz, wie? Noch nicht ganz, sie kann mich noch sehen... Hat sie wieder ein bißchen Blut aufgebracht? Aus der Lunge, wie? Ich gebe zu, daß es vielleicht aus der Lunge kommt... Gabriele!« sagte er plötzlich, indem die Augen ihm übergingen, und man sah, wie ein warmes, gutes, menschliches und redliches Gefühl aus ihm hervorbrach. »Ja, ich komme!« sagte er, und mit langen Schritten schleppte er die Rätin aus dem Zimmer hinaus und über den Korridor davon. Von einem entlegenen Teile des Wandelganges her vernahm man noch immer sein rasch sich entfernendes »Nicht ganz, wie? ...Aus der Lunge, was? ...«

12

Herr Spinell stand auf dem Fleck, wo er während Herrn Klöterjahns so jäh unterbrochener Visite gestanden hatte, und blickte
auf die offene Tür. Endlich tat er ein paar Schritte vorwärts und
horchte ins Weite. Aber alles war still, und so schloß er die Tür
und kehrte ins Zimmer zurück.

Eine Weile betrachtete er sich im Spiegel. Hierauf ging er zum
Schreibtisch, holte ein kleines Flacon und ein Gläschen aus
einem Fache hervor und nahm einen Cognac zu sich, was kein
Mensch ihm verdenken konnte. Dann streckte er sich auf dem
Sofa aus und schloß die Augen.

Die obere Klappe des Fensters stand offen. Draußen im Garten von ›Einfried‹ zwitscherten die Vögel, und in diesen kleinen,
zarten und kecken Lauten lag fein und durchdringend der ganze
Frühling ausgedrückt. Einmal sagte Herr Spinell leise vor sich
hin: »Unausbleiblicher Beruf...« Dann bewegte er den Kopf
hin und her und zog die Luft durch die Zähne ein, wie bei einem
heftigen Nervenschmerz.

Es war unmöglich, zur Ruhe und Sammlung zu gelangen.
Man ist nicht geschaffen für so plumpe Erlebnisse wie dieses da!
– Durch einen seelischen Vorgang, dessen Analyse zu weit führen würde, gelangte Herr Spinell zu dem Entschlusse, sich zu
erheben und sich ein wenig Bewegung zu machen, sich ein wenig im Freien zu ergehen. So nahm er den Hut und verließ das
Zimmer.

Als er aus dem Hause trat und die milde, würzige Luft ihn
umfing, wandte er das Haupt und ließ seine Augen langsam
an dem Gebäude empor bis zu einem der Fenster gleiten,
einem verhängten Fenster, an dem sein Blick eine Weile ernst,
fest und dunkel haftete. Dann legte er die Hände auf den Rük-
ken und schritt über die Kieswege dahin. Er schritt in tiefem
Sinnen.

Noch waren die Beete mit Matten bedeckt, und Bäume und
Sträucher waren noch nackt; aber der Schnee war fort, und die
Wege zeigten nur hier und da noch feuchte Spuren. Der weite

Garten mit seinen Grotten, Laubengängen und kleinen Pavillons lag in prächtig farbiger Nachmittagsbeleuchtung, mit kräftigen Schatten und sattem, goldigem Licht, und das dunkle Geäst der Bäume stand scharf und zart gegliedert gegen den hellen Himmel.

Es war um die Stunde, da die Sonne Gestalt annimmt, da die formlose Lichtmasse zur sichtbar sinkenden Scheibe wird, deren sattere, mildere Glut das Auge duldet. Herr Spinell sah die Sonne nicht; sein Weg führte ihn so, daß sie ihm verdeckt und verborgen war. Er ging gesenkten Hauptes und summte ein Stückchen Musik vor sich hin, ein kurzes Gebild, eine bang und klagend aufwärtssteigende Figur, das Sehnsuchtsmotiv... Plötzlich aber, mit einem Ruck, einem kurzen, krampfhaften Aufatmen, blieb er gefesselt stehen, und unter heftig zusammengezogenen Brauen starrten seine erweiterten Augen mit dem Ausdruck entsetzter Abwehr geradeaus...

Der Weg wandte sich; er führte der sinkenden Sonne entgegen. Durchzogen von zwei schmalen, erleuchteten Wolkenstreifen mit vergoldeten Rändern stand sie groß und schräge am Himmel, setzte die Wipfel der Bäume in Glut und goß ihren gelbrötlichen Glanz über den Garten hin. Und inmitten dieser goldigen Verklärung, die gewaltige Gloriole der Sonnenscheibe zu Häupten, stand hochaufgerichtet im Wege eine üppige, ganz in Rot, Gold und Schottisch gekleidete Person, die ihre Rechte in die schwellende Hüfte stemmte und mit der Linken ein grazil geformtes Wägelchen leicht vor sich hin und her bewegte. In diesem Wägelchen aber saß das Kind, saß Anton Klöterjahn der Jüngere, saß Gabriele Eckhofs dicker Sohn!

Er saß, bekleidet mit einer weißen Flausjacke und einem großen weißen Hut, pausbäckig, prächtig und wohlgeraten in den Kissen, und sein Blick begegnete lustig und unbeirrbar demjenigen Herrn Spinells. Der Romancier war im Begriffe, sich aufzuraffen, er war ein Mann, er hätte die Kraft besessen, an dieser unerwarteten, in Glanz getauchten Erscheinung vorüberzuschreiten und seinen Spaziergang fortzusetzen. Da aber geschah das Gräßliche, daß Anton Klöterjahn zu lachen und jubeln begann, er kreischte vor unerklärlicher Lust, es konnte einem unheimlich zu Sinne werden.

Gott weiß, was ihn anfocht, ob die schwarze Gestalt ihm gegenüber ihn in diese wilde Heiterkeit versetzte oder was für ein Anfall von animalischem Wohlbefinden ihn packte. Er hielt in der einen Hand einen knöchernen Beißring und in der anderen eine blecherne Klapperbüchse. Diese beiden Gegenstände reckte er jauchzend in den Sonnenschein empor, schüttelte sie und schlug sie zusammen, als wollte er jemanden spottend verscheuchen. Seine Augen waren beinahe geschlossen vor Vergnügen, und sein Mund war so klaffend aufgerissen, daß man seinen ganzen rosigen Gaumen sah. Er warf sogar seinen Kopf hin und her, indes er jauchzte.

Da machte Herr Spinell kehrt und ging von dannen. Er ging, gefolgt von dem Jubilieren des kleinen Klöterjahn, mit einer gewissen behutsamen und steif-graziösen Armhaltung über den Kies, mit den gewaltsam zögernden Schritten jemandes, der verbergen will, daß er innerlich davonläuft.

Die vertauschten Köpfe

Eine indische Legende

I

Die Geschichte der schönhüftigen Sita, Tochter des aus Kriegerblut stammenden Kuhzüchters Sumantra, und ihren beiden Gatten (wenn man so sagen darf) stellt, blutig und sinnverwirrend
wie sie ist, die höchsten Anforderungen an die Seelenkräfte des
Lauschenden und an sein Vermögen, den grausamen Gaukeleien
der Maya des Geistes Spitze zu bieten. Es wäre zu wünschen,
daß die Zuhörer sich an der Festigkeit des Überliefernden ein
Beispiel nähmen, denn fast mehr Mut noch gehört dazu, eine
solche Geschichte zu erzählen, als sie zu vernehmen. Von Anfang bis zu Ende trug sie sich aber zu, wie folgt.

Zu der Zeit, als Erinnerung in den Seelen der Menschen em-
porstieg, wie wenn ein Opfergefäß sich vom Fuße her langsam
mit Rauschtrank füllte oder mit Blut; als der Schoß strenger
Herrenfrömmigkeit sich dem Samen des Ur-Vorherigen öff-
nete, Heimweh nach der Mutter alte Sinnbilder mit verjüngten
Schauern umgab und die Pilgerzüge anschwellen ließ, die im
Frühjahr zu den Wohnhäusern der großen Weltamme drängten:
zu dieser Zeit hielten zwei Jünglinge, wenig verschieden an
Jahren und Kastenzugehörigkeit, aber sehr ungleich nach ihrer
Verkörperung, enge Freundschaft. Der jüngere von ihnen hieß
Nanda, der etwas ältere Schridaman. Jener war achtzehn Jahre
alt, dieser schon einundzwanzig, und beide waren, je an ihrem
Tage, mit der heiligen Schnur umgürtet und in die Gemeinschaft
der Zweimalgeborenen aufgenommen worden. Beheimatet wa-
ren sie in demselben Tempeldorfe, mit Namen ›Wohlfahrt der
Kühe‹, und hingesiedelt vorzeiten auf Fingerzeig der Götter an
seiner Stätte im Lande Kosala. Es war mit einer Kaktushecke

und einer Holzmauer umhegt, von deren nach den vier Himmelsgegenden gerichteten Toren ein wandernder Wesenserkenner und Eingeweihter der Göttin Rede, der kein unrichtiges Wort sprach und im Dorf gespeist worden war, den Segens-Ausspruch getan hatte, daß ihre Pfosten und Querbalken von Honig und Butter tröffen.

Die Freundschaft der beiden Jünglinge beruhte auf der Unterschiedlichkeit ihrer Ich- und Mein-Gefühle, von denen die des einen nach denen des anderen trachteten. Einkörperung nämlich schafft Vereinzelung, Vereinzelung schafft Verschiedenheit, Verschiedenheit schafft Vergleichung, Vergleichung schafft Unruhe, Unruhe schafft Verwunderung, Verwunderung schafft Bewunderung, Bewunderung aber Verlangen nach Austausch und Vereinigung. Etad vai tad. Dieses ist das. Und auf die Jugend zumal trifft die Lehre zu, wenn der Ton des Lebens noch weich ist und die Ich- und Mein-Gefühle noch nicht erstarrt sind in der Zersplitterung des Einen.

Der Jüngling Schridaman war ein Kaufmann und eines Kaufmanns Sohn, Nanda dagegen zugleich ein Schmied und ein Kuhhirt, da sein Vater Garga sowohl den Hammer führte und den Vogelfittich zur Auffachung des Feuers wie auch Hornvieh unterhielt im Pferch und auf der Weide. Schridamans Erzeuger betreffend, Bhavabhûti mit Namen, so leitete er seine Geburt in der männlichen Linie aus einem vedakundigen Brahmanengeschlechte her, was Garga und sein Sohn Nanda weit entfernt waren zu tun. Dennoch waren auch sie keine Shûdra, sondern gehörten, obgleich etwas ziegennasig, durchaus der menschlichen Gesellschaft an. Auch war für Schridaman und schon für Bhavabhûti das Brahmanentum nur noch eine Erinnerung, denn der Vater dieses bereits war auf der Lebensstufe des Hausvaters, welche auf die des Lernenden folgt, mit Bewußtsein stehengeblieben und hatte sein Leben lang die des Einsiedlers und des Asketen nicht beschritten. Er hatte es verschmäht, nur von frommen Gaben zu leben, die seiner Vedakundigkeit gezollt wurden, oder war nicht satt davon geworden, und hatte einen würdigen Handel angefangen mit Mull, Kampfer, Sandel, Seide und Zitz. So war auch der Sohn, den er sich zum Opferdienst erzeugt, ein Wânidja oder Kaufmann geworden an der Dorfstätte ›Wohlfahrt der Kühe‹, und dessen Sohn wieder, Schridaman eben, war in dieselben Fußstapfen getreten, nicht ohne einige Knabenjahre hindurch unter der Obhut eines Guru und geistlichen Meisters der Grammatik, der Sternenkunde und den Grundelementen der Wesensbetrachtung gewidmet zu haben.

Nicht also Nanda, des Garga Sohn. Sein Karman war anders, und nie hatte er, durch Überlieferung und Blutsmischung dazu angehalten, sich mit Geistigem abgegeben, sondern war wie er war, ein Sohn des Volks und von lustiger Einfalt, eine Krischna-Erscheinung, denn er war dunkel nach Haut und Haaren, und sogar die Locke ›Glückskalb‹ hatte er auf der Brust. Vom Schmiedehandwerk hatte er die wackeren Arme und vom Hirtentum noch weiterhin ein gutes Gepräge; denn sein Körper, den er mit Senföl zu salben und mit Ketten wilder Blumen, auch mit Goldschmuck zu behängen liebte, war wohlgestalt, entsprechend seinem netten bartlosen Gesicht, das allenfalls, wie erwähnt, etwas ziegennasig war und gewissermaßen auch wulstlippig, aber beides auf einnehmende Art, und seine schwarzen Augen pflegten zu lachen.

Dies alles gefiel Schridaman bei der Vergleichung mit sich selbst, der um mehrere Schattierungen heller war als Nanda an Haupt und Gliedern und auch eine abweichende Gesichtsbildung aufwies. Der Rücken seiner Nase war dünn wie Messerschneide, und Augen hatte er, sanft von Stern und Lid, dazu einen weichen fächerförmigen Bart um die Wangen. Weich waren auch seine Glieder und nicht geprägt von Schmiede- und Hirtenwerk, vielmehr teils brahmanenmäßig, teils kaufmannshaft: mit schmaler, etwas schwammiger Brust und einigem Schmer um das Bäuchlein, – übrigens untadlig, mit feinen Knien und Füßen. Es war ein Körper, wie er wohl einem edlen und wissenden Haupt, welches bei dem Ganzen eben die Hauptsache, als Zubehör und Anhängsel dient, wohingegen bei dem ganzen Nanda sozusagen der Körper die Hauptsache war und der Kopf bloß ein nettes Zubehör. Alles in allem waren die beiden wie Schiwa, wenn er sich verdoppelt und einmal als bärtiger Asket der Göttin wie tot zu Füßen liegt, einmal aber, ihr aufrecht zugewandt, als blühende Jünglingsgestalt die Glieder dehnt.

Da sie jedoch nicht eins waren wie Schiwa, der Leben und Tod, Welt und Ewigkeit ist in der Mutter, sondern zweierlei darstellten hienieden, so waren sie einander wie Schaubilder. Eines jeden Mein-Gefühl langweilte sich an sich selbst, und ob auch wissend, daß alles ja doch nur aus Mängeln besteht, lugten sie nach einander um ihrer Verschiedenheit willen. Schridaman, mit seinem feinen Mund im Barte, fand Gefallen an der urwüchsigen Krischna-Natur des wulstlippigen Nanda; und dieser, teils geschmeichelt hiervon, teils auch, und noch mehr, weil Schridamans hellere Farbe, sein edles Haupt und seine richtige Rede, welche bekanntlich mit Weisheit und Wesenserkenntnis Hand in Hand geht und von Anbeginn damit verschmolzen ist, ihm großen Eindruck machten, kannte seinerseits nichts Lieberes als den Umgang mit jenem, so daß sie unzertrennliche Freunde wurden. Allerdings war in der Zuneigung eines jeden für den anderen auch einiger Spott enthalten, insofern als Nanda sich über Schridamans hellen Schmer, dünne Nase und richtige Rede, Schridaman dagegen über Nanda's Ziegennasigkeit und nette Popularität sich unterderhand auch wieder etwas lustig machte. Aber diese Art innere Spötterei ist meistens in Vergleichung und Unruhe einschlägig und bedeutet einen Tribut an das Ich- und Mein-Gefühl, welches dem weiter daraus erwachsenden Maya-Verlangen nicht im geringsten Abbruch tut.

2

Es geschah nun aber zur lieblichen, von Vogellärm durchtönten Jahreszeit des Frühlings, daß Nanda und Schridaman zusammen eine Fußreise taten über Land, ein jeder aus besonderem Anlaß. Nanda hatte von seinem Vater Garga den Auftrag erhalten, ein Quantum Roherz einzuhandeln von einer gewissen Gruppe tiefstehender, nur mit Schilf geschürzter Leute, die gewohnt und geschickt waren, solches aus dem Eisenstein zu schmelzen, und mit denen Nanda zu reden wußte. Sie wohnten in Kralen, einige Tagereisen westlich von der Heimat der Freunde, unweit des städtischen Kuruksheta, das seinerseits etwas nördlich vom volkreichen Indraprastha am Strome Djamna gelegen ist, und wo Schridaman zu tun hatte. Denn er sollte bei einem dortigen Geschäftsfreunde seines Hauses, der ebenfalls ein auf der Stufe des Hausvaters verharrender Brahmane war, eine Partie bunter Gespinste, die die Frauen daheim aus feinem Faden gewoben, mit möglichstem Vorteil eintauschen gegen Reis-Stampfer und eine Art besonders praktischer Feuerhölzer, an denen zu ›Wohlfahrt der Kühe‹ Knappheit eingetreten war.

Als sie nun schon einen Tag und einen halben gereist waren, unter Menschen auf Landstraßen wie auch allein durch Wälder und Einöden, wobei jeder seine Wegeslast auf dem Rücken trug: Nanda einen Kasten mit Betelnüssen, Kaurimuscheln und auf Bastpapier aufgetragenem Alta-Rot zum Schminken der Fußsohlen, womit er das Roherz der Tiefstehenden zu bezahlen gedachte, und Schridaman die in ein Rehfell eingenähten Gespinste, die aber Nanda aus Freundschaft auch zuweilen noch aufhuckte, kamen sie an einen heiligen Badeplatz Kâlî's, der Allumfangenden, der Mutter aller Welten und Wesen, die Vischnu's Traumtrunkenheit ist, am Flüßchen ›Goldfliege‹, das fröhlich wie eine losgelassene Stute aus der Berge Schoß kommt, dann aber seinen Lauf mäßigt und an heiliger Stelle sanft mit dem Strome Djamna zusammenfließt, der seinerseits an überheiliger Stelle in die ewige Ganga mündet, diese aber mündet vielfach ins Meer. Zahlreiche Badeplätze, hochberühmt, die alle Befleckung tilgen, und wo man, das Wasser des Lebens schöpfend und im Schoße untertauchend, Wiedergeburt empfängt, – viele solche säumen die Ufer und Mündungsstellen der Ganga, und wo andere Flüsse sich in die irdische Milchstraße ergießen, auch wo wieder andere sich mit diesen verbinden, wie ›Goldfliege‹, das Töchterchen Schneeheims, mit der Djamna tut, überall dort findet man bestimmt solche Stätten der Reinigung und Vereinigung, bequem gemacht für jedermann zu Opfer und Kommunion, versehen mit heiligen Stufen zum Einstieg, daß nicht der Fromme ohne Form und Weihe durch Lotos und Uferschilf muß in den Schoß patschen, sondern würdig hinabschreiten kann, zu trinken und sich zu begießen.

Der Badeplatz nun, auf den die Freunde stießen, war keiner der großen und vielbeschenkten, von denen die Wissenden Wunderwirkungen auskünden und zu denen Vornehme und Geringe (allerdings zu verschiedenen Stunden) sich in Scharen drängen. Es war ein kleiner, stiller und heimlicher, an keinem Zusammenfluß, sondern irgendwo schlecht und recht an ›Goldflieges‹ Ufer gelegen, das hügelig anstieg einige Schritte vom Flußbett und auf dessen Höhe ein kleiner, bloß hölzerner und schon etwas baufälliger, aber recht bildreich geschnitzter Tempel der Herrin aller Wünsche und Freuden mit einem buckelig ausladenden Turm über der Cella stand. Auch die zum Schoße leitenden Stufen waren hölzern und schadhaft, aber zum würdigen Einstieg waren sie hinreichend.

Die Jünglinge äußerten einander ihr Vergnügen, auf diese Stätte gestoßen zu sein, die Gelegenheit zu Andacht, Erfrischung und schattiger Rast auf einmal gewährte. Es war schon sehr heiß um die Tagesmitte; frühzeitig drohte im Frühling der schwere Sommer, und seitwärts vom Tempelchen zog auf der Uferhöhe Gebüsch und Gehölz sich hin von Mango-, Tiek- und Kadambabäumen, Magnolien, Tamarisken und Talapalmen, in deren Schutz gut frühstücken und ruhen sein würde. Die Freunde erfüllten zuerst ihre religiösen Pflichten, so gut die Umstände es erlaubten. Kein Priester war da, der ihnen Öl oder geklärte Butter hätte liefern können, die steinernen Lingam-Bilder damit zu begießen, die auf der kleinen, dem Tempel vorgelagerten Terrasse aufgestellt waren. Mit einer dort vorgefundenen Kelle schöpften sie Wasser aus dem Fluß und tätigten damit, das Zugehörige murmelnd, die gute Handlung. Dann stiegen sie, die hohlen Hände zusammengelegt, in den grünlichen Schoß, tranken, übergossen sich sinngemäß, tauchten und dankten, verweilten auch zum bloßen Vergnügen noch etwas länger als geistlich notwendig im Bade und bezogen danach, den Segen der Vereinigung in allen Gliedern spürend, ihren erkorenen Rastplatz unter den Bäumen.

Hier teilten sie ihr Reise-Mahl miteinander wie Brüder, teilten es, obgleich jeder das Seine hätte essen können und einer auch nichts anderes hatte als der andere. Wenn Nanda einen Gersten-fladen brach, so reichte er dem Schridaman die eine Hälfte hin-über, indem er sagte: »Da, mein Guter«, und wenn Schridaman eine Frucht zerteilt hatte, gab er mit denselben Worten dem Nanda die Hälfte davon. Schridaman saß seitlich beim Essen in dem hier noch ganz frischgrünen und unversengten Grase, die Kniee und Füße neben sich angeordnet; Nanda dagegen hockte auf etwas populäre Art, mit hochgezogenen Knieen, die Füße vor sich hingestellt, wie man's nicht lange aushält, wenn man nicht von Geblütes wegen daran gewöhnt ist. Sie nahmen diese Stellungen unbewußt und ohne Überlegung ein, denn wenn sie auf ihre Sitzart achtgehabt hätten, so hätte Schridaman aus Nei-gung zur Urwüchsigkeit die Kniee aufgestellt und Nanda aus gegenteiligem Verlangen seitlich gesessen. Er trug ein Käpp-chen auf seinem schwarzen, schlichten, noch nassen Haar, ein Lendentuch aus weißer Baumwolle, Ringe um die Oberarme und um den Hals einen mit goldenen Bändern zusammengefaß-ten Kettenschmuck von Steinperlen, in dessen Umrahmung man auf seiner Brust die Locke ›Glückskalb‹ bemerkte. Schrida-man hatte ein weißes Tuch um den Kopf gewunden und war in seinen ebenfalls weißbaumwollenen Hemdrock mit kurzen Är-meln gekleidet, der über seinen gebauschten und hosenartig ge-schlungenen Schurz fiel, und in dessen Halsausschnitt ein Amu-lett-Beutelchen an dünner Kette hing. Beide trugen das Zeichen ihres Glaubens in mineralischem Weiß auf die Stirn gemalt.

Als sie gegessen hatten, beseitigten sie die Reste und plauder-ten. Es war so hübsch hier, daß Fürsten und große Könige es nicht besser hätten haben können. Zwischen den Bäumen, in deren Blattwerk und Blütenbüscheln es sich leise regte, den hohen Calamus- und Bambusstämmen des Abhangs erblickte man das Wasser und die unteren Stufen des Einstiegs. Grüne Schlauch-Girlanden von Schlingpflanzen hingen rings von den

Zweigen, die sie anmutig verbanden. Mit dem Zirpen und Trillern unsichtbarer Vögel vermischte sich das Summen der Goldbienen, welche über den Blumen des Grases hin und her schossen und zu dringlichem Besuche bei ihnen einkehrten. Es roch nach Pflanzenkühle und -wärme, sehr stark nach Jasmin, nach dem besonderen Parfüm der Tala-Frucht, nach Sandelholz, außerdem nach dem Senföl, womit Nanda nach der Tauch-Kommunion sich sogleich wieder eingerieben hatte.

»Hier ist es ja wie jenseits der sechs Wogen von Hunger und Durst, Alter und Tod, Leid und Verblendung«, sagte Schridaman. »Außerordentlich friedevoll ist es hier. Es ist, als wäre man aus dem rastlosen Umtriebe des Lebens in seine ruhende Mitte versetzt und dürfte eratmen. Horch, wie lauschig! Ich gebrauche das Wort ›lauschig‹, weil es von der Tätigkeit des Lauschens abstammt, die nun durch die Stille erregt wird. Denn eine solche läßt uns aufhorchen auf alles, was nicht ganz still darin ist und worin die Stille im Traume redet, wir aber hören es auch wie im Traum.«

»Es ist schon so, wie dein Wort sagt«, erwiderte Nanda. »Im Lärm eines Marktes lauscht man nicht, aber lauschig ist auch wieder nur eine Stille, in der es doch dies und das zu belauschen gibt. Ganz still und von Schweigen erfüllt ist nur Nirwâna, darum kann man's nicht lauschig nennen.«

»Nein«, antwortete Schridaman und mußte lachen. »Darauf ist wohl noch keiner verfallen, das Nirwâna lauschig zu nennen. Du aber verfällst gewissermaßen darauf, wenn auch nur verneinenderweise, indem du sagst, daß man es nicht so nennen kann, und dir von allen Verneinungen, die sich darüber aussagen lassen – denn man kann vom Nirwâna ja nur in Verneinungen reden –, die allerdrolligste aussuchst. Du äußerst oft so schlaue Dinge, – wenn man das Wort ›schlau‹ anwenden darf auf etwas, was zugleich richtig und lächerlich ist. Ich habe viel dafür übrig, weil es mir manchmal plötzlich die Bauchdecke vibrieren läßt fast wie beim Schluchzen. Da sieht man, wie verwandt doch Lachen und Weinen sind, und daß es nur Täuschung ist, wenn wir zwischen Lust und Leid einen Wesensunterschied machen und das eine bejahen, das andere aber verneinen, wo sich doch nur beide gemeinsam gut oder schlimm heißen lassen. Es gibt aber auch eine Verbindung von Weinen und Lachen, die man noch am ehesten bejahen und gut heißen kann unter den Erregungen des Lebens. Für sie ist das Wort ›Rührung‹ geschaffen, welches nämlich auch ein heiteres Mitleid bezeichnet, und daß das Vibrieren meiner Bauchdecke dem Schluchzen so ähnlich ist, kommt eben von der Rührung her und daß du mir auch wieder leid tust in deiner Schläue.«

»Warum tue ich dir denn leid?« fragte Nanda.

»Weil du doch eigentlich ein rechtes Kind des Samsâra und der In-sich-Befangenheit des Lebens bist«, erwiderte Schridaman, »und gar nicht zu den Seelen gehörst, die es verlangt, aus dem schrecklichen Ozean von Weinen und Lachen hervorzutauchen, wie Lotosse sich über die Flut erheben und ihre Kelche dem Himmel öffnen. Dir ist ganz wohl in der Tiefe, wimmelnd voll von Gestalten und Masken, die in verschlungenem Wandel wesen, und daß dir wohl ist, das macht, daß einem ebenfalls wohl wird bei deinem Anblick. Nun aber setzest du dir's in den Kopf und läßt dir's nicht nehmen, dich mit dem Nirwâna abzugeben und Bemerkungen zu machen zu seiner Nein-Bestimmung, der Art, es sei nicht lauschig, was eben zum Weinen drollig oder, mit dem hierfür geschaffenen Worte, rührend ist, indem es einem leid tut um dein wohltuendes Wohlsein.«

»Na, höre mal«, erwiderte Nanda, »wie meinst denn du es mit mir? Wenn ich dir leid täte, weil ich in der Verblendung Samsâra's befangen bin und kein Geschick zum Lotos habe, das ließe ich mir gefallen. Aber daß ich dir leid tue, gerade weil ich mich doch auch, so gut ich es verstehe, mit dem Nirwâna etwas abzugeben versuche, das könnte mich kränken. Ich will dir sagen: du tust mir auch leid.«

»Warum tue denn nun umgekehrt auch ich dir wieder leid?« fragte Schridaman.

»Weil du zwar die Veden gelesen und von Wesenserkenntnis was abbekommen hast«, versetzte Nanda, »dabei aber der Verblendung sogar leichter und bereitwilliger aufsitzest als solche, die das nicht getan haben. Das ist es, was mir einen Leibkitzel der Rührung erregt, nämlich ein heiteres Mitleid. Denn wo es nur ein bißchen lauschig ist, wie an diesem Ort, da läßt du dich gleich verblenden vom scheinbaren Frieden, träumst dich über die sechs Wogen von Hunger und Durst hinaus und denkst, du bist in des Umtriebes ruhender Mitte. Und dabei ist die Lauschigkeit hier, und daß es so mancherlei zu belauschen gibt in dieser Stille, doch gerade das Zeichen, daß es umtreibt darin mit größter Geschäftigkeit und all deine Friedensgefühle nur Einbildung sind. Diese Vögel girren einander nur zu, um Liebe zu machen, diese Bienen, Libellen und Flugkäfer zucken umher, vom Hunger getrieben, im Grase rumort es heimlich von tausendfachem Lebensstreit, und diese Lianen, die so zierlich die Bäume kränzen, möchten ihnen Odem und Saft abwürgen, um nur selber recht fett und zäh zu werden. Das ist wahre Wesenserkenntnis.«

»Ich weiß es wohl«, sagte Schridaman, »und verblende mich nicht darüber, oder doch nur für den Augenblick und aus freiem Willen. Denn es gibt nicht nur die Wahrheit und Erkenntnis des Verstandes, sondern auch die gleichnishafte Anschauung des menschlichen Herzens, welche die Schrift der Erscheinungen nicht nur nach ihrem ersten, nüchternen Sinn, sondern auch nach ihrem zweiten und höheren zu lesen weiß und sie als Mittel gebraucht, das Reine und Geistige dadurch anzuschauen. Wie willst du zur Wahrnehmung des Friedens gelangen und das Glück des Stillstandes im Gemüte erfahren, ohne daß ein Maya-Bild, welches freilich in sich das Glück und der Friede nicht ist, die Handhabe dazu böte? Das ist dem Menschen erlaubt und gegeben, daß er sich der Wirklichkeit bediene zur Anschauung der Wahrheit, und es ist das Wort ›Poesie‹, welches die Sprache für diese Gegebenheit und Erlaubnis geprägt hat.«

»Ach, so meinst du das?« lachte Nanda. »Demnach, und wenn man dich hört, wär' also die Poesie die Dummheit, die nach der Gescheitheit kommt, und ist einer dumm, so wäre zu fragen, ob er noch dumm ist oder schon wieder. Ich muß schon sagen, ihr Gescheiten macht's unsereinem nicht leicht. Da

denkt man, es kommt darauf an, gescheit zu werden, aber eh'
man's noch ist, erfährt man, daß es darauf ankommt, wieder
dumm zu werden. Ihr solltet uns die neue und höhere Stufe nicht
zeigen, damit wir den Mut nicht verlieren, die vorhergehende zu
erklimmen.«

»Von mir hast du's nicht gehört«, sagte Schridaman, »daß
man gescheit werden muß. Komm, wir wollen uns ausstrecken
im sanften Grase, nachdem wir gespeist, und durch das Gezweig
der Bäume in den Himmel blicken. Es ist eine so merkwürdige
Schauenserfahrung, aus einer Lage, die uns nicht eigentlich aufzublicken nötigt, sondern in der die Augen schon von selbst
nach oben gerichtet sind, den Himmel zu betrachten, auf die Art
wie Erde, die Mutter, selbst es tut.«

»Siyâ, es sei«, stimmte Nanda zu.

»Siyât!« verbesserte ihn Schridaman nach der reinen und richtigen Sprache; und Nanda lachte über sich und ihn.

»Siyât, siyât!« sprach er nach. »Du Silbenstecher, laß mir
mein Messingsch! Wenn ich Sanskrit rede, das klingt wie das
Schnüffeln einer jungen Kuh, der man einen Strick durch die
Nase gezogen.«

Über diesen urwüchsigen Vergleich lachte nun auch Schridaman herzlich, und so streckten sie sich aus nach seinem Vorschlag und sahen geradeaus zwischen den Zweigen und wiegen-
den Blütenbüscheln in die Bläue Vischnu's hinauf, indem sie mit
Blätterwedeln die rot-weißen Fliegen, genannt ›Indra-Schützling‹, abwehrten, die von ihrer Haut angezogen wurden. Nanda
verstand sich zur ebenen Lage, nicht, weil ihm sonderlich daran
gelegen war, den Himmel nach Art der Mutter Erde zu betrachten, sondern nur aus Gefügigkeit. Er setzte sich auch bald wieder
auf und nahm, eine Blume im Mund, seine dravidische Hockstellung wieder ein.

»Der Indra-Schützling ist verdammt lästig«, sagte er, indem
er die vielen umherschießenden Fliegen als ein und dasselbe Indi-
viduum behandelte. »Wahrscheinlich ist er auf mein gutes Senföl erpicht. Es kann aber auch sein, daß er Auftrag hat von seinem Beschützer, dem Elefantenreiter, dem Herrn des Blitzkeils,

dem großen Gott, uns zur Strafe zu quälen – du weißt schon wofür.«

»Das sollte nicht dich betreffen«, erwiderte Schridaman, »denn du warst ja unterm Baume dafür, daß Indra's Dankfest vorigen Herbst nach alter, oder sagen wir lieber: nach neuerer Art, den geistlichen Bräuchen gemäß und nach brahmanischer Observanz begangen werde, und kannst deine Hände in Unschuld waschen, daß wir's im Rate dennoch anders beschlossen und Indra den Dienst kündigten, um uns einem neuen, oder vielmehr älteren Dankesdienst zuzuwenden, der uns Leuten vom Dorf gemäßer und unsrer Frömmigkeit natürlicher ist als das Sprüche-Brimborium des brahmanischen Zeremoniells für Indra, den Donnerer, der die Burgen des Urvolkes brach.«

»Allerdings, wie dein Wort sagt, so ist es«, versetzte Nanda, »und mir ist noch immer unheimlich davon in der Seele, denn wenn ich auch unterm Baum meine Meinung abgab für Indra, so fürchte ich doch, daß er sich um solche Einzelheiten nicht kümmert und Gesamthaftung walten läßt für ›Wohlfahrt der Kühe‹, weil er um sein Fest gebracht wurde. Da fällt es den Leuten ein und steigt ihnen auf, ich weiß nicht woher, daß es mit dem Indra-Dank-Dienste nicht mehr das Rechte ist, zum mindesten nicht für uns Hirten und Ackerbürger, sondern daß man auf fromme Vereinfachung sinnen müsse. Was, fragten sie, geht uns der große Indra an? Ihm opfern die vedakundigen Brahmanen unter endlosen Sprüchen. Wir aber wollen den Kühen und Bergen und Waldweiden opfern, weil es unsere echten und angemessenen Gottheiten sind, denn uns ist ganz, als hätten wir es schon früher so gehalten, bevor Indra kam, der den Kommenden voranzog und die Burgen der Ur-Eingesessenen brach, und wenn wir auch nicht mehr recht wissen, wie es zu machen ist, so wird es uns schon aufsteigen, und unser Herz wird es uns lehren. Wir wollen dem Weideberg ›Buntgipfel‹ dienen, hier in der Nähe, mit frommen Bräuchen, die insofern neu sind, als wir sie erst wieder heraufholen müssen aus unseres Herzens Erinnerung. Ihm wollen wir reine Tiere opfern und ihm Spenden bringen von saurer Milch, Blumen, Früchten und rohem Reis. Danach sollen die Scharen der Kühe, mit Herbstblumen bekränzt, den Berg umwandeln, indem sie ihm die rechte Flanke zukehren, und die Stiere sollen ihm zubrüllen mit der Donnerstimme regenschwerer Wolken. Das sei unser neu-alter Bergdienst. Damit aber die Brahmanen nichts dagegen haben, werden wir sie speisen zu mehreren Hundert und aus sämtlichen Hürden die Milch zusammentragen, daß sie sich vollschlagen mögen mit Dickmilch und Milchreis, dann werden sie's schon zufrieden sein. – So sprachen einige Leute unter dem Baum, und andere fielen ihnen bei, wieder andere aber nicht. Ich stimmte von Anfang an gegen den Bergdienst, denn ich habe große Furcht und Achtung vor Indra, der die Burgen der Schwarzen brach, und halte nichts vom Heraufholen dessen, wovon man doch nichts Rechtes mehr weiß. Du aber sprachst in reinen und richtigen Worten – ich meine ›richtig‹ in Ansehung der Worte – zugunsten der neuen Festgestaltung und für die Erneuerung des Bergdienstes über Indra's Kopf hinweg, und da verstummte ich. Wenn diejenigen, dachte ich, die in die Schule gegangen sind und vom Wesenswissen was abgekriegt haben, gegen Indra sprechen und für die Vereinfachung, dann haben wir nichts zu sagen und können nur hoffen, daß der große Kömmling und Burgenbrecher ein Einsehen hat und sich mit der Speisung zahlreicher Brahmanen zufriedengibt, so daß er uns nicht mit Regenlosigkeit oder mit maßlosem Regen schlägt. Vielleicht, dachte ich, ist er selbst seines Festes müde und wünscht der Belustigung halber, das Bergopfer und den Umzug der Kühe dafür eingesetzt zu sehen. Wir Einfältigen hatten Ehrfurcht vor ihm, aber vielleicht hat er neuerdings keine mehr vor sich selbst. Ich habe denn auch das heraufgeholte Fest sehr genossen und mit Vergnügen geholfen, die bekränzten Kühe um den Berg zu treiben. Aber noch eben wieder, als du mein Prâkrit verbessertest, und wolltest, daß ich ›Siyât‹ sagte, fiel es mir ein, wie sonderbar es doch ist, daß du in richtigen und geschulten Worten fürs Einfältige redetest.«

»Du kannst mir nichts vorwerfen«, antwortete Schridaman, »denn auf Volkes Art hast du für den Sprüchedienst der Brahmanen geredet. Das freute dich wohl und machte dich glücklich. Ich kann dir aber sagen: Noch weit beglückender ist es, in richtig gebildeten Worten dem Einfachen zugunsten zu reden.«

3

Danach verstummten sie eine Weile. Schridaman lag weiter so und sah in den Himmel hinauf. Nanda hielt seine wackeren Arme um die aufgestellten Kniee geschlungen und blickte zwischen den Bäumen und Büschen des Abhangs hin nach dem Badeplatz Kâlî's, der Mutter.

»Pst, Blitzkeil, Wurfring und Wolkendonner!« flüsterte er von einen Augenblick zum anderen und legte den Finger auf seine wulstigen Lippen. »Schridaman, Bruder, sitz leise auf und sieh dir das an! Was dort zum Bade steigt, mein' ich. Mach deine Augen auf, es lohnt der Mühe! Sie sieht uns nicht, aber wir sehen sie.«

Ein junges Mädchen stand an dem einsamen Ort der Vereinigung, im Begriff, ihre Bade-Andacht zu verrichten. Sie hatte Sari und Mieder auf den Stufen des Einstiegs niedergelegt und stand da ganz nackt, angetan nur mit einigem Kettenschmuck an ihrem Halse, mit schaukelnden Ohrringen und einem weißen Bande um ihr reichgeknotetes Haar. Die Lieblichkeit ihres Leibes war blendend. Er war wie aus Maya gefertigt und vom reizendsten Farbton, weder zu dunkel noch allzu weißlich, vielmehr wie golden aufgehelltes Erz und herrlich nach Brahma's Gedanken gestaltet, mit süßesten Kinderschultern und wonnig geschwungenen Hüften dazu, die eine geräumige Bauchfläche ergaben, mit jungfräulich starrenden, knospenden Brüsten und prangend ausladendem Hinterteil, sich verjüngend nach oben zum schmalsten, zierlichsten Rücken, der geschmeidig eingebogen erschien, da sie die Lianenarme erhoben und die Hände im Nacken verschränkt hielt, so daß ihre zarten Achselhöhlen sich dunkelnd eröffneten. Das Aller-Eindrucksvollste und dem Gedanken Brahma's Gemäßeste bei alldem war, unbeschadet der verblendenden und die Seele dem Erscheinungsleben gewinnen-

150

den Süßigkeit der Brüste, die Verbindung dieses großartigen Hinterteils mit der Schmalheit und Gertenschmiegsamkeit des Elfen-Rückens, hervorgebracht und ermöglicht durch den anderen Gegensatz zwischen dem preisgesangwürdig ausladenden Schwunge der Hüften und der ziersamen Eingezogenheit der Taillengegend darüber. Nicht anders konnte das Himmelsmädchen Pramlotscha gebildet gewesen sein, das Indra zu dem großen Asketen Kandu geschickt hatte, damit er durch seine ungeheure Askese nicht göttergleiche Kräfte sammle.

»Wir wollen uns verziehen«, sagte der aufgesessene Schridaman leise, die Augen auf des Mädchens Erscheinung geheftet. »Es ist nicht recht, daß sie uns nicht sieht und wir sie sehen.«

»Warum denn?« erwiderte Nanda flüsternd. »Wir waren hier zuerst, wo es lauschig ist, und belauschten, was es zu belauschen gibt, da können wir nichts dafür. Wir rühren uns nicht, es wäre ja grausam, wenn wir uns knackend und lärmend davonmachten und sie gewahrte, daß sie gesehen wurde, während sie nicht sah. Ich sehe das mit Vergnügen. Du etwa nicht? Du hast ja schon rote Augen, wie wenn du Rigveda-Verse sagst.«

»Sei still!« ermahnte ihn Schridaman seinerseits. »Und sei ernst! Es ist eine ernste, heilige Erscheinung, und daß wir sie belauschen, ist nur zu entschuldigen, wenn wir es ernsten und frommen Sinnes tun.«

»Na, sicher doch!« antwortete Nanda. »So etwas ist kein Spaß, aber vergnüglich ist's trotzdem. Du wolltest in den Himmel blicken von ebener Erde hinauf. Nun siehst du, daß man aufrecht und geradeaus manchmal erst recht in den Himmel blickt.«

Danach schwiegen sie eine Weile, hielten sich still und schauten. Das goldene Mädchen legte, wie sie selbst vorhin getan, die hohlen Hände zusammen und betete, bevor sie die Vereinigung vornahm. Sie sahen sie ein wenig von der Seite, so daß ihnen nicht entging, wie nicht nur ihr Körper, sondern auch ihr Gesicht zwischen den Ohrgehängen von größter Lieblichkeit war, das Näschen, die Lippen, die Brauen und namentlich die wie Lotosblätter langgeschweiften Augen. Besonders, als sie ein wenig den Kopf wendete, so daß die Freunde schon erschraken, ob sie nicht gar der Belauschung innegeworden sei, konnten sie wahrnehmen, daß nicht etwa diese reizende Körpergestalt durch ein häßliches Antlitz entwertet und seiner Bedeutung beraubt wurde, sondern daß Einheit waltete und die Anmut des Köpfchens diejenige des Wuchses vollauf bestätigte.

»Aber ich kenne sie ja!« raunte Nanda plötzlich, indem er mit den Fingern schnippte. »Diesen Augenblick erkenne ich sie, und nur bis jetzt entging mir ihre Selbstheit. Es ist Sita, des Sumantra Tochter, vom Dorfe ›Buckelstierheim‹ hier in der Nähe. Von dort kommt sie her, sich rein zu baden, das ist ja klar. Wie sollte ich sie nicht kennen? Ich hab' sie zur Sonne geschaukelt.«

»Du hast sie geschaukelt?« fragte Schridaman leise-eindringlich. Und Nanda entgegnete:

»Und ob! Aus Armes Kräften hab' ich's getan vor allem Volk. Im Kleide hätt' ich sie augenblicklich erkannt. Aber wen erkennt man denn nackend gleich! Es ist die Sita von ›Buckelstierheim‹. Dort war ich voriges Frühjahr zum Besuch meiner Tante, und Sonnen-Hilfsfest war gerade, sie aber...«

»Erzähle mir's später, ich bitte dich!« fiel Schridaman ihm ängstlich flüsternd in die Rede. »Die große Gunst, daß wir sie von nahe sehen, ist von der Ungunst begleitet, daß sie uns leichtlich hören könnte. Kein Wort mehr, daß wir sie nicht erschrekken!«

»Dann könnte sie fliehen, und du würdest sie nicht mehr sehen, wovon du doch noch lange nicht satt bist«, neckte ihn Nanda. Aber der andere winkte ihm nur entschieden, zu schweigen, und so saßen sie denn wieder still und sahen Sita von ›Buckelstierheim‹ ihre Badeandacht verrichten. Nachdem sie ausgebetet, sich gebeugt sowie das Antlitz zum Himmel gekehrt, stieg sie behutsam in den Schoß, schöpfte und trank, duckte sich dann in die Flut und tauchte ein bis zum Scheitel, auf den sie die Hand legte, labte sich danach noch eine Weile fort in anmutigem Auftauchen und seitlichem Sich-wieder-Einschmiegen und stieg, als das seine Zeit gehabt, wieder aufs Trockene in tropfend gekühlter Schönheit. Aber auch damit war die Gunst, die den

Freunden an diesem Ort gewährt war, noch nicht beendet, sondern nach dem Bade saß die Gereinigte auf den Stufen nieder, um sich von der Sonne trocknen zu lassen, wobei die natürliche Anmut ihres Leibes, im Wahn des Alleinseins gelöst, ihr bald diese, bald jene gefällige Stellung eingab, und erst als auch das seine Zeit gehabt, legte sie gemächlich ihr Kleid wieder an und entschwand die Treppe des Einstiegs hinauf gegen den Tempel.

»Aus ist's und gar ist's«, sagte Nanda. »Jetzt können wir wenigstens wieder reden und uns regen. Es ist auf die Dauer recht langweilig, zu tun, als ob man nicht da wäre.«

»Ich begreife nicht, wie du von Langer-Weile sprechen magst«, erwiderte Schridaman. »Gibt es denn einen seligeren Zustand, als sich in einem solchen Bilde zu verlieren und nur in ihm noch da zu sein? Den Atem hätte ich einbehalten mögen die ganze Zeit, nicht aus der Furcht, ihres Anblicks verlustig zu gehen, sondern aus der, sie um die Vorstellung ihres Alleinseins zu bringen, um die ich zitterte, und der ich mich heilig verschuldet fühle. Sita, sagtest du, heißt sie? Es tut mir wohl, das zu wissen, es tröstet mich über meine Verschuldung, daß ich sie bei mir mit ihrem Namen ehren kann. Und du kennst sie vom Schaukeln?«

»Aber wie ich dir sage!« versicherte Nanda. »Sie war zur Sonnenjungfrau gewählt worden voriges Frühjahr, als ich in ihrem Dorfe war, und ich hab' sie geschaukelt, der Sonne zu helfen, so hoch in den Himmel, daß man von oben ihr Kreischen kaum hörte. Es verging ja übrigens auch im allgemeinen Gekreisch.«

»Da warst du gut daran«, sagte Schridaman. »Du bist immer gut daran. Offenbar deiner rüstigen Arme wegen hatte man dich zu ihrem Schaukelherrn bestimmt. Ich stelle mir vor, wie sie stieg und ins Blaue flog. Das Flugbild meiner Vorstellung vermischt sich mit dem Standbilde unserer Wahrnehmung, wie sie betend stand und sich in Frömmigkeit neigte.«

»Allenfalls hat sie Ursach'«, erwiderte Nanda, »zum Beten und Büßen, – nicht wegen ihres Tuns, sie ist ein sehr sittsames Mädchen, aber wegen ihrer Erscheinung, für die sie freilich nichts kann und deren sie, streng genommen, doch auch wieder irgendwie schuldig ist. So eine Wohlgestalt, sagt man, ist fesselnd. Warum aber fesselnd? Nun, eben weil sie uns fesselt an die Welt der Wünsche und Freuden und den, der sie sieht, nur tiefer in die Befangenheit Samsâra's verstrickt, so daß den Geschöpfen das lautere Bewußtsein ausgeht, genau wie einem der Atem ausgeht. Das ist ihre Wirkung, wenn auch nicht ihre Absicht; aber daß sie sich die Augen so lotosblattförmig verlängert, läßt doch auch wieder auf Absicht schließen. Man hat gut sagen: die Wohlgestalt ist ihr gegeben, sie hat sie nicht willentlich angenommen und hat also nichts zu beten und abzubüßen. Es ist doch so, daß irgendwo kein wahrer Unterschied ist zwischen ›gegeben‹ und ›angenommen‹, das weiß sie auch selbst und betet wohl um Verzeihung, daß sie so fesselnd wirkt. Aber die Wohlgestalt hat sie nun einmal angenommen, – nicht wie man nur etwas annimmt, was einem gegeben wird, sondern von sich aus nahm sie sie an, und daran kann kein frommes Bad etwas ändern: mit demselben verstrickenden Hinterteil ist sie wieder herausgekommen.«

»Du sollst nicht so derb reden«, tadelte Schridaman ihn bewegt, »von einer so zarten und heiligen Erscheinung. Zwar hast du dir vom Wesenswissen einiges beigehen lassen, aber bäurisch kommt's heraus, das laß dir sagen, und der Gebrauch, den du davon machst, läßt klar erkennen, daß du dieser Erscheinung nicht würdig warst, wo doch in unserer Lage alles darauf ankam und davon abhing, ob wir uns ihrer würdig erwiesen und in welchem Geiste wir die Belauschung übten.«

Nanda nahm diese Mißbilligung seiner Rede in aller Bescheidenheit hin.

»Lehre mich also, Dau-ji«, bat er, indem er den Freund mit »Älterer Bruder« anredete, »in welchem Geist du gelauscht hast, und in welchem ich auch hätte lauschen sollen!«

»Sieh!« sagte Schridaman, »alle Wesen haben zweierlei Dasein: eines für sich und eines für die Augen der anderen. Sie sind, und sie sind zu sehen, sind Seele und Bild, und immer ist's sündhaft, sich nur von ihrem Bilde beeindrucken zu lassen, um ihre Seele sich aber nicht zu kümmern. Es ist notwendig, den Ekel zu überwinden, den des räudigen Bettlers Bild uns einflößt. Nicht bei diesem dürfen wir stehenbleiben, wie es auf unsere Augen und anderen Sinne wirkt. Denn was wirkt, ist noch nicht die Wirklichkeit, sondern wir müssen gleichsam dahinter gehen, um die Erkenntnis zu gewinnen, auf die jede Erscheinung Anspruch hat, denn sie ist mehr als Erscheinung, und ihr Sein, ihre Seele gilt es hinter dem Bilde zu finden. Aber nicht nur nicht in dem Ekel sollen wir steckenbleiben, den uns das Bild des Elends erregt, sondern ebensowenig, ja, wohl noch weniger, in der Lust, die das Bild des Schönen uns einflößt, denn auch dieses ist mehr als Bild, obgleich die Versuchung der Sinne, es nur als solches zu nehmen, vielleicht noch größer ist als im Falle des Ekel-Erregenden. Scheinbar nämlich stellt das Schöne gar keine Ansprüche an unser Gewissen und an unser Eingehen auf seine Seele, wie des Bettlers Bild, eben vermöge seines Elends, es immerhin tut. Und doch werden wir schuldig auch vor jenem, wenn wir uns nur an seinem Anblick ergötzen, ohne nach seinem Sein zu fragen, und besonders tief, dünkt mich, geraten wir dabei in seine Verschuldung, wenn nur wir es sehen, aber es uns nicht sieht. Wisse, Nanda, es war eine wahre Wohltat für mich, daß du mir den Namen nennen konntest derer, die wir belauschten. Sita, des Sumantra Tochter; denn so hatte und wußte ich doch etwas von dem, was mehr ist als ihr Bild, da ja der Name ein Stück des Seins und der Seele ist. Aber wie glücklich war ich erst, von dir zu hören, daß sie ein sittsames Mädchen ist, was denn doch heißt, noch besser hinter ihr Bild zu kommen und sich auf ihre Seele zu verstehen. Ferner aber heißt es, daß es nur Sitte ist, welche nichts mit der Sittsamkeit zu tun hat, wenn sie sich die Augen lotosblattförmig verlängert, und sich allenfalls ein wenig die Wimpern schminkt, – daß sie es in aller Unschuld tut, in Abhängigkeit ihrer Sittsamkeit von der Gesittung. Hat doch die Schöne auch Pflichten gegen ihr Bild, mit deren Erfüllung sie vielleicht nur den Anreiz zu erhöhen beabsichtigt, ihrer Seele nachzufragen. Wie gern stelle ich mir vor, daß sie einen würdigen Vater, nämlich den Sumantra, und eine besorgte Mutter hat, die sie in Sittsamkeit aufzogen, und vergegenwärtige mir ihr Leben und Wirken als Tochter des Hauses, wie sie das

Korn reibt auf dem Steine, am Herde das Mus bereitet oder die Wolle zu feinem Faden spinnt. Denn mein ganzes Herz, das ihrer Belauschung schuldig geworden, verlangt danach, daß ihm aus dem Bilde eine Person werde.«

»Das kann ich verstehen«, entgegnete Nanda. »Du mußt aber bedenken, daß bei mir dieser Wunsch nicht ebenso lebhaft sein konnte, da sie mir ja dadurch, daß ich sie zur Sonne geschaukelt, schon mehr zur Person geworden war.«

»Nur zu sehr«, versetzte Schridaman mit einem gewissen Beben, das seine Stimme bei diesem Gespräch angenommen hatte. »Offenbar nur zu sehr, denn diese Vertrautheit, deren du gewürdigt warst – ob mit Recht oder Unrecht, das will ich da- hinstellen, denn deiner Arme und überhaupt deines rüstigen Körpers, nicht deines Hauptes und seiner Gedanken wegen warst du ihrer gewürdigt –, diese Vertrautheit scheint sie dir ganz und gar zur stofflichen Einzelperson gemacht und dir den Blick gestumpft zu haben für den höheren Sinn einer solchen Erscheinung, sonst hättest du nicht so unverzeihlich derb von der Wohlgestalt reden können, die sie angenommen. Weißt du denn nicht, daß in aller Weibesgestalt, Kind, Jungfrau, Mutter oder Greisin, sie sich verbirgt, die Allgebärerin, Allernährerin, Schakti, die große Göttin, aus deren Schoß alles kommt, und in deren Schoß alles geht, und daß wir in jeder Erscheinung, die ihr Zeichen trägt, sie selbst zu verehren und zu bewundern haben? In ihrer huldvollsten Gestalt hat sie sich uns offenbart hier am Ufer des Flüßchens ›Goldfliege‹, und wir sollten nicht aufs tief- ste ergriffen sein von ihrer Selbstoffenbarung in der Erschei- nung, also daß mir in der Tat, wie ich selber bemerke, die Stimme etwas zittert beim Sprechen, was aber zum Teil auch aus Unwillen über deine Redeweise geschieht –?«

»Auch deine Wangen und deine Stirn sind gerötet wie vom Sonnenbrand«, sagte Nanda, »und deine Stimme, obgleich sie zittert, hat einen volleren Klang als gewöhnlich. Übrigens kann ich dir versichern, daß ich auch, auf meine Art, ganz hübsch ergriffen war.«

»Dann verstehe ich nicht«, antwortete Schridaman, »wie du

so ungenügend reden und ihr die Wohlgestalt zum Vorwurf machen konntest, mit der sie die Geschöpfe in die Befangenheit verstricke, so daß ihnen der Atem des Bewußtseins ausgehe. Das heißt doch, die Dinge mit sträflicher Einseitigkeit betrachten und sich gänzlich unerfüllt zeigen von dem wahren und ganzen Wesen derer, die sich uns im süßesten Bild offenbarte. Denn sie ist Alles und nicht nur Eines: Leben und Tod, Wahn und Weisheit, Zauberin und Befreierin, weißt du das nicht? Weißt du nur, daß sie der Geschöpfe Schar betört und bezaubert, und nicht auch, daß sie hinausführt über das Dunkel der Befangenheit zur Erkenntnis der Wahrheit? Dann weißt du wenig und hast ein allerdings schwer zu fassendes Geheimnis nicht erfaßt: daß nämlich die Trunkenheit, die sie uns antut, zugleich die Begeisterung ist, die uns zur Wahrheit und Freiheit trägt. Denn dies ist es, daß, was fesselt, zugleich befreit, und daß es die Begeisterung ist, welche Sinnenschönheit und Geist verbindet.«

Nanda's schwarze Augen glitzerten von Tränen, denn er hatte ein leicht bewegliches Gemüt und konnte metaphysische Worte überhaupt kaum hören, ohne zu weinen, besonders aber jetzt nicht, wo Schridamans sonst ziemlich dünne Stimme plötzlich einen so vollen, zu Herzen gehenden Klang angenommen hatte. So schluchzte er etwas durch seine Ziegennase, indem er sagte:

»Wie du heute sprichst, Dau-ji, so feierlich! Ich glaube, noch nie hab' ich dich so gehört; es geht mir sehr nahe. Ich sollte wünschen, daß du nicht fortführest, eben weil es mir gar so nahegeht. Aber sprich doch, bitte, noch weiter von Fessel und Geist und von der Allumfassenden!«

»Da siehst du«, antwortete Schridaman in hoher Stimmung, »welche Bewandtnis es mit ihr hat, und daß sie nicht nur Betörung, sondern auch Weisheit schafft. Wenn meine Worte dir nahegehen, so darum, weil sie die Herrin der flutenreichen Rede ist, diese aber ist verschmolzen mit Brahma's Weisheit. In ihrer Doppelheit müssen wir die Große erkennen, denn sie ist die Zornmütige, schwarz und grauenerregend, und trinkt das Blut der Wesen aus dampfender Schale, aber in einem damit ist sie die Weihe- und Huldvolle, aus der alles Dasein quillt, und die alle

Lebensgestalten liebreich an ihren nährenden Brüsten birgt. Vischnu's Große Maya ist sie, und sie hält ihn umfangen, der in ihr träumt; wir aber träumen in ihm. Viele Wasser münden in die ewige Ganga, diese aber mündet in das Meer. So münden wir in Vischnu's weltträumende Gottheit, die aber mündet in das Meer der Mutter. Wisse, wir sind an eine Mündungsstelle unseres Lebenstraumes mit heiligem Badeplatz gekommen, und dort erschien uns die Allgebärerin, Allverschlingerin, in deren Schoß wir gebadet, in ihrer süßesten Gestalt, um uns zu betören und zu begeistern, mutmaßlich zur Belohnung dafür, daß wir ihr zeugendes Zeichen geehrt und es mit Wasser begossen. Lingam und Yoni – es gibt kein größeres Zeichen und keine größere Stunde des Lebens, als wenn der Berufene mit seiner Schakti das Hochzeitsfeuer umkreist, wenn man ihre Hände mit dem Blumenbande vereint und er das Wort spricht: ›Ich habe sie erhalten!‹ Wenn er sie empfängt aus ihrer Eltern Hand und das Königswort spricht: ›Dies bin ich, das bist du; Himmel ich, Erde du; ich Liedes Weise, du Liedes Wort; so wollen wir die Fahrt tun mitsammen!‹ Wenn sie Begegnung feiern, – nicht Menschen mehr, nicht dieser und jene, sondern das große Paar, er Schiwa, sie Durgâ, die hehre Göttin; wenn ihre Worte irre werden und nicht mehr ihre Rede sind, sondern ein Stammeln aus trunkenen Tiefen und sie zu höchstem Leben ersterben im Überglück der Umarmung. Dies ist die heilige Stunde, die uns in Wissen taucht und uns Erlösung schenkt vom Wahn des Ich im Schoß der Mutter. Denn wie Schönheit und Geist zusammenfließen in der Begeisterung, so Leben und Tod in der Liebe!«

Nanda war gänzlich hingerissen von diesen metaphysischen Worten.

»Nein«, sagte er kopfschüttelnd, während ihm die Tränen aus den Augen sprangen, »wie dir die Göttin Rede hold ist und dich mit Brahma's Weisheit beschenkt, das ist kaum auszustehen, und doch möchte man zuhören unendlich lange. Wenn ich nur ein Fünftel zu singen und zu sagen vermöchte, was dein Haupt erzeugt, da wollte ich mich lieben und achten in allen meinen Gliedern. Darum bist du mir so nötig, mein älterer Bruder, denn was ich nicht habe, hast du und bist mein Freund, so daß es beinahe ist, als ob ich selber es hätte. Denn als dein Genoss' habe ich teil an dir und bin auch etwas Schridaman, ohne dich aber wär' ich nur Nanda, und damit komm' ich nicht aus. Offen sag' ich es: Ich würde die Trennung von dir keinen Augenblick überleben wollen, sondern würde ersuchen, mir den Scheiterhaufen zu rüsten und mich zu verbrennen. Soviel sei gesagt. Nimm dies hier, bevor wir gehen!«

Und er suchte in seinem Reisekram mit seinen dunklen, beringten Händen und zog eine Betelrolle hervor, wie man sie gern nach der Mahlzeit kaut, dem Munde Wohlgeruch zu verleihen. Die übergab er dem Schridaman abgewandten, von Tränen befeuchteten Gesichtes. Denn man verehrt sie einander auch zur Besiegelung des Vertrags und der Freundschaft.

4

Also zogen sie weiter und gingen ihren Geschäften nach auf zeitweise getrennten Wegen; denn als sie zum segelreichen Djamna-Strome gelangt waren und den Schattenriß des städtischen Kuruksheta am Horizonte erblickten, war es an Schridaman, die breite, von Ochsenkarren bedeckte Straße weiter zu verfolgen, um in den drangvollen Gassen der Stadt das Haus des Mannes zu finden, von dem er die Reisstampfer und Feuerhölzer erhandeln sollte; an Nanda aber war es, dem schmalen Pfade nachzugehen, der von der Landstraße abzweigte und zu den Kralen der Tiefstehenden führte, die Roheisen zu vergeben hatten für seines Vaters Schmiede. Sie segneten einander beim Abschiednehmen und kamen überein, am dritten Tage zu bestimmter Stunde an dieser Wegesscheide wieder zusammenzutreffen, um nach Besorgung ihrer Angelegenheiten gemeinsam, wie sie gekommen, nach ihrem Heimatdorfe zurückzukehren.

Als nun die Sonne dreimal aufgegangen war, hatte Nanda auf dem Graueselchen, das er auch von den Tiefstehenden erstanden und dem er die Eisenlast aufgeladen, am Punkt des Scheidens und Wiedertreffens etwas zu warten, denn Schridaman verspätete sich um einiges, und als er schließlich auf der breiten Straße mit seinem Warenpack daherkam, waren seine Schritte matt und schleppend, seine Wangen hohl im weichen, fächerförmigen Barte und seine Augen von Trübnis erfüllt. Keine Freude legte er an den Tag, den Kameraden wiederzusehen, und als dieser sich beeilt hatte, ihm die Traglast abzunehmen und sie ebenfalls seinem Grauesel aufzubürden, änderte Schridamans Haltung sich nicht, sondern noch ebenso gebückt und bedrückt, wie er gekommen, ging er an des Freundes Seite hin, seine Rede war kaum mehr als »Ja, ja«, nämlich auch dann, wenn sie »Nein, nein« hätte lauten sollen, wie sie aber auch gelegentlich lautete, nur leider gerade dann, wenn »Ja, ja« an der Zeit gewesen wäre, nämlich zu Stunden der Stärkungsrast, wo denn Schridaman erklärte, er möge und er könne nicht essen, und auf Befragen hinzufügte, daß er auch nicht schlafen könne.

Alles deutete auf eine Krankheit hin, und als es am zweiten Abend der Rückreise unter den Sternen dem besorgten Nanda gelang, ihn ein wenig zum Sprechen zu bringen, gab er nicht nur zu, daß er krank sei, sondern fügte mit verschnürter Stimme bei, daß es sich um eine unheilbare Krankheit, eine Krankheit zum Tode handle, und zwar dergestalt, daß er nicht nur sterben müsse, sondern auch sterben wolle, und daß hier Müssen und Wollen ganz in eins verflochten und nicht zu unterscheiden seien, sondern zusammen einen zwanghaften Wunsch ausmachten, in welchem das Wollen aus dem Müssen, das Müssen aber aus dem Wollen sich unweigerlich ergäbe. »Wenn es dir mit deiner Freundschaft ernst ist«, sagte er, immer mit jener erstickten und zugleich wildbewegten Stimme, zu Nanda, »so erweise mir den letzten Liebesdienst und schichte mir die Scheiterhütte, daß ich mich hineinsetze und im Feuer verbrenne. Denn die unheilbare Krankheit verbrennt mich von innen her und unter solchen Qualen, daß die verzehrende Feuersglut mich dagegen wie linderndes Öl und wie ein Labebad anmuten wird in heiligen Fluten.«

›Ja, ihr großen Götter, wo will es mit dir hinaus!‹ dachte

Nanda, als er dies hören mußte. Es ist aber zu sagen, daß er, obgleich ziegennasig und seiner Verkörperung nach eine nette Mitte bildend zwischen den Tiefstehenden, von denen er sein Eisen gekauft, und dem Brahmanen-Enkel Schridaman, sich dieser schwierigen Lage löblich gewachsen zeigte und vor des Freundes erkrankter Überlegenheit nicht den Kopf verlor, sondern diejenige Überlegenheit nutzte, welche ihm, dem Nicht-Erkrankten, unter diesen Umständen zufiel, indem er sie treulich in den Dienst seiner Freundschaft für den Erkrankten stellte und, unter Zurückhaltung seines Schreckens, zugleich nachgiebig und vernünftig zu ihm zu reden wußte.

»Sei versichert«, sagte er, »daß ich, wenn wirklich die Unheilbarkeit deiner Krankheit, wie ich nach deiner Versicherung allerdings wohl nicht zweifeln darf, sich herausstellen sollte, nicht zögern werde, deine Anweisung auszuführen und dir die Scheiterhütte zu bauen. Sogar werde ich sie groß genug machen, daß ich, nachdem ich sie angezündet, selbst neben dir Platz habe; denn die Trennung von dir gedenke ich nicht eine Stunde zu überleben, sondern werde mit dir zusammen ins Feuer gehen. Gerade deswegen aber und weil die Sache auch mich so stark angeht, mußt du vor allem mir sagen, was dir fehlt, und mir deine Krankheit nennen, wäre es eben auch nur, damit ich die Überzeugung von ihrer Unheilbarkeit gewinne und unsere gemeinsame Einäscherung zurüste. Du mußt zugeben, daß diese Rede recht und billig ist, und wenn schon ich bei meinem beschränkten Verstande ihre Richtigkeit einsehe, wieviel mehr mußt dann du, der Klügere, sie billigen. Wenn ich mich an deine Stelle versetze und einen Augenblick mit deinem Kopfe zu denken versuche, als säße er auf meinen Schultern, so kann ich gar nicht umhin, mir darin zuzustimmen, daß meine – ich will sagen: deine Überzeugung von der Unheilbarkeit deiner Krankheit der Prüfung und Bestätigung durch andere bedarf, bevor man so weittragende Entschlüsse faßt, wie du sie im Sinne hast. Darum sprich!«

Der hohlwangige Schridaman wollte lange nicht mit der Sprache herauskommen, sondern erklärte, die tödliche Hoffnungslosigkeit seines Leidens bedürfe keines Beweises und keiner Erörterung. Schließlich aber, nach vielem Drängen, bequemte er sich, indem er eine Hand über die Augen legte, um während seiner Rede den Freund nicht ansehen zu müssen, zu folgendem Bekenntnis.

»Seit wir«, sagte er, »jenes Mädchen nackt, aber sittsam, die du einmal zur Sonne geschaukelt, Sita, des Sumantra Tochter, am Badeplatze der Dewi belauscht, hat sich der Keim eines Leidens um sie, das sowohl ihrer Nacktheit wie ihrer Sittsamkeit gilt und in beidem zusammen seinen Ursprung hat, in meine Seele gesenkt und seitdem ein stündliches Wachstum erfahren, so daß es alle meine Glieder bis in die feinsten Verzweigungen ihrer Fibern durchdrungen, mir die Geisteskräfte ausgezehrt, mich des Schlafes und jeder Eßlust beraubt hat und mich langsam, aber sicher zugrunde richtet.« Dieses Leiden, fuhr er fort, sei darum ein Leiden zum Tode und hoffnungslos, weil seine Heilung, nämlich die Erfüllung der in des Mädchens Schönheit und Sittsamkeit gründenden Wünsche, unausdenkbar und unvorstellbar und von überschwenglicher Art sei, kurz, über das den Menschen Zustehende weit hinausgehe. Es sei klar, daß, wenn ein Mensch von Glückswünschen heimgesucht würde, an deren Erfüllung, so sehr sie zur Bedingung seines Fortlebens geworden sei, nur ein Gott überhaupt denken dürfe, er zugrunde gehen müsse. »Wenn ich«, so schloß er, »sie nicht habe, Sita, die Rebhuhnäugige, die Schönfarbene mit den herrlichen Hüften, so werden meine Lebensgeister sich von selbst verflüchtigen. Darum richte mir die Feuerhütte, denn nur in der Glut ist Rettung vor dem Widerstreit des Menschlichen und Göttlichen. Wenn du aber mit mir hineinsitzen willst, so tut es mir zwar leid um deine Jugend und um dein frohes, mit der Locke gezeichnetes Wesen, aber auch wieder recht soll es mir sein; denn ohnedies trägt der Gedanke, daß du sie geschaukelt hast, sehr zu dem Brande in meiner Seele bei, und nur ungern würde ich jemanden, dem dies vergönnt war, auf Erden zurücklassen.«

Nachdem er solches vernommen, brach Nanda zu Schridamans tiefernst-verständnislosem Erstaunen in unendliches Gelächter aus, indem er abwechselnd den Freund umarmte und auf seinen Beinen am Platze herumtanzte und sprang.

»Verliebt, verliebt, verliebt!« rief er. »Und das ist das Ganze! Und das ist die Krankheit zum Tode! Ist das ein Spaß! Ist das eine Gaudi!« Und er fing an zu singen:

> »Der weise Mann, der weise Mann,
> Wie würdig war sein Sinnen!
> Nun ist's um seinen Witz getan,
> Erleuchtung floh von hinnen.
>
> Ach, eines Mägdleins Augenspiel
> Tät ihm den Kopf verdrehen.
> Ein Affe, der vom Baume fiel,
> Kann nicht verlorener sehen.«

Danach lachte er wieder aus vollem Halse, die Hände auf den Knien, und rief:

»Schridaman, Bruder, wie froh bin ich, daß es weiter nichts ist, und daß du vom Scheiterhaufen nur faselst, weil deines Herzens Strohhütte Feuer gefangen! Die kleine Hex' stand zu lange im Pfad deiner Blicke, da hat dich Kama, der Gott, mit dem Blumenpfeile getroffen, denn was uns das Summen von Honigbienen schien, das war das Schwirren seiner Sehne, und Rati hat es dir angetan, des Lenzes Schwester, die Liebeslust. Das ist ja alles ganz gewöhnlich und lustig-alltäglich und geht über das, was dem Menschen zusteht, um gar nichts hinaus. Denn wenn es dir vorkommt, als ob an die Erfüllung deiner Wünsche ein Gott überhaupt nur denken dürfte, so liegt das eben nur an der Innigkeit deiner Wünsche und daran, daß sie zwar von einem Gotte, nämlich Kama, ausgehen, daß sie ihm aber keineswegs zukommen, sondern daß er sie dir hat zukommen lassen. Ich sage es nicht aus Lieblosigkeit, sondern nur, um dir den liebeentzündeten Sinn etwas zu kühlen, daß du dein Ziel gewaltig überschätzest, wenn du meinst, nur Götter, aber nicht Menschen hätten ein Anrecht darauf, – wo doch nichts menschlicher und natürlicher ist, als daß es dich verlangt, in diese Furche zu

säen.« (So drückte er sich aus, weil Sita ›die Furche‹ heißt.)
»Aber auf dich«, fuhr er fort, »paßt wahrhaftig der Spruch: ›Am
Tag ist die Eule blind, bei Nacht die Krähe. Wen aber die Liebe
verblendet, der ist blind bei Tag und Nacht.‹ Diesen Lehrsatz
halte ich dir darum vor, damit du dich darin wiedererkennst und
dich darauf besinnst, daß die Sita von Buckelstierheim gar keine
Göttin ist, obgleich sie dir in ihrer Nacktheit am Badeplatze der
Durgâ so erscheinen mochte, sondern ein ganz gewöhnliches,
wenn auch ausnehmend hübsches Ding, das lebt wie andere,
Korn reibt, Mus kocht und Wolle spinnt und Eltern hat, die sind
wie andere Leut', wenn auch Sumantra, der Vater, noch von ein
bißchen Kriegerblut zu sagen weiß in seinen Adern – weit ist's
nicht her damit oder allzu weit her! Kurz, es sind Leute, mit
denen sich's reden läßt, und wozu hast du einen Freund wie deinen Nanda, wenn er sich nicht auf die Bein' machen sollt' und
diese ganz gewöhnliche und tunliche Sache für dich einfädeln,
daß du zu deinem Glücke kommst? Nun? He? Was, du Dumm-
kopf? Statt uns die Gluthütte zu richten, wo ich neben dir hin-
hocken wollt', will ich dir helfen, dein Ehehaus zimmern, darin
du mit deiner Schönhüftigen wohnen sollst!«

»Deine Worte«, antwortete Schridaman nach einem Stillschweigen, »enthielten viel Kränkendes, von dem, was du san-
gest, ganz abgesehen. Denn kränkend ist es, daß du meine
Wunschpein gewöhnlich und alltäglich nennst, wo sie doch über
meine Kräfte geht und im Begriffe ist, mir das Leben zu sprengen, und man ein Verlangen, das stärker ist als wir, das heißt: zu
stark für uns, mit vollem Recht als dem Menschen unzukömm-
lich und nur als eines Gottes Sache bezeichnet. Aber ich weiß,
daß du es gut mit mir meinst und mich trösten möchtest, und
darum verzeihe ich dir die populäre und unwissende Art, wie du
dich über meine Todeskrankheit ausgedrückt hast. Nicht nur
sogar, daß ich dir verzeihe, sondern deine letzten Worte, und daß
du für möglich zu halten scheinst, was du mir damit als möglich
darstelltest, haben mein Herz, das sich schon in den Tod zu ergeben gedachte, zu neuem, heftigem Lebensschlage angetrieben
– nur durch die Vorstellung der Möglichkeit, durch den Glauben

daran, dessen ich nicht fähig bin. Zwar ahnt mir augenblicks-
weise, daß Unbetroffene, die sich in einer anderen Verfassung
befinden als ich, die Sachlage klarer und richtiger möchten beurteilen können. Dann aber mißtraue ich sogleich wieder jeder
anderen Verfassung als der meinen und glaube nur dieser, die
mich auf den Tod verweist. Wie wahrscheinlich ist es allein
schon, daß die himmlische Sita als Kind bereits eine Ehe eingegangen ist und demnächst schon dem mit ihr heranwachsenden
Gatten vereint werden soll, – ein Gedanke von so gräßlicher
Flammenqual, daß gar nichts anderes als die Flucht in die küh-
lende Scheiterhütte übrigbleibt!«

Aber Nanda versicherte ihm bei seiner Freundschaft, daß diese
Befürchtung vollkommen hinfällig und Sita tatsächlich durch
keine Kinderehe gebunden sei. Ihr Vater, Sumantra, habe sich
einer solchen widersetzt, aus dem Hauptgrunde, weil er sie nicht
der Schmach des Witwenstandes aussetzen wollte im Fall, daß der
Eheknabe vorzeitig stürbe. Hätte sie doch auch gar nicht zur
Schaukel-Jungfrau erwählt werden können, wenn sie ein ver-
mähltes Mädchen gewesen wäre. Nein, Sita sei frei und verfüg-
bar, und bei Schridamans guter Kaste, seinen häuslichen Verhält-
nissen und seiner Beschlagenheit in den Veden bedürfe es nur
seines formellen Auftrages an den Freund, die Sache in die Hand
zu nehmen und die Verhandlungen von Haus zu Haus zu beginnen, um einen glücklichen Ausgang so gut wie gewiß zu machen.

Bei der Wiedererwähnung des Schaukel-Vorkommnisses hatte
es leidend in Schridamans einer Wange gezuckt, aber er erwies
sich dem Freunde doch dankbar für seine Hilfsbereitschaft und
ließ sich von Nanda's unerkranktem Verstande nach und nach
vom Todesverlangen zu dem Glauben bekehren, daß die Erfüllung seiner Glückswünsche, nämlich die Sita als Gattin in seine
Arme zu schließen, nicht außer dem Bereich des Faßlichen und
einem Menschen Zukömmlichen liege, indem er allerdings dabei
blieb, daß Nanda, wenn die Werbung fehlschlüge, ihm unweigerlich mit seinen wackeren Armen die Brandhütte zu rüsten
habe. Das versprach Garga's Sohn ihm mit beschwichtigenden
Worten, redete aber vor allem und Schritt für Schritt die vorge-

zeichnete Prozedur der Werbung mit ihm ab, bei der Schridaman ganz zurückzutreten und nur des Erfolges zu warten hatte: wie also Nanda fürs erste einmal dem Bhavabhûti, Schridamans Vater, die Gedanken des Sohnes eröffnen und ihn bestimmen sollte, mit des Mädchens Eltern die Verhandlungen aufzunehmen; wie dann auch Nanda als Stellvertreter des Freienden und als Brautwerber sich zu Buckelstierheim einfinden und durch seine Freundesperson die weitere Annäherung zwischen dem Paare vermitteln würde.

Wie aber gesagt, so getan. Bhavabhûti, der Wânidja aus Brahmanenblut, war erfreut über die Mitteilungen, die der Vertraute seines Sohnes ihm machte; Sumantra, der Kuhzüchter kriegerischer Abkunft, zeigte sich nicht ungehalten über die von ansehnlichen Geschenken begleiteten Vorschläge, die man ihm unterbreitete; Nanda sang im Hause der Freiung das Lob des Freundes in populären, aber überzeugenden Tönen; es nahm auch der Gegenbesuch von Sita's Eltern zu ›Wohlfahrt der Kühe‹, bei dem sie des Werbers Rechtschaffenheit prüften, einen förderlichen Verlauf; und wie unter solchen Schritten und Handlungen die Tage vergingen, lernte das Mädchen in Schridaman, dem Kaufmannssohn, von weitem den ihr bestimmten Herrn und Gemahl zu sehen. Der Ehevertrag ward aufgesetzt und seine Unterfertigung mit einem gastfreien Mahl und dem Austausch glückverheißender Gaben gefeiert. Der Tag der Vermählung, unter sternkundigem Beirat sorgfältig erlesen, kam näher, und Nanda, der wußte, daß er herankommen würde, ungeachtet daß Schridamans Vereinigung mit Sita auf ihn angesetzt war, was Schridaman hinderte, an sein Erscheinen zu glauben, lief als Hochzeitsbitter umher, um Magen und Freunde dazu zu laden. Er war es auch, der, als man im Innenhofe des Brauthauses unter Spruchlesungen des Hausbrahmanen aus Fladen getrockneten Kuhmistes den Stoß zum Hochzeitsfeuer schichtete, mit seinen wackeren Armen das Beste tat.

So kam der Tag, wo Sita, die ringsum Schöngliedrige, den Leib mit Sandel, Kampfer und Kokos gesalbt, mit Geschmeide geschmückt, im Flittermieder und Wickelkleid, den Kopf in eine Schleierwolke gehüllt, den ihr Beschiedenen erstmals er- blickte (während er sie bekanntlich zuvor schon erblickt hatte) und ihn zum ersten Male bei Namen nannte. Es ließ die Stunde zwar auf sich warten, nahm aber endlich dennoch Gegenwart an, wo er das Wort sprach: »Ich habe sie erhalten«; wo er sie unter Reis- und Butteropfern empfing aus ihrer Eltern Hand, sich Himmel nannte und Erde sie, des Liedes Weise sich selbst und sie des Liedes Wort und zum Gesange händeklatschender Frauen dreimal mit ihr den lodernden Stoß umwandelte, worauf er sie mit einem Gespanne weißer Stiere und festlich geleitet heimführte in sein Dorf und in seiner Mutter Schoß.

Da gab es der glückverheißenden Riten noch mehr zu erfül- len, sie gingen ums Feuer auch hier, mit Zuckerrohr speiste er sie, den Ring ließ er in ihr Gewand fallen, zum Festmahl saßen sie nieder mit Sippen und Freunden. Als sie aber gegessen und getrunken hatten, auch noch mit Wasser der Ganga und Rosenöl waren besprengt worden, geleiteten alle sie zu dem Gemach, das den Namen erhalten hatte ›Gemach des glücklichen Paares‹, und wo das Blumenbett für sie aufgeschlagen war. Dort nahm unter Küssen, Scherzen und Tränen jedermann von ihnen Abschied – Nanda, der immer mit ihnen gewesen war, noch ganz zuletzt auf der Schwelle.

5

Möchten doch nur die Lauschenden nicht, verführt durch den bisher so freundlichen Gang dieser Geschichte, der Fanggrube der Täuschung anheimgefallen sein über ihren wahren Charak- ter! Während wir schwiegen, hat sie einen Augenblick ihr Ge- sicht abgewandt, und wie sie es euch wieder zuwendet, ist es dasselbe nicht mehr: es ist zu einer gräßlichen Maske verzerrt, einem verstörenden, versteinernden oder zu wilden Opfertaten hinreißenden Schreckensantlitz, wie Schridaman, Nanda und Sita es auf der Reise erblickten, welche sie... Aber eins nach dem anderen.

Sechs Monate waren verflossen, seit Schridamans Mutter die schöne Sita als Tochter auf den Schoß genommen und diese ihrem schmalnasigen Gatten den Vollgenuß ehelicher Lust gewährte. Der schwere Sommer war hingegangen, auch schon die Regenzeit, die den Himmel mit Wolkenfluten, die Erde aber mit frisch aufsprießenden Blumen bedeckt, wollte sich enden, flekkenlos war das Gezelt und herbstlich blühte der Lotos, als die Jungvermählten im Gespräch mit ihrem Freunde Nanda und unter Zustimmung von Schridamans Eltern eine Reise beschlossen zu Sita's Eltern, die ihre Tochter, seit sie den Mann umarmte, nicht mehr gesehen und sich zu überzeugen wünschten, wie ihr die Ehelust anschlüge. Obgleich Sita seit kurzem Mutterfreuden entgegensah, wagten sie die Wanderung, die nicht weit und bei abkühlendem Jahre nicht sehr beschwerlich war.

Sie reisten in einem überdachten und verhangenen, von einem Zebu-Ochsen und einem einhöckrigen Kamel gezogenen Karren, und Nanda, der Freund, lenkte das Gespann. Vor dem Ehepaar saß er, das Mützchen schief auf dem Kopf, und ließ die Beine baumeln, zu achtsam auf den Weg und Schritt, wie es schien, als daß er sich viel nach denen im Wagen hätte umwenden mögen, mit ihnen zu plaudern. Ein und das andere Wort sprach er zu den Tieren, begann auch von Zeit zu Zeit wohl sehr laut und hell ein Lied zu singen, – worauf jedoch jedesmal schon nach den ersten Tönen die Stimme ihm einschrumpfte und zum Summen wurde, ausgehend in ein still gesprochenes Hüh oder Hott. Seine Art aber, aus bedrängter Brust heftig loszusingen, hatte etwas Erschreckendes, und das rasche Zurückgehen der Stimme wiederum auch.

Hinter ihm die Eheleute saßen in Schweigen. Da sie ihn eben vor sich hatten, wäre ihr Blick, wenn sie ihn geradeaus richteten, in Nanda's Nacken gegangen, und das taten zuweilen die Augen der jungen Frau, indem sie sich langsam aus ihrem Schoße erhoben, um nach kurzem Verweilen sehr rasch in diesen zurückzukehren. Schridaman vermied diese Aussicht ganz und gar, indem er das Gesicht seitlich gegen das hängende Sackleinen wendete. Gern hätte er mit Nanda den Platz gewechselt und selber kutschiert, um nicht, wie neben ihm seine Frau, den bräunlichen Rücken mit dem Wirbelgrat, den beweglichen Schulterblättern vor sich zu haben. Doch ging das nicht an, da jene Anordnung, die er sich zur Erleichterung wünschte, auch wieder nicht das Rechte gewesen wäre. – So zogen sie still ihre Straße dahin, dabei aber ging allen dreien der Atem rasch, als wären sie gelaufen, und Röte äderte das Weiße ihrer Augen, was immer ein schweres Zeichen ist. Gewiß, ein Mann von Sehergabe hätte schwarze Fittiche über ihrem Gefährte schattend mitziehen sehen.

Mit Vorliebe zogen sie unterm Fittich der Nacht, will sagen vor Tag, in den frühesten Morgenstunden, wie man es wohl tut, um die Sonnenlast des hohen Tages zu meiden. Sie aber hatten dafür ihre eigenen Gründe. Da nun in ihren Seelen Verirrung wohnte und Dunkelheit Verirrung begünstigt, so nahmen sie ohne ihr Wissen die Gelegenheit wahr, die Verirrung ihres Inneren im Räumlichen darzustellen und verirrten sich in der Gegend. Nanda nämlich lenkte den Ochsen und das Kamel nicht an dem Punkte von der Straße zur Seite ab, wo es nötig gewesen wäre, um nach Sita's Heimatdorf zu gelangen, sondern, entschuldigt durch den mondlosen, nur von Sternen erhellten Himmel, tat er es an irriger Stelle, und der Weg, den er einschlug, war bald kein Weg mehr, sondern nur noch eine dergleichen vortäuschende Lichtung zwischen Bäumen, die anfangs einzeln gestanden hatten, dann aber sich mehrten, und die ein dichter Wald ihnen entgegensandte, um sie einzufangen und ihnen bald auch die Lichtung aus den Augen zu bringen, der sie gefolgt waren und die sie zur Rückkehr hätten benutzen können.

Unmöglich war es, zwischen den umringenden Stämmen und auf dem weichen Boden des Waldes mit ihrem Gefährte noch vorwärts zu kommen, und sie gestanden einander zu, sich verfahren zu haben, ohne sich zuzugestehen, daß sie eine Lage herbeigeführt hatten, die der Verfahrenheit ihrer Gemüter entsprach; denn Schridaman und Sita, hinter dem lenkenden Nanda, hatten nicht etwa geschlafen, sondern es offenen Auges zugelassen, daß jener sie in die Irre fuhr. Es blieb ihnen nichts übrig, als an der Stelle, wo sie waren, ein Feuer zu machen, um mit mehr Sicherheit gegen reißende Tiere den Aufgang der Sonne zu erwarten. Als dann der Tag in den Wald schien, untersuchten sie die Umgebung nach verschiedenen Seiten, ließen das ausgeschirrte Gespann einzeln gehen und schoben unter großen Mühen den Reisekarren in die Kreuz und Quere, wo immer das Tiek- und Sandelholz Durchlaß gewährte, zum Rande des Dschungels, wo eine allenfalls fahrbare buschige Steinschlucht sich ihnen auftat, von der Nanda mit Bestimmtheit erklärte, daß sie sie auf den rechten Weg zum Ziele bringen müsse.

Wie sie nun in schiefer Fahrt und unter Stößen den Schluchtweg verfolgten, kamen sie zu einem aus dem Felsen gehauenen Tempel, den sie als ein Heiligtum der Dewi, Durgâ's, der Unnahbaren und Gefahrvollen, Kâlî's, der dunklen Mutter, erkannten; und einem Zuge seines Inneren folgend, gab Schridaman den Wunsch zu erkennen, auszusteigen und der Göttin seine Verehrung zu bezeigen. »Ich will nur eben nach ihr schauen, anbeten und in wenigen Augenblicken wiederkehren«, sagte er zu seinen Begleitern. »Wartet ihr hier unterdessen!« Und er verließ den Wagen und stieg zur Seite die rauhen zum Tempel führenden Stufen hinan.

So wenig wie jenes Mutterhaus am lauschigen Badeplatz des Flüßchens ›Goldfliege‹ war dieses hier eins von den großen; doch war es mit reicher Frömmigkeit ausgemeißelt nach Pfeilern und Bildschmuck. Der wilde Berg wuchtete über dem Eingang herab, gestützt von Säulen, die fauchende Pardeltiere bewachten, und bemalte Schildereien waren rechts und links, wie auch zu seiten des inneren Zutritts, aus den Flächen des Felsens gemetzt: Gesichte des Lebens im Fleisch, wie es aus Knochen, Haut, Sehnen und Mark, aus Samen, Schweiß, Tränen und Augenbutter, Kot, Harn und Galle zusammengeschüttet, behaftet mit Leidenschaft, Zorn, Wahn, Begierde, Neid und Verzagen, mit Trennung von Liebem, Bindung an Unliebes, Hunger, Durst, Alter, Kummer und Tod, unversieglich durchströmt vom süßen und heißen Blutstrom, in tausend Gestalten sich leidend genießt, sich wimmelnd verschlingt und ineinander sich wandelt, wo denn im fließend-allerfüllenden Gewirr des

Menschlichen, Göttlichen, Tierischen ein Elefantenrüssel den Arm eines Mannes abzugeben, ein Eberkopf aber an die Stelle zu treten schien von eines Weibes Haupt. – Schridaman achtete des Gebildes nicht und glaubte es nicht zu sehen: aber wie beim Zwischendurchgehen seine von Rot durchzogenen Augen es streiften, ging es doch, Zärtlichkeit, Schwindel und Mitleid erregend, in seine Seele ein, sie vorzubereiten auf den Anblick der Mutter.

Halbdunkel herrschte im Felsenhaus; nur von oben her durch den Berg fiel Tageslicht ein in die Versammlungshalle, die er zuerst durchschritt, in die niedriger eingesenkte Torhalle, die sich daran schloß. Da tat sich ihm durch eine tiefe Tür, in der Stufen hinabführten abermals, der Mutterleib auf, der Schoß des Hauses.

Er erbebte am Fuße der Stufen und taumelte auf sie zurück, die Hände gegen die beiden Lingam�𝆑-Steine zu seiten des Eintritts gespreizt. Das Bild der Kâlî war grauenerregend. Schien es seinen rotgeäderten Augen nur so, oder hatte er die Zornmütige in so triumphierend gräßlicher Gestalt noch nie und nirgends erblickt? Aus einem Rahmenbogen von Schädeln und abgehauenen Händen und Füßen trat das Idol in Farben, die alles Licht an sich rafften und von sich schleuderten, im glitzernden Kronenputz, geschürzt und bekränzt mit Gebein und Gliedmaßen der Wesen, im wirbelnden Rad seiner achtzehn Arme aus der Felswand hervor. Schwerter und Fackeln schwang die Mutter ringsum, Blut dampfte in der Hirnschale, die eine ihrer Hände zum Munde führte, Blut breitete sich zu ihren Füßen aus, – in einem Kahn stand die Entsetzenerregende, der auf dem Meere der Lebensflut, auf einem Blutmeere schwamm. Wirklicher Blutgeruch aber schwebte, Schridamans dünnrückige Nase streifend, ältlich-süßlich in der stockenden Luft der Berghöhle, des unterirdischen Schlachthauses, in dessen Boden klebrig starrende Rinnen zum Abfluß des Lebenssaftes enthaupteter, schnell ausblutender Tiere eingelassen waren. Tiere mit offenen, verglasten Augen, vier oder fünf, vom Büffel, vom Schwein und von der Ziege, waren pyramidenförmig auf dem Altar vor dem

Bilde der Unentrinnbaren zusammengestellt, und ein Schwert, das zu ihrer Halsschlachtung gedient, scharfschneidend, blank, wenn auch von getrocknetem Blute fleckig ebenfalls, lag seitlich davon auf den Fliesen.

Schridaman starrte mit einem Grausen, das von Augenblick zu Augenblick zur Begeisterung anschwoll, in das wild glotzende Antlitz der Opferheischenden, der Todbringend-Lebenschenkenden, und auf den Wirbel ihrer Arme, der auch ihm den Sinn in trunkenes Kreisen versetzte. Er drückte die geballten Hände gegen seine gewaltsam gehende Brust, und ungeheuerliche Schauer, kalt und heiß, überfluteten ihn einer nach dem anderen und rührten, zu äußerster Tat mahnend, zur Tat gegen sich selbst und für den ewigen Schoß, sein Hinterhaupt, seine Herzgrube und sein in Jammer erregtes Geschlecht an. Seine schon blutleeren Lippen beteten:

»Anfangslose, die vor allen Entstandenen war! Mutter ohne Mann, deren Kleid niemand hebt! Lust- und schreckensvoll Allumfangende, die du wieder einschlürfst alle Welten und Bilder, die aus dir quillen! Mit vielen Opfern lebender Wesen verehrt dich das Volk, denn dir gebührt das Lebensblut aller! Wie sollte ich deine Gnade nicht finden zu meinem Heil, wenn ich mich selbst dir zum Opfer bringe? Ich weiß wohl, daß ich dadurch nicht dem Leben entkomme, ob es auch wünschenswert wäre. Aber laß mich wieder eingehen durch die Pforte des Mutterleibes in dich zurück, daß ich dieses Ichs ledig werde und nicht mehr Schridaman bin, dem alle Lust verwirrt ist, weil nicht er es ist, der sie spendet!«

Sprach diese dunklen Worte, griff das Schwert auf dem Boden und trennte sich selbst das Haupt vom Rumpf. –

Das ist schnell gesagt, auch war es nicht anders als schnell zu tun. Und doch hat hier der Überliefernde nur einen Wunsch: es möchte nämlich der Lauscher die Aussage nicht gleichmütig-gedankenlos hinnehmen als etwas Gewohntes und Natürliches, nur weil es so oft überliefert ist und in den Berichten als etwas Gewöhnliches vorkommt, daß Leute sich selber den Kopf abschnitten. Der Einzelfall ist nie gewöhnlich: das Allergewöhnlichste für den Gedanken und die Aussage sind Geburt und Tod; wohne aber einer Geburt bei oder einem Sterben und frage dich, frage die Kreißende oder den Abscheidenden, ob das etwas Gewöhnliches ist! Die Selbstenthauptung, so oft sie berichtet sein mag, ist eine fast untunliche Tat, zu deren gründlicher Ausführung eine ungeheure Begeisterung und eine furchtbare Versammlung aller Lebens- und Willenskräfte auf den Punkt der Vollbringung gehört; und daß Schridaman mit den gedankensanften Augen und den wenig wackeren brahmanischen Kaufmannsarmen sie hier vollendete, sollte nicht wie etwas Gewohntes, sondern mit fast ungläubigem Staunen hingenommen werden.

Genug nun freilich, daß er das grause Opfer im Handumdrehen tätigte, so daß hier sein Haupt mit dem sanften Bart um die Wangen und dort sein Körper lag, der das weniger wichtige Zubehör dieses edlen Hauptes gewesen war, und dessen beide Hände noch den Griff des Opferschwertes umklammert hielten. Aus dem Rumpf aber stürzte das Blut mit großer Gewalt, um dann in den schrägwandigen Rinnen, die den Boden durchzogen und nur ein geringes Gefälle hatten, langsam gegen die unter dem Altar ausgehobene Grube zu schleichen, – sehr ähnlich dem Flüßchen ›Goldfliege‹, das erst wie ein Füllen aus Himawants Tor gerannt kommt, dann aber stiller und stiller seinen Weg zur Mündung dahingeht. –

6

Kehren wir nun aus dem Mutterschoß dieses Felsenhauses zurück zu den draußen Wartenden, so dürfen wir uns nicht wundern, sie in anfangs stummer, dann aber auch gesprächsweise ausgetauschter Nachfrage nach Schridaman zu finden, der doch nur zu kurzer Huldigung hatte eintreten wollen, aber so lange nicht wiederkehrte. Die schöne Sita, hinter Nanda sitzend, hatte längere Zeit abwechselnd in seinen Nacken und in ihren Schoß geblickt und sich so still verhalten wie er, der seine Ziegennase und populären Wulstlippen immer vorwärts gegen das Gespann gewandt hielt. Schließlich aber begannen beide auf ihren Sitzen hin und her zu rücken, und nach aber einer Weile wandte der Freund sich mit einem Entschluß nach der jungen Ehefrau um und fragte:

»Hast du eine Idee, warum er uns warten läßt und was er so lange dort treibt?«

»Ich kann es nicht ahnen, Nanda«, versetzte sie, genau mit der süß schwingenden und klingenden Stimme, die zu vernehmen er sich gefürchtet hatte, und sogar, daß sie überflüssigerweise seinen Namen hinzufügen würde, hatte er im voraus gefürchtet, obgleich es nicht weniger unnötig war, als wenn er gesagt hätte: »Wo bleibt denn nur Schridaman?« statt einfach zu fragen: »Wo bleibt er nur?«

»Ich kann es mir«, fuhr sie fort, »längst nicht mehr denken, lieber Nanda, und wenn jetzt du dich nicht nach mir umgewandt und mich gefragt hättest, so hätte ich, höchstens ein wenig später, von mir aus die Frage an dich gerichtet.«

Er schüttelte den Kopf, teils aus Verwunderung über des Freundes Säumen, teils auch zur Abwehr des Überflüssigen, das sie immer sagte; denn zu sagen: »umgewandt« hätte völlig genügt, und die Hinzufügung »nach mir«, obgleich selbstverständlich richtig, war unnötig bis zur Gefährlichkeit – gesprochen beim Warten auf Schridaman mit süß schwingender, leicht unnatürlicher Stimme.

Er schwieg aus Furcht, auch seinerseits mit unnatürlicher Stimme zu sprechen und sie vielleicht dabei mit ihrem Namen anzureden, wozu er nach ihrem Beispiel eine gewisse Versuchung empfand; und so war sie es, die nach kurzer Pause den Vorschlag machte:

»Ich will dir etwas sagen, Nanda, du solltest ihm nachgehen und dich nach ihm umsehen, wo er bleibt, und ihn mit deinen kräftigen Armen rütteln, wenn er sich im Gebete vergessen hat – wir können nicht länger warten, und es ist auffallend sonderbar von ihm, uns hier sitzen und bei steigender Sonne die Zeit versäumen zu lassen, wo wir durch die Verirrung ohnedies schon verspätet sind und meine Eltern vielleicht schon allmählich anfangen, sich Sorge um mich zu machen, denn sie lieben mich über alles. Geh also, bitte, und hole ihn, Nanda! Selbst wenn er noch nicht kommen möchte und sich etwas wehrt, so bringe ihn her! Du bist ja stärker als er.«

»Gut, ich will gehen und ihn holen«, erwiderte Nanda, – »natürlich im Guten. Ich brauche ihn nur an die Zeit zu erinnern. Übrigens war es meine Schuld, daß wir den Weg verloren, und sonst niemandes. Ich hatte schon selbst daran gedacht, ihm nachzugehen, und meinte nur, es sei dir vielleicht ängstlich, hier ganz allein zu warten. Aber es ist nur auf wenige Augenblicke.«

Damit ließ er sich vom Lenkerbrett hinab und ging hinauf in das Heiligtum.

Und wir, die wir wissen, welcher Anblick ihn erwartet! Wir müssen ihn begleiten durch die Versammlungshalle, wo er noch nichts ahnte, und durch die Torhalle, wo ebenfalls noch volle Unwissenheit ihn einhüllte, und endlich hinab in den Mutterschoß. Nun ja, da strauchelte und taumelte er, einen dumpfen Ausruf des Entsetzens auf seinen Lippen, und hielt sich mit Mühe fest an den Lingam-Steinen, ganz so wie Schridaman es getan, aber nicht des Bildes wegen tat er es, das jenen erschreckt und furchtbar begeistert hatte, sondern vor dem grausen Anblick am Boden. Da lag sein Freund, das wachsfarbene Haupt mit gelöstem Kopftuch vom Rumpfe getrennt, und sein Blut schlich auf geteilten Wegen gegen die Grube.

Der arme Nanda zitterte wie ein Elefantenohr. Er hielt sich die Wangen mit seinen dunklen, beringten Händen, und zwischen seinen volkstümlichen Lippen preßte sich halberstickt der Name des Freundes hervor, wieder und wieder. Vorgebeugt tat er hilflose Bewegungen gegen den zerteilten Schridaman am Boden, denn er wußte nicht, an welchen Teil er sich wenden, welchen er umfangen, zu welchem er reden sollte, zum Körper oder zum Haupt. Für dieses entschied er sich endlich, da es immer so entschieden die Hauptsache gewesen war, kniete hin zu dem Bleichen und sprach, das ziegennasige Gesicht von bitterm Weinen verzogen, darauf ein, indem er immerhin auch eine Hand auf den Körper legte und sich gelegentlich auch an diesen wandte.

»Schridaman«, schluchzte er, »mein Lieber, was hast du getan, und wie konntest du's nur über dich gewinnen und dies vollbringen mit deinen Händen und Armen, eine so schwer auszuführende Tat! Es war doch nicht deine Sache! Aber was niemand dir zugemutet hätte, das hast du geleistet! Immer habe ich dich bewundert im Geiste, nun muß ich dich jammervoll bewundern auch von Leibes wegen, weil du dies Allerschwerste vermocht! Wie muß es ausgesehen haben in dir, daß du es schafftest! Welchen Opfertanz müssen Großherzigkeit und Verzweiflung, Hand in Hand, in deiner Brust vollführt haben, daß du dich schlachtetest! Ach, wehe, wehe, getrennt das feine Haupt vom feinen Leibe! Noch sitzt der zarte Schmer in seiner Gegend, aber er ist um Sinn und Bedeutung gebracht, da die Verbindung fehlt mit dem edlen Haupt! Sage, bin ich schuld? Bin ich etwa schuld an deiner Tat durch mein Sein, wenn auch nicht durch mein Tun? Siehe, ich denke dir nach, da mein Kopf noch denkt, – du hättest vielleicht nach der Wesenskunde diese Unterscheidung gemacht und die Schuld durch das Sein für wesentlicher erklärt als die durch das Tun. Aber was kann der Mensch mehr tun, als das Tun vermeiden? Ich habe geschwiegen soviel wie möglich, um nicht etwa auch mit girrender Stimme zu sprechen. Ich habe nichts Überflüssiges gesagt und nicht ihren Namen hinzugefügt, wenn ich mit ihr redete. Ich selbst bin mein Zeuge und sonst freilich niemand, daß ich auf nichts eingegangen bin, wenn sie sticheln wollte auf dich zu meinen Gunsten. Aber was nützt das alles, wenn ich schuld bin einfach durch mein Dasein im Fleische? In die Wüste hätte ich gehen sollen und als Einsiedler strenge Observanzen erfüllen! Ich hätte es tun sollen, ohne daß du zu mir redetest, zerknirscht will ich's zugeben; aber soviel kann ich sagen zu meiner Entlastung, daß ich es bestimmt getan hätte, wenn du zu mir gesprochen hättest! Warum hast du nicht zu mir gesprochen, liebes Haupt, als du noch nicht gesondert dalagst, sondern auf deinem Leibe saßest? Immer haben unsere Häupter miteinander geredet, deins klug und meins simpel, aber wo es ernst und gefährlich wurde, da schwiegst du! Nun ist es zu spät, und du hast nicht gesprochen, sondern gehandelt großherzig grausam und mir vorgeschrieben, wie ich zu handeln habe. Denn das hast du wohl nicht geglaubt, daß ich hinter dir zurückstehen würde, und daß einer Tat, die du mit deinen zarten Armen vollbracht, meine prallen sich weigern würden! Oft habe ich dir gesagt, daß ich die Trennung von dir nicht zu überleben gedächte, und als du mir in deiner Liebeskrankheit befahlst, dir die Feuerhütte zu rüsten, da erklärte ich dir, daß ich sie, wenn überhaupt, dann für zweie rüsten und mit dir einhocken würde. Was jetzt zu geschehen hat, das weiß ich längst, wenn ich auch jetzt erst dazu komme, es klar aus dem Getümmel meiner Gedanken herauszulösen, und schon gleich als ich hier hereinkam und dich liegen sah – dich, das heißt den Leib da und das Haupt nebenbei, – da war Nanda's Urteil sofort gesprochen. Ich wollte mit dir brennen, so will ich auch mit dir bluten, denn etwas anderes bleibt mir überhaupt nicht übrig. Soll ich etwa hinausgehen, um ihr zu melden, was du getan, und aus den Schreckensschreien, die sie ausstoßen wird, ihre heimliche Freude herauszuhören? Soll ich umhergehen mit beflecktem Namen und die Leute reden lassen, wie sie mit Bestimmtheit reden werden, nämlich: ›Nanda, der Bösewicht hat sich an seinem Freunde vergangen, hat ihn aus Gier nach seinem Weibe ermordet‹? Das denn doch nicht! Das nimmermehr! Ich folge dir, und der ewige Schoß trinke mein Blut mit deinem!«

Dies gesagt, wandte er sich vom Haupte zum Körper, löste den Schwertgriff aus den schon erstarrenden Händen und vollstreckte mit seinen wackeren Armen aufs gründlichste das sich selbst gesprochene Urteil, so daß sein Körper, um diesen zuerst zu nennen, quer über denjenigen Schridamans fiel und sein netter Kopf neben den des Freundes rollte, wo er mit verdrehten Augen liegenblieb. Sein Blut aber ebenfalls quoll erst wild und geschwinde hervor im Entspringen und schlich dann langsam durch die Rinnen zur Mündungsgrube.

7

Unterdessen saß Sita, die Furche, draußen allein in ihrem Wagenzelt, und die Zeit wurde ihr um so länger, als kein Nacken mehr vor ihr war, in den sie blicken konnte. Was, während sie sich einer alltäglichen Ungeduld überließ, mit diesem Nacken geschehen war, ließ sie sich nicht träumen, – es sei denn, daß dennoch in ihrem Innersten, tief unter dem zwar lebhaften, aber doch nur einer Welt harmloser Denkbarkeiten zugehörigen Unmut, der sie mit den Füßchen strampeln und trampeln ließ, die Ahnung von etwas Fürchterlichem sich regte, woraus ihr Wartenmüssen sich erklärte, wozu aber Ungeduld und Ärger keine passenden Verhaltungsweisen bildeten, weil es einer Ordnung von Möglichkeiten angehörte, bei der es gar nichts zu strampeln und zu trampeln gab. Mit einer heimlichen Aufgeschlossenheit der jungen Frau für Vermutungen dieser Art ist zu rechnen, weil sie seit einiger Zeit in Zuständen und Erfahrungen gelebt hatte, die, um nur soviel zu sagen, einer gewissen Verwandtschaft mit jener übermäßigen Ordnung nicht entbehrten. Aber in dem, was sie vor sich selber äußerte, kam dergleichen nicht vor.

›Es ist doch nicht zu sagen und kaum zu ertragen!‹ dachte sie. ›Diese Männer, einer ist wie der andere, man sollte keinem vor dem andern den Vorzug geben, denn Verlaß ist auf keinen. Der eine läßt einen mit dem anderen sitzen, so daß er, ich weiß nicht, was, dafür verdient hätte, und schickt man den anderen, so sitzt man allein. Und das bei steigender Sonne, da durch die Verirrung schon soviel Zeit verlorengegangen! Nicht viel fehlte, so führe ich vor Ärger aus der Haut. Es ist doch im ganzen Bereich vernünftiger und zulässiger Möglichkeiten keine Erklärung und keine Entschuldigung dafür zu finden, daß erst der eine ausbleibt, und dann der, der ihn holen soll, auch. Das Äußerste, was ich denken kann, ist, daß sie in Streit und Kampf geraten sind, weil Schridaman so am Gebete hängt, daß er nicht von der Stelle mag, und Nanda ihn zwingen will, zu kommen, dabei aber aus Rücksicht auf meines Mannes Zartheit nicht seine volle Kraft aufzubieten wagt; denn wenn er wollte, so könnte er jenen ja auf seinen Armen, die sich wie Eisen anfühlen, wenn man gelegentlich daran streift, zu mir heraustragen wie ein Kind. Das wäre demütigend für Schridaman, und doch hat die Kränkung des Wartenmüssens mich dem Wunsch schon sehr nahe gebracht, daß Nanda so handelte. Ich will euch etwas sagen: ihr verdientet, daß ich die Zügel nähme und allein zu meinen Eltern führe, – wenn ihr endlich herauskämt, so wäre die Stätte leer. Wäre es nicht so ehrlos, ohne Mann und Freund dort anzukommen, weil beide einen haben sitzen lassen, ich führte stracks den Gedanken aus. So aber bleibt mir nichts anderes übrig (und der Augenblick dazu ist nun ganz entschieden gekommen), als selbst aufzustehen, ihnen nachzugehen und nachzusehen, was in aller Welt sie treiben. Kein Wunder, daß mich armes, schwangeres Weib etwas Ängstlichkeit ankommt vor dem Ungewöhnlichen, das hinter ihrem rätselhaften Benehmen stecken muß. Aber die schlimmste unter den Denkbarkeiten ist ja schließlich, daß sie aus irgendwelchen Gründen, die ein anderer sich ausdenken mag, in Streit geraten sind und daß der Hader sie festhält. Dann werde ich mich ins Mittel legen und ihnen schon die Köpfe zurechtsetzen.‹

Damit stieg auch die schöne Sita vom Wagen, machte sich, indes ihr die Hüften in dem gewundenen Kleide wogten, auf den Weg zum Mutterhause, – und stand fünfzig Atemzüge später vor der gräßlichsten der Bescherungen.

Sie warf die Arme empor, die Augen traten ihr aus den Höhlen, und von einer Ohnmacht entseelt, sank sie lang hin zu Boden. Allein was half ihr das? Die gräßliche Bescherung hatte Zeit, zu warten, wie sie gewartet hatte, während Sita ihrerseits zu warten vermeinte; sie blieb beliebig lange dieselbe, und als die Unglückliche endlich wieder zu sich kam, war alles wie zuvor. Sie versuchte aufs neue in Ohnmacht zu fallen, was ihr aber dank ihrer guten Natur nicht gelang. So kauerte sie auf den Steinen, die Finger in ihrem Haare vergraben, und starrte auf die abgesonderten Köpfe, die überkreuz liegenden Leiber und all das schleichende Blut.

»Ihr Götter, Geister und großen Asketen«, flüsterten ihre bläulichen Lippen, – »ich bin verloren! Beide Männer, gleich alle beide – mit mir ist's aus! Mein Herr und Gatte, der mit mir ums Feuer ging, mein Schridaman mit dem hochgeachteten Haupt und dem immerhin warmen Leibe, der mich die Lust lehrte, so gut ich sie eben kenne, in heiligen Ehenächten – getrennt das verehrte Haupt von seinem Körper, dahin und tot! Dahin und tot auch der andere, Nanda, der mich schaukelte und mich ihm warb, – blutig getrennt der Körper von seinem Haupt – da liegt er, die Locke ›Glückskalb‹ noch auf der fröhlichen Brust, – ohne Kopf, was ist's nun damit? Ich könnte ihn anrühren, ich könnte die Kraft und Schönheit seiner Arme und Schenkel berühren, wenn mir danach zumute wäre. Aber mir ist nicht; der blutige Tod setzte eine Schranke zwischen ihn und diesen Mutwillen, wie früher Ehre und Freundschaft es taten. Sie haben einander die Köpfe abgeschlagen! Aus einem Grunde, den ich mir nicht länger verhehle, ist ihr Zorn aufgeflammt wie Feuer, in das man Butter gießt, und sie sind in so furchtbaren Streit geraten, daß es zu dieser Wechseltat kam – ich seh's mit Augen! Es ist aber nur ein Schwert da – und Nanda hält es? Wie konnten die Wütenden mit nur einem Schwert kämpfen? Schridaman hat, aller Weisheit und Milde vergessen, zum Schwerte gegriffen und dem Nanda den Kopf abgehauen, worauf dieser – aber nein! Nanda hat aus Gründen, die mich überrieseln in meinem Elend, den Schridaman geköpft, und darauf hat dieser – aber, nein – aber, nein! Höre doch auf zu denken, es kommt nichts dabei heraus als die blutige Finsternis, die ohnedies schon da ist, und nur das eine ist klar, daß sie gehandelt haben wie wüste Männer und nicht einen Augenblick meiner gedachten. Das heißt, meiner gedachten sie schon, um mich Arme ging es ja bei ihrem gräßlichen Mannestun, und das überrieselt mich gewissermaßen; aber nur in bezug auf sich selbst gedachten sie meiner, nicht in bezug auf mich und darauf, was aus mir werden würde – das kümmerte sie so wenig in ihrer Raserei, wie es sie jetzt kümmert, wo sie stille daliegen ohne Kopf und es mir überlassen, was ich nun anfange! Anfange? Hier gibt's nur zu enden und gar nichts anzufangen.

Soll ich als Witwe durchs Leben irren und den Makel und Abscheu tragen der Frau, die ihres Herrn so schlecht gepflegt, daß er umkam? So steht's um eine Witwe schon ohnehin, aber welchen Makel wird man mir erst anheften, wenn ich allein in meines Vaters und meines Schwiegervaters Haus komme? Nur ein Schwert ist vorhanden, sie können sich nicht wechselweis damit umgebracht haben, mit einem Schwert kommen zweie nicht aus. Aber eine dritte Person ist übrig, und das bin ich. Man wird sagen, ich sei ein zügelloses Weib und hätte meinen Gatten und seinen Wahlbruder, meinen Schwager, ermordet, – die Beweiskette ist schlüssig. Sie ist falsch, aber sie ist schlüssig, und unschuldig wird man mich brandmarken. Nicht unschuldig, nein, es hätte noch Sinn und wäre der Mühe wert, sich zu belügen, wenn nicht alles zu Ende wäre, so aber hat es keinen Sinn. Unschuldig bin ich nicht, bin es schon lange nicht mehr, und die Zügellosigkeit angehend, so ist schon etwas daran, – viel, viel sogar ist daran; nur nicht gerade so, wie die Leute meinen werden, und also gibt es denn eine irrtümliche Gerechtigkeit? – Der muß ich zuvorkommen und muß mich selber richten. Ich muß ihnen folgen – nichts anderes in aller Welt bleibt mir übrig. Das Schwert kann ich nicht handhaben mit diesen Händchen, die zu klein und ängstlich sind, um den Körper zu zerstören, zu dem sie gehören, und der schwellende Lockung ist um und um, aber aus Schwäche besteht. Ach, es ist schade um seinen Liebreiz, und doch muß er ebenso starr und sinnlos werden wie diese hier, daß er hinfort weder Lust erwecke noch Lüsternheit leide. Das ist es, was unbedingt sein muß, möge auch dadurch die Zahl der Opfer auf viere steigen. Was hätte es auch vom Leben, das Witwenkind? Ein Krüppel des Unglücks würde es ohne Zweifel, würde sicherlich blaß und blind, weil ich erblaßte vor Kummer in der Lust und die Augen schloß vor dem, der sie spendete. Wie ich's anfange, das haben sie mir überlassen. Seht denn, wie ich mir zu helfen weiß!«

Und sie raffte sich auf, taumelte hin und her, strauchelte die Stufen hinauf und lief, den Blick in die Vernichtung gerichtet, durch den Tempel zurück ins Freie. Es stand ein Feigenbaum vor dem Heiligtum, mit Lianen behangen. Von den grünen Schläuchen ergriff sie einen, machte eine Schlinge daraus, legte sie sich um den Hals und war in genauem Begriff, sich darin zu erwürgen.

8

In diesem Augenblick geschah eine Stimme zu ihr aus den Lüften, die unzweifelhaft nur die Stimme Durgâ-Dewi's, der Unnahbaren, Kâlî's, der Dunklen, die Stimme der Weltenmutter selbst sein konnte. Es war eine tiefe und rauhe, mütterlich-resolute Stimme.

»Willst du das wohl augenblicklich sein lassen, du dumme Ziege?« so ließ sie sich vernehmen, »es ist dir wohl nicht genug, das Blut meiner Söhne in die Grube gebracht zu haben, daß du auch noch meinen Baum verunzieren und, was eine ganz hübsche Ausprägung meiner Wesenheit war, deinen Leib zum Rabenfraße machen willst mitsamt dem lieben, süßen, warmen kleinwinzigen Lebenskeim, der darin wächst? Hast du etwa nicht gemerkt, du Pute, daß es dir ausgeblieben ist und daß du in der Hoffnung bist von meinem Sohn? Wenn du nicht bis drei zählen kannst auf unserem Gebiet, dann hänge dich auf allerdings, aber nicht hier in meinem Revier, es sieht ja aus, als sollte das liebe Leben auf einmal zugrunde gehen und aus der Welt kommen, nur deiner Albernheit wegen. Ich habe die Ohren voll sowieso von der Salbaderei der Denker, das menschliche Dasein sei eine Krankheit, die ihre Ansteckung durch die Liebeslust weitertrage auf neue Geschlechter, – und du Närrin stellst mir hier solche Tänze an. Zieh den Kopf aus der Schlinge, oder es gibt Ohrfeigen!«

»Heilige Göttin«, antwortete Sita, »gewiß, ich gehorche. Ich höre deine Wolkendonnerstimme und unterbreche natürlich sofort meine verzweifelte Handlung, da du es befiehlst. Aber dagegen muß ich mich verwahren, daß ich mich nicht einmal auf meinen Zustand verstünde und nicht gemerkt hätte, daß du mir's hast stillstehen lassen und mich gesegnet hast. Ich dachte nur, daß es ohnedies blaß und blind und ein Krüppel des Unglücks sein würde.«

»Sei so gut und laß das meine Sorge sein! Erstens ist es ein dämlicher Weibs-Aberglaube, und zweitens muß es auch blasse und blinde Krüppel geben in meinem Getriebe. Rechtfertige dich lieber und gestehe, warum das Blut meiner Söhne mir zugeflossen ist dort drinnen, die beide in ihrer Art ausgezeichnete Jungen waren! Nicht als ob ihr Blut mir nicht angenehm gewesen wäre, aber ich hätte es gern noch eine Weile in ihren braven Adern gelassen. Rede also, aber sage die Wahrheit! Du kannst dir denken, daß mir ohnehin jedwedes Ding offenbar ist.«

»Sie haben einander umgebracht, heilige Göttin, und mich haben sie sitzen lassen. Sie sind in heftigen Streit geraten um meinetwillen und haben mit ein und demselben Schwert einander die Köpfe –«

»Unsinn. Es kann wirklich nur ein Frauenzimmer so hochgradigen Unsinn schwätzen! Sie haben sich mir selber einer nach dem anderen in männlicher Frömmigkeit zum Opfer gebracht, damit du's weißt. Warum aber haben sie das getan?«

Die schöne Sita begann zu weinen und antwortete schluchzend:

»Ach, heilige Göttin, ich weiß und gestehe, daß ich schuldig bin, aber was kann ich dafür? Es war solch ein Unglück, wenn auch ein unvermeidliches wohl, also ein Verhängnis, wenn es dir recht ist, daß ich es so ausdrücke« (hier schluchzte sie mehrmals hintereinander), »– es war so ein Unheil und Schlangengift für mich, daß ich zum Weibe wurde aus dem schnippisch verschlossenen und noch nichts wissenden Mädchen, das ich war und das in Frieden seines Vaters Herdfeuer speiste, bevor es den Mann erkannte und in deine Geschäfte eingeführt wurde, – das war für dein fröhliches Kind, als hätt' es Tollkirschen gegessen, – verändert ist es seitdem um und um, und die Sünde hat Gewalt über seinen erschlossenen Sinn mit unwiderstehlicher Süßigkeit. Nicht, daß ich mich zurückwünsche in die fröhliche, schnippische Unerschlossenheit, welche Unwissenheit war, – das kann ich nicht, nicht einmal das ist einem möglich. Ich weiß nur, daß ich den Mann nicht kannte in jener Vorzeit und ihn nicht sah, daß er mich nicht kümmerte und meine Seele frei war von ihm und von jener heißen Neugier nach seinen Geheimnissen, so daß ich ihm Scherzworte zuwarf und keck und kühl meines Weges ging. Hat je der Anblick von eines Jünglings Brust mich in Verwirrung gestürzt oder hat's mir das Blut in die Augen getrieben, wenn ich auf seine Arme und Beine sah? Nein, das war mir wie Luft und Nichts dazumal und focht meine Keckheit und Kühle nicht so viel an, denn ich war unerschlossen. Ein Junge kam mit einer Plattnase und schwarzen Augen, bildsauber von Gestalt, Nanda von ›Wohlfahrt der Kühe‹, der schaukelte mich zur Sonne im Fest, und es machte mir keinerlei Hitze. Von der streichenden Luft wurde mir heiß, aber sonst von nichts, und zum Dank gab ich ihm einen Nasenstüber. Dann kehrte er wieder als Freiwerber für Schridaman, seinen Freund, nachdem dessen Eltern und meine einig geworden. Da war es vielleicht schon etwas anders, mag sein, das Unglück wurzelt in jenen Tagen, als er warb für den, der mich als Gatte umfangen sollte, und der noch nicht da war; nur jener war da.

Er war immer da, vor der Hochzeit und während derselben, als wir ums Feuer schritten und nachher auch. Tags, meine ich, war er da, aber natürlich nicht nachts, wenn ich mit seinem Freunde schlief, Schridaman, meinem Gemahl, und wir Begegnung hielten als das göttliche Paar, wie es zum ersten Male auf dem Blumenbett in der Nacht unserer Hochzeit geschah, wo er mich aufschloß mit Mannesmacht und meiner Unerfahrenheit ein Ende setzte, indem er mich zum Weibe machte und mir die schnippische Kühle der Vorzeit nahm. Das vermochte er, wie denn nicht, er war ja dein Sohn, und er wußte auch die Liebesvereinigung recht hold zu gestalten – nichts dagegen und nichts davon, daß ich ihn nicht geliebt, geehrt und gefürchtet hätte – ach, gewiß, ich bin nicht so ausgeartet, beste Göttin, daß ich meinen Herrn und Gatten nicht hätte lieben und namentlich fürchten und ehren sollen, sein fein-feines, wissendes Haupt, worin der Bart so sanft wie die Augen nach Stern und Lid, und den zugehörigen Körper. Nur mußt' ich mich immer fragen in meiner Hochachtung vor ihm, ob es eigentlich seine Sache gewesen, mich zum Weibe zu machen und meine kecke Kühle den süßen und furchtbaren Ernst der Sinne zu lehren – immer war mir's, als käm's ihm nicht zu, sei seiner nicht würdig und stände ihm nicht zu Haupt, und immer, wenn sein Fleisch sich erhob gegen mich in den Nächten der Ehe, war mir's wie eine Beschämung für ihn und eine Erniedrigung seiner Feinheit – eine Scham und Erniedrigung aber damit zugleich auch für mich, die Erweckte.

Ewige Göttin, so war es. Schilt mich, strafe mich, ich, dein Wesen, bekenne dir in dieser entsetzlichen Stunde ohne Rückhalt, wie sich's verhielt, eingedenk, daß dir ohnehin jedwedes Ding offenbar ist. Die Liebeslust stand Schridaman, meinem edlen Gemahl, nicht zu Haupt, und nicht einmal zu seinem Körper, der dabei, wie du zugeben wirst, die Hauptsache ist, wollte sie passen, so daß er, der nun jammervoller Weise getrennt ist vom zugehörigen Haupt, die Liebesvereinigung nicht so gut zu gestalten wußte, daß mein ganzes Herz daran gehangen hätte, indem er mich zwar zu seiner Lust erweckte, sie aber nicht stillte. Erbarme dich, Göttin! Die Lust deines erweckten Wesens war größer als sein Glück, und sein Verlangen größer als seine Lust.

Am Tag aber und auch abends noch, vor Schlafengehen, sah ich Nanda, den Ziegennasigen, unseren Freund. Ich sah ihn nicht nur, ich betrachtete ihn, wie die heilige Ehe mich Männer zu betrachten und zu prüfen gelehrt hatte, und die Frage schlich sich in meine Gedanken und meine Träume, wie wohl er die Liebesvereinigung zu gestalten wissen würde und wie mit ihm, der bei weitem so richtig nicht spricht wie Schridaman, die göttliche Begegnung sich abspielen würde, statt mit diesem. Auch nicht anders, du Elende, du Lasterhafte, Unehrerbietige gegen deinen Gemahl! So sagte ich mir. Es ist immer dasselbe, und was wird denn schon Nanda, der nichts weiter als nett ist nach Gliedern und Worten, während dein Herr und Gemahl geradezu bedeutend genannt werden darf, was wird denn er weiter daraus zu gestalten wissen? Aber das half mir nichts; die Frage nach Nanda und der Gedanke, wie doch die Liebeslust ihm müsse ganz ohne

Beschämung und Erniedrigung zu Haupt und Gliedern stehen, also daß er der Mann sei, mein Glück mit meiner Erwecktheit ins gleiche zu bringen, – das saß mir in Fleisch und Seele wie die Angel dem Fische im Schlund, und war an kein Herausziehen zu denken, denn die Angel war widerhakig.

Wie sollte ich die Frage nach Nanda mir aus dem Fleisch und der Seele reißen, da er immer um uns war, und Schridaman und er nicht ohne einander sein konnten, ihrer Verschiedenheit wegen? Immer mußte ich ihn sehen am Tage und mir ihn erträumen statt Schridamans für die Nacht. Wenn ich seine Brust sah, mit der Locke ›Glückskalb‹ gezeichnet, seine schmalen Hüften und sein kleines Hinterteil (während meines so groß ist; Schridaman aber bildet nach Hüften und Hinterteil ungefähr die Mitte zwischen Nanda und mir), so verließ mich die Fassung. Wenn sein Arm den meinen berührte, so sträubten sich die Härchen meiner Poren vor Wonne. Wenn ich gedachte, wie das herrliche Paar seiner Beine, auf dem ich ihn gehen sah und deren untere Schenkel mit schwarzen Haaren bewachsen sind, mich umklammern möchten im Liebesspiel, so riß ein Schwindel mich hin und vor Zärtlichkeit tropften mir die Brüste. Immer schöner wurde er mir von Tag zu Tag, und ich begriff nicht mehr die unglaubliche Unerwecktheit, in der ich mir aus ihm und dem Senfölgeruch seiner Haut so gar nichts gemacht hatte zu der Zeit, als er mein Schaukelherr war: Wie der Gandharvenfürst Citraratha erschien er mir nun in überirdischem Reiz, wie der Liebesgott in allersüßester Gestalt, voll Schönheit und Jugend, sinnberückend und mit himmlischem Schmuck geziert, mit Blumenketten, Düften und allem Liebreiz, – Vischnu, auf die Erde herabgestiegen in Krischna's Gestalt.

Darum, wenn Schridaman mir nahe war in der Nacht, so erblaßte ich vor Kummer, daß er es war und nicht jener, und schloß die Augen, um denken zu können, daß mich Nanda umarmte. Daran aber, daß ich zuweilen nicht umhinkonnte, in der Lust den Namen dessen zu lallen, von dem ich gewünscht hätte, daß er mir sie bereitete, nahm Schridaman wahr, daß ich Ehebruch trieb in seinen sanften Armen. Denn ich rede leider auch aus dem Schlaf und habe gewiß vor seinen schmerzlich berührten Ohren Traumesäußerungen getan, die ihm alles verrieten. Das schließe ich aus der tiefen Traurigkeit, in der er umherging, und daraus, daß er abließ von mir und mich nicht mehr berührte. Nanda aber rührte mich auch nicht an, – nicht, weil er nicht versucht dazu gewesen wäre – er war schon versucht, er war sicher versucht, ich lasse es nicht auf mir sitzen, daß er nicht höchlichst versucht gewesen wäre! Aber aus unverbrüchlicher Treue zu seinem Freunde bot er der Versuchung die Stirn, und auch ich, glaube mir, ewige Mutter, wenigstens will ich es glauben, – auch ich hätte ihm, wenn seine Versuchung wäre zum Versuch geworden, aus Ehrerbietung vor dem Gattenhaupt streng die Wege gewiesen. So aber hatte ich gar keinen Mann, und wir alle drei befanden uns in entbehrungsreicher Lage.

Unter solchen Umständen, Mutter der Welt, traten wir die Reise an, die wir meinen Eltern schuldeten, und kamen auf versehentlichen Wegen zu deinem Hause. Nur ein bißchen, sagte Schridaman, wolle er bei dir absteigen und dir im Vorübergehen seine Verehrung bezeigen. In deiner Schlachtzelle aber hat er, von den Umständen bedrängt, das Grauenvolle getan und seine Glieder des verehrten Hauptes, oder besser gesagt, sein hochgeachtetes Haupt der Glieder beraubt und mich in den elenden Witwenstand versetzt. Aus kummervollem Verzicht hat er's ausgeführt und in guter Meinung gegen mich, die Verbrecherin. Denn, große Göttin, verzeih mir das Wahrwort: nicht dir hat er sich zum Opfer gebracht, sondern mir und dem Freunde, damit wir fortan im Vollgenusse der Sinnenlust die Zeit verbringen könnten. Nanda aber, der ihn suchen ging, wollte das Opfer nicht auf sich sitzen lassen und hat sich gleichfalls den Kopf von den Krischna-Gliedern gehackt, so daß sie nun wertlos sind. Wertlos aber, ja tief unterwertig ist damit auch mein Leben geworden, und ich bin ebenfalls so gut wie geköpft, nämlich ohne Mann und Freund. Die Schuld an meinem Unglück muß ich wohl meinen Taten in einem früheren Dasein zuschreiben. Wie aber kannst du dich nach alldem wundern, daß ich entschlossen war, meinem gegenwärtigen ein Ende zu setzen?«

»Du bist eine neugierige Gans und nichts weiter«, sagte die Göttin mit Wolkendonnerstimme. »Es ist ja lächerlich, was du dir in deiner Neugier aus diesem Nanda gemacht hast, dessen ganzes Drum und Dran nicht mehr als normal ist. Mit solchen Armen und auf solchen Beinen laufen mir Söhne millionenweise herum, du aber machtest dir einen Gandharven aus ihm! Es ist im Grunde rührend«, fügte die göttliche Stimme hinzu und wurde milder. »Ich, die Mutter, finde die Fleischeslust im Grunde rührend und bin der Meinung, daß man im ganzen zuviel davon hermacht. Aber freilich, Ordnung muß sein!« Und die Stimme wurde urplötzlich wieder rauh und polternd. »Ich bin zwar die Unordnung, aber gerade deshalb muß ich mit aller Entschiedenheit auf Ordnung halten und mir die Unverletzlichkeit der Ehe-Einrichtung ausbitten, das laß dir gesagt sein! Alles ginge ja drunter und drüber, wenn ich nur meiner Gutmütigkeit folgte. Mit dir aber bin ich mehr als unzufrieden. Du richtest mir hier dies Kuddel-Muddel an und sagst mir zudem noch Ungezogenheiten. Denn du gibst mir zu verstehen, nicht mir hätten meine Söhne sich zum Opfer gebracht, so daß ihr Blut mir zufloß, sondern der eine dir und der zweite dem ersten. Was ist das für ein Ton? Laß einmal einen Mann sich den Kopf abhauen – nicht nur die Kehle spalten, sondern sich richtig nach dem Opfer-Ritus den Kopf abschneiden – noch dazu einen Belesenen wie dein Schridaman, der sich nicht einmal in der Liebe besonders geschickt ausnimmt, – ohne daß er die dazu nötige Kraft und Wildheit aus der Begeisterung schöpfte, die ich ihm einflößte! Ich verbitte mir also deinen Ton, ganz abgesehen davon, ob etwas Wahres an deinen Worten ist oder nicht. Denn das Wahre daran mag sein, daß hier eine Tat mit gemischten Beweggründen vorliegt, was sagen will: eine unklare Tat. Nicht ganz ausschließlich um meine Gnade zu finden, hat mein Sohn Schridaman sich mir zum Opfer gebracht, sondern tatsächlich auch aus Kummer um dich, ob er sich darüber auch im klaren war oder nicht. Und das Opfer des kleinen Nanda war ja nur die unausbleibliche Folge davon. Darum spüre ich geringe Neigung, ihr Blut anzunehmen und es bei dem Opfer bleiben zu lassen. Wenn ich nun das Doppelopfer zurückerstattete und alles wiederherstellte, wie es war, würde ich dann erwarten dürfen, daß du dich in Zukunft anständig aufführst?«

»Ach, heilige Göttin und liebe Mutter!« rief Sita unter Tränen. »Wenn du das vermöchtest und könntest die furchtbaren Taten rückgängig machen, so daß du mir Mann und Freund zurückgäbest und alles beim alten wäre, – wie wollte ich dich da segnen und selbst meine Traumesworte beherrschen, damit der edle Schridaman keinen Kummer mehr hätte! Unbeschreiblich dankbar wollte ich dir sein, wenn du es fertigbrächtest und stelltest alles wieder her, wie es war! Denn wenn es auch sehr traurig geworden war vorher, so daß ich, als ich in deinem Schoß vor der entsetzlichen Bescherung stand, klar und deutlich erkannte, daß es gar nicht anders hätte ausgehen können, so wäre es doch wundervoll, wenn es deiner Macht gelänge, den Ausgang aufzuheben, so daß es das nächste Mal einen besseren nehmen könnte!«

»Was heißt ›vermöchtest‹ und ›fertigbrächtest‹?« erwiderte die göttliche Stimme. »Du zweifelst hoffentlich nicht, daß das meiner Macht eine Kleinigkeit ist! Mehr als einmal im Hergang der Welt habe ich es bewiesen. Du dauerst mich nun einmal, obgleich du es nicht verdienst, mitsamt dem blassen und blinden Keimchen in deinem Schoß, und die beiden Jungen dort drinnen dauern mich auch. Sperr also deine Ohren auf und hör', was ich dir sage! Du läßt jetzt diesen Schlingstengel in Ruh' und machst, daß du zurückkommst in mein Heiligtum vor mein Bild und zu der Bescherung, die du angerichtet. Dort spielst du nicht die Zimperliche und fällst nicht in Ohnmacht, sondern du nimmst die Köpfe beim Schopf und passest sie den armen Rümpfen wieder auf. Wenn du dabei die Schnittstellen mit dem Opferschwerte segnest, die Schneide nach unten, und beide Male meinen Namen rufst – du magst Durgâ oder Kâlî sagen oder auch einfach Dewi, darauf kommt es nicht an –, so sind die Jünglinge wiederhergestellt. Hast du mich verstanden? Nähere die Köpfe den Leibern nicht zu schnell, trotz der starken Anziehungskraft, die du zwischen Kopf und Rumpf spüren wirst, damit das vergossene Blut Zeit hat, zurückzukehren und wieder eingeschlürft zu werden. Das geht mit Zauberschnelligkeit, aber einen Augenblick Zeit will es immerhin haben. Ich hoffe, du hast zugehört? Dann lauf! Aber mach deine Sache ordentlich und setze ihnen die Köpfe nicht verkehrt auf in deiner Huschlichkeit, daß sie mit dem Gesicht im Nacken herumlaufen und das Gespött der Leute werden! Mach! Wenn du bis morgen wartest, ist es zu spät.«

9

Die schöne Sita sagte gar nichts mehr, sie sagte nicht einmal »Danke«, sondern tat einen Satz und lief, so schnell ihr Wickelkleid es nur erlaubte, zurück in das Mutterhaus. Sie lief durch die Versammlungshalle und durch die Torhalle und in den heiligen Schoß und machte sich vor dem schrecklichen Angesicht der Göttin mit fiebriger, fliegender Geschäftigkeit ans vorgeschriebene Werk. Die Anziehungskraft zwischen Köpfen und Rümpfen war nicht so stark, wie man nach den Worten der Dewi hätte erwarten sollen. Spürbar war sie, aber nicht so gewaltig, daß sie eine Gefahr für die rechtzeitige Rückkehr des Blutes, die Rinnen hinauf, gebildet hätte, die sich während der Annäherung mit Zauberschnelligkeit und unter einem lebhaften schmatzenden Geräusche vollzog. Unfehlbar taten dabei der Schwertsegen und der göttliche Name, den Sita mit gepreßtem Jubel sogar dreimal in jedem Fall ausrief, ihre Wirkung: – mit befestigten Köpfen, ohne Schnittmal und Narbe erstanden vor ihr die Jünglinge, sahen sie an und sahen an sich hinunter; oder vielmehr: indem sie das taten, sahen sie einander hinunter, denn um an sich selbst hinunterzusehen, hätten sie zueinander hinübersehen müssen – dieser Art war ihre Herstellung.

Sita, was hast du gemacht? Oder was ist geschehen? Oder was hast du geschehen machen in deiner Huschlichkeit? Mit einem Worte (und um die Frage so zu stellen, daß sie die fließende Grenze zwischen Geschehen und Machen gebührend wahrnimmt): Was ist dir passiert? Die Aufregung, in der du handeltest, ist begreiflich, aber hättest du nicht trotzdem ein wenig besser die Augen aufmachen können bei deinem Geschäft? Nein, du hast deinen Jünglingen die Köpfe nicht verkehrt aufgesetzt, daß ihnen das Gesicht im Nacken stände – dies passierte dir keineswegs. Aber, – sei denn herausgesagt, was dir begegnete, sei die verwirrende Tatsache denn bei Namen genannt, das Unglück, das Malheur, die Bescherung, oder wie ihr alle drei nun geneigt sein mögt, es zu nennen, – du hast dem einen den Kopf des anderen aufgepaßt und festgesegnet: den Kopf des Nanda dem Schridaman – wenn man dessen Rumpf ohne die Hauptsache eben noch als Schridaman bezeichnen konnte – und das Haupt des Schridaman dem Nanda, wenn der kopflose Nanda noch Nanda war, – kurzum, nicht als die, die sie waren, erstanden dir Gatte und Freund, sondern in verwechselter Anordnung: du gewahrst Nanda – wenn derjenige Nanda ist, der seinen populären Kopf trägt – in dem Hemdrock, dem Hosenschurz, die Schridamans feinen und speckigen Körper umhüllen; und Schridaman – wenn die Figur so bezeichnet werden darf, die mit seinem milden Haupte versehen ist – steht vor dir auf Nanda's wohlschaffenen Beinen, die Locke ›Glückskalb‹ im Rahmen der Steinperlenkette auf ›seiner‹ breiten und bräunlichen Brust!

Welch eine Bescherung – als Folge der Übereilung! Die Geopferten lebten, aber sie lebten vertauscht: der Leib des Gatten mit dem Haupt des Freundes, des Freundes Leib mit dem Haupte des Gatten. Was Wunder, daß minutenlang der Felsenschoß widerhallte von den staunenden Ausrufungen der drei? Der mit dem Nanda-Kopf betastete, indem er die ihm zugehörigen Glieder untersuchte, den Leib, der einst dem edlen Haupte des Schridaman nebensächlich angehört hatte; und dieser, Schridaman nämlich (dem Haupte nach), prüfte voller Betroffenheit als seinen eigenen den Körper, der in Verbindung mit Nanda's nettem Kopf die Hauptsache gewesen war. Was die Urheberin dieser neuen Anordnung betraf, so eilte sie unter Rufen des Jubels, des Jammers, der Verzeihung heischenden Selbstanklage von einem zum anderen, umhalste abwechselnd beide und warf sich ihnen zu Füßen, um ihnen unter Schluchzen und Lachen die Beichte ihrer Erlebnisse und des ihr unterlaufenen Versehens abzulegen.

»Vergebt mir, wenn ihr könnt!« rief sie. »Vergib du mir, bester Schridaman« – und sie wandte sich mit Betonung an dessen Haupt, indem sie den damit verbundenen Nanda-Körper geflissentlich übersah –; »vergib auch du mir, Nanda!« – und wieder redete sie zu dem betreffenden Haupt empor, indem sie es trotz seiner Unbedeutendheit als die Hauptsache und den damit verbundenen Schridaman-Leib auch jetzt als gleichgültiges Anhängsel betrachtete. »Ach, ihr solltet es über euch gewinnen, mir zu vergeben, denn wenn ihr der gräßlichen Tat gedenkt, die ihr in euerer vorigen Verkörperung über euch gewannt, und der Verzweiflung, in die ihr mich dadurch stürztet; wenn ihr bedenkt, daß ich in vollem Begriffe war, mich zu erwürgen, und dann ein sinnberaubendes Gespräch mit der Wolkendonnerstimme der Unnahbaren selbst hatte, so müßt ihr verstehen, daß ich bei der Ausführung ihrer Befehle nicht meine volle Urteilskraft und Geistesgegenwart beisammen hatte, – es schwamm mir vor den Augen, ich erkannte nur undeutlich, wessen Haupt und Glieder ich unter den Händen hatte, und mußte es dem guten Glück überlassen, daß sich das Rechte zum Rechten finde. Die halbe Wahrscheinlichkeit sprach dafür, daß ich das Rechte traf, und genau ebensoviel dagegen – da hat sich's nun so gefügt, und ihr habt euch so gefügt, denn wie konnte ich wissen, ob die Anziehungskraft zwischen Häuptern und Gliedern das rechte Maß hatte, da sie ja deutlich und kräftig vorhanden war, wenn sie auch vielleicht bei anderer Zusammenfügung noch stärker gewesen wäre. Auch die Unnahbare trifft einige Schuld, denn sie hat mich nur verwarnt, euch nicht die Gesichter in den Nacken zu setzen, so daß ich darauf wohl achtgab; daß es sich fügen könnte, wie sich's gefügt, daran hat die Erhabene nicht gedacht! Sagt, seid ihr verzweifelt über die Art eures Erstehens und flucht ihr mir ewig? Dann will ich hinausgehen und die Tat vollenden, in der die Anfangslose mich unterbrach. Oder seid ihr geneigt, mir zu vergeben, und haltet ihr für denkbar, daß unter den Umständen, wie das blinde Ungefähr sie gefügt, ein neues und besseres Leben zwischen uns dreien beginnen könnte, – ein besseres, meine ich, als möglich gewesen wäre, wenn nur der vorige Zustand sich wiederhergestellt hätte, der einen so traurigen Ausgang nahm und nach menschlichem Ermessen einen ebensolchen wieder hätte nehmen müssen? Das sage mir, kraftvoller Schridaman! Das laß mich wissen, edel gestalteter Nanda!«

Wetteifernd im Verzeihen neigten die vertauschten Jünglinge sich zu ihr, hoben sie auf, der eine mit den Armen des anderen, und alle drei standen weinend und lachend umschlungen in inniger Gruppe, wobei zweierlei mit Gewißheit zutage trat. Erstens erwies sich, daß Sita ganz recht getan, die Erstandenen nach ihren Häuptern anzureden; denn nach diesen ging es, nach den Köpfen bestimmten sich unzweifelhaft die Ich- und Meingefühle, und als Nanda fühlte und wußte sich derjenige, der das volkstümliche Haupt des Sohnes Garga's auf schmalen und hellen Schultern trug; als Schridaman gebärdete sich mit Selbstverständlichkeit jener, dem auf prächtigen, dunklen Schultern das Haupt des Brahmanenenkels saß. Zum zweiten aber wurde klar, daß beide wirklich der Sita wegen ihres Versehens nicht zürnten, sondern großes Vergnügen an ihrer neuen Verfassung hatten.

»Vorausgesetzt«, sagte Schridaman, »daß Nanda sich des Körpers nicht schämt, der ihm zuteil geworden, und Krischna's Brustlocke nicht allzu sehr vermißt, was mir schmerzlich wäre, – von mir kann ich nur sagen, daß ich mich als den glücklichsten der Menschen fühle. Immer habe ich mir solche Leiblichkeit gewünscht, und wenn ich die Muskeln meiner Arme prüfe, auf meine Schultern blicke und an meinen prächtigen Beinen heruntersehe, so überkommt mich unbezähmbare Freude, und ich sage mir, daß ich fortan ganz anders, als bisher, den Kopf hoch tragen werde, erstens im Bewußtsein meiner Kraft und Schönheit, und zweitens, weil die Neigungen meines Geistes jetzt mit meiner Körperbeschaffenheit in Einklang stehen werden, so daß es nichts Unzukömmliches und Verkehrtes mehr haben wird, wenn ich der Vereinfachung zugunsten rede und unterm Baume den Umzug der Kühe um den Berg ›Buntgipfel‹ anstelle des Sprüchedienstes befürworte, denn es steht mir an, und das Fremde ist mein worden. Liebe Freunde, hierin liegt unzweifelhaft eine gewisse Traurigkeit, daß das Fremde nun mein geworden und kein Gegenstand des Verlangens und der Bewunderung mehr ist, außer daß ich mich selbst bewundere, und daß ich nicht mehr den anderen diene, indem ich den Bergdienst statt des Indra-Festes empfehle, sondern dem, was ich selber bin. Ja, ich will es zugeben, diese gewisse Traurigkeit, daß ich nun bin, wonach mich verlangte, sie ist vorhanden. Aber sie wird vollkommen in den Hintergrund gedrängt durch den Gedanken an dich, süße Sita, der mir weit vor dem an mich selber geht, nämlich durch den Gedanken an die Vorteile, die dir aus meiner neuen Beschaffenheit erwachsen, und die mich im voraus unaussprechlich stolz und glücklich machen, so daß ich, was an mir liegt, dieses ganze Wunder nur mit den Worten segnen kann: Siyâ, es sei!«

»Du könntest wirklich ›Siyât‹ sagen nach der richtigen Rede«, sprach nun Nanda, der bei den letzten Worten seines Freundes die Augen niedergeschlagen hatte, »und deinen Mund nicht von deinen bäurischen Gliedern beeinflussen lassen, um die ich dich wahrhaftig nicht beneide, denn allzu lange waren sie mein. Auch ich, Sita, bin dir im geringsten nicht böse, sondern sage ›Siyât‹ zu diesem Wunder ebenfalls, denn immer habe ich mir einen solchen feinen Leib gewünscht, wie er nun mein ist, und wenn ich in Zukunft Indra's Sprüchedienst gegen die Vereinfachung verteidigen werde, so wird mir das besser als vormals zu Gesichte stehen, oder doch wenigstens zu Leibe, der dir, Schridaman, eine Nebensache gewesen sein mag, aber mir ist er die Hauptsache. Ich wundere mich keinen Augenblick, daß unsere Köpfe und Leiber, wie du, Sita, sie zusammenfügtest, eine so starke Anziehungskraft auf einander spüren ließen, denn in dieser Anziehungskraft gab sich die Freundschaft kund, die Schridaman und mich verband, und von der ich nur wünschen kann, es möchte ihr durch das Geschehene kein Abbruch geschehen.

Das eine aber muß ich sagen: Mein armer Kopf kann nicht umhin, für den Leib zu denken, der ihm zuteil geworden, und seine Rechte wahrzunehmen, und darum bin ich erstaunt und betrübt, Schridaman, über die Selbstverständlichkeit einiger Worte, mit denen du vorhin auf Sita's eheliche Zukunft anspieltest. Sie wollen mir nicht zu Haupt, denn keine Selbstverständlichkeit scheint es mir zu geben, sondern eine große Frage, und mein Kopf beantwortet sie anders, als sie der deine zu beantworten scheint.«

»Wieso!« riefen Sita und Schridaman wie aus einem Munde.

»Wieso?« wiederholte der feingliedrige Freund. »Wie könnt ihr nur fragen? Mir ist mein Leib die Hauptsache, und darin denke ich nach dem Sinn der Ehe, in der auch der Leib die Hauptsache ist, denn mit ihm werden Kinder gezeugt und nicht mit dem Kopf. Ich möchte den sehen, der mir bestreitet, daß ich der Vater des Früchtchens bin, das Sita im Schoße trägt.«

»Aber nimm doch deinen Kopf zusammen«, rief Schridaman, indem er die kräftigen Glieder unwillig regte, »und besinne dich auf dich selbst! Bist du Nanda, oder wer bist du?«

»Ich bin Nanda«, erwiderte jener, »aber so wahr ich diesen Gattenleib mein eigen nenne und von ihm Ich sage, so wahr ist die ringsum schöngliedrige Sita mein Weib und ihr Früchtchen ist mein Erzeugnis.«

»Wirklich?« erwiderte Schridaman mit leise bebender Stimme. »Ist es das? Ich hätte das nicht zu behaupten gewagt, als dein gegenwärtiger Leib noch der meine war und bei Sita ruhte. Denn nicht er war es, wie aus ihrem Flüstern und Lallen zu meinem unendlichen Leide hervorging, den sie in Wahrheit umarmte, sondern der, den ich nunmehr mein eigen nenne. Es ist nicht schön von dir, Freund, daß du an diese schmerzlichen Dinge rührst und mich zwingst, sie zur Sprache zu bringen. Wie magst du in dieser Weise auf deinem Kopfe bestehen, oder vielmehr auf deinem Leibe, und so tun, als seist du ich worden, ich aber du? Es ist doch klar, daß, wenn hier eine solche Vertauschung stattgefunden hätte und du Schridaman geworden wärest, Sita's Mann, ich aber wäre Nanda geworden –, daß in diesem Fall gar keine Vertauschung vorläge, sondern alles wäre beim alten. Das glückliche Wunder besteht doch gerade darin, daß nur eine Vertauschung von Häuptern und Gliedern sich unter Sita's Händen vollzogen hat, an der unsere maßgebenden Häupter sich freuen, und die vor allem der schönhüftigen Sita Freude zu machen bestimmt ist. Indem du dich, unter hartnäckiger Berufung auf deinen Eheleib, zu ihrem Gatten aufwirfst, mir aber die Rolle des Ehefreundes zuweist, legst du eine tadelnswerte Ichsucht an den Tag, denn nur auf dich und deine vermeintlichen Rechte, nicht aber auf Sita's Glück und auf die Vorteile bist du bedacht, die ihr aus der Vertauschung erwachsen sollen.«

»Vorteile«, versetzte Nanda nicht ohne Bitterkeit, »auf die du stolz zu sein gedenkst, so daß sie ebensogut deine Vorteile sind und deine Ichsucht zutage liegt. Sie ist auch schuld daran, daß du mich so fälschlich verstehst. Denn in Wahrheit berufe ich mich gar nicht auf den Gattenleib, der mir zugefallen, sondern auf meinen gewohnten und selbsteigenen Kopf, den du selbst für maßgebend erklärst und der mich auch in Verbindung mit dem neuen und feineren Leibe zum Nanda macht. Ganz unrichtigerweise stellst du es so hin, als wäre ich nicht mindestens so sehr wie du auf Sita's Glück und Vorteil bedacht. Wenn sie mich ansah in letzter Zeit und zu mir sprach mit süßschwingender und klingender Stimme, die ich mich fürchtete zu vernehmen, weil die Gefahr groß war, daß ich mit verwandter Stimme darauf erwiderte, so blickte sie mir ins Gesicht – in die Augen blickte sie mir, indem sie mit den ihren darin zu lesen suchte, und nannte mich ›Nanda‹ und ›lieber Nanda‹ dabei, was mir überflüssig scheinen wollte, aber es war nicht überflüssig, wie mir nun klar ist, sondern von höchster Bedeutsamkeit. Denn es war der Ausdruck dafür, daß sie nicht meinen Leib meinte, der an und für sich diesen Namen nicht verdient, wie du selbst am besten beweisest, indem du dich auch in seinem Besitz nach wie vor Schridaman heißest. Ich habe ihr nicht geantwortet oder kaum das Notwendigste, um nicht auch ins Schwingende und Klingende zu fallen, habe sie nicht ebenfalls bei Namen genannt und meine Augen vor ihr verborgen, damit sie nicht darin lesen könne – alles aus Freundschaft für dich und aus Ehrfurcht vor deiner Gattenschaft. Aber nun, da dem Haupt, in dessen Augen sie so tief und fragend blickte und zu dem sie ›Nanda‹ und ›lieber Nanda‹ sagte, auch noch der Gattenleib zugefallen und dem Gattenleibe der Nanda-Kopf, – nun hat sich die Lage denn doch von Grund aus zu meinem und Sita's Gunsten verändert. Zu ihren vor allem! Denn gerade wenn wir ihr Glück und ihre Zufriedenheit allem voranstellen, so sind doch gar keine reineren und vollkommeneren Verhältnisse denkbar, als wie ich sie nun darstelle.«

»Nein«, sagte Schridaman, »ich hätte so etwas nicht von dir erwartet. Ich habe befürchtet, daß du dich meines Leibes schämen möchtest, aber mein ehemaliger Leib könnte sich ja deines Kopfes schämen, in solche Widersprüche verwickelst du dich, indem du einmal den Kopf und einmal den Körper als das Ehewichtigste hinstellst, genau, wie es dir paßt! Immer warst du ein bescheidener Junge, und nun auf einmal erklimmst du den Gipfel der Anmaßung und Selbstgefälligkeit, indem du deine Verhältnisse für die reinsten und vollkommensten der Welt erklärst, um Sita's Glück zu verbürgen, wo doch auf der flachen Hand liegt, daß ich es bin, der ihr die bestmöglichen, das heißt: die zugleich glücklichsten und beruhigendsten Bedingungen zu bieten hat! Aber es hat gar keinen Zweck und keine Aussicht, noch weiter Worte zu wechseln. Hier steht Sita. Sie soll sagen, wem sie gehört, und Richterin sein über uns und ihr Glück.«

Sita blickte verwirrt von einem zum anderen. Dann barg sie ihr Gesicht in den Händen und weinte.

»Ich kann es nicht«, schluchzte sie. »Zwingt mich, bitte, nicht, mich zu entscheiden, ich bin nur ein armes Weib, und es ist mir zu schwer. Anfangs freilich schien es mir leicht, und so sehr ich mich meines Mißgriffs schämte, so war ich doch glücklich darüber, besonders da ich euch glücklich sah. Aber eure Reden haben mir den Kopf verrückt und das Herz gespalten, so daß die eine Hälfte der anderen erwidert, wie ihr euch erwidert. In deinen Worten, bester Schridaman, ist viel Wahres, und dabei hast du noch nicht einmal geltend gemacht, daß ich doch nur mit einem Gatten nach Hause kommen kann, der deine Züge trägt. Aber auch Nanda's Ansichten gehen mir teilweise nahe, und wenn ich mich erinnere, wie traurig und bedeutungslos sein Körper mir war, als er keinen Kopf mehr hatte, so muß ich ihm recht darin geben, daß ich doch auch, und vielleicht in erster Linie sein Haupt meinte, wenn ich wohl einmal ›lieber Nanda‹ zu ihm sagte. Wenn du aber von Beruhigung sprichst, lieber Schridaman, von Beruhigung im Glücke, so ist es doch eine große und furchtbar schwer zu beantwortende Frage, was meinem Glücke mehr Beruhigung gewähren kann: der Gattenleib oder das Gattenhaupt. Nein, quält mich nicht; ich bin ganz außerstande, euren Streit zu schlichten, und habe kein Urteil darüber, wer von euch beiden mein Gatte ist!«

»Wenn es so steht«, sagte Nanda nach einem ratlosen Stillschweigen, »und Sita sich nicht entscheiden und zwischen uns richten kann, dann muß das Urteil von dritter oder richtig gesagt: vierter Seite kommen. Als Sita vorhin erwähnte, daß sie nur mit einem Manne heimkehren kann, der Schridamans Züge trägt, da dachte ich in meinem Sinn, daß sie und ich eben nicht heimkehren, sondern in der Einsamkeit leben würden, falls sie ihr beruhigtes Glück in mir, ihrem leiblichen Gatten finden sollte. Mir liegt der Gedanke an Einsamkeit und Wildnis schon lange nah, denn wiederholt ging ich mit der Absicht um, ein Waldeinsiedel zu werden, wenn Sita's Stimme mir angst machte um meine Freundestreue. Darum suchte ich die Bekanntschaft eines Asketen voll Selbstbezwingung, Kamadamana mit Namen, damit er mir Anweisungen gäbe über das Leben im Menschenleeren, und besuchte ihn im Dankakawalde, wo er lebt und wo es ringsum viele Heilige gibt. Von Hause aus heißt er einfach Guha, hat sich aber den asketischen Namen Kamadamana beigelegt, mit dem er genannt sein will, soweit er überhaupt jemandem gestattet, ihn anzureden. Seit vielen Jahren lebt er im Dankakawalde nach strengen Observanzen von Baden und Schweigen und ist, glaube ich, seiner Verklärung schon nicht mehr fern. Zu diesem Weisen, der das Leben kennt und es überwunden hat, wollen wir reisen, wollen ihm unsere

Geschichte erzählen und ihn zum Richter einsetzen über Sita's Glück. Er soll entscheiden, wenn ihr's zufrieden seid, wer von uns beiden ihr Gatte ist, und sein Spruch soll gelten.«

»Ja, ja«, rief Sita erleichtert, »Nanda hat recht, machen wir uns auf zu dem Heiligen!«

»Da ich einsehe«, sagte Schridaman, »daß hier ein sachliches Problem vorliegt, das nicht aus unserer Mitte, sondern nur durch äußeren Spruch gelöst werden kann, so stimme auch ich dem Vorschlag zu und bin bereit, mich dem Urteil des Weisen zu unterwerfen.«

Da sie denn in diesen Grenzen einig waren, so verließen sie miteinander das Mutterhaus und kehrten zu ihrem Gefährt zurück, das noch immer drunten im Hohlweg auf sie wartete. Hier warf gleich die Frage sich auf, wer von den Männern den Fahrer und Lenker abgeben sollte; denn das ist eine leibliche Sache und eine Sache des Kopfes zugleich, und Nanda wußte den Weg zum Dankakawalde, der zwei Tagesreisen weit war, er hatte ihn im Kopf; nach seiner Körperbeschaffenheit aber war Schridaman besser zum Führen der Zügel geeignet, weshalb ja auch Nanda bisher dies Amt versehen hatte. Er überließ es nun aber dem Schridaman, indem er sich mit Sita hinter ihn setzte und ihm die Wege einsagte, die er fahren sollte.

10

Der regengrüne Dankakawald, zu dem unsere Freunde am dritten Tage gelangten, war stark bevölkert mit Heiligen; doch war er groß genug, um einem jeden hinlängliche Abgeschiedenheit und ein Stück grausiger Menschenleere zu bieten. Es wurde den Wallfahrern nicht leicht, sich von Einsamkeit zu Einsamkeit zu Kamadamana, dem Bezwinger der Wünsche, durchzufragen. Denn die Einsiedler rings wollten einer vom andern nichts wissen, und jeder beharrte auf seinem Eindruck, daß er allein sei im weiten Walde und vollkommene Menschenleere ihn umgebe. Es waren Heilige verschiedenen Grades, welche die Einsamkeiten bewohnten: teils solche, die die Lebensstufe des Hausvaters zurückgelegt hatten und nun, zuweilen sogar in Gesellschaft ihrer Frauen, den Rest ihres Lebens einer mäßigen Betrachtsamkeit widmeten, teils aber auch sehr wilde und zu letzter Vergeistigung entschlossene Yogin, welche die Hengste ihrer Sinne so gut wie gänzlich gezügelt hatten und, indem sie ihr Fleisch durch Entziehung und Zufügung bis aufs Messer bekämpften, in der Erfüllung schonungsloser Gelübde das Grimmigste leisteten. Sie fasteten ungeheuer, schliefen im Regen nackt auf der Erde und trugen bei kalter Jahreszeit nur nasse Kleider. Bei Sommerhitze dagegen nahmen sie zwischen vier Feuerbränden Platz zur Verzehrung ihres irdischen Stoffes, der teils von ihnen troff, teils in dörrender Glut dahinschwand und den sie zusätzlicher Züchtigung unterwarfen, indem sie sich tagelang am Boden hin und her rollten, unausgesetzt auf den Zehenspitzen standen oder sich in rastloser Bewegung hielten dadurch, daß sie in steter und rascher Abwechslung aufstanden und niedersaßen. Trat bei solchen Gepflogenheiten ein Siechtum sie an, das die Aussicht auf nahe Verklärung eröffnete, so machten sie sich auf zur letzten Pilgerfahrt in gerader Richtung gegen Nordosten, sich nährend nicht länger von Kräutern und Knollen, sondern nur noch von Wasser und Luft, bis der Leib zusammenbrach und die Seele sich mit Brahman vereinigte.

Heiligen der einen wie auch der anderen Art begegneten die Bescheidsuchenden auf ihrer Wanderung durch die Parzellen der Abgeschiedenheit, nachdem sie ihr Gefährt am Rande des Büßer-Waldes bei einer Einsiedlerfamilie zurückgelassen, welche dort, nicht ganz ohne Berührung mit der äußeren Menschenwelt, ein vergleichsweise lockeres Leben führte. Schwer, wie gesagt, wurde es den dreien, die Menschenleere aufzutreiben, in der Kamadamana hauste; denn hatte auch Nanda schon früher einmal den Weg durchs Weglose zu ihm gefunden, so hatte er's doch mit anderem Körper getan, was seine Ortserinnerung und Findigkeit einschränkte. Die Baum- und Höhlenbewohner aber drinnen im Walde stellten sich unwissend oder waren es wirklich, und nur mit Hilfe der Weiber einiger ehemaliger Hausväter, die ihnen hinter den Rücken ihrer Herren aus Gutherzigkeit die Richtung deuteten, gelangten sie, nachdem sie noch einen ganzen Tag gesucht und in der Wildnis genächtigt, glücklich in des Heiligen Revier, wo sie denn seinen weißgetünchten Kopf mit aufgeflochtenem Haarwulst und seine zum Himmel gereckten Arme, die dürren Zweigen glichen, aus einem sumpfigen Wassertümpel ragen sahen, worin er, den Geist in eine Spitze gesammelt, wer weiß wie lange schon, bis zum Halse stand.

Ehrfurcht vor der Glutgewalt seiner Askese bewahrte sie davor, ihn anzurufen; vielmehr warteten sie geduldig, daß er seine Übung unterbräche, was aber, sei es, weil er sie nicht bemerkte, sei es auch eben, weil er sie sehr wohl bemerkt hatte, noch lange nicht geschah. Wohl eine Stunde noch hatten sie in scheuer Entfernung vom Saum des Wasserlochs zu warten, ehe er daraus hervorkam, ganz nackt, Bart- und Leibeshaare mit tropfendem Schlamm behangen. Da sein Körper des Fleisches bereits so gut wie ledig war und nur noch aus Haut und Knochen bestand, so hatte es mit seiner Blöße sozusagen nichts auf sich. Indem er sich den Wartenden näherte, kehrte er mit einem Besen, den er vom Ufer aufgenommen, den Grund, wo er ging, was, wie sie wohl verstanden, geschah, damit er nicht irgendwelche Lebewesen, die dort heimlich vorkommen mochten, unter seinen Tritten vernichte. Nicht so mild erwies er sich anfangs gegen die ungebetenen Gäste, sondern erhob im Näherkommen drohend den Besen gegen sie, so daß leicht unterdessen durch ihre Schuld zu seinen Füßen etwas nicht Wiedergutzumachendes hätte geschehen können, und rief ihnen zu:

»Fort, Gaffer und Tagediebe! Was habt ihr zu suchen in meiner Menschenleere!«

»Besieger der Wünsche, Kamadamana«, antwortete Nanda voller Bescheidenheit, »vergib uns Bedürftigen die Kühnheit unserer Annäherung! Der Ruhm deiner Selbstbezwingung hat uns hergelockt, aber hergetrieben haben uns die Nöte des Lebens im Fleische, in denen du, Stier unter den Weisen, uns Rat und gültiges Urteil spenden sollst, wenn du die Herablassung haben willst. Sei doch so gut und erinnere dich meiner! Schon einmal hab' ich mich zu dir getraut, um deiner Unterweisung teilhaftig zu werden über das Leben im Menschenleeren.«

»Es mag sein, daß du mir bekannt vorkommst«, sagte der Klausner, indem er ihn unter dem drohenden Gestrüpp seiner Brauen mit seinen tief in den Höhlen liegenden Augen betrachtete. »Wenigstens deinen Zügen nach mag das der Fall sein, deine Gestalt aber scheint in der Zwischenzeit eine gewisse Läuterung erfahren zu haben, die ich wohl deinem damaligen Besuch bei mir zuschreiben darf.«

»Es hat mir sehr wohlgetan«, erwiderte Nanda ausweichend. »Aber die Veränderung, die du an mir wahrnimmst, hat noch einen anderen Zusammenhang und gehört zu einer Geschichte voller Not und Wunder, die eben die Geschichte von uns drei Bedürftigen ist. Sie hat uns vor eine Frage gestellt, die wir von uns aus nicht lösen können, so daß wir notwendig deinen Bescheid und Urteilsspruch brauchen. Uns wundert, ob deine Selbstbezwingung wohl so groß ist, daß du es über dich gewinnst, uns anzuhören.«

»Sie sei es«, antwortete Kamadamana. »Niemand soll sagen, daß sie so groß nicht gewesen wäre. Wohl war es mein erster Antrieb, euch zu verscheuchen aus meiner Menschenleere, aber auch das war ein Trieb, den ich verneine, und eine Versuchung, der ich zu widerstehen gewillt bin. Denn ist es Askese, die Menschen zu meiden, so ist es eine noch größere, sie bei sich aufzunehmen. Ihr könnt mir glauben, daß euere Nähe und der Lebensdunst, den ihr mit euch bringt, sich mir schwer auf die Brust legt und mir unliebsam die Wangen erhitzt, wie ihr sehen könntet ohne die Aschentünche, mit der ich mir schicklicherweise das Gesicht bestrichen. Aber ich bin bereit, eueren dunstigen Besuch zu bestehen, besonders noch aus dem Grunde, weil, wie ich schon lange bemerkt habe, zu euerer Dreizahl ein Frauenzimmer gehört, des Wuchses, den die Sinne herrlich nennen, lianenschlank mit weichen Schenkeln und vollen Brüsten, o ja, o pfui. Ihre Leibesmitte ist schön, ihr Gesicht reizend und rebhuhnäugig, und ihre Brüste, um es noch einmal auszusprechen, sind voll und steil. Guten Tag, du Weib! Nicht wahr, wenn die Männer dich sehen, so sträuben sich ihnen die Haare an ihrem Leibe vor Lust, und euere Lebensnöte sind zweifellos dein Werk, du Fanggrube und Lockspeise. Sei gegrüßt! Die Jungen da hätte ich wohl zum Teufel gejagt, aber da du mit ihnen bist, meine Teuere, so bleibt doch nur da, bleibt doch nur ja, so lange ihr wollt – mit wirklicher Zuvorkommenheit lade ich euch ein zu mir vor meinen hohlen Baum und werde euch mit Jujubenbeeren bewirten, die ich in Blättern gesammelt, nicht um sie zu essen, sondern um darauf zu verzichten und angesichts ihrer erdige Knollen zu mir zu nehmen, da denn dieses Gebein von Zeit zu Zeit immer noch einmal geatzt sein muß. Aber euere Geschichte, von der gewiß ein erstickender Lebensdunst auf mich ausgehen wird, werde ich anhören – Wort für Wort werde ich ihr lauschen, denn niemand soll den Kamadamana der Furchtsamkeit zeihen. Zwar ist es schwer, zwischen Unerschrockenheit und Neugier zu unterscheiden, und die Einflüsterung, ich wolle euch nur lauschen, weil ich hungrig und lüstern geworden sei in meiner Menschenleere nach dunstenden Lebensgeschichten, will abgewiesen sein nebst der weiteren Einflüsterung, daß die Abweisung und Ertötung des Einwandes eben nur um der Neugier willen geschehe, so daß eigentlich diese es sei, die ertötet werden müsse, – aber wo bliebe dann die Unerschrockenheit? Es ist genau wie mit den Jujubenbeeren. Auch ihretwegen versucht mich wohl der Gedanke, daß ich sie mir hinstelle – nicht sowohl als Gegenstand des Verzichtes, als um meine Augenweide daran zu haben, – worauf ich unerschrocken entgegne, daß in der Augenweide ja gerade die Versuchung beruht, sie zu essen, und daß ich mir das Leben also zu leicht machen würde, wenn ich sie mir nicht hinstellte. Dabei will freilich der Verdacht ertötet sein, daß ich diese Entgegnung nur ersinne, um eben doch des leckeren Anblicks teilhaftig zu werden, – wie ich ja auch, wenn ich die Beeren zwar nicht selber esse, aber sie euch zu essen gebe, doch meinen Genuß darin finde, sie euch prepeln zu sehen, was in Anbetracht des trügerischen Charakters der Welt-Vielfalt und des Unterschiedes von Ich und Du beinahe dasselbe ist, als ob ich sie selber äße.

Kurzum, die Askese ist ein Faß ohne Boden, ein unergründlich Ding, weil sich die Versuchung des Geistes darin mit den sinnlichen Versuchungen vermischt, und ein Stück Arbeit ist es damit wie mit der Schlange, der zwei Köpfe nachwachsen, wenn man ihr einen abschlägt. Aber so ist es gerade recht, und die Hauptsache bleibt die Unerschrockenheit. Darum kommt nur mit, ihr dunstiges Lebensvolk beiderlei Geschlechts, kommt nur immer mit zu meiner Baumeshöhle und erzählt mir Lebensunrat soviel ihr wollt, – zu meiner Kasteiung will ich euch anhören und dabei die Einflüsterung ertöten, ich täte es zu meiner Unterhaltung – es kann gar nicht genug zu ertöten geben!«

Nach diesen Worten führte der Heilige sie, immer sorgsam mit dem Besen vor sich kehrend, eine Strecke weit durch das Dickicht zu seiner Heimstätte, einem mächtigen und sehr alten Kadambabaum, der noch grünte, obgleich er klaffend hohl war, und dessen erdig-moosiges Inneres Kamadamana sich zum Hause erwählt hatte, nicht um darin Schutz zu finden gegen die Witterung, denn dieser gab er seine Verkörperung immerwährend preis, indem er die Hitze durch Feuerbrände, die Kälte aber durch Nässe unterstützte, – sondern nur um zu wissen, wohin er gehörte, und um, was er brauchte an Wurzeln, Knollen und Früchten zur Atzung, an Brennholz, Blumen und Gras zur Opferstreu, in dem Hohlraum aufzubewahren.

Hier hieß er seine Gäste sich niedersetzen, welche, wohl wissend, daß sie nur ein Gegenstand der Askese waren, sich immerfort der größten Bescheidenheit befleißigten, und gab ihnen, wie er versprochen, die Jujubenbeeren zu essen, die sie nicht wenig erquickten. Er selbst nahm währenddessen eine asketische Stellung ein, welche man die Kajotsarga-Stellung nennt: mit unbeweglichen Gliedern, straff abwärts gerichteten Armen und durchgedrückten Knien, wobei er nicht nur seine Finger, sondern auch seine Zehen auf eine eigentümliche Art zu teilen wußte. Und so, den Geist in eine Spitze gesammelt, blieb er auch stehen in seiner Blöße, mit der es nichts auf sich hatte, während der prächtig gestaltete Schridaman, dem seines Hauptes wegen dies Amt zugefallen war, die Geschichte vortrug, die sie hierher geführt, da sie in einer Streitfrage gipfelte, die nur von außen, von einem Könige oder einem Heiligen geschlichtet werden konnte.

Er erzählte sie der Wahrheit gemäß, wie wir sie erzählt haben, zum Teil mit denselben Worten. Die Streitfrage klarzustellen, hätte es allenfalls genügt, daß er nur ihre letzten Stadien erzählt hätte; aber um dem Heiligen in seiner Menschenleere etwas zu bieten, berichtete er sie von Anfang an, genau wie es hier geschehen, mit der Darlegung beginnend von Nanda's und seiner eigenen Daseinsform, der Freundschaft zwischen ihnen und ihrer Reise-Rast am Flüßchen ›Goldfliege‹, fortschreitend zu seiner Liebeskrankheit, Freiung und Ehe, indem er das Zurückliegende, wie Nanda's Schaukelbekanntschaft mit der reizenden Sita, an schicklicher Stelle einwob und nachholte und anderes, wie die bitteren Erfahrungen seiner Ehe, nur traurig durchblicken ließ und zart zu verstehen gab, – nicht so sehr zu seiner eigenen Schonung, da sein ja nun die wackeren Arme waren, die Sita geschaukelt, und sein der Lebensleib, von dem sie in seinen ehemaligen Armen geträumt, als aus Rücksicht auf Sita, der dies alles nicht angenehm sein konnte, und die denn auch, solange die Erzählung dauerte, das Köpfchen mit ihrem gestickten Tuche verhüllt hielt.

Der kräftige Schridaman erwies sich dank seinem Kopfe als ein guter und kunstreicher Erzähler. Selbst Sita und Nanda, denen doch alles genau bekannt war, hörten ihre Geschichte, so schrecklich sie war, gern noch einmal aus seinem Munde, und es ist anzunehmen, daß auch Kamadamana, obgleich er sich in seiner Kajotsarga-Stellung nichts anmerken ließ, davon gefesselt war. Nachdem der Berichterstatter seine und Nanda's grause Tat, die Begnadigung Sita's durch die Göttin und ihren verzeihlichen Mißgriff beim Wiederherstellungswerk geschildert, kam er denn also zum Schluß und zur Fragestellung.

»So und so«, sagte er, »dem Gattenhaupt wurde der Freundesleib, dem Gattenleib aber das Freundeshaupt zuteil. Sei so gut und befinde kraft deiner Weisheit über unseren verworrenen Zustand, heiliger Kamadamana! Wie du entscheidest, so wollen wir's bindend annehmen und uns danach einrichten, denn wir selber können's nicht ausmachen. Wem gehört nun dieses ringsum schöngliedrige Weib, und wer ist rechtens ihr Mann?«

»Ja, das sage uns, Überwinder der Wünsche!« rief auch Nanda mit betonter Zuversicht, während Sita nur hastig ihr Tuch vom Kopfe zog, um ihre Lotosaugen in großer Erwartung auf Kamadamana zu richten.

Dieser tat seine Finger und Zehen zusammen und seufzte tief. Danach nahm er seinen Besen, kehrte sich ein Plätzchen am Boden frei von verletzlicher Kreatur und saß zu seinen Gästen nieder.

»Uf!« sagte er, »Ihr seid mir die Rechten. Ich war wohl auf eine lebensdunstige Geschichte gefaßt gewesen, aber die eure qualmt ja nur so aus allen Poren der Tastbarkeit, und zwischen meinen vier Feuerbränden zur Sommerszeit ist besser auszuhalten als in ihrem Brodem. Wäre nicht meine Aschenschminke, ihr könntet die rote Hitze sehen, die sie mir auf den anständig abgezehrten Wangen entzündet hat, oder vielmehr auf den Knochen darüber, beim asketischen Zuhören. Ach, Kinder, Kinder! wie den Ochsen, der mit verbundenen Augen die Ölmühle dreht, treibt es euch um das Rad des Werdens, wobei ihr noch ächzt vor Inbrunst, ins zuckende Fleisch gestachelt von den sechs Mühlknechten der Leidenschaften. Könnt ihr's nicht lassen? Müßt ihr äugen und züngeln und speicheln, vor Begierde schwach in den Knieen beim Anblick des Trug-Objekts? Nun ja, nun ja, ich weiß es ja! Der Liebesleib, von bitterer Lust betaut, – gleitendes Gliedwerk unter fettiger Seidenhaut, – der Schultern holdes Kuppelrund, – schnüffelnde Nas', irrender Mund, – die süße Brust, geschmückt mit Sternen zart, – der schweißgetränkte Achselbart, – ihr Weidetrifte ruheloser Hände, – geschmeidiger Rücken, atmender Weichbauch, schöne Hüft' und Lende, – der Arme Wonnedruck, der Schenkel Blust, – des Hinterfleisches kühle Doppellust, – und, von dem allen gierig aufgebracht, – das Zeugezeug in schwül unflätiger Nacht, – das man sich voll Entsetzen zeigt, – einand' damit zum siebenten Himmel geigt – und dies und das und hier und da, – ich weiß es ja! Ich weiß es ja...«

»Aber das wissen wir ja alles schon selbst und ganz von allein, großer Kamadamana«, sagte Nanda, einige unterdrückte Ungeduld in der Stimme. »Willst du nicht so gut sein, zum Schiedspruch zu kommen und uns zu belehren, wer Sita's Mann ist, daß wir es endlich wissen und uns danach richten?«

»Der Spruch«, erwiderte der Heilige, »der ist so gut wie gefällt. Es liegt ja auf der Hand, und ich wundere mich, daß ihr nicht soweit Bescheid wißt in Ordnung und Recht, daß ihr einen Schiedsrichter braucht in einer so klar sich selbst entscheidenden Sache. Die Lockspeise da ist selbstverständlich die Frau dessen, der des Freundes Haupt auf den Schultern trägt. Denn bei der Trauung reicht man der Braut die rechte Hand; die aber gehört zum Rumpf; und der ist des Freundes.«

Mit einem Jubelruf sprang Nanda auf seine fein gebildeten Füße, indessen Sita und Schridaman gesenkten Kopfes stille sitzen blieben.

»Das ist aber nur der Vordersatz«, fuhr Kamadamana mit erhobener Stimme fort, »auf welchen der Nachsatz folgt, der ihn überhöht, übertönt und mit Wahrheit bekrönt. Wartet gefälligst!«

Damit stand er auf und begab sich zur Baumeshöhle, holte ein rauhes Gewandstück, einen Schurz aus dünner Borke daraus hervor und bekleidete damit seine Blöße. Dann sprach er:

»Gemahl ist, der da trägt des Gatten Haupt.
Kein Zweifel ist an diesem Spruch erlaubt.
Denn wie das Weib der Wonnen höchste ist und
                    Born der Lieder,
So ist das Haupt das höchste aller Glieder.«

Da war es denn an Sita und Schridaman, die Köpfe zu heben und beglückt einander anzublicken. Nanda aber, der sich schon so sehr gefreut, äußerte mit kleiner Stimme:

»Aber du hast es vorher doch ganz anders gesagt!«

»Was ich zuletzt gesagt habe«, erwiderte Kamadamana, »das gilt.«

So hatten sie ihren Bescheid, und der verfeinerte Nanda durfte am allerwenigsten dagegen murren, da er selbst es angeregt hatte, den Heiligen zum Schiedsmann zu bestellen, – ganz abgesehen von der untadlig galanten Begründung, die dieser seinem Spruche gegeben.

Alle drei verneigten sich vor Kamadamana und schieden von seiner Heimstätte. Als sie aber schweigend miteinander wieder ein Stück durch den regengrünen Dankakawald gegangen waren, hielt Nanda seine Füße an und verabschiedete sich von ihnen.

»Viel Gutes!« sagte er. »Ich gehe nun meiner Wege. Eine Menschenleere will ich mir suchen und ein Wald-Einsiedel werden, wie ich's schon früher vorhatte. In meiner gegenwärtigen Verkörperung fühle ich mich ohnedies für die Welt etwas zu schade.«

Die beiden konnten seinen Entschluß nicht tadeln; auf eine leicht betrübte Weise waren sie einverstanden und erwiesen sich freundlich gegen den Scheidenden wie gegen einen, der den kürzeren gezogen hat. Schridaman klopfte ihm ermutigend die vertraute Schulter und riet ihm aus alter Anhänglichkeit und einer Fürsorge, wie ein Wesen sie selten dem anderen widmet, seinem Körper keine übertriebenen Observanzen zuzumuten und nicht zuviel Knollen zu essen, denn er wisse, daß eine so einförmige Kost ihm nicht bekomme.

»Laß das meine Sache sein«, antwortete Nanda abweisend, und auch als Sita tröstliche Worte spenden wollte, schüttelte er nur bitter traurig den ziegennasigen Kopf.

»Nimm dir's nicht zu sehr zu Herzen«, sagte sie, »und bedenke immer, daß ja im Grunde nicht viel fehlt und du wärest es selbst, der nun das Lager der Ehelust mit mir teilen wird in gesetzlichen Nächten! Sei gewiß, daß ich, was dein war, in die süßeste Zärtlichkeit hüllen werde von oben bis unten und ihm die Freude verdanken will mit Hand und Mund auf so erlesene Art, wie nur immer die ewige Mutter mich's lehren wird!«

»Davon habe ich nichts«, erwiderte er eigensinnig. Und sogar als sie ihm heimlich zuflüsterte: »Manchmal will ich mir auch deinen Kopf hinzuträumen«, blieb er dabei und sagte wieder nur traurig-störrig: »Davon habe ich auch nichts.«

So gingen sie voneinander, einer und zwei. Aber Sita kehrte nochmals zu dem einen um, als er schon ein Stück weggegangen war, und schlang die Arme um ihn.

»Lebe wohl!« sagte sie. »Du warst doch mein erster Mann, der mich erweckte und mich die Lust lehrte, so gut ich sie eben kenne, und was der dürre Heilige auch dichten und richten mag von Weib und Haupt, das Früchtchen unter meinem Herzen ist doch von dir!«

Damit lief sie zurück zum wacker beleibten Schridaman.

II

Im Vollgenusse der Sinnenlust verbrachten Sita und Schridaman nun die Zeit an ihrer Stätte ›Wohlfahrt der Kühe‹, und kein Schatten trübte vorerst den wolkenlosen Himmel ihres Glückes. Das Wörtchen »vorerst«, welches allerdings als eine leichte, ahnungsvolle Trübung über diese Klarheit läuft, ist unsere Hinzufügung, die wir außer der Geschichte sind und sie berichten; jene, die in ihr lebten und deren Geschichte es war, wußten von keinem »Vorerst«, sondern lediglich von ihrem Glück, das beiderseits ungemein zu nennen war.

Wirklich war es ein Glück, wie es sonst auf Erden kaum vorkommt, sondern dem Paradiese angehört. Das gemeine Erdenglück, die Befriedigung der Wünsche, die der großen Masse der menschlichen Geschöpfe unter den Bedingungen der Ordnung, des Gesetzes, der Frömmigkeit, des Sittenzwanges zuteil wird, ist beschränkt und mäßig, nach allen Seiten eingegrenzt von Verbot und unvermeidlichem Verzicht. Notbehelf, Entbehrung, Entsagung ist das Los der Wesen. Unser Verlangen ist grenzenlos, seine Erfüllung karg begrenzt, und sein drängendes »Wenn doch nur« stößt an allen Enden auf das eherne »Geht nicht an«, das trockene »Nimm vorlieb« des Lebens. Einiges ist uns gewährt, verwehrt das meiste, und gemeinhin bleibt es ein Traum, daß das Verwehrte eines Tages das Zeichen der Gewährung trüge. Ein paradiesischer Traum, – denn darin eben müssen die Wonnen des Paradieses bestehen, daß dort das Erlaubte und das Verbotene, die hienieden so sehr zweierlei sind, in eins zusammenwachsen und das schöne Verbotene die geistige Haupteskrone des Erlaubten trägt, das Erlaubte aber noch zum Überfluß den Reiz des Verbotenen gewinnt. Wie sollte der darbende Mensch sich sonst das Paradies vorstellen?

Genau dieses Glück nun, das man überirdisch nennen darf, hatte ein launisches Geschick dem ehelichen Liebespaar zugespielt, das nach ›Wohlfahrt‹ zurückgekehrt war, und sie genossen es in trunkenen Zügen – vorerst. Gatte und Freund waren zweierlei gewesen für Sita, die Erweckte, – nun waren sie eins worden, was sich glückseligerweise so vollzogen hatte – und ja auch gar nicht anders hatte vollziehen können –, daß das Beste von beiden und was in der Einheit eines jeden die Hauptsache gewesen war, sich zusammengefunden und eine neue, alle Wünsche erfüllende Einheit gebildet hatte. Nächtlich, auf gesetzlichem Lager, schmiegte sie sich in die wackeren Arme des Freundes und empfing seine Wonne, wie sie es sich früher an des zarten Gatten Brust nur mit geschlossenen Augen erträumt hatte, küßte jedoch zum Dank das Haupt des Brahmanenenkels, – die begünstigtste Frau der Welt, denn sie war im Besitz eines Gemahls, der, wenn man so sagen darf, aus lauter Hauptsachen bestand.

Wie vergnügt und stolz war nicht aber auch seinerseits der verwandelte Schridaman! Niemand brauchte sich Sorge zu machen, daß seine Verwandlung dem Bhavabhûti, seinem Vater, oder seiner Mutter, deren Name nicht vorkommt, weil sie überhaupt eine bescheidene Rolle spielte, oder sonst einem Mitgliede des brahmanischen Kaufmannshauses oder den übrigen Bewohnern des Tempeldorfes anders als angenehm aufgefallen wäre. Der Gedanke, daß bei der günstigen Veränderung seiner Leiblichkeit etwas nicht mit rechten, soll heißen: nicht mit natürlichen Dingen zugegangen sein möchte (als ob noch dazu die natürlichen Dinge die einzig rechten wären!), hätte leichter aufkommen können, wenn der entsprechend veränderte Nanda ihm noch zur Seite gewesen wäre. Dieser aber war dem Gesichtskreis entrückt und ein Wald-Einsiedel geworden, wozu er früher schon manchmal die Absicht kundgegeben; seiner Veränderung, die mit der seines Freundes allerdings vielleicht auffallend zusammengewirkt hätte, ward niemand gewahr, und nur Schridaman bot sich den Blicken dar – in einer bräunlichen Kräftigung und Verschönerung seiner Glieder, die man mit gelassenem Beifall einer männlichen Reifung durchs Eheglück zuschreiben mochte, soweit sie überhaupt in die Augen fielen. Denn es versteht sich, daß Sita's Eheherr fortfuhr, sich nach den Gesetzen seines Kopfes zu kleiden und nicht in Nanda's Lendentuch, Armringen und Steinperlenschmuck herumging, sondern nach wie vor in dem bauschigen Hosenschurz und dem baumwollenen Hemdrock erschien, die immer seine Tracht gewesen. Was sich aber hier vor allem bewährte, war die entscheidende und keinen Zweifel zulassende Bedeutung des Hauptes für die Selbstheit einer Menschenperson in den Augen aller. Man lasse doch nur einmal einen Bruder, Sohn oder Mitbürger durch die Türe hereinkommen, seinen wohlbekannten Kopf auf den Schultern, und fühle sich, selbst wenn mit seiner übrigen Erscheinung nicht alles in der gewohnten Ordnung wäre, des geringsten Zweifels fähig, daß dieses Einzelwesen etwa nicht der betreffende Bruder, Sohn oder Mitbürger sein könnte!

Wir haben der Lobpreisung von Sita's Eheglück den ersten Platz eingeräumt, wie auch Schridaman sogleich nach seiner Verwandlung den Gedanken an die Vorteile, die seiner Eheliebsten daraus erwüchsen, allem übrigen vorangestellt hatte. Sein Glück aber, wie sich versteht, entsprach vollkommen dem ihrigen und trug auf dieselbe Weise Paradiesescharakter. Nicht genug kann man die Lauschenden auffordern, sich in die unvergleichliche Lage eines Liebhabers zu versetzen, der in tiefer Verzagtheit von der Geliebten abließ, weil er gewahr werden mußte, daß sie sich nach anderer Umarmung sehnte, und der nun, er selbst, ihr das zu bieten hat, wonach sie so sterblich verlangte. Indem man auf sein Glück die Aufmerksamkeit lenkt, fühlt man sich versucht, es noch über das der reizenden Sita zu stellen. Die Liebe, die Schridaman zu Sumantra's goldfarbenem Kinde ergriffen hatte, nachdem er sie im frommen Bade belauscht, – eine Liebe, so feurig-ernst, daß sie für ihn, zu Nanda's populärer Erheiterung, die Gestalt einer Krankheit zum Tode und der Überzeugung, sterben zu müssen, angenommen hatte, – diese heftige, leidende und im Grunde zartsinnige Ergriffenheit also, entzündet durch ein reizendes Bild, dem er jedoch sogleich die Würde der Person zu wahren bestrebt gewesen war, – kurzum, diese, aus der Vermählung von Sinnenschönheit und Geist geborene Begeisterung war, wie sich versteht, eine Sache seiner gesamten Selbstheit, – vor allem und in wesentlichem Betracht aber doch eine Sache seines brahmanischen, von der Göttin Rede mit Gedanken-Inbrunst und Einbildungskraft begabten Hauptes gewesen, welchem der ihm anhängende milde Körper, wie das in der Ehe deutlich geworden sein mochte, keine ganz ebenbürtige Gesellschaft dabei geleistet hatte. Nun aber ist man dringlich aufgefordert, das Glück, die Genugtuung einer Selbstheit nachzufühlen, der zu solchem feurig-fein und tief-ernst veranlagten Haupt ein heiter-populärer Leib, ein Leib einfältiger Kraft gegeben wurde, welcher für die geistige Leidenschaft dieses Hauptes voll und ganz einzustehen geschaffen ist! Es ist ein zweckloser Versuch, sich die Wonnen des Paradieses, also etwa das Leben im Götterhain ›Freude‹, anders vorzustellen als im Bilde der Vollkommenheit.

Selbst das trübende »Vorerst«, das dort oben freilich nicht vorkommt, macht insofern keinen Unterschied zwischen hier und dort, als es ja nicht dem Bewußtsein des Genießenden, sondern nur dem des geistig Obwaltenden, dem erzählenden Bewußtsein angehört und also nur eine sachliche, keine persönliche Trübung mit sich bringt. Und doch ist zu sagen, daß es sich bald, sehr früh auch schon ins Persönliche einzuschleichen begann, ja eigentlich von Anfang an auch hier seine irdisch einschränkende und bedingende, vom Paradiesischen abweichende Rolle spielte. Es ist zu sagen, daß die schönhüftige Sita einen Irrtum begangen hatte, als sie den gnädigen Befehl der Göttin in der Weise ausgeführt hatte, wie es ihr passiert war – einen Irrtum nicht nur, soweit sie ihn aus blinder Hast, sondern auch soweit sie ihn etwa nicht ganz allein aus blinder Hast so ausgeführt hatte. Dieser Satz ist wohlbedacht und will wohl verstanden sein.

Nirgends tut der welterhaltende Zauber der Maya, das Lebens-Grundgesetz des Wahns, des Truges, der Einbildung, das alle Wesen im Banne hält, sich stärker und foppender hervor als im Liebesverlangen, dem zärtlichen Begehren der Einzel-Geschöpfe nach einander, das so recht der Inbegriff und das Musterbeispiel alles Anhangens, aller Umfangenheit und Verstrickung, aller das Leben hinfristenden, zu seiner Fortsetzung verlockenden Täuschung ist. Nicht umsonst heißt die Lust, des Liebesgottes gewitzige Ehegesellin – nicht umsonst heißt diese Göttin ›Die Maya-Begabte‹; denn sie ist es, welche die Erscheinungen reizend und begehrenswert macht, oder vielmehr sie so erscheinen läßt: wie ja denn auch in dem Worte »Erscheinung« das Sinn-Element bloßen Scheines schon enthalten ist, dieses aber wieder mit den Begriffen von Schimmer und Schönheit nahe zusammenhängt. Lust, die göttliche Gauklerin, war es gewesen, die den Jünglingen am Badeplatz der Durgâ, besonders aber dem begeisterungswilligen Schridaman, Sita's Leib so schimmernd schön, so ehrfurchtgebietend-anbetungswürdig hatte erscheinen lassen. Man muß aber nur beobachten, wie froh und dankbar die Freunde damals gewesen waren, als die Badende das Köpfchen gewandt hatte und sie gewahr geworden waren, daß auch dieses lieblich war nach Näschen, Lippen, Brauen und Augen, so daß nicht etwa die süße Figur durch ein häßlich Gesicht um Wert und Bedeutung gebracht würde, – nur hieran muß man zurückdenken, um innezuwerden, wie sehr versessen der Mensch nicht etwa erst auf das Begehrte, sondern auf das Begehren selber ist; daß er nicht nach Ernüchterung,

213

sondern nach Rausch und Verlangen trachtet und nichts mehr fürchtet, als enttäuscht, das heißt: der Täuschung enthoben zu werden.

Nun gebt aber acht, wie die Sorge der jungen Leute, daß nur auch ja das Frätzchen der Belauschten hübsch sein möchte, die Abhängigkeit des Körpers nach seinem Maya-Sinn und -Wert von dem Kopfe beweist, dem er zugehört! Mit Recht hatte Kamadamana, der Bezwinger der Wünsche, das Haupt für der Glieder höchstes erklärt und darauf seinen Schiedsspruch gegründet. Denn in der Tat ist das Haupt bestimmend für die Erscheinung und den Liebeswert auch des Leibes, und es ist wenig gesagt, daß dieser ein anderer ist, verbunden mit einem anderen Haupt, – nein, laßt nur einen Zug, ein Ausdrucksfältchen des Antlitzes ein anderes sein, und das Ganze ist nicht mehr dasselbe. Hier lag der Irrtum, den Sita im Irrtum beging. Sie pries sich glücklich, diesen begangen zu haben, weil es ihr paradiesisch schien – und vielleicht im voraus so erschienen war, – den Freundesleib im Zeichen des Gattenhauptes zu besitzen: aber sie hatte nicht vorbedacht, und ihr Glück wollte es vorerst nicht wahrhaben, daß der Nanda-Leib in Einheit mit dem schmalnäsigen Schridaman-Haupt, seinen gedankensanften Augen und dem milden, fächerförmigen Bart um die Wangen nicht mehr derselbe, nicht länger Nanda's fröhlicher Leib, sondern ein anderer war.

Ein anderer war er sofort und vom ersten Augenblick an nach seiner Maya. Nicht aber von dieser nur ist hier die Rede. Denn mit der Zeit – der Zeit, die Sita und Schridaman vorerst im Vollgenusse der Sinnenlust, in unvergleichlichen Liebesfreuden verbrachten – wurde der begehrte und gewonnene Freundesleib (wenn man Nanda's Leib im Zeichen von Schridamans Haupt noch als den Leib des Freundes bezeichnen kann, da ja nun eigentlich der ferne Gattenleib zum Freundesleib geworden), – mit der Zeit also, und zwar in gar nicht langer Zeit, wurde der vom verehrten Gattenhaupt gekrönte Nanda-Leib auch an und für sich und von aller Maya ganz abgesehen ein anderer, indem er sich unter dem Einfluß des

Hauptes und seiner Gesetze nach und nach ins Gattenmäßige wandelte.

Das ist gemeines Geschick und das gewöhnliche Werk der Ehe: Sita's schwermütige Erfahrung unterschied sich in diesem Punkte nicht sehr von derjenigen anderer Frauen, die auch binnen kurzem in dem bequemen Gemahl den ranken und feurigen Jüngling nicht wiedererkennen, der um sie freite. Das Üblich-Menschliche war hier aber doch besonders betont und begründet.

Der maßgebliche Einfluß des Schridaman-Hauptes, der schon darin zutage trat, daß Sita's Eheherr seinen neuen Leib wie den früheren, und nicht im Nanda-Stil, kleidete, bekundete sich auch in der Weigerung, seine Poren, wie Nanda immer getan, mit Senföl zu tränken: denn er konnte, von Hauptes wegen, diesen Geruch durchaus nicht an sich selber leiden und mied das Kosmetikum, was gleich eine gewisse Enttäuschung für Sita bedeutete. Eine leichte Enttäuschung war es für sie vielleicht sogar, daß Schridamans Haltung beim Sitzen am Boden, wie kaum gesagt werden muß, nicht vom Körper, sondern von seinem Kopf bestimmt wurde, und daß er also die populäre Hockstellung, die Nanda gewohnheitsmäßig eingenommen, verschmähte und seitlich saß. Das alles aber waren nur Kleinigkeiten des Anfangs.

Schridaman, der Brahmanenenkel, fuhr auch mit dem Nanda-Leib fort, zu sein, was er gewesen, und zu leben, wie er gelebt hatte. Er war kein Schmied noch Hirt, sondern ein Wânidja und eines Wânidja's Sohn, der seines Vaters würdigen Handel betreiben half und ihm bei zunehmender Mattigkeit seines Erzeugers bald selber vorstand. Nicht führte er den schweren Hammer, noch weidete er das Vieh auf dem Berge ›Buntgipfel‹, sondern kaufte und verkaufte Mull, Kampfer, Seide und Zitz, auch Reisstampfer und Feuerhölzer, die Leute von ›Wohlfahrt der Kühe‹ damit versehend, wobei er zwischenein in den Veden las; und gar kein Wunder denn, so wunderbar sonst die Geschichte lauten mag, daß Nanda's Arme bald an ihm ihre Wackerkeit einbüßten und dünner wurden, seine Brust sich verschmälerte und entraffte, einige Schmer sich wieder ans Bäuchlein versammelte, kurzum, daß er mehr und mehr ins Gattenmäßige fiel. Sogar die Locke ›Glückskalb‹ ging ihm aus, nicht ganz, aber schütter wurde sie, so daß sie kaum noch als Krischna-Zeichen erkennbar war: Sita, sein Weib, stellte es mit Wehmut fest. Doch soll nicht geleugnet werden, daß mit der tatsächlichen und nicht bloß mayamäßigen Umprägung, die sich selbst auf den Farbton der Haut erstreckte, welche heller wurde, auch eine Verfeinerung und, wenn man will, eine Veredelung verbunden war – das Wort in einem teils brahmanen –, teils kaufmannmäßigem Sinne verstanden –; denn kleiner und feiner wurden seine Hände und Füße, zarter die Kniee und Knöchel, und alles in allem: der fröhliche Freundesleib, in seiner früheren Zusammengehörigkeit die Hauptsache, wurde zum milden Anhängsel und Zubehör eines Hauptes, für dessen edelmütige Impulse er bald nicht mehr in paradiesischer Vollkommenheit einstehen mochte und konnte, und dem er nur noch mit einer gewissen Trägheit Gesellschaft dabei leistete.

Dies Sita's und Schridamans eheliche Erfahrung nach den allerdings unvergleichlichen Freuden des Honigmondes. Sie ging nicht so weit, daß nun etwa wirklich und gänzlich der Nanda-Leib sich in den des Schridaman zurückverwandelt hätte, so daß alles beim alten gewesen wäre, das nicht. In dieser Geschichte wird nicht übertrieben, sondern vielmehr betont sie die Bedingtheit der körperlichen Verwandlung und ihre Beschränkung aufs allerdings Unverkennbare, um Verständnisraum zu schaffen für die Tatsache, daß es sich um eine Wechselwirkung zwischen Haupt und Gliedern handelte und auch das die Ich- und Mein-Gefühle bestimmende Schridaman-Haupt Veränderungen der Anpassung unterlag, die sich dem Natursinn aus dem Säfte-Zusammenhang von Haupt und Körper, der Wesenserkenntnis aber aus höheren Zusammenhängen erklären mögen.

Es gibt eine geistige Schönheit und eine solche, die zu den Sinnen spricht. Einige aber wollen das Schöne ganz und gar der

Sinnenwelt zuteilen und das Geistige grundsätzlich davon absondern, so daß sich die Welt in Geist und Schönheit gegensätzlich aufgespalten erwiese. Darauf beruht denn auch die vedische Väterlehre: »Zweierlei Seligkeit nur wird in den Welten erfahren: durch dieses Leibes Freuden und in erlösender Ruhe des Geistes.« Aus dieser Seligkeitslehre aber geht schon hervor, daß sich das Geistige zum Schönen keineswegs in derselben Weise gegensätzlich verhält wie das Häßliche, und daß es nur bedingtermaßen mit diesem ein und dasselbe ist. Das Geistige ist nicht gleichbedeutend mit dem Häßlichen oder muß es nicht sein; denn es nimmt Schönheit an durch Erkenntnis des Schönen und die Liebe zu ihm, die sich als geistige Schönheit äußert und aus dem Grunde mitnichten eine ganz fremde und hoffnungslose Liebe ist, weil nach dem Anziehungsgesetz des Verschiedenen auch das Schöne seinerseits nach dem Geistigen strebt, es bewundert und seiner Werbung entgegenkommt. Diese Welt ist nicht so beschaffen, daß darin der Geist nur Geistiges, die Schönheit aber nur Schönes zu lieben bestimmt wäre. Sondern der Gegensatz zwischen den beiden läßt mit einer Deutlichkeit, die sowohl geistig wie schön ist, das Weltziel der Vereinigung von Geist und Schönheit, das heißt der Vollkommenheit und nicht länger zwiegespaltenen Seligkeit erkennen; und unsere gegenwärtige Geschichte ist nur ein Beispiel für die Mißlichkeiten und Fehlschläge, unter denen nach diesem Endziel gestrebt wird.

Schridaman, des Bhavabhûti Sohn, hatte versehentlich zu einem edlen Haupt, das heißt einem solchen, in dem sich die Liebe zum Schönen ausdrückte, einen schönen und wackeren Leib erhalten; und da er Geist besaß, war ihm gleich so gewesen, als liege etwas wie Traurigkeit darin, daß das Fremde nun sein geworden und kein Gegenstand der Bewunderung mehr war, – mit anderen Worten; daß er nun selber war, wonach ihn verlangt hatte. Diese ›Traurigkeit‹ bewährte sich leider in den Veränderungen, denen auch sein Kopf im Zusammenhang mit dem neuen Leib unterlag, denn es waren solche, wie sie an einem Haupte vor sich gehen, das durch den Besitz des Schönen der

Liebe zu diesem und damit der geistigen Schönheit mehr oder weniger verlustig geht.

Die Frage steht offen, ob dieser Vorgang sich nicht auf jeden Fall, auch ohne den Leibestausch und rein auf Grund des ehelichen Besitzes der schönen Sita vollzogen hätte: wir wiesen auf den Einschlag von Allgemeingültigkeit in diesem Geschick, das durch die besonderen Umstände nur verstärkt und zugespitzt wurde, ja schon hin. Auf jeden Fall ist es für den Lauscher mit sachlich beobachtendem Natursinn nur interessant, für die schöne Sita aber war es schmerzlich und ernüchternd zu bemerken, wie ihres Gemahles einst so feine und schmale Lippen im Barte satter und voller wurden, ja, sich nach außen kehrten und der Wulstigkeit nahe kamen; wie seine Nase, ehemals dünn wie Messersschneide, an Fleischigkeit zunahm, ja eine unleugbare Neigung zeigte, sich zu senken und ins Ziegenmäßige zu fallen, und seine Augen den Ausdruck einer gewissen stumpfen Fröhlichkeit annahmen. Es war auf die Dauer ein Schridaman mit verfeinertem Nanda-Leib und vergröbertem Schridaman-Kopf; es war nichts Rechtes mehr mit ihm. Der Vortragende ruft auch darum, und darum besonders das Verständnis der Hörer für die Empfindungen auf, die Sita bei diesem Vorgang erfüllten, weil sie gar nicht umhinkonnte, aus den Veränderungen, die sie an ihrem Gatten beobachtete, auf entsprechende Veränderungen zu schließen, die sich unterdessen an der Gesamtperson des fernen Freundes vollzogen haben mochten.

Wenn sie des Gattenleibes gedachte, den sie in nicht gerade überseliger, aber heiliger und erweckender Brautnacht umfangen, und den sie nicht mehr, oder wenn man will, da er nun der Freundesleib war, noch immer nicht besaß –, so zweifelte sie nicht, daß die Maya des Nanda-Leibes auf jenen übergegangen –, sie zweifelte nicht, wo jetzt die Locke ›Glückskalb‹ anzutreffen war. Mit aller Bestimmtheit vermutete sie aber auch, daß dem treuherzigen Freundeshaupt, das nun den Gattenleib krönte, eine Verfeinerung zuteil geworden sein müsse, wie sie derjenigen des vom Gattenhaupte gekrönten Freundesleibes entsprach; und gerade diese Vorstellung, mehr noch als die andere, rührte sie tief und ließ ihr bald bei Tag und Nacht und selbst in ihres Eheherren mäßigen Armen keine Ruhe mehr. Der einsam verschönte Gattenleib schwebte ihr vor, wie er im Zusammenhang mit dem armen, verfeinerten Freundeshaupt auf eine geistige Weise unter der Trennung von ihr litt; und ein sehnsüchtiges Mitleid mit dem Fernen wuchs in ihr auf, so daß sie die Augen schloß in Schridamans ehelicher Umarmung und in der Lust vor Kummer erbleichte.

12

Als ihre Zeit gekommen war, gebar Sita dem Schridaman ihr Früchtchen, ein Knäblein, das sie Samadhi, will sagen: ›Sammlung‹ nannten. Man schwenkte einen Kuhschweif über dem Neugeborenen, um Unheil von ihm abzuwehren, und tat Mist von der Kuh auf seinen Kopf zu verwandtem Zweck – alles, wie es sich gehört. Die Freude der Eltern (wenn dieses Wort ganz am Platze ist) war groß, denn der Knabe war weder blaß noch blind. Aber sehr hellfarbig war er allerdings von Haut, was mit der mütterlichen Abstammung aus Kshatriya- oder Kriegerblut zusammenhängen mochte, und war dazu, wie sich allmählich herausstellte, in hohem Grade kurzsichtig. In dieser Weise erfüllen sich Wahrsagungen und alte Volksüberzeugungen: Sie erfüllen sich andeutungsweise und etwas verwischt; man kann behaupten, sie seien eingetroffen, und kann es auch wieder bestreiten.

Seines kurzen Gesichtes wegen wurde Samadhi später auch Andhaka, das ist: ›Blindling‹ genannt, und dieser Name gewann allmählich die Oberhand über den ersten. Es verlieh aber diese Eigenschaft seinen Gazellenaugen einen weichen und einnehmenden Schimmer, so daß sie noch schöner waren als Sita's Augen, denen sie übrigens glichen; wie denn überhaupt der Knabe keinem der beiden Väter, sondern aufs allerentschiedenste seiner Mutter glich, die ja auch der klare und eindeutige Teil seiner Herkunft war, weshalb wohl seine Gestaltwerdung sich

219

auf sie angewiesen gefühlt hatte. Demnach war er bildhübsch, und sein Gliederbau erwies sich, sobald nur die krumme Zeit der besudelten Windeln vorüber war und er sich ein wenig streckte, vom reinsten und kräftigsten Ebenmaß. Schridaman liebte ihn wie sein eigenes Fleisch und Blut, und Abdankungsgefühle, die Neigung, nun dem Sohn das Dasein zu überlassen und in ihm zu leben, zeichneten sich in seiner Seele ab.

Die Jahre aber, in denen Samadhi-Andhaka sich lieblich herausmachte an seiner Mutter Brust und in seiner Hängewiege, waren eben die, in denen die geschilderte Umprägung Schridamans nach Haupt und Gliedern sich abspielte und die seine Gesamtperson dermaßen ins Gattenmäßige wandelten, daß Sita es nicht mehr aushielt und das Mitleid mit dem fernen Freund, in dem sie den Erzeuger ihres Knäbleins sah, überstark in ihr wurde. Der Wunsch, ihn wiederzusehen, wie er seinesteils nach dem Gesetz der Entsprechung geworden sein mochte, und ihm ihr reizendes Früchtchen vorzustellen, damit auch er seine Freude an ihm habe, erfüllte sie ganz und gar, ohne daß sie doch dem Gattenhaupt Mitteilung davon zu machen wagte. Darum, als Samadhi vier Jahre alt war, schon anfing, überwiegend Andhaka zu heißen, und, wenn auch nur trippelnd, laufen konnte, Schridaman sich aber gerade auf einer Geschäftsreise befand, beschloß sie, auf und davon zu gehen, um, was es auch kosten möge, den Einsiedel Nanda ausfindig zu machen und ihn zu trösten.

Eines Morgens im Frühjahr, noch vor Tag, bei Sternenschein, legte sie Wanderschuhe an, nahm einen langen Stab in die Hand, ergriff mit der anderen die ihres Söhnchens, dem sie ein Hemdchen aus Kattun von Kalikat angezogen, und schritt, einen Beutel mit Wegzehrung auf dem Rücken, ungesehen und auf gut Glück mit ihm davon aus Haus und Dorf.

Die Tapferkeit, mit der sie die Beschwerden und Fährlichkeiten dieser Wanderschaft bestand, legt Zeugnis ab für die entschiedene Dringlichkeit ihres Wunsches. Auch mochte ihr Kriegerblut, so verdünnt es war, ihr dabei zustatten kommen, und gewiß tat das ihre Schönheit sowie die ihres Knaben, denn jeder machte sich ein Vergnügen daraus, einer so liebreizenden Pilgerin und ihrem glanzäugigen Begleiter weiterzuhelfen mit Rat und Tat. Den Leuten sagte sie, daß sie auf der Fahrt und Suche sei nach dem Vater dieses Kindes, ihrem Mann, der aus unüberwindlicher Neigung zur Wesensbetrachtung ein Wald-Einsiedel geworden sei, und dem sie seinen Sohn zuführen wolle, damit er ihn belehre und segne; und auch dies stimmte die Menschen weich, ehrerbietig und gefällig gegen sie. In Dörfern und Weilern bekam sie Milch für ihren Kleinen, fast immer bekam sie ein Nachtlager für sich und ihn in Scheunen und auf den Erdbänken der Feuerstätten. Oft nahmen Jute- und Reisbauern sie auf ihren Karren mit für weite Strecken, und bot sich keine solche Gelegenheit des Fortkommens, so schritt sie unverzagt, das Kind bei der Hand, an ihrem Stabe, im Staube der Landstraße, wobei Andhaka zwei Schritte machte auf einen von ihren und nur ein kurzes Stück der Straße mit seinen schimmernden Augen vor sich ersah. Sie aber sah weit hinaus in die zu erwandernde Ferne, das Ziel ihrer mitleidigen Sehnsucht unverrückt vor Augen.

So erwanderte sie den Dankakawald, denn sie vermutete, daß der Freund sich dort eine Menschenleere gesucht habe. Aber an Ort und Stelle erfuhr sie von den Heiligen, die sie befragte, daß er nicht da sei. Viele konnten oder wollten ihr eben nur dieses sagen; aber einige Einsiedler-Frauen, die den kleinen Samadhi herzten und fütterten, lehrten sie guten Herzens ein Weiteres, nämlich, wo er denn sei. Denn die Welt der Zurückgezogenen ist eine Welt wie eine andere, in der man Bescheid weiß, wenn man dazu gehört, und in der es viel Klatsch, Bemängelung. Eifersucht, Neugier und Überbietungsbegierde gibt, und ein Klausner weiß sehr wohl, wo ein anderer haust und wie er's treibt. Darum konnten jene guten Weiber der Sita verraten, daß der Einsiedel Nanda seine Stätte nahe dem Flusse Gomati oder dem ›Kuhfluß‹, sieben Tagereisen von hier gegen Süden und Westen, aufgeschlagen habe, und es sei eine herzerfreuende Stätte, mit vielerlei Bäumen, Blumen und Schlingpflanzen, voll von Vogelruf und Tieren in Rudeln, und das Ufer des Flusses trage Wurzeln, Knollen und Früchte. Alles in allem habe Nanda den Ort seiner Zurückgezogenheit wohl etwas zu herzerfreuend gewählt, als daß die strengeren Heiligen seine Askese ganz ernst zu nehmen vermöchten, zumal da er außer Baden und Schweigen keine nennenswerten Observanzen befolge, sich schlecht und recht von den Früchten des Waldes, dem wilden Reis der Regenzeit und gelegentlich sogar von gebratenen Vögeln nähre und eben nur das betrachtsame Leben eines Betrübten und Enttäuschten führe. Was den Weg zu ihm betreffe, so sei er ohne besondere Beschwerden und Anstände, ausgenommen den Engpaß der Räuber, die Tigerschlucht und das Schlangental, wo man allerdings achtgeben und sein Herz in beide Hände nehmen müsse.

So unterwiesen, schied Sita von den hilfreichen Weibern des Dankakawaldes und setzte voll neu belebter Hoffnung nach gewohnter Art ihre Reise fort. Glücklich bestand sie sie von Tag zu Tag, und vielleicht waren es Kama, der Gott der Liebe, im Bunde mit Schri-Lakschmi, der Herrin des Glücks, die ihre Schritte behüteten. Unangefochten legte sie den Engpaß der Räuber zurück; die Tigerschlucht lehrten freundliche Hirten sie zu umgehen; und im Tal der Vipern, das unvermeidlich war, trug sie den kleinen Samadhi-Andhaka die ganze Zeit auf dem Arm.

Aber als sie zum Kuhfluß kam, führte sie ihn wieder an der Hand, mit ihrer anderen den Wanderstab aufsetzend. Es war ein tauschimmernder Morgen, an dem sie dort anlangte. Eine Weile schritt sie am blumigen Ufer hin und wandte sich dann, ihrer Belehrung gemäß, landeinwärts über die Flur gegen einen Waldstrich, hinter dem eben die Sonne emporstieg und der von den Blüten der roten Aschoka und des Kimschukabaumes wie Feuer leuchtete. Ihre Augen waren geblendet vom Morgenglanz, als sie sie aber mit ihrer Hand beschattete, unterschied sie am Waldesrand eine Hütte, mit Stroh und Rinde gedeckt, und dahinter einen Jüngling im Bastkleide und mit Gräsern gegürtet, der mit der Axt etwas am Gezimmer besserte. Und als sie sich noch mehr näherte, gewahrte sie, daß seine Arme wakker waren wie die, die sie zur Sonne geschaukelt, daß aber dabei seine Nase auf eine nicht ziegenmäßig zu nennende, sondern sehr edle Art gegen die nur mäßig gewölbten Lippen abfiel.

»Nanda!« rief sie, und das Herz war ihr hochrot vor Freude. Denn er erschien ihr wie Krischna, der vom Safte kraftvoller Zärtlichkeit überströmt. »Nanda, schau her, es ist Sita, die zu dir kommt!«

Da ließ er sein Beil fallen und lief ihr entgegen und hatte die Locke ›Glückskalb‹ auf seiner Brust. Mit hundert Willkommens- und Liebesnamen nannte er sie, denn er hatte sich sehr nach ihrer Ganzheit gesehnt mit Leib und Seele. »Kommst du endlich«, rief er, »du Mondmilde, du Rebhuhnäugige, du ringsum Feingliedrige, Schönfarbene du, Sita, mein Weib mit den herrlichen Hüften? In wieviel Nächten hat mir geträumt, daß du so zu dem Ausgestoßenen, Einsamen übers Gebreite kämest, und nun bist du's wirklich und hast den Räubersteg, den Tiger-Dschungel und das Schlangental bestanden, die ich geflissentlich zwischen uns legte aus Zornmut über den Schicksalsspruch! Ach, du bist eine großartige Frau! Und wer ist denn das, den du mit dir führst?«

»Es ist das Früchtchen«, sagte sie, »daß du mir schenktest in erster heiliger Ehenacht, als du noch nicht Nanda warst.«

»Das wird nicht besonders gewesen sein«, sagte er. »Wie heißt er denn?«

»Er heißt Samadhi«, antwortete sie, »aber mehr und mehr nimmt er den Namen Andhaka an.«

»Warum das?« fragte er.

»Glaube nicht, daß er blind ist!« erwiderte sie. »Er ist es sowenig, wie man ihn bleich nennen kann trotz seiner weißen Haut. Aber sehr kurz von Gesicht ist er allerdings, so daß er keine drei Schritt weit sehen kann.«

»Das hat seine Vorteile«, sagte Nanda. Und sie setzten den Knaben ein Stückchen weit weg von der Hütte ins frische Gras und gaben ihm Blumen und Nüsse zum Spielen. So war er beschäftigt, und was sie selber spielten, umfächelt vom Duft der

Mangoblüten, der im Frühling die Liebeslust mehrt, und zum Getriller der Kokils in den bestrahlten Wipfeln, lag außerhalb seines Gesichtskreises. –

Ferner erzählt die Geschichte, daß das Ehe-Glück dieser Lieben- den nur einen Tag und eine Nacht dauerte, denn noch hatte die Sonne sich nicht abermals über den rotblühenden Waldstrich er- hoben, an dem Nanda's Hütte lehnte, als Schridaman dort an- langte, dem es bei der Rückkehr in sein verwaistes Haus sogleich klar gewesen war, wohin seine Frau sich gewandt. Die Haus- genossen zu ›Wohlfahrt der Kühe‹, die ihm mit Zagen das Ver- schwinden Sita's meldeten, hatten wohl erwartet, daß sein Zorn aufflammen werde wie ein Feuer, in das man Butter gießt. Das aber geschah nicht, sondern er hatte nur langsam genickt wie ein Mann, der alles vorher gewußt, und nicht nachgesetzt war er seinem Weibe in Wut und Rachbegier, sondern hatte sich zwar ohne Rast, aber auch ohne Hast nach Nanda's Einsiedelei auf den Weg gemacht. Denn wo diese gelegen war, hatte er längst ge- wußt und es nur vor Sita verborgen gehalten, um das Verhäng- nis nicht zu beschleunigen.

Sachte kam er und gesenkten Hauptes geritten auf seinem Rei- setier, einem Yak-Ochsen, stieg ab unterm Morgenstern vor der Hütte und störte nicht einmal die Umarmung des Paares drin- nen, sondern saß und wartete, daß der Tag sie löse. Denn seine Eifersucht war nicht von alltäglicher Art, wie sie gemeinhin schnaubend erlitten wird unter gesonderten Wesen, sondern sie war durch das Bewußtsein geläutert, daß es sein eigener ehe- maliger Leib war, mit dem Sita die Ehe wieder aufgenommen hatte, was man ebensowohl einen Akt der Treue wie einen sol- chen des Verrates nennen konnte; und die Wesenserkenntnis lehrte ihn, daß es im Grunde ganz gleichgültig war, mit wem Sita schlief, mit dem Freunde oder mit ihm, da sie es, mochte auch der andere weiter nichts davon haben, immer mit ihnen beiden tat.

Daher die Unüberstürztheit, mit der er die Reise zurück- gelegt, und die Ruhe und Geduld, mit denen er vor der Hütte sitzend den Aufgang des Tages erwartete. Daß er bei alldem nicht gewillt war, den Dingen ihren Lauf zu lassen, lehrt die Fortsetzung der Geschichte, der zufolge Sita und Nanda, als sie beim ersten Sonnenstrahl, während der kleine Andhaka noch schlief, aus der Hütte traten, Handtücher um die Hälse gehängt, da sie beabsichtigten, im nahen Flusse zu baden, und den Freund und Gatten gewahrten, der mit dem Rücken zu ihnen saß und sich bei ihrem Herauskommen nicht umwandte, – sie vor ihn traten, ihn in Demut begrüßten und in der Folge ihren Willen ganz mit dem seinen vereinigten, indem sie als notwendig anerkannten, was er unterwegs über sie alle drei zur Lösung ihrer Wirrnis beschlossen.

»Schridaman, du mein Herr und verehrtes Gattenhaupt!« sagte Sita, indem sie sich tief vor ihm verneigte. »Sei gegrüßt und glaube nicht, daß dein Eintreffen uns entsetzlich und unwillkommen ist! Denn wo zwei von uns sind, wird immer der dritte fehlen, und so vergib mir, daß ich's nicht aushielt mit dir und es mich in übermäßigem Mitleid zum einsamen Freundeshaupt zog!«

»Und zum Gattenleib«, antwortete Schridaman. »Ich vergebe dir. Und auch dir vergebe ich, Nanda, wie du deinerseits mir vergeben magst, daß ich auf den Spruch des Heiligen pochte und Sita für mich nahm, indem ich nur meinen Ich- und Mein-Gefühlen Rechnung trug, mich um die deinigen aber nicht kümmerte. Zwar hättest du es ebenso gemacht, wenn der Endspruch des Heiligen nach deinem Sinne gelautet hätte. Denn in dem Wahn und der Sonderung dieses Lebens ist es das Los der Wesen, einander im Lichte zu stehen, und vergebens sehnen die Besseren sich nach einem Dasein, in dem nicht das Lachen des einen des anderen Weinen wäre. Allzusehr habe ich auf meinem Kopf beharrt, der sich deines Leibes erfreute. Denn mit diesen nun etwas gemagerten Armen hattest du Sita zur Sonne geschaukelt, und in unserer neuen Sonderung schmeichelte ich mir, ich hätte ihr alles zu bieten, wonach sie verlangte. Aber die Liebe geht aufs Ganze. Darum mußt' ich's erleben, daß unsere Sita auf deinem Kopfe beharrte und mir aus dem Hause ging. Wenn ich nun glauben könnte, sie werde in dir, mein Freund, ihr dauerndes Glück und Genüge finden, so würde ich meiner Wege ziehen und das Haus meines Vaters zu meiner Wildnis machen. Aber ich glaube es nicht; sondern wie sie sich vom Gattenhaupt überm Freundesleib nach dem Freundeshaupt sehnte überm Gattenleib, so wird ganz bestimmt ein mitleidiges Sehnen sie ergreifen nach dem Gattenhaupt überm Freundesleib, und ihr wird keine Ruhe und kein Genüge beschieden sein, denn der ferne Gatte wird immer zum Freunde werden, den sie liebt, ihm wird sie unser Söhnchen Andhaka bringen, weil sie in ihm dessen Vater erblickt. Mit uns beiden aber kann sie nicht leben, da Vielmännerei unter höheren Wesen nicht in Betracht kommt. Habe ich recht, Sita, mit dem, was ich sage?«

»Wie dein Wort es ausspricht, so ist es leider, mein Herr und Freund«, antwortete Sita. »Mein Bedauern aber, das ich in das Wörtchen ›leider‹ fasse, bezieht sich nur auf einen Teil deiner Rede, nicht etwa darauf, daß der Greuel der Vielmännerei für eine Frau wie mich nicht in Betracht kommt. Dafür habe ich kein ›leider‹, sondern bin stolz darauf, denn von seiten meines Vaters Sumantra fließt noch einiges Kriegerblut in meinen Adern, und gegen etwas so Tiefstehendes wie die Vielmännerei empört sich alles in mir: In aller Schwäche und Wirrnis des Fleisches hat man doch seinen Stolz und seine Ehre als höheres Wesen!«

»Ich habe es nicht anders erwartet«, sagte Schridaman, »und du magst versichert sein, daß ich diese von deiner Weibesschwäche unabhängige Gesinnung von Anfang an in meine Überlegungen einbezogen habe. Da du nämlich nicht mit uns beiden leben kannst, so bin ich gewiß, daß dieser Jüngling hier, Nanda, mein Freund, mit dem ich das Haupt tauschte, oder den Körper, wenn man will, – daß er mit mir darin übereinstimmt, daß auch wir nicht leben können, sondern daß uns nichts übrigbleibt, als unsere vertauschte Sonderung abzulegen und unser Wesen wieder mit dem Allwesen zu vereinigen. Denn wo das Einzelwesen in solche Wirrnis geraten, wie in unserem Fall, da ist es am besten, es schmelze in der Flamme des Lebens wie ein Spende Butter im Opferfeuer.«

»Mit vollem Recht«, sagte Nanda, »Schridaman, mein Bruder, rechnest du auf meine Zustimmung bei deinen Worten. Sie ist unumwunden. Ich wüßte auch wirklich nicht, was wir noch im Fleische zu suchen hätten, da wir beide unsere Wünsche gebüßt und bei Sita geruht haben: mein Leib durfte sich ihrer erfreuen im Bewußtsein deines Hauptes und der deine im Bewußtsein des meinen, wie sie sich meiner erfreute in deines Hauptes Zeichen und deiner im Zeichen des meinen. Unsere Ehre aber mag als gerettet gelten, denn ich habe nur dein Haupt mit meinem Leibe betrogen, was gewissermaßen dadurch wettgemacht wird, daß Sita, die Schönhüftige, meinen Leib mit meinem Haupte betrog; davor aber, daß ich, der ich dir doch einst die Betelrolle verehrte zum Zeichen der Treue, dich mit ihr betrogen hätte als Nanda nach Haupt und Gliedern, davor hat glücklicherweise Brahma uns bewahrt. Trotzdem kann es so mit Ehren nicht weitergehen, denn für Vielmännerei und Weibergemeinschaft sind wir denn doch zu hochstehende Leute: Sita gewiß und ebenso gewiß du, selbst noch mit meinem Leibe. Aber auch ich, besonders mit deinem. Darum stimme ich dir unumwunden zu in allem, was du von Einschmelzung sagst, und erbiete mich, uns mit diesen in der Wildnis erstarkten Armen die Scheiterhütte zu rüsten. Du weißt, daß ich mich schon früher dazu erboten habe. Du weißt auch, daß ich stets entschlossen war, dich nicht zu überleben und dir ohne Zögern in den Tod gefolgt bin, als du dich der Göttin zum Opfer gebracht hattest. Betrogen aber habe ich dich erst, als mein Gattenleib mir ein gewisses Recht darauf gab und Sita mir den kleinen Samadhi brachte, als dessen leiblichen Vater ich mich zu betrachten habe, indem ich dir gern und mit Respekt die Vaterschaft dem Haupte nach zugestehe.«

»Wo ist Andhaka?« fragte Schridaman.

»Er liegt in der Hütte«, antwortete Sita, »und sammelt im Schlafe Kraft und Schönheit für sein Leben. Es war an der Zeit, daß wir auf ihn zu sprechen kamen, denn seine Zukunft muß uns wichtiger sein als die Frage, wie wir uns mit Ehre aus dieser Wirrnis ziehen. Beides aber hängt nahe zusammen, und wir sorgen für seine Ehre, indem wir für unsere sorgen. Bliebe ich, wie ich wohl möchte, allein bei ihm zurück, wenn ihr ins Allwesen zurückkehrt, so würde er als elendes Witwenkind durchs Leben irren, von Ehre und Freude verlassen. Nur wenn ich dem Beispiel der edlen Satis folge, die sich dem Leib des toten Gatten gesellten und mit ihm ins Feuer des Scheiterhaufens eingingen, so daß man ihrem Andenken Steinplatten und Obelisken setzte auf den Verbrennungsplätzen, – nur wenn ich ihn mit euch verlasse, wird sein Leben ehrenvoll sein, und die Gunst der Menschen wird ihm entgegenkommen. Darum fordere ich, des Sumantra Tochter, daß Nanda die Feuerhütte für dreie rüste. Wie ich das Lager des Lebens mit euch beiden geteilt, so soll auch das Glutbett des Todes uns drei vereinen. Denn auch auf jenem schon waren wir eigentlich immer zu dritt.«

»Nie«, sagte Schridaman, »habe ich etwas anderes von dir erwartet, sondern von vornherein den Stolz und Hochsinn in Rechnung gestellt, die dir neben der Fleischesschwäche innewohnen. Im Namen unseres Sohnes danke ich dir für dein Vorhaben. Um aber Ehre und Menschenstolz aus den Wirrnissen, in die uns das Fleisch gebracht, wahrhaftig wiederherzustellen, müssen wir sehr auf die Form der Wiederherstellung achten, und in dieser Beziehung weichen meine Gedanken und Entwürfe, wie ich sie auf der Reise entwickelt, von den euren ab. Mit dem toten Gemahl äschert die stolze Witwe sich ein. Du aber bist keine Witwe, solange auch nur einer von uns beiden am Leben ist, und es ist sehr die Frage, ob du zur Witwe würdest, indem du mit uns Lebenden einsäßest in die Gluthütte und mit uns stürbest. Darum, um dich zur Witwe zu machen, müssen Nanda und ich uns töten, womit ich meine: wir müssen einander töten; denn ›uns‹ und ›einander‹ ist beides der richtigen Rede gemäß in unserem Fall und ist ein und dasselbe. Wie Hirsche um die Hirschkuh müssen wir kämpfen mit zwei Schwertern, für die gesorgt ist, denn sie hängen meinem Yak-Ochsen am Gurt.

Aber nicht, damit einer siege und überlebe und die schönhüftige Sita davontrage, dürfen wir es tun: damit wäre nichts gebessert, denn immer wäre der Tote der Freund, nach dem sie sich in Sehnsucht verzehren würde, so daß sie erblaßte in den Armen des Gatten. Nein, sondern beide müssen wir fallen, ins Herz getroffen einer vom Schwerte des anderen, – denn nur das Schwert ist des anderen, nicht aber das Herz. So wird es besser sein, als wenn jeder das Schwert gegen die eigene gegenwärtige Sonderung kehrte; denn mir scheint, unsere Häupter haben kein Recht zum Todesbeschluß über den einem jeden anhängenden Leib, wie auch wohl unsere Leiber kein Recht hatten zur Wonne und Ehelust unter fremden Häuptern. Zwar wird es ein schwerer Kampf sein, insofern eines jeden Haupt und Leib davor auf der Hut werden sein müssen, nicht für sich selbst und Sita's Alleinbesitz zu kämpfen, sondern auf das Doppelte bedacht, den tödlichen Streich zu führen und zu empfangen. Aber schwerer, als sich den Kopf abzuschlagen, was wir doch beide geleistet und über uns gewonnen haben, wird die doppelseitige Selbsttötung auch nicht sein.«

»Her mit den Schwertern!« rief Nanda. »Ich bin bereit zu diesem Kampf, denn es ist die rechte Art für uns Rivalen, diese Sache auszutragen. Es ist gerecht, denn bei der Aneignung unserer Leiber durch unsere Häupter sind unser beider Arme ziemlich gleich stark geworden: die meinen zarter an dir, die deinen stärker an mir. Mit Freuden werde ich dir mein Herz bieten, weil ich dich mit Sita betrog, das deine aber werde ich durchstoßen, damit sie nicht in deinen Armen erblasse um meinetwillen, sondern als Doppelwitwe sich uns im Feuer geselle.«

Da auch Sita sich einverstanden erklärte mit dieser Ordnung der Dinge, durch die, wie sie sagte, ihr Kriegerblut sich angesprochen fühle, weshalb sie sich denn auch nicht vom Kampfe beiseite drücken, sondern ihm, ohne mit der Wimper zu zucken, beiwohnen wolle, – so trug denn sogleich dies Todestreffen sich zu vor der Hütte, in der Andhaka schlief, auf dem blumigen Anger zwischen dem Kuhfluß und dem rotblühenden Waldstrich, und beide Jünglinge sanken in die Blumen, ein jeder getroffen in des anderen Herz. Ihr Leichenbegräbnis aber gestaltete sich, weil das heilige Ereignis einer Witwenverbrennung damit verbunden war, zu einem großen Fest, und Tausende strömten zusammen auf dem Verbrennungsplatz, um zu beobachten, wie der kleine Samadhi, genannt Andhaka, als nächster männlicher Anverwandter, sein kurzes Gesicht nahe hinhaltend, die Fackel legte an den aus Mango- und wohlriechenden Sandelklötzen errichteten Scheiterhaufen, dessen Fugenfüllung aus trockenem Stroh man reichlich mit zerlassener Butter begossen hatte, damit er rasch und gewaltig Feuer fange, und in welchem Sita von ›Buckelstierheim‹ zwischen dem Gatten und dem Freunde ihr Unterkommen gefunden hatte. Das Scheiterhaus loderte himmelhoch, wie man es selten gesehen, und sollte die schöne Sita eine Weile geschrien haben, weil Feuer, wenn man nicht tot ist, entsetzlich weh tut, so wurde ihre Stimme vom Gellen der Muschelhörner und rasselndem Trommellärm übertönt, so daß es so gut war, als hätte sie nicht geschrien. Die Geschichte aber will wissen, und wir wollen ihr glauben, daß die Glut ihr kühl gewesen sei in der Freude, mit den Geliebten vereinigt zu sein.

Sie bekam einen Obelisken an Ort und Stelle zum Gedenken ihres Opfers, und was von den Gebeinen der drei nicht völlig verbrannt war, wurde gesammelt, mit Milch und Honig begossen und in einem Tonkrug geborgen, den man in die heilige Ganga versenkte.

Ihrem Früchtchen aber, Samadhi, der bald nur noch Andhaka hieß, ging es vortrefflich auf Erden. Berühmt durch das Brandfest, als Sohn einer Denkstein-Witwe genoß er das Wohlwollen aller, das durch seine wachsende Schönheit bis zur Zärtlichkeit verstärkt wurde. Mit zwölf Jahren bereits glich seine Verkörperung einem Gandharven nach Anmut und lichter Kraft, und auf seiner Brust begann die Locke ›Glückskalb‹ sich abzuzeichnen. Sein Blindlingstum indessen, weit entfernt, ihm zum Nachteil zu gereichen, behütete ihn davor, allzusehr im Körper zu leben, und hielt seinen Kopf zum Geistigen an. Den Siebenjährigen nahm ein vedakundiger Brahmane in seine Hut, bei dem er die richtig gebildete Rede, Grammatik, Astronomie und Denkkunst studierte, und nicht älter als zwanzig war er schon Vorleser des Königs von Benares. Auf einer herrlichen Palastterrasse saß er, in feinen Kleidern, unter einem weiß-seidenen Sonnenschirm, und las dem Fürsten mit einnehmender Stimme aus heiligen und profanen Schriften vor, wobei er das Buch sehr dicht vor seine schimmernden Augen hielt.

Gladius Dei

München leuchtete. Über den festlichen Plätzen und weißen Säulentempeln, den antikisierenden Monumenten und Barockkirchen, den springenden Brunnen, Palästen und Gartenanlagen der Residenz spannte sich strahlend ein Himmel von blauer Seide, und ihre breiten und lichten, umgrünten und wohlberechneten Perspektiven lagen in dem Sonnendunst eines ersten, schönen Junitages.

Vogelgeschwätz und heimlicher Jubel über allen Gassen. ...Und auf Plätzen und Zeilen rollt, wallt und summt das unüberstürzte und amüsante Treiben der schönen und gemächlichen Stadt. Reisende aller Nationen kutschieren in den kleinen, langsamen Droschken umher, indem sie rechts und links in wahlloser Neugier an den Wänden der Häuser hinaufschauen, und steigen die Freitreppen der Museen hinan...

Viele Fenster stehen geöffnet, und aus vielen klingt Musik auf die Straßen hinaus, Übungen auf dem Klavier, der Geige oder dem Violoncell, redliche und wohlgemeinte dilettantische Bemühungen. Im ›Odeon‹ aber wird, wie man vernimmt, an mehreren Flügeln ernstlich studiert.

Junge Leute, die das Nothung-Motiv pfeifen und abends die Hintergründe des modernen Schauspielhauses füllen, wandern, literarische Zeitschriften in den Seitentaschen ihrer Jacketts, in der Universität und der Staatsbibliothek aus und ein. Vor der Akademie der bildenden Künste, die ihre weißen Arme zwischen der Türkenstraße und dem Siegestor ausbreitet, hält eine Hofkarosse. Und auf der Höhe der Rampe stehen, sitzen und lagern in farbigen Gruppen die Modelle, pittoreske Greise, Kinder und Frauen in der Tracht der Albaner Berge.

Lässigkeit und hastloses Schlendern in all den langen Straßenzügen des Nordens... Man ist von Erwerbsgier nicht gerade gehetzt und verzehrt dortselbst, sondern lebt angenehmen Zwecken. Junge Künstler, runde Hütchen auf den Hinterköpfen, mit lockeren Krawatten und ohne Stock, unbesorgte Gesellen, die ihren Mietzins mit Farbenskizzen bezahlen, gehen spazieren, um diesen hellblauen Vormittag auf ihre Stimmung wirken zu lassen, und sehen den kleinen Mädchen nach, diesem hübschen, untersetzten Typus mit den brünetten Haarbandeaux, den etwas zu großen Füßen und den unbedenklichen Sitten. ...Jedes fünfte Haus läßt Atelierfensterscheiben in der Sonne blinken. Manchmal tritt ein Kunstbau aus der Reihe der bürgerlichen hervor, das Werk eines phantasievollen jungen Architekten, breit und flachbogig, mit bizarrer Ornamentik, voll Witz und Stil. Und plötzlich ist irgendwo die Tür an einer allzu langweiligen Fassade von einer kecken Improvisation umrahmt, von fließenden Linien und sonnigen Farben, Bacchanten, Nixen, rosigen Nacktheiten...

Es ist stets aufs neue ergötzlich, vor den Auslagen der Kunstschreinereien und der Basare für moderne Luxusartikel zu verweilen. Wieviel phantasievoller Komfort, wieviel linearer Humor in der Gestalt aller Dinge! Überall sind die kleinen Skulptur-, Rahmen- und Antiquitätenhandlungen verstreut, aus deren Schaufenstern dir die Büsten der florentinischen Quattrocento-Frauen voll einer edlen Pikanterie entgegenschauen. Und der Besitzer des kleinsten und billigsten dieser Läden spricht dir von Donatello und Mino da Fiesole, als habe er das Vervielfältigungsrecht von ihnen persönlich empfangen...

Aber dort oben am Odeonsplatz, angesichts der gewaltigen Loggia, vor der sich die geräumige Mosaikfläche ausbreitet, und schräg gegenüber dem Palast des Regenten drängen sich die Leute um die breiten Fenster und Schaukästen des großen Kunstmagazins, des weitläufigen Schönheitsgeschäftes von M. Blüthenzweig. Welche freudige Pracht der Auslage! Reproduktionen von Meisterwerken aus allen Galerien der Erde, eingefaßt in kostbare, raffiniert getönte und ornamentierte Rahmen in einem Geschmack von preziöser Einfachheit; Abbildungen moderner Gemälde, sinnenfroher Phantasieen, in denen die Antike auf eine humorvolle und realistische Weise wiedergeboren zu sein scheint; die Plastik der Renaissance in vollendeten Abgüssen; nackte Bronzeleiber und zerbrechliche Ziergläser; irdene Vasen von steilem Stil, die aus Bädern von Metalldämpfen in einem schillernden Farbenmantel hervorgegangen sind; Prachtbände, Triumphe der neuen Ausstattungskunst, Werke modischer Lyriker, gehüllt in einen dekorativen und vornehmen Prunk; dazwischen die Porträts von Künstlern, Musikern, Philosophen, Schauspielern, Dichtern, der Volksneugier nach Persönlichem ausgehängt... In dem ersten Fenster, der anstoßenden Buchhandlung zunächst, steht auf einer Staffelei ein großes Bild, vor dem die Menge sich staut: eine wertvolle, in rotbraunem Tone ausgeführte Photographie in breitem, altgoldenem Rahmen, ein aufsehenerregendes Stück, eine Nachbildung des Clous der großen internationalen Ausstellung des Jahres, zu deren Besuch an den Litfaßsäulen, zwischen Konzertprospekten und künstlerisch ausgestatteten Empfehlungen von Toilettenmitteln, archaisierende und wirksame Plakate einladen.

Blick um dich, sieh in die Fenster der Buchläden. Deinen Augen begegnen Titel wie ›Die Wohnungskunst seit der Renaissance‹, ›Die Erziehung des Farbensinnes‹, ›Die Renaissance im modernen Kunstgewerbe‹, ›Das Buch als Kunstwerk‹, ›Die dekorative Kunst‹, ›Der Hunger nach Kunst‹ – und du mußt wissen, daß diese Weckschriften tausendfach gekauft und gelesen werden, und daß abends über ebendieselben Gegenstände vor vollen Sälen geredet wird...

Hast du Glück, so begegnet dir eine der berühmten Frauen in Person, die man durch das Medium der Kunst zu schauen gewohnt ist, eine jener reichen und schönen Damen von künstlich hergestelltem tizianischen Blond und im Brillantenschmuck, deren betörenden Zügen durch die Hand eines genialen Porträtisten die Ewigkeit zuteil geworden ist, und von deren Liebesleben die Stadt spricht – Königinnen der Künstlerfeste im Karneval, ein wenig geschminkt, ein wenig gemalt, voll einer edlen Pikanterie, gefallsüchtig und anbetungswürdig. Und sieh, dort fährt ein großer Maler mit seiner Geliebten in einem Wagen die Ludwigstraße hinauf. Man zeigt sich das Gefährt, man bleibt stehen und blickt den beiden nach. Viele Leute grüßen. Und es fehlt nicht viel, daß die Schutzleute Front machen.

Die Kunst blüht, die Kunst ist an der Herrschaft, die Kunst streckt ihr rosenumwundenes Zepter über die Stadt hin und lächelt. Eine allseitige respektvolle Anteilnahme an ihrem Gedeihen, eine allseitige, fleißige und hingebungsvolle Übung und Propaganda in ihrem Dienste, ein treuherziger Kultus der Linie, des Schmuckes, der Form, der Sinne, der Schönheit obwaltet... München leuchtete.

2

Es schritt ein Jüngling die Schellingstraße hinan; er schritt, umklingelt von den Radfahrern, in der Mitte des Holzpflasters der breiten Fassade der Ludwigskirche entgegen. Sah man ihn an, so war es, als ob ein Schatten über die Sonne ginge oder über das Gemüt eine Erinnerung an schwere Stunden. Liebte er die Sonne nicht, die die schöne Stadt in Festglanz tauchte? Warum hielt er in sich gekehrt und abgewandt die Augen zu Boden gerichtet, indes er wandelte?

Er trug keinen Hut, woran bei der Kostümfreiheit der leichtgemuten Stadt keine Seele Anstoß nahm, sondern hatte statt dessen die Kapuze seines weiten, schwarzen Mantels über den Kopf gezogen, die seine niedrige, eckig vorspringende Stirn beschattete, seine Ohren bedeckte und seine hageren Wangen umrahmte. Welcher Gewissensgram, welche Skrupeln und welche Mißhandlungen seiner selbst hatten diese Wangen so auszuhöhlen vermocht? Ist es nicht schauerlich, an solchem Sonnentage den Kummer in den Wangenhöhlen eines Menschen wohnen zu sehen? Seine dunklen Brauen verdickten sich stark an der schmalen Wurzel seiner Nase, die groß und gehöckert aus dem Gesichte hervorsprang, und seine Lippen waren stark und wulstig. Wenn er seine ziemlich nahe beieinanderliegenden braunen

Augen erhob, bildeten sich Querfalten auf seiner kantigen Stirn. Er blickte mit einem Ausdruck von Wissen, Begrenztheit und Leiden. Im Profil gesehen, glich dieses Gesicht genau einem alten Bildnis von Möncheshand, aufbewahrt zu Florenz in einer engen und harten Klosterzelle, aus welcher einstmals ein furchtbarer und niederschmetternder Protest gegen das Leben und seinen Triumph erging...

Hieronymus schritt die Schellingstraße hinan, schritt langsam und fest, indes er seinen weiten Mantel von innen mit beiden Händen zusammenhielt. Zwei kleine Mädchen, zwei dieser hübschen, untersetzten Wesen mit den Haarbandeaux, den zu großen Füßen und den unbedenklichen Sitten, die Arm in Arm und abenteuerlustig an ihm vorüberschlenderten, stießen sich an und lachten, legten sich vornüber und gerieten ins Laufen vor Lachen über seine Kapuze und sein Gesicht. Aber er achtete dessen nicht. Gesenkten Hauptes und ohne nach rechts oder links zu blicken, überschritt er die Ludwigstraße und stieg die Stufen der Kirche hinan.

Die großen Flügel der Mitteltür standen weit geöffnet. In der geweihten Dämmerung, kühl, dumpfig und mit Opferrauch geschwängert, war irgendwo fern ein schwaches, rötliches Glühen bemerkbar. Ein altes Weib mit blutigen Augen erhob sich von einer Betbank und schleppte sich an Krücken zwischen den Säulen hindurch. Sonst war die Kirche leer.

Hieronymus benetzte sich Stirn und Brust am Becken, beugte das Knie vor dem Hochaltar und blieb dann im Mittelschiffe stehen. War es nicht, als sei seine Gestalt gewachsen, hier drinnen? Aufrecht und unbeweglich, mit frei erhobenem Haupte stand er da, seine große, gehöckerte Nase schien mit einem herrischen Ausdruck über den starken Lippen hervorzuspringen, und seine Augen waren nicht mehr zu Boden gerichtet, sondern blickten kühn und geradeswegs ins Weite, zu dem Kruzifix auf dem Hochaltar hinüber. So verharrte er reglos eine Weile; dann beugte er zurücktretend aufs neue das Knie und verließ die Kirche.

Er schritt die Ludwigstraße hinauf, langsam und fest, gesenkten Hauptes, inmitten des breiten, ungepflasterten Fahrdammes, entgegen der gewaltigen Loggia mit ihren Statuen. Aber auf dem Odeonsplatze angelangt, blickte er auf, so daß sich Querfalten auf seiner kantigen Stirne bildeten, und hemmte seine Schritte: aufmerksam gemacht durch die Menschenansammlung vor den Auslagen der großen Kunsthandlung, des weitläufigen Schönheitsgeschäftes von M. Blüthenzweig.

Die Leute gingen von Fenster zu Fenster, zeigten sich die ausgestellten Schätze und tauschten ihre Meinungen aus, indes einer über des anderen Schulter blickte. Hieronymus mischte sich unter sie und begann auch seinerseits alle diese Dinge zu betrachten, alles in Augenschein zu nehmen, Stück für Stück.

Er sah die Nachbildungen von Meisterwerken aus allen Galerieen der Erde, die kostbaren Rahmen in ihrer simplen Bizarrerie, die Renaissanceplastik, die Bronzeleiber und Ziergläser, die schillernden Vasen, den Buchschmuck und die Porträts der Künstler, Musiker, Philosophen, Schauspieler, Dichter, sah alles an und wandte an jeden Gegenstand einen Augenblick. Indem er seinen Mantel von innen mit beiden Händen fest zusammenhielt, drehte er seinen von der Kapuze bedeckten Kopf in kleinen, kurzen Wendungen von einer Sache zur nächsten, und unter seinen dunklen, an der Nasenwurzel stark sich verdichtenden Brauen, die er emporzog, blickten seine Augen mit einem befremdeten, stumpfen und kühl erstaunten Ausdruck auf jedes Ding eine Weile. So erreichte er das erste Fenster, dasjenige, unter dem das aufsehenerregende Bild sich befand, blickte eine Zeitlang den vor ihm sich drängenden Leuten über die Schultern und gelangte endlich nach vorn, dicht an die Auslage heran.

Die große, rötlichbraune Photographie stand, mit äußerstem Geschmack in Altgold gerahmt, auf einer Staffelei inmitten des Fensterraumes. Es war eine Madonna, eine durchaus modern empfundene, von jeder Konvention freie Arbeit. Die Gestalt der heiligen Gebärerin war von berückender Weiblichkeit, entblößt und schön. Ihre großen, schwülen Augen waren dunkel umrändert, und ihre delikat und seltsam lächelnden Lippen standen halb geöffnet. Ihre schmalen, ein wenig nervös und krampfhaft

238

gruppierten Finger umfaßten die Hüfte des Kindes, eines nackten Knaben von distinguierter und fast primitiver Schlankheit,
der mit ihrer Brust spielte und dabei seine Augen mit einem klugen Seitenblick auf den Beschauer gerichtet hielt.

Zwei andere Jünglinge standen neben Hieronymus und unterhielten sich über das Bild, zwei junge Männer mit Büchern unter
dem Arm, die sie aus der Staatsbibliothek geholt hatten oder
dorthin brachten, humanistisch gebildete Leute, beschlagen in
Kunst und Wissenschaft.

»Der Kleine hat es gut, hol' mich der Teufel!« sagte der eine.

»Und augenscheinlich hat er die Absicht, einen neidisch zu
machen«, versetzte der andere... »Ein bedenkliches Weib!«

»Ein Weib zum Rasendwerden! Man wird ein wenig irre am
Dogma von der unbefleckten Empfängnis...«

»Ja, ja, sie macht einen ziemlich berührten Eindruck... Hast
du das Original gesehen?«

»Selbstverständlich. Ich war ganz angegriffen. Sie wirkt in
der Farbe noch weit aphrodisischer... besonders die Augen.«

»Die Ähnlichkeit ist eigentlich doch ausgesprochen.«

»Wieso?«

»Kennst du nicht das Modell? Er hat doch seine kleine Putz-
macherin dazu benützt. Es ist beinahe Porträt, nur stark ins Gebiet des Korrupten hinaufstilisiert... Die Kleine ist harmloser.«

»Das hoffe ich. Das Leben wäre allzu anstrengend, wenn es
viele gäbe, wie diese mater amata...«

»Die Pinakothek hat es angekauft.«

»Wahrhaftig? Sieh da! Sie wußte wohl übrigens, was sie tat.
Die Behandlung des Fleisches und der Linienfluß des Gewandes
ist wirklich eminent.«

»Ja, ein unglaublich begabter Kerl.«

»Kennst du ihn?«

»Ein wenig. Er wird Karriere machen, das ist sicher. Er war
schon zweimal beim Regenten zur Tafel...«

Das letzte sprachen sie, während sie anfingen, voneinander
Abschied zu nehmen.

»Sieht man dich heute abend im Theater?« fragte der eine.

»Der dramatische Verein gibt Macchiavelli's ›Mandragola‹ zum besten.«

»Oh, bravo. Davon kann man sich Spaß versprechen. Ich hatte vor, ins Künstlervarieté zu gehen, aber es ist wahrscheinlich, daß ich den wackeren Nicolò schließlich vorziehe. Auf Wiedersehen...«

Sie trennten sich, traten zurück und gingen nach rechts und links auseinander. Neue Leute rückten an ihre Stelle und betrachteten das erfolgreiche Bild. Aber Hieronymus stand unbeweglich an seinem Platze; er stand mit vorgestrecktem Kopfe, und man sah, wie seine Hände, mit denen er auf der Brust seinen Mantel von innen zusammenhielt, sich krampfhaft ballten. Seine Brauen waren nicht mehr mit jenem kühl und ein wenig gehässig erstaunten Ausdruck emporgezogen, sie hatten sich gesenkt und verfinstert, seine Wangen, von der schwarzen Kapuze halb bedeckt, schienen tiefer ausgehöhlt als vordem, und seine dicken Lippen waren ganz bleich. Langsam neigte sein Kopf sich tiefer und tiefer, so daß er schließlich seine Augen ganz von unten herauf starr auf das Kunstwerk gerichtet hielt. Die Flügel seiner großen Nase bebten.

In dieser Haltung verblieb er wohl eine Viertelstunde. Die Leute um ihn her lösten sich ab, er aber wich nicht vom Platze. Endlich drehte er sich langsam, langsam auf den Fußballen herum und ging fort.

3

Aber das Bild der Madonna ging mit ihm. Immerdar, mochte er nun in seinem engen und harten Kämmerlein weilen oder in den kühlen Kirchen knien, stand es vor seiner empörten Seele, mit schwülen, umränderten Augen, mit rätselhaft lächelnden Lippen, entblößt und schön. Und kein Gebet vermochte es zu verscheuchen.

In der dritten Nacht aber geschah es, daß ein Befehl und Ruf aus der Höhe an Hieronymus erging, einzuschreiten und seine Stimme zu erheben gegen leichtherzige Ruchlosigkeit und frechen Schönheitsdünkel. Vergebens wendete er, Mosen gleich, seine blöde Zunge vor; Gottes Wille blieb unerschütterlich und verlangte laut von seiner Zaghaftigkeit diesen Opfergang unter die lachenden Feinde.

Da machte er sich auf am Vormittage und ging, weil Gott es wollte, den Weg zur Kunsthandlung, zum großen Schönheitsgeschäft von M. Blüthenzweig. Er trug die Kapuze über dem Kopf und hielt seinen Mantel von innen mit beiden Händen zusammen, indes er wandelte.

4

Es war schwül geworden; der Himmel war fahl, und ein Gewitter drohte. Wiederum belagerte viel Volks die Fenster der Kunsthandlung, besonders aber dasjenige, in dem das Madonnenbild sich befand. Hieronymus warf nur einen kurzen Blick dorthin; dann drückte er die Klinke der mit Plakaten und Kunstzeitschriften verhangenen Glastür. »Gott will es!« sagte er und trat in den Laden.

Ein junges Mädchen, das irgendwo an einem Pult in einem großen Buche geschrieben hatte, ein hübsches, brünettes Wesen mit Haarbandeaux und zu großen Füßen, trat auf ihn zu und fragte freundlich, was ihm zu Diensten stehe.

»Ich danke Ihnen«, sagte Hieronymus leise und blickte ihr, Querfalten in seiner kantigen Stirn, ernst in die Augen. »Nicht Sie will ich sprechen, sondern den Inhaber des Geschäftes, Herrn Blüthenzweig.«

Ein wenig zögernd zog sie sich von ihm zurück und nahm ihre Beschäftigung wieder auf. Er stand inmitten des Ladens.

Alles, was draußen in einzelnen Beispielen zur Schau gestellt war, es war hier drinnen zwanzigfach zu Hauf getürmt und üppig ausgebreitet: eine Fülle von Farbe, Linie und Form, von Stil, Witz, Wohlgeschmack und Schönheit. Hieronymus blickte langsam nach beiden Seiten, und dann zog er die Falten seines schwarzen Mantels fester um sich zusammen.

Es waren mehrere Leute im Laden anwesend. An einem der breiten Tische, die sich quer durch den Raum zogen, saß ein Herr in gelbem Anzug und mit schwarzem Ziegenbart und betrachtete eine Mappe mit französischen Zeichnungen, über die er manchmal ein meckerndes Lachen vernehmen ließ. Ein junger Mensch mit einem Aspekt von Schlechtbezahltheit und Pflanzenkost bediente ihn, indem er neue Mappen zur Ansicht herbeischleppte. Dem meckernden Herrn schräg gegenüber prüfte eine vornehme alte Dame moderne Kunststickereien, große Fabelblumen in blassen Tönen, die auf langen, steifen Stielen senkrecht nebeneinander standen. Auch um sie bemühte sich ein Angestellter des Geschäfts. An einem zweiten Tische saß, die Reisemütze auf dem Kopfe und die Holzpfeife im Munde, nachlässig ein Engländer. Durabel gekleidet, glatt rasiert, kalt und unbestimmten Alters, wählte er unter Bronzen, die Herr Blüthenzweig ihm persönlich herzutrug. Die ziere Gestalt eines nackten kleinen Mädchens, welche, unreif und zart gegliedert, ihre Händchen in koketter Keuschheit auf der Brust kreuzte, hielt er am Kopfe erfaßt und musterte sie eingehend, indem er sie langsam um sich selbst drehte.

Herr Blüthenzweig, ein Mann mit kurzem braunen Vollbart und blanken Augen von ebenderselben Farbe, bewegte sich händereibend um ihn herum, indem er das kleine Mädchen mit allen Vokabeln pries, deren er habhaft werden konnte.

»Hundertfünfzig Mark, Sir«, sagte er auf englisch; »Münchener Kunst, Sir. Sehr lieblich in der Tat. Voller Reiz, wissen Sie. Es ist die Grazie selbst, Sir. Wirklich äußerst hübsch, niedlich und bewunderungswürdig.« Hierauf fiel ihm noch etwas ein und er sagte: »Höchst anziehend und verlockend.« Dann fing er wieder von vorne an.

Seine Nase lag ein wenig platt auf der Oberlippe, so daß er beständig in einem leicht fauchenden Geräusch in seinen Schnurrbart schnüffelte. Manchmal näherte er sich dabei dem Käufer in gebückter Haltung, als beröche er ihn. Als Hieronymus eintrat, untersuchte Herr Blüthenzweig ihn flüchtig in eben dieser Weise, widmete sich aber alsbald wieder dem Engländer.

Die vornehme Dame hatte ihre Wahl getroffen und verließ den Laden. Ein neuer Herr trat ein. Herr Blüthenzweig beroch ihn kurz, als wollte er so den Grad seiner Kauffähigkeit erkunden, und überließ es der jungen Buchhalterin, ihn zu bedienen. Der Herr erstand nur eine Fayencebüste Piero's, Sohn des prächtigen Medici, und entfernte sich wieder. Auch der Engländer begann nun aufzubrechen. Er hatte sich das kleine Mädchen zu eigen gemacht und ging unter den Verbeugungen Herrn Blüthenzweigs. Dann wandte sich der Kunsthändler zu Hieronymus und stellte sich vor ihn hin.

»Sie wünschen...« fragte er ohne viel Demut.

Hieronymus hielt seinen Mantel von innen mit beiden Händen zusammen und blickte Herrn Blüthenzweig fast ohne mit der Wimper zu zucken ins Gesicht. Er trennte langsam seine dikken Lippen und sagte:

»Ich komme zu Ihnen wegen des Bildes in jenem Fenster dort, der großen Photographie, der Madonna.« – Seine Stimme war belegt und modulationslos.

»Jawohl, ganz recht«, sagte Herr Blüthenzweig lebhaft und begann, sich die Hände zu reiben: »Siebenzig Mark im Rahmen, mein Herr. Es ist unveränderlich... eine erstklassige Reproduktion. Höchst anziehend und reizvoll.«

Hieronymus schwieg. Er neigte seinen Kopf in der Kapuze und sank ein wenig in sich zusammen, während der Kunsthändler sprach; dann richtete er sich wieder auf und sagte:

»Ich bemerke Ihnen im voraus, daß ich nicht in der Lage, noch überhaupt willens bin, irgend etwas zu kaufen. Es tut mir leid, Ihre Erwartungen enttäuschen zu müssen. Ich habe Mitleid mit Ihnen, wenn Ihnen das Schmerz bereitet. Aber erstens bin ich arm, und zweitens liebe ich die Dinge nicht, die Sie feilhalten. Nein, kaufen kann ich nichts.«

»Nicht... also nicht«, sagte Herr Blüthenzweig und schnüffelte stark. »Nun, darf ich fragen...«

»Wie ich Sie zu kennen glaube«, fuhr Hieronymus fort, »so verachten Sie mich darum, daß ich nicht imstande bin, Ihnen etwas abzukaufen...«

»Hm...« sagte Herr Blüthenzweig. »Nicht doch! Nur...«

»Dennoch bitte ich Sie, mir Gehör zu schenken und meinen Worten Gewicht beizulegen.«

»Gewicht beizulegen. Hm. Darf ich fragen...«

»Sie dürfen fragen«, sagte Hieronymus, »und ich werde Ihnen antworten. Ich bin gekommen, Sie zu bitten, daß Sie jenes Bild, die große Photographie, die Madonna, sogleich aus Ihrem Fenster entfernen und sie niemals wieder zur Schau stellen.«

Herr Blüthenzweig blickte eine Weile stumm in Hieronymus' Gesicht, mit einem Ausdruck, als forderte er ihn auf, über seine abenteuerlichen Worte in Verlegenheit zu geraten. Da dies aber keineswegs geschah, so schnüffelte er heftig und brachte hervor:

»Wollen Sie die Güte haben, mir mitzuteilen, ob Sie hier in irgendeiner amtlichen Eigenschaft stehen, die Sie befugt, mir Vorschriften zu machen, oder was Sie eigentlich herführt...«

»O nein«, antwortete Hieronymus; »ich habe weder Amt noch Würde von Staates wegen. Die Macht ist nicht auf meiner Seite, Herr. Was mich herführt, ist allein mein Gewissen.«

Herr Blüthenzweig bewegte nach Worten suchend den Kopf hin und her, blies heftig mit der Nase in seinen Schnurrbart und rang mit der Sprache. Endlich sagte er:

»Ihr Gewissen... Nun, so wollen Sie gefälligst... Notiz davon nehmen... daß Ihr Gewissen für uns eine... eine gänzlich belanglose Einrichtung ist!« –

Damit drehte er sich um, ging schnell zu seinem Pult im Hintergrunde des Ladens und begann zu schreiben. Die beiden Ladendiener lachten von Herzen. Auch das hübsche Fräulein kicherte über ihrem Kontobuche. Was den gelben Herrn mit dem schwarzen Ziegenbart betraf, so zeigte es sich, daß er ein Fremder war, denn er verstand augenscheinlich nichts von dem Gespräch, sondern fuhr fort, sich mit den französischen Zeichnungen zu beschäftigen, wobei er von Zeit zu Zeit sein meckerndes Lachen vernehmen ließ. –

»Wollen Sie den Herrn abfertigen«, sagte Herr Blüthenzweig über die Schulter hinweg zu seinem Gehilfen. Dann schrieb er weiter. Der junge Mensch mit dem Aspekt von Schlechtbezahltheit und Pflanzenkost trat auf Hieronymus zu, indem er sich des Lachens zu enthalten trachtete, und auch der andere Verkäufer näherte sich.

»Können wir Ihnen sonst irgendwie dienlich sein?« fragte der Schlechtbezahlte sanft. Hieronymus hielt unverwandt seinen leidenden, stumpfen und dennoch durchdringenden Blick auf ihn gerichtet.

»Nein«, sagte er, »sonst können Sie es nicht. Ich bitte Sie, das Madonnenbild unverzüglich aus dem Fenster zu entfernen, und zwar für immer.«

»Oh... Warum?«

»Es ist die heilige Mutter Gottes...« sagte Hieronymus gedämpft.

»Allerdings... Sie hören ja aber, daß Herr Blüthenzweig nicht geneigt ist, Ihren Wunsch zu erfüllen.«

»Man muß bedenken, daß es die heilige Mutter Gottes ist«, sagte Hieronymus, und sein Kopf zitterte.

»Das ist richtig. – Und weiter? Darf man keine Madonnen ausstellen? Darf man keine malen?«

»Nicht so! Nicht so!« sagte Hieronymus beinahe flüsternd, indem er sich hoch emporrichtete und mehrmals heftig den Kopf schüttelte. Seine kantige Stirn unter der Kapuze war ganz von langen und tiefen Querfalten durchfurcht. »Sie wissen sehr wohl, daß es das Laster selbst ist, das ein Mensch dort gemalt hat... die entblößte Wollust! Von zwei schlichten und unbewußten Leuten, die dieses Madonnenbild betrachteten, habe ich mit meinen Ohren gehört, daß es sie an dem Dogma der unbefleckten Empfängnis irremache...«

»Oh, erlauben Sie, nicht darum handelt es sich«, sagte der junge Verkäufer überlegen lächelnd. Er schrieb in seinen Mußestunden eine Broschüre über die moderne Kunstbewegung und war sehr wohl imstande, ein gebildetes Gespräch zu führen. »Das Bild ist ein Kunstwerk«, fuhr er fort, »und man muß den Maßstab daranlegen, der ihm gebührt. Es hat allerseits den größten Beifall gehabt. Der Staat hat es angekauft...«

»Ich weiß, daß der Staat es angekauft hat«, sagte Hieronymus.

»Ich weiß auch, daß der Maler zweimal beim Regenten gespeist hat. Das Volk spricht davon, und Gott weiß, wie es sich die Tatsache deutet, daß jemand für ein solches Werk zum hochgeehrten Manne wird. Wovon legt diese Tatsache Zeugnis ab? Von der Blindheit der Welt, einer Blindheit, die unfaßlich ist, wenn sie nicht auf schamloser Heuchelei beruht. Dieses Gebilde ist aus Sinnenlust entstanden und wird in Sinnenlust genossen... ist dies wahr oder nicht? Antworten Sie; antworten auch Sie, Herr Blüthenzweig!«

Eine Pause trat ein. Hieronymus schien allen Ernstes eine Antwort zu verlangen und blickte mit seinen leidenden und durchdringenden Augen abwechselnd auf die beiden Verkäufer, die ihn neugierig und verdutzt anstarrten, und auf Herrn Blüthenzweigs runden Rücken. Es herrschte Stille. Nur der gelbe Herr mit dem schwarzen Ziegenbart ließ, über die französischen Zeichnungen gebeugt, sein meckerndes Lachen vernehmen.

»Es *ist* wahr!« fuhr Hieronymus fort, und in seiner belegten Stimme bebte eine tiefe Entrüstung... »Sie wagen nicht, es zu leugnen! Wie aber ist es dann möglich, den Verfertiger dieses Gebildes im Ernste zu feiern, als habe er der Menschheit ideale Güter um eines vermehrt? Wie ist es dann möglich, davor zu stehen, sich unbedenklich dem schnöden Genusse hinzugeben, den es verursacht, und sein Gewissen mit dem Worte Schönheit zum Schweigen zu bringen, ja, sich ernstlich einzureden, man überlasse sich dabei einem edlen, erlesenen und höchst menschenwürdigen Zustande? Ist dies ruchlose Unwissenheit oder verworfene Heuchelei? Mein Verstand steht still an dieser Stelle... er steht still vor der absurden Tatsache, daß ein Mensch durch die dumme und zuversichtliche Entfaltung seiner tierischen Triebe auf Erden zu höchstem Ruhme gelangen kann!... Schönheit... Was ist Schönheit? Wodurch wird die Schönheit zutage getrieben und worauf wirkt sie? Es ist unmöglich, dies nicht zu wissen, Herr Blüthenzweig! Wie aber ist es denkbar, eine Sache so sehr zu durchschauen und nicht angesichts ihrer von Ekel und Gram erfüllt zu werden? Es ist verbrecherisch, die Unwissenheit der schamlosen Kinder und kecken Unbedenklichen durch die Erhöhung und frevle Anbetung der Schönheit zu bestätigen, zu bekräftigen und ihr zur Macht zu verhelfen, denn sie sind weit vom Leiden und weiter noch von der Erlösung! ... Du blickst schwarz, antworten Sie mir, du, Unbekannter. Das Wissen, sage ich Ihnen, ist die tiefste Qual der Welt; aber es ist das Fegefeuer, ohne dessen läuternde Pein keines Menschen Seele zum Heile gelangt. Nicht kecker Kindersinn und ruchlose Unbefangenheit frommt, Herr Blüthenzweig, sondern jene Erkenntnis, in der die Leidenschaften unseres eklen Fleisches hinsterben und verlöschen.«

Stillschweigen. Der gelbe Herr mit dem schwarzen Ziegenbart meckerte kurz.

»Sie müssen nun wohl gehen«, sagte der Schlechtbezahlte sanft.

Aber Hieronymus machte keineswegs Anstalten, zu gehen. Hoch aufgerichtet in seinem Kapuzenmantel, mit brennenden Augen stand er inmitten des Kunstladens, und seine dicken Lippen formten mit hartem und gleichsam rostigem Klange unaufhaltsam verdammende Worte...

»Kunst! rufen sie, Genuß! Schönheit! Hüllt die Welt in Schönheit ein und verleiht jedem Dinge den Adel des Stiles! ...Geht mir, Verruchte! Denkt man, mit prunkenden Farben das Elend der Welt zu übertünchen? Glaubt man, mit dem Festlärm des üppigen Wohlgeschmacks das Ächzen der gequälten Erde übertönen zu können? Ihr irrt, Schamlose! Gott läßt sich nicht spotten, und ein Greuel ist in seinen Augen euer frecher Götzendienst der gleißenden Oberfläche! ...Du schmähst die Kunst, antworten Sie mir, du, Unbekannter. Sie lügen, sage ich Ihnen, ich schmähe nicht die Kunst! Die Kunst ist kein gewissenloser Trug, der lockend zur Bekräftigung und Bestätigung des Lebens im Fleische reizt! Die Kunst ist die heilige Fackel, die barmherzig hineinleuchte in alle fürchterlichen Tiefen, in alle scham- und gramvollen Abgründe des Daseins; die Kunst ist das göttliche Feuer, das an die Welt gelegt werde, damit sie aufflamme und zergehe samt all ihrer Schande und Marter in erlösendem Mitleid! ...Nehmen Sie, Herr Blüthenzweig, nehmen Sie das Werk des berühmten Malers dort aus Ihrem Fenster... ja, Sie täten gut, es mit einem heißen Feuer zu verbrennen und seine Asche in alle Winde zu streuen, in alle vier Winde! ...«

Seine unschöne Stimme brach ab. Er hatte einen heftigen Schritt rückwärts getan, hatte einen Arm der Umhüllung des schwarzen Mantels entrissen, hatte ihn mit leidenschaftlicher Bewegung weit hinausgereckt und wies mit einer seltsam verzerrten, krampfhaft auf und nieder bebenden Hand auf die Auslage, das Schaufenster, dorthin, wo das aufsehenerregende Madonnenbild seinen Platz hatte. In dieser herrischen Haltung verharrte er. Seine große, gehöckerte Nase schien mit einem befehlshaberischen Ausdruck hervorzuspringen, seine dunklen, an der Nasenwurzel stark sich verdickenden Brauen waren so hoch emporgezogen, daß die kantige, von der Kapuze beschattete Stirn ganz in breiten Querfalten lag, und über seinen Wangenhöhlen hatte sich eine hektische Hitze entzündet.

Hier aber wandte Herr Blüthenzweig sich um. Sei es, daß die Zumutung, diese Siebenzig-Mark-Reproduktion zu verbrennen, ihn so aufrichtig entrüstete, oder daß überhaupt Hieronymus' Reden seine Geduld am Ende erschöpft hatten: jedenfalls bot er ein Bild gerechten und starken Zornes. Er wies mit dem Federhalter auf die Ladentür, blies mehrere Male kurz und erregt mit der Nase in den Schnurrbart, rang mit der Sprache und brachte dann mit höchstem Nachdruck hervor:

»Wenn Sie Patron nun nicht augenblicklich von der Bildfläche verschwinden, so lasse ich Ihnen durch den Packer den Abgang erleichtern, verstehen Sie mich?!«

»Oh, Sie schüchtern mich nicht ein, Sie verjagen mich nicht, Sie bringen meine Stimme nicht zum Schweigen!« rief Hieronymus, indem er oberhalb der Brust seine Kapuze mit der Faust zusammenraffte und furchtlos den Kopf schüttelte... »Ich weiß, daß ich einsam und machtlos bin, und dennoch verstumme ich nicht, bis Sie mich hören, Herr Blüthenzweig! Nehmen Sie das Bild aus Ihrem Fenster und verbrennen Sie es noch heute! Ach, verbrennen Sie nicht dies allein! Verbrennen Sie auch diese Statuetten und Büsten, deren Anblick in Sünde stürzt, verbrennen Sie diese Vasen und Zierate, diese schamlosen Wiedergeburten des Heidentums, diese üppig ausgestatteten Liebesverse! Verbrennen Sie alles, was Ihr Laden birgt, Herr Blüthenzweig, denn es ist ein Unrat in Gottes Augen! Verbrennen, verbrennen, verbrennen Sie es!« rief er außer sich, indem er eine wilde, weite Bewegung rings in die Runde vollführte...

»Diese Ernte ist reif für den Schnitter... Die Frechheit dieser Zeit durchbricht alle Dämme... Ich aber sage Ihnen...«

»Krauthuber!« ließ Herr Blüthenzweig, einer Tür im Hintergrund zugewandt, mit Anstrengung seine Stimme vernehmen... »Kommen Sie sofort herein!«

Das, was infolge dieses Befehls auf dem Schauplatze erschien, war ein massiges und übergewaltiges Etwas, eine ungeheuerliche und strotzende menschliche Erscheinung von schreckeneinflößender Fülle, deren schwellende, quellende, gepolsterte Gliedmaßen überall formlos ineinander übergingen... eine unmäßige, langsam über den Boden wuchtende und schwer pustende Riesengestalt, genährt mit Malz, ein Sohn des Volkes von fürchterlicher Rüstigkeit! Ein fransenartiger Seehundsschnauzbart war droben in seinem Angesicht bemerkbar, ein gewaltiges, mit Kleister besudeltes Schurzfell bedeckte seinen Leib, und die gelben Ärmel seines Hemdes waren von seinen sagenhaften Armen zurückgerollt.

»Wollen Sie diesem Herrn die Türe öffnen, Krauthuber«, sagte Herr Blüthenzweig, »und, sollte er sie dennoch nicht finden, ihm auf die Straße hinausverhelfen.«

»Ha?« sagte der Mann, indem er mit seinen kleinen Elefantenaugen abwechselnd Hieronymus und seinen erzürnten Brotherrn betrachtete... Es war ein dumpfer Laut von mühsam zurückgedämmter Kraft. Dann ging er, mit seinen Tritten alles um sich her erschütternd, zur Tür und öffnete sie.

Hieronymus war sehr bleich geworden. »Verbrennen Sie...« wollte er sagen, aber schon fühlte er sich von einer furchtbaren Übermacht umgewandt, von einer Körperwucht, gegen die kein Widerstand denkbar war, langsam und unaufhaltsam der Tür entgegengedrängt.

»Ich bin schwach…« brachte er hervor. »Mein Fleisch erträgt nicht die Gewalt… es hält nicht stand, nein… Was beweist das? Verbrennen Sie…«

Er verstummte. Er befand sich außerhalb des Kunstladens. Herrn Blüthenzweigs riesiger Knecht hatte ihn schließlich mit einem kleinen Stoß und Schwung fahren lassen, so daß er, auf eine Hand gestützt, seitwärts auf die steinerne Stufe niedergesunken war. Und hinter ihm schloß sich klirrend die Glastür.

Er richtete sich empor. Er stand aufrecht und hielt schwer atmend mit der einen Faust seine Kapuze oberhalb der Brust zusammengerafft, indes er die andere unter dem Mantel hinabhängen ließ. In seinen Wangenhöhlen lagerte eine graue Blässe; die Flügel seiner großen, gehöckerten Nase blähten und schlossen sich zuckend; seine häßlichen Lippen waren zu dem Ausdruck eines verzweifelten Hasses verzerrt, und seine Augen, von Glut umzogen, schweiften irr und ekstatisch über den schönen Platz.

Er sah nicht die neugierig und lachend auf ihn gerichteten Blicke. Er sah auf der Mosaikfläche vor der großen Loggia die Eitelkeiten der Welt, die Maskenkostüme der Künstlerfeste, die Zierate, Vasen, Schmuckstücke und Stilgegenstände, die nackten Statuen und Frauenbüsten, die malerischen Wiedergeburten des Heidentums, die Porträts der berühmten Schönheiten von Meisterhand, die üppig ausgestatteten Liebesverse und Propagandaschriften der Kunst pyramidenartig aufgetürmt und unter dem Jubelgeschrei des durch seine furchtbaren Worte geknechteten Volkes in prasselnde Flammen aufgehen… Er sah gegen die gelbliche Wolkenwand, die von der Theatinerstraße heraufgezogen war und in der es leise donnerte, ein breites Feuerschwert stehen, das sich im Schwefellicht über die frohe Stadt hinreckte…

»Gladius Dei super terram…« flüsterten seine dicken Lippen, und in seinem Kapuzenmantel sich höher emporrichtend, mit einem versteckten und krampfigen Schütteln seiner hinabhängenden Faust, murmelte er bebend: »Cito et velociter!«

Schwere Stunde

Er stand vom Schreibtisch auf, von seiner kleinen, gebrech-
lichen Schreibkommode, stand auf wie ein Verzweifelter und
ging mit hängendem Kopfe in den entgegengesetzten Winkel
des Zimmers zum Ofen, der lang und schlank war wie eine
Säule. Er legte die Hände an die Kacheln, aber sie waren fast
ganz erkaltet, denn Mitternacht war lange vorbei, und so lehnte
er, ohne die kleine Wohltat empfangen zu haben, die er suchte,
den Rücken daran, zog hustend die Schöße seines Schlafrockes
zusammen, aus dessen Brustaufschlägen das verwaschene Spit-
zenjabot heraushing, und schnob mühsam durch die Nase, um
sich ein wenig Luft zu verschaffen; denn er hatte den Schnupfen
wie gewöhnlich.

Das war ein besonderer und unheimlicher Schnupfen, der ihn
fast nie völlig verließ. Seine Augenlider waren entflammt und
die Ränder seiner Nasenlöcher ganz wund davon, und in Kopf
und Gliedern lag dieser Schnupfen ihm wie eine schwere,
schmerzliche Trunkenheit. Oder war an all der Schlaffheit und
Schwere das leidige Zimmergewahrsam schuld, das der Arzt
nun schon wieder seit Wochen über ihn verhängt hielt? Gott
wußte, ob er wohl daran tat. Der ewige Katarrh und die
Krämpfe in Brust und Unterleib mochten es nötig machen, und
schlechtes Wetter war über Jena, seit Wochen, seit Wochen, das
war richtig, ein miserables und hassenswertes Wetter, das man in
allen Nerven spürte, wüst, finster und kalt, und der Dezember-
wind heulte im Ofenrohr, verwahrlost und gottverlassen, daß es
klang nach nächtiger Heide im Sturm und Irrsal und heillosem
Gram der Seele. Aber gut war sie nicht, diese enge Gefangen-
schaft, nicht gut für die Gedanken und den Rhythmus des Blutes, aus dem die Gedanken kamen...

Das sechseckige Zimmer, kahl, nüchtern und unbequem, mit
seiner geweißten Decke, unter der Tabaksrauch schwebte, seiner schräg karierten Tapete, auf der oval gerahmte Silhouetten

hingen, und seinen vier, fünf dünnbeinigen Möbeln, lag im Lichte der beiden Kerzen, die zu Häupten des Manuskripts auf der Schreibkommode brannten. Rote Vorhänge hingen über den oberen Rahmen der Fenster, Fähnchen nur, symmetrisch geraffte Kattune; aber sie waren rot, von einem warmen, sonoren Rot, und er liebte sie und wollte sie niemals missen, weil sie etwas von Üppigkeit und Wollust in die unsinnlich-enthaltsame Dürftigkeit seines Zimmers brachten...

Er stand am Ofen und blickte mit einem raschen und schmerzlich angestrengten Blinzeln hinüber zu dem Werk, von dem er geflohen war, dieser Last, diesem Druck, dieser Gewissensqual, diesem Meer, das auszutrinken, dieser furchtbaren Aufgabe, die sein Stolz und sein Elend, sein Himmel und seine Verdammnis war. Es schleppte sich, es stockte, es stand – schon wieder, schon wieder! Das Wetter war schuld und sein Katarrh und seine Müdigkeit. Oder das Werk? Die Arbeit selbst? Die eine unglückselige und der Verzweiflung geweihte Empfängnis war?

Er war aufgestanden, um sich ein wenig Distanz davon zu verschaffen, denn so oft bewirkte die räumliche Entfernung vom Manuskript, daß man Übersicht gewann, einen weiteren Blick über den Stoff, und Verfügungen zu treffen vermochte. Ja, es gab Fälle, wo das Erleichterungsgefühl, wenn man sich abwendete von der Stätte des Ringens, begeisternd wirkte. Und das war eine unschuldigere Begeisterung, als wenn man Likör nahm oder schwarzen, starken Kaffee... Die kleine Tasse stand auf dem Tischchen. Wenn sie ihm über das Hemmnis hülfe? Nein, nein, nicht mehr! Nicht der Arzt nur, auch ein zweiter noch, ein Ansehnlicherer, hatte ihm dergleichen behutsam widerraten: der andere, der dort, in Weimar, den er mit einer sehnsüchtigen Feindschaft liebte. Der war weise. Der wußte zu leben, zu schaffen; mißhandelte sich nicht; war voller Rücksicht gegen sich selbst...

Stille herrschte im Hause. Nur der Wind war hörbar, der die Schloßgasse hinuntersauste, und der Regen, wenn er prickelnd gegen die Fenster getrieben ward. Alles schlief, der Hauswirt und die Seinen, Lotte und die Kinder. Und er stand einsam wach am erkalteten Ofen und blinzelte gequält zu dem Werk hinüber, an das seine kranke Ungenügsamkeit ihn glauben ließ... Sein weißer Hals ragte lang aus der Binde hervor, und zwischen den Schößen des Schlafrocks sah man seine nach innen gekrümmten Beine. Sein rotes Haar war aus der hohen und zarten Stirn zurückgestrichen, ließ blaß geäderte Buchten über den Schläfen frei und bedeckte die Ohren in dünnen Locken. An der Wurzel der großen, gebogenen Nase, die unvermittelt in eine weißliche Spitze endete, traten die starken Brauen, dunkler als das Haupthaar, nahe zusammen, was dem Blick der tiefliegenden, wunden Augen etwas tragisch Schauendes gab. Gezwungen, durch den Mund zu atmen, öffnete er die dünnen Lippen, und seine Wangen, sommersprossig und von Stubenluft fahl, erschlafften und fielen ein...

Nein, es mißlang, und alles war vergebens! Die Armee! Die Armee hätte gezeigt werden müssen! Die Armee war die Basis von allem! Da sie nicht vors Auge gebracht werden konnte – war die ungeheure Kunst denkbar, sie der Einbildung aufzuzwingen? Und der Held war kein Held; er war unedel und kalt! Die Anlage war falsch, und die Sprache war falsch, und es war ein trockenes und schwungloses Kolleg in Historie, breit, nüchtern und für die Schaubühne verloren!

Gut, es war also aus. Eine Niederlage. Ein verfehltes Unternehmen. Bankerott. Er wollte es Körnern schreiben, dem guten Körner, der an ihn glaubte, der in kindischem Vertrauen seinem Genius anhing. Er würde höhnen, flehen, poltern – der Freund; würde ihn an den Carlos gemahnen, der auch aus Zweifeln und Mühen und Wandlungen hervorgegangen und sich am Ende, nach aller Qual, als ein weithin Vortreffliches, eine ruhmvolle Tat erwiesen hat. Doch das war anders gewesen. Damals war er der Mann noch, eine Sache mit glücklicher Hand zu packen und sich den Sieg daraus zu gestalten. Skrupel und Kämpfe? O ja. Und krank war er gewesen, wohl kränker als jetzt, ein Darbender, Flüchtiger, mit der Welt Zerfallener, gedrückt und im Menschlichen bettelarm. Aber jung, ganz jung noch! Jedesmal,

wie tief auch gebeugt, war sein Geist geschmeidig emporge-
schnellt, und nach den Stunden des Harms waren die anderen
des Glaubens und des inneren Triumphes gekommen. Die kamen nicht mehr, kamen kaum noch. Eine Nacht der flammen-
den Stimmung, da man auf einmal in einem genialisch leidenschaftlichen Lichte sah, was werden könnte, wenn man immer
solcher Gnade genießen dürfte, mußte bezahlt werden mit einer
Woche der Finsternis und der Lähmung. Müde war er, sieben-
unddreißig erst alt und schon am Ende. Der Glaube lebte nicht
mehr, der an die Zukunft, der im Elend sein Stern gewesen. Und
so war es, dies war die verzweifelte Wahrheit: Die Jahre der Not
und der Nichtigkeit, die er für Leidens- und Prüfungsjahre gehalten, sie eigentlich waren reiche und fruchtbare Jahre gewesen; und nun, da ein wenig Glück sich herniedergelassen, da er
aus dem Freibeutertum des Geistes in einige Rechtlichkeit und
bürgerliche Verbindung eingetreten war, Amt und Ehren trug,
Weib und Kinder besaß, nun war er erschöpft und fertig. Versagen und verzagen – das war's, was übrigblieb.

Er stöhnte, preßte die Hände vor die Augen und ging wie
gehetzt durch das Zimmer. Was er da eben gedacht, war so
furchtbar, daß er nicht an der Stelle zu bleiben vermochte, wo
ihm der Gedanke gekommen war. Er setzte sich auf einen Stuhl
an der Wand, ließ die gefalteten Hände zwischen den Knien hängen und starrte trüb auf die Diele nieder.

Das Gewissen... wie laut sein Gewissen schrie! Er hatte ge-
sündigt, sich versündigt gegen sich selbst in all den Jahren, gegen das zarte Instrument seines Körpers. Die Ausschweifungen
seines Jugendmutes, die durchwachten Nächte, die Tage in ta-
bakrauchiger Stubenluft, übergeistig und des Leibes uneinge-
denk, die Rauschmittel, mit denen er sich zur Arbeit gestachelt –
das rächte, rächte sich jetzt!

Und rächte es sich, so wollte er den Göttern trotzen, die
Schuld schickten und dann Strafe verhängten. Er hatte gelebt,
wie er leben mußte, er hatte nicht Zeit gehabt, weise, nicht Zeit,
bedächtig zu sein. Hier, an dieser Stelle der Brust, wenn er atmete, hustete, gähnte, immer am selben Punkt dieser Schmerz,

diese kleine, teuflische, stechende, bohrende Mahnung, die nicht schwieg, seitdem vor fünf Jahren in Erfurt das Katarrhfieber, jene hitzige Brustkrankheit, ihn angefallen – was wollte sie sagen? In Wahrheit, er wußte es nur zu gut, was sie meinte – mochte der Arzt sich stellen wie er konnte und wollte. Er hatte nicht Zeit, sich mit kluger Schonung zu begegnen, mit milder Sittlichkeit hauszuhalten. Was er tun wollte, mußte er bald tun, heute noch, schnell... Sittlichkeit? Aber wie kam es zuletzt, daß die Sünde gerade, die Hingabe an das Schädliche und Verzehrende ihn moralischer dünkte als alle Weisheit und kühle Zucht? Nicht sie, nicht die verächtliche Kunst des guten Gewissens waren das Sittliche, sondern der Kampf und die Not, die Leidenschaft und der Schmerz!

Der Schmerz... Wie das Wort ihm die Brust weitete! Er reckte sich auf, verschränkte die Arme; und sein Blick, unter den rötlichen, zusammenstehenden Brauen, beseelte sich mit schöner Klage. Man war noch nicht elend, ganz elend noch nicht, solange es möglich war, seinem Elend eine stolze und edle Benennung zu schenken. Eins war not: Der gute Mut, seinem Leben große und schöne Namen zu geben! Das Leid nicht auf Stubenluft und Konstipation zurückzuführen! Gesund genug sein, um pathetisch sein – um über das Körperliche hinwegsehen, hinwegfühlen zu können! Nur hierin naiv sein, wenn auch sonst wissend in allem! Glauben, an den Schmerz glauben können... Aber er glaubte ja an den Schmerz, so tief, so innig, daß etwas, was unter Schmerzen geschah, diesem Glauben zufolge weder nutzlos noch schlecht sein konnte. Sein Blick schwang sich zum Manuskript hinüber, und seine Arme verschränkten sich fester über der Brust... Das Talent selbst – war es nicht Schmerz? Und wenn d a s dort, das unselige Werk, ihn leiden machte, war es nicht in der Ordnung so und fast schon ein gutes Zeichen? Es hatte noch niemals gesprudelt, und sein Mißtrauen würde erst eigentlich beginnen, wenn es das täte. Nur bei Stümpern und Dilettanten sprudelte es, bei den Schnellzufriedenen und Unwissenden, die nicht unter dem Druck und der Zucht des Talentes lebten. Denn das Talent, meine Herren und Damen dort unten, weithin im Parterre, das Talent ist nichts Leichtes, nichts Tändelndes, es ist nicht ohne weiteres ein Können. In der Wurzel ist es Bedürfnis, ein kritisches Wissen um das Ideal, eine Ungenügsamkeit, die sich ihr Können nicht ohne Qual erst schafft und steigert. Und den Größten, den Ungenügsamsten ist ihr Talent die schärfste Geißel... Nicht klagen! Nicht prahlen! Bescheiden, geduldig denken von dem, was man trug! Und wenn nicht ein Tag in der Woche, nicht eine Stunde von Leiden frei war – was weiter? Die Lasten und Leistungen, die Anforderungen, Beschwerden, Strapazen gering achten, klein sehen, – das war's, was groß machte!

Er stand auf, zog die Dose und schnupfte gierig, warf dann die Hände auf den Rücken und schritt so heftig durch das Zimmer, daß die Flammen der Kerzen im Luftzuge flatterten... Größe! Außerordentlichkeit! Welteroberung und Unsterblichkeit des Namens! Was galt alles Glück der ewig Unbekannten gegen dies Ziel? Gekannt sein, – gekannt und geliebt von den Völkern der Erde! Schwatzet von Ichsucht, die ihr nichts wißt von der Süßigkeit dieses Traumes und Dranges! Ichsüchtig ist alles Außerordentliche, sofern es leidet. Mögt ihr selbst zusehen, spricht es, ihr Sendungslosen, die ihr's auf Erden so viel leichter habt! Und der Ehrgeiz spricht: Soll das Leiden umsonst gewesen sein? Groß muß es mich machen! ...

Die Flügel seiner großen Nase waren gespannt, sein Blick drohte und schweifte. Seine Rechte war heftig und tief in den Aufschlag seines Schlafrockes geschoben, während die Linke geballt herniederhing. Eine fliegende Röte war in seine hageren Wangen getreten, eine Lohe, emporgeschlagen aus der Glut seines Künstleregoismus, jener Leidenschaft für sein Ich, die unauslöschlich in seiner Tiefe brannte. Er kannte ihn wohl, den heimlichen Rausch dieser Liebe. Zuweilen brauchte er nur seine Hand zu betrachten, um von einer begeisterten Zärtlichkeit für sich selbst erfüllt zu werden, in deren Dienst er alles, was ihm an Waffen des Talentes und der Kunst gegeben war, zu stellen beschloß. Er durfte es, nichts war unedel daran. Denn tiefer noch als diese Ichsucht lebte das Bewußtsein, sich dennoch bei alledem im

Dienste vor irgend etwas Hohem, ohne Verdienst freilich, sondern unter einer Notwendigkeit, uneigennützig zu verzehren und aufzuopfern. Und dies war seine Eifersucht: daß niemand größer werde als er, der nicht auch tiefer als er um dieses Hohe gelitten.

Niemand! ... Er blieb stehen, die Hand über den Augen, den Oberkörper halb seitwärts gewandt, ausweichend, fliehend. Aber er fühlte schon den Stachel dieses unvermeidlichen Gedankens in seinem Herzen, des Gedankens an ihn, den anderen, den Hellen, Tastseligen, Sinnlichen, Göttlich-Unbewußten, an den dort, in Weimar, den er mit einer sehnsüchtigen Feindschaft liebte... Und wieder, wie stets, in tiefer Unruhe, mit Hast und Eifer, fühlte er die Arbeit in sich beginnen, die diesem Gedanken folgte: das eigene Wesen und Künstlertum gegen das des anderen zu behaupten und abzugrenzen... War er denn größer? Worin? Warum? War es ein blutendes Trotzdem, wenn er siegte? Würde je sein Erliegen ein tragisches Schauspiel sein? Ein Gott, vielleicht – ein Held war er nicht. Aber es war leichter, ein Gott zu sein als ein Held! – Leichter... Der andere hatte es leichter! Mit weiser und glücklicher Hand Erkennen und Schaffen zu scheiden, das mochte heiter und quallos und quellend fruchtbar machen. Aber war Schaffen göttlich, so war Erkenntnis Heldentum, und beides war der, ein Gott und ein Held, welcher erkennend schuf!

Der Wille zum Schweren... Ahnte man, wieviel Zucht und Selbstüberwindung ein Satz, ein strenger Gedanke ihn kostete? Denn zuletzt war er unwissend und wenig geschult, ein dumpfer und schwärmender Träumer. Es war schwerer, einen Brief des Julius zu schreiben, als die beste Szene zu machen, – und war es nicht darum auch fast schon das Höhere? – Vom ersten rhythmischen Drange innerer Kunst nach Stoff, Materie, Möglichkeit des Ergusses – bis zum Gedanken, zum Bilde, zum Worte, zur Zeile: welch Ringen! welch Leidensweg! Wunder der Sehnsucht waren seine Werke, der Sehnsucht nach Form, Gestalt, Begrenzung, Körperlichkeit, der Sehnsucht hinüber in die klare Welt des anderen, der unmittelbar und mit göttlichem Mund die besonnten Dinge bei Namen nannte.

Dennoch, und jenem zum Trotz: Wer war ein Künstler, ein Dichter gleich ihm, ihm selbst? Wer schuf, wie er, aus dem Nichts, aus der eigenen Brust? War nicht als Musik, als reines Urbild des Seins ein Gedicht in seiner Seele geboren, lange bevor es sich Gleichnis und Kleid aus der Welt der Erscheinungen lieh? Geschichte, Weltweisheit, Leidenschaft: Mittel und Vorwände, nicht mehr, für etwas, was wenig mit ihnen zu schaffen, was seine Heimat in orphischen Tiefen hatte. Worte, Begriffe: Tasten nur, die sein Künstlertum schlug, um ein verborgenes Saitenspiel klingen zu machen... Wußte man das? Sie priesen ihn sehr, die guten Leute, für die Kraft der Gesinnung, mit welcher er die oder jene Taste schlug. Und sein Lieblingswort, sein letztes Pathos, die große Glocke, mit der er zu den höchsten Festen der Seele rief, sie lockte viele herbei... Freiheit... Mehr und weniger, wahrhaftig, begriff er darunter als sie, wenn sie jubelten. Freiheit – was hieß das? Ein wenig Bürgerwürde doch nicht vor Fürstenthronen? Laßt ihr euch träumen, was alles ein Geist mit dem Worte zu meinen wagt? Freiheit wovon? Wovon zuletzt noch? Vielleicht sogar noch vom Glück, vom Menschenglück, dieser seidenen Fessel, dieser weichen und holden Verpflichtung...

Vom Glück... Seine Lippen zuckten; es war, als kehrte sein Blick sich nach innen, und langsam ließ er das Gesicht in die Hände sinken... Er war im Nebenzimmer. Bläuliches Licht floß von der Ampel, und der geblümte Vorhang verhüllte in stillen Falten das Fenster. Er stand am Bette, beugte sich über das süße Haupt auf dem Kissen... Eine schwarze Locke ringelte sich über die Wange, die von der Blässe der Perlen schien, und die kindlichen Lippen waren im Schlummer geöffnet... Mein Weib! Geliebte! Folgtest du meiner Sehnsucht und tratest du zu mir, mein Glück zu sein? Du bist es, sei still! Und schlafe! Schlag jetzt nicht diese süßen, langschattenden Wimpern auf, um mich anzuschauen, so groß und dunkel, wie manchmal, als fragtest und suchtest du mich! Bei Gott, bei Gott, ich liebe dich sehr! Ich kann mein Gefühl nur zuweilen nicht finden, weil ich oft sehr müde vom Leiden bin und vom Ringen mit jener Aufgabe, welche mein Selbst mir stellt. Und ich darf nicht allzusehr dein, nie ganz in dir glücklich sein, um dessentwillen, was meine Sendung ist...

Er küßte sie, trennte sich von der lieblichen Wärme ihres Schlummers, sah um sich, kehrte zurück. Die Glocke mahnte ihn, wie weit schon die Nacht vorgeschritten, aber es war auch zugleich, als zeigte sie gütig das Ende einer schweren Stunde an. Er atmete auf, seine Lippen schlossen sich fest; er ging und ergriff die Feder... Nicht grübeln! Er war zu tief, um grübeln zu dürfen! Nicht ins Chaos hinabsteigen, sich wenigstens nicht dort aufhalten! Sondern aus dem Chaos, welches die Fülle ist, ans Licht emporheben, was fähig und reif ist, Form zu gewinnen. Nicht grübeln: Arbeiten! Begrenzen, ausschalten, gestalten, fertig werden...

Und es wurde fertig, das Leidenswerk. Es wurde vielleicht nicht gut, aber es wurde fertig. Und als es fertig war, siehe, da war es auch gut. Und aus seiner Seele, aus Musik und Idee, rangen sich neue Werke hervor, klingende und schimmernde Gebilde, die in heiliger Form die unendliche Heimat wunderbar ahnen ließen, wie in der Muschel das Meer saust, dem sie entfischt ist.

Das Gesetz

Seine Geburt war unordentlich, darum liebte er leidenschaftlich Ordnung, das Unverbrüchliche, Gebot und Verbot.

Er tötete früh im Auflodern, darum wußte er besser als jeder Unerfahrene, daß Töten zwar köstlich, aber getötet zu haben höchst gräßlich ist, und daß du nicht töten sollst.

Er war sinnenheiß, darum verlangte es ihn nach dem Geistigen, Reinen und Heiligen, dem Unsichtbaren, denn dieses schien ihm geistlich, heilig und rein.

Bei den Midianitern, einem rührig ausgebreiteten Hirten- und Handelsvolk der Wüste, zu dem er aus Ägypten, dem Lande seiner Geburt, fliehen mußte, da er getötet hatte (das Nähere sogleich), machte er die Bekanntschaft eines Gottes, den man nicht sehen konnte, der aber dich sah; eines Bergbewohners, der zugleich unsichtbar auf einer tragbaren Lade saß, in einem Zelt, wo er durch Schüttel-Lose Orakel erteilte. Den Kindern Midians war dieses Numen, Jahwe genannt, ein Gott unter anderen; sie dachten sich nicht viel bei seinem Dienst, den sie nur zur Sicherheit und für alle Fälle mitversahen. Es war ihnen eingefallen, daß unter den Göttern ja auch vielleicht einer sein könnte, den man nicht sah, ein Gestaltloser, und sie opferten ihm nur, um nichts zu versäumen, niemanden zu kränken und sich von keiner möglichen Seite her Unannehmlichkeiten zuzuziehen.

Mose dagegen, kraft seiner Begierde nach dem Reinen und Heiligen, war tief beeindruckt von der Unsichtbarkeit Jahwe's; er fand, daß kein sichtbarer Gott es an Heiligkeit mit einem unsichtbaren aufnehmen könne, und staunte, daß die Kinder Midians fast gar kein Gewicht legten auf eine Eigenschaft, die ihm unermeßlicher Implikationen voll zu sein schien. In langen, schweren und heftigen Überlegungen, während er in der Wüste die Schafe des Bruders seines midianitischen Weibes hütete, erschüttert von Eingebungen und Offenbarungen, die in einem gewissen Fall sogar sein Inneres verließen und als flammendes Außen-Gesicht, als wörtlich einschärfende Kundgebung und unausweichlicher Auftrag seine Seele heimsuchten, gelangte er zu der Überzeugung, daß Jahwe kein anderer sei als El 'eljon, der Einzig-Höchste, El ro'i, der Gott, der mich sieht, – als Er, der immer schon ›El Schaddai‹, ›der Gott des Berges‹, geheißen, als El 'olam, der Gott der Welt und der Ewigkeiten, – mit einem Wort, kein anderer als Abrahams, Jizchaks und Jakobs Gott, der Gott der Väter, will sagen: der Väter der armen, dunklen, in ihrer Anbetung schon ganz konfusen, entwurzelten und versklavten Sippen zu Haus in Ägyptenland, deren Blut von Vaters Seite in seinen, des Mose, Adern floß.

Darum und dieser Entdeckung voll, mit schwer beauftragter Seele, aber auch bebend vor Begierde, das Geheiß zu erfüllen, brach er seinen vieljährigen Aufenthalt bei den Kindern Midians ab, setzte seine Frau Zipora, ein recht vornehmes Weib, da sie eine Tochter Reguels, des Priesterkönigs in Midian, und die Schwester seines herdenbesitzenden Sohnes Jethro war, auf einen Esel, nahm auch seine zween Söhne, Gersom und Eliezer, mit und kehrte in sieben Tagereisen durch viele Wüsten gen Westen nach Ägyptenland zurück, das heißt in das brachige Unterland, wo der Nil sich teilt und wo, in einem Distrikte, der Kos, beziehungsweise auch Goschem, Gosem und Gosen hieß, das Blut seines Vaters wohnte und fronte.

Dort begann er sogleich, wo er ging und stand, in den Hütten und auf den Weide- und Arbeitsplätzen, diesem Blute seine große Erfahrung auseinanderzusetzen, wobei er eine bestimmte Art hatte, mit gestreckten Armen seine Fäuste zu beiden Seiten des Körpers bebend zu schütteln. Er benachrichtigte sie, daß der Gott der Väter wiedergefunden sei, daß er sich ihm, Moscheh ben 'Amram, zu erkennen gegeben habe am Berge Hor in der Wüste Sin, aus einem Busch, der brannte und nicht verbrannte, daß er Jahwe heiße, was zu verstehen sei als: »Ich bin der ich bin, von Ewigkeit zu Ewigkeit«, aber auch als wehende Luft und als ein großes Tosen; daß er Lust habe zu ihrem Blut und unter Umständen einen Bund der Erwählung aus allen Völkern mit ihm zu schließen bereit sei, vorausgesetzt nämlich, daß es sich ihm in völliger Ausschließlichkeit verschwöre und eine Eidgenossenschaft aufrichte zum alleinigen, bildlosen Dienste des Unsichtbaren.

Hiermit drang er bohrend in sie und bebte mit den Fäusten dazu an außerordentlich breiten Handgelenken. Und doch war er nicht ganz aufrichtig mit ihnen, sondern hielt hinterm Berge mit mehrerem, was er meinte, ja mit dem Eigentlichen, aus Furcht, sie kopfscheu zu machen. Von den Implikationen der Unsichtbarkeit, also der Geistigkeit, Reinheit und Heiligkeit, sagte er ihnen nichts und wies sie lieber nicht darauf hin, daß sie als verschworene Diener des Unsichtbaren ein abgesondertes Volk des Geistes, der Reinheit und Heiligkeit würden zu sein haben. Aus Sorge verschwieg er es, sie zu erschrecken; denn sie waren ein so elendes, bedrücktes und in der Anbetung konfuses Fleisch, seines Vaters Blut, und er mißtraute ihnen, obgleich er sie liebte. Ja, wenn er ihnen verkündete, daß Jahwe, der Unsichtbare, Lust zu ihnen habe, so deutete er dem Gotte zu und trug in ihn hinein, was möglicherweise auch des Gottes war, zugleich aber mindestens auch sein eigen: Er selbst hatte Lust zu seines Vaters Blut, wie der Steinmetz Lust hat zu dem ungestalten Block, woraus er feine und hohe Gestalt, seiner Hände Werk, zu metzen gedenkt, – daher die bebende Begier, die ihn, zugleich mit großer Seelenbeschwernis durch das Geheiß, bei seinem Aufbruch von Midian erfüllt hatte.

Womit er aber ebenfalls noch zurückhielt, das war des Geheißes zweite Hälfte; denn es war doppelt gewesen. Nicht nur dahin, daß er den Sippen die Wiederentdeckung des Vätergottes und seine Lust zu ihnen verkünde, hatte es gelautet, sondern zugleich dahin, daß er sie aus dem ägyptischen Diensthause hinausführen solle ins Freie und durch viele Wüsten ins Land der Verheißung, das Land der Väter. Dieser Auftrag war dem der Verkündigung einhängig und unzertrennbar mit ihm verschränkt. Gott – und Befreiung zur Heimkehr; der Unsichtbare

– und die Abschüttelung des Joches der Fremde, das war ein und derselbe Gedanke für ihn. Dem Volke aber sprach er noch nicht davon, weil er wußte, daß sich aus dem einen das andere ergeben werde, und auch, weil er hoffte, das zweite auf eigene Hand bei Pharao, dem Könige Ägyptens, auszuwirken, dem er gar nicht so ferne stand.

Sei es nun aber, daß dem Volk seine Rede mißfiel – denn er sprach schlecht und stockend und fand öfters die Worte nicht –, oder daß es beim bebenden Schütteln seiner Fäuste die Implikationen der Unsichtbarkeit sowohl wie des Bundesangebots ahnte und merkte, daß er es zu anstrengenden und gefährlichen Dingen verlocken wollte, – es verhielt sich mißtrauisch, halsstarrig und ängstlich gegen sein Bohren, sah nach den ägyptischen Stockmeistern hin und sprach zwischen den Zähnen.

»Was stößt du Worte? Und was für Worte sind's, die du stößt? Es hat dich wohl einer zum Obersten oder zum Richter gesetzt über uns? Wir wüßten nicht, wer.«

Das war ihm nicht neu. Er hatte es früher schon von ihnen gehört, bevor er nach Midian floh.

2

Sein Vater war nicht sein Vater, und seine Mutter war seine Mutter nicht, – so unordentlich war seine Geburt. Ramessu's, des Pharao's, zweite Tochter ergötzte sich mit dienenden Gespielinnen und unterm Schutze Bewaffneter in dem königlichen Garten am Nil. Da wurde sie eines ebräischen Knechtes gewahr, der Wasser schöpfte, und fiel in Begierde um seinetwillen. Er hatte traurige Augen, ein Jugendbärtchen ums Kinn und starke Arme, wie man beim Schöpfen sah. Er werkte im Schweiß seines Angesichts und hatte seine Plage; für Pharao's Tochter aber war er ein Bild der Schönheit und des Verlangens, und sie befahl, daß man ihn zu ihr einlasse in einen Pavillon; da fuhr sie ihm mit dem kostbaren Händchen ins schweißnasse Haar, küßte den Muskel seines Armes und neckte seine Mannheit auf, daß er sich ihrer bemächtigte, der Fremdsklave des Königskindes. Als sie's gehabt, ließ sie ihn gehen, aber er ging nicht weit, nach dreißig Schritten ward er erschlagen und rasch begraben, so war nichts übrig von dem Vergnügen der Sonnentochter.

»Der Arme!« sagte sie, als sie's hörte. »Ihr seid auch immer so übergeschäftig. Er hätte schon stillgeschwiegen. Er liebte mich.« Danach aber wurde sie schwanger, und nach neun Monaten gebar sie in aller Heimlichkeit einen Knaben, den legten ihre Frauen in ein verpichtes Kästlein aus Rohr und verbargen dasselbe im Schilf am Rande des Wassers. Da fanden sie's dann und riefen: »O Wunder, ein Findling und Schilfknabe, ein ausgesetztes Kindlein! Wie in alten Mären ist es, genau wie mit Sargon, den Akki, der Wasserschöpfer, im Schilfe fand und aufzog in der Güte seines Herzens. Immer wieder kommt dergleichen vor! Wohin nun mit diesem Fund? Das Allervernünftigste ist, wir geben ihn einer säugenden Mutter von schlichtem Stand, die übrige Milch hat, daß er als ihr und ihres redlichen Mannes Sohn erwachse.« Und sie händigten das Kind einem ebräischen Weibe ein, die brachte es hinab in die Gegend Goson zu Jochebed, dem Weibe Amrams, von den Zugelassenen, eines Mannes aus Levi's Samen. Sie säugte ihren Sohn Aaron und hatte übrige Milch; darum, und weil ihrer Hütte heimlich zuweilen Gutes zukam von oben herab, zog sie das unbestimmte Kind mit auf in der Güte ihres Herzens. So wurden Amram und Jochebed sein Elternpaar vor den Menschen und Aaron sein Bruder. Amram hatte Rinder und Feld, und Jochebed war eines Steinmetzen Tochter. Sie wußten aber nicht, wie sie das fragliche Knäblein nennen sollten; darum gaben sie ihm einen halb ägyptischen Namen, will sagen: die Hälfte eines ägyptischen. Denn öfters hießen die Söhne des Landes Ptach-Mose, Amen-Mose oder Ra-Mose und waren als Söhne ihrer Götter genannt. Den Gottesnamen nun ließen Amram und Jochebed lieber aus und nannten den Knaben kurzweg Mose. So war er ein ›Sohn‹ ganz einfach. Fragte sich eben nur, wessen.

Als einer der Zugelassenen wuchs er auf und drückte sich aus in ihrer Mundart. Die Vorfahren dieses Blutes waren einst, zur Zeit einer Dürre, als »hungernde Beduinen von Edom«, wie Pharao's Schreiber sie nannten, mit Erlaubnis der Grenzbehörde ins Land gekommen, und der Distrikt Gosen, im Niederland, war ihnen zur Weidenutzung angewiesen worden. Wer da glaubt, sie hätten umsonst dort weiden dürfen, der kennt ihre Wirte schlecht, die Kinder Ägyptens. Nicht nur, daß sie steuern mußten von ihrem Vieh, und zwar daß es drückte, sondern alles, was Kräfte hatte bei ihnen, mußte auch Arbeitsdienst leisten, Fronwerk bei den mancherlei Bauten, die in einem solchen Lande, wie Ägypten es ist, immer im Gange sind. Besonders aber seit Ramessu, seines Namens der Zweite, Pharao war zu Theben, wurde ausschweifend gebaut, das war seine Lust und seine Königswonne. Verschwenderische Tempel baute er über das ganze Land, und drunten im Mündungsgebiet ließ er nicht nur den lange vernachlässigten Kanal erneuern und sehr verbessern, der den östlichen Nilarm mit den Bitterseen und so das große Meer mit dem Zipfel des Roten Meeres verband, sondern er richtete auch zwei ganze Magazin-Städte am Lauf des Kanals auf, genannt Pitom und Ramses, und dazu wurden die Kinder der Zugelassenen, diese Ibrim, ausgehoben, daß sie Ziegel büken, schleppten und rackerten im Schweiß ihrer Leiber unterm ägyptischen Stock.

Dieser Stock war mehr nur das Abzeichen von Pharao's Aufsehern, sie wurden nicht unnötig damit geschlagen. Auch hatten sie gut zu essen bei ihrer Fron: viel Fisch aus dem Nilarm, Brot, Bier und Rindfleisch recht wohl zur Genüge. Demungeachtet aber paßte und schmeckte die Fron ihnen wenig, denn sie waren Nomadenblut, mit der Überlieferung frei schweifenden Lebens, und stündlich geregelte Arbeit, bei der man schwitzte, war ihnen im Herzen fremd und kränkend. Sich aber über ihren Mißmut zu verständigen und eines Sinnes darüber zu werden, waren diese Sippen zu locker verbunden und ihrer selbst nicht hinläng-

lich bewußt. Seit mehreren Geschlechtern in einem Übergangs-
lande zeltend zwischen der Väterheimat und dem eigentlichen
Ägypten, waren sie von gestaltloser Seele, ohne sichere Lehre
und schwankenden Geistes; hatten vieles vergessen, einiges
halbwegs aufgenommen, und eines rechten Mittelpunktes er-
mangelnd trauten sie ihrem eigenen Gemüte nicht, auch nicht
dem Ingrimm, der darin war, über die Fron, an dem aber Fisch,
Bier und Rindfleisch sie irremachten.

Mosche nun, angeblich des Amram Sohn, hätte, als er dem
Knabenalter entwuchs, wohl ebenfalls für Pharao Ziegel strei-
chen müssen. Das geschah aber nicht, sondern der Jüngling
wurde von seinen Eltern genommen und nach Ober-Ägypten in
ein Schulhaus gebracht, so ein sehr feines Internat, wo die Söhne
syrischer Stadtkönige zusammen mit einheimischen Adels-
sprossen erzogen wurden. Da wurde er hingetan; denn seine
leibliche Mutter, Pharao's Kind, die ihn ins Schilf geboren, ein
zwar lüsternes, aber nicht gemütloses Ding, hatte sein gedacht
um seines verscharrten Vaters willen, des Wasserziehers mit
Bärtchen und mit den traurigen Augen, und wollte nicht, daß er
bei den Wilden bleibe, sondern zum Ägypter gebildet werde
und ein Hofamt erlange, in halber, verschwiegener Anerken-
nung seiner göttlichen Halbblütigkeit. So lernte denn Mose, gekleidet in weißes Leinen und eine Perücke auf dem Kopf, Stern-
und Länderkunde, Schriftkunst und Recht, war aber nicht
glücklich unter den Gecken des vornehmen Internats, sondern
ein Einsamer unter ihnen, voller Abneigung gegen die ganze
ägyptische Feinheit, aus deren Lust er entsprungen war. Das
Blut des Verscharrten, der dieser Lust hatte dienen müssen, war
stärker in ihm als sein ägyptischer Teil, und in seiner Seele hielt
er es mit den armen Gestaltlosen daheim in Gosen, die nicht Mut
hatten zu ihrem Ingrimm, hielt es mit ihnen gegen den lüsternen
Dünkel des Mutterblutes.

»Wie ist doch dein Name?« fragten ihn wohl die Genossen
vom Schulhause.

»Mose heiße ich«, antwortete er.

»Ach-Mose oder Ptach-Mose?« fragten sie.

»Nein, nur Mose«, erwiderte er.

»Das ist ja dürftig und ausgefallen«, sagten die Schnösel, und er ergrimmte, daß er sie hätte erschlagen und verscharren mögen. Denn er verstand, daß sie mit solchen Fragen nur in seiner Unregelmäßigkeit stochern wollten, die in schwankenden Umrissen allen bekannt war. Hätte er doch selbst nicht gewußt, daß er nur eine diskrete Frucht ägyptischen Vergnügens war, wenn es nicht allgemeine, ob auch meistens nur ungenaue Kenntnis gewesen wäre – bis zu Pharao hinaus, dem die Schäkerei seines Kindes so wenig verborgen geblieben war wie dem Mose die Tatsache, daß Ramessu, der Bauherr, sein Lüsternheits-Großvater war, von schnöden, mörderischen Vergnügens wegen. Ja, Mose wußte dies und wußte auch, daß Pharao es wisse, und hatte ein drohendes Nicken bei dem Gedanken, in der Richtung von Pharao's Thron.

4

Als er zwei Jahre unter den Stutzern gelebt hatte des thebanischen Schulhauses, hielt er es nicht mehr aus, entwich bei Nacht über die Mauer und wanderte heim nach Gosen zum Vatergeblüt. Unter dem strich er bitteren Angesichtes herum und sah eines Tages, am Kanal, nahe den Neubauten von Ramses, wie ein ägyptischer Aufseher einen der Fronenden, der wohl lässig gewesen war oder widerspenstig, mit seinem Stock schlug. Erbleichend und mit lodernden Augen stellte er den Ägypter zur Rede, der ihm statt aller Antwort das Nasenbein einschlug, so daß Mose eine Nase mit gebrochenem, flach eingetriebenem Knochen hatte sein Leben lang. Er entriß aber dem Aufseher den Stock, holte fürchterlich aus und zertrümmerte dem Mann den Schädel, daß er tot war auf der Stelle. Nicht einmal umgeblickt hatte er sich, ob auch niemand es sah. Es war aber ein einsamer Ort und kein Mensch sonst in der Nähe. So verscharrte er den Erschlagenen ganz allein, denn den er verteidigt, der hatte das Weite gesucht; und es war ihm, als sei ihm nach Erschlagen und Verscharren schon immer zu Sinne gewesen.

Seine lodernde Tat blieb verborgen, zum mindesten den Ägyptern, die nicht herausbekamen, wo ihr Mann geblieben war, und Jahr und Tag verging über die Tat. Mose fuhr fort, zwischen seines Vaters Leuten umherzustreifen, und mischte sich auf eigentümlich herrische Art in ihre Händel. Einst sah er zwei fronende Ibrim miteinander zanken, und wenig fehlte, daß sie zu Tätlichkeiten schritten. »Was zankt ihr euch und wollt gar noch raufen?« sprach er zu ihnen. »Seid ihr nicht elend und verwahrlost genug, daß lieber Blut sollte halten zu Blut, statt einander die Zähne zu blecken? Der da hat unrecht, ich hab's gesehen. Er gehe nach und bescheide sich, ohne daß der andere sich überhebe.«

Wie es aber geschieht, so waren plötzlich die beiden vereint gegen ihn und sprachen: »Was redest du in unsere Sachen?« Besonders der, dem er unrecht gegeben, war äußerst patzig und sprach ganz laut: »Das ist denn doch wohl der Gipfel! Wer bist du, daß du deine Ziegennase in Dinge steckst, die dich nichts angehen? Aha, Moscheh bist du, des Amram Sohn, aber damit ist wenig gesagt, und weiß niemand recht, wer du bist, du selber auch nicht. Neugierig sind wir, zu erfahren, wer dich zum Meister und Richter gesetzt hat über uns. Willst du mich vielleicht auch erwürgen, wie du damals den Ägypter erwürgt und verscharrt hast?«

»Still doch!« machte Mose erschrocken und dachte: Wie ist das herumgekommen? Des Tages noch sah er ein, daß seines Bleibens nicht war im Lande, und ging über die Grenze, wo sie nicht fest war, bei den Bitterseen, durch die Watten. Durch viele Wüsten des Landes Sinai wanderte er und kam nach Midian, zu den Minäern und ihrem Priesterkönig Reguel.

5

Als er von dort zurückkehrte, seiner Gottesentdeckung und seines Auftrages voll, war er ein Mann auf der Höhe der Jahre, stämmig, mit gedrückter Nase, vortretenden Backenknochen,

einem geteilten Bart, weitstehenden Augen und breiten Handgelenken, wie man besonders sah, wenn er, was oft geschah,
grübelnd Mund und Bart mit der Rechten bedeckte. Von Hütte
zu Hütte ging er und von Fronplatz zu Fronplatz, schüttelte die
Fäuste zu seiten seiner Schenkel und sprach von dem Unsichtbaren, dem zum Bunde bereiten Gotte der Väter, obgleich er im
Grunde nicht sprechen konnte. Denn er war stockend gestauten
Wesens überhaupt und neigte in der Erregung zum Zungen-
schlag, war aber außerdem so recht in keiner Sprache zu Hause
und suchte in dreien herum beim Reden. Das aramäische Syro-
Chaldäisch, das sein Vaterblut sprach und das er von seinen Eltern gelernt, war überdeckt worden vom Ägyptischen, das er
sich in dem Schulhause hatte aneignen müssen, und dazu kam
das midianitische Arabisch, das er so lange in der Wüste gesprochen. So brachte er alles durcheinander.

Sehr behilflich war ihm sein Bruder Aaron, ein hochgewach-
sener, sanfter Mann mit schwarzem Bart und schwarzen Ringel-
locken im Nacken, der seine großen, gewölbten Augenlider
gern fromm gesenkt hielt. Ihn hatte er in alles eingeweiht, hatte
ihn ganz für den Unsichtbaren und sämtliche Implikationen gewonnen, und da Aaron aus seinem Barte heraus salbungsvoll-
fließend zu reden verstand, so begleitete er Mose meistens auf
seinen Werbe-Wegen und sprach statt seiner, allerdings etwas
gaumig und ölig und nicht hinreißend genug, so daß Mose
durch begleitendes Fäusteschütteln mehr Feuer hinter seine
Worte zu bringen suchte und ihm oft auch holterdiepolter auf
aramäisch-ägyptisch-arabisch ins Wort fiel.

Aarons Weib hieß Eliseba, die Tochter Amminadabs; sie war
auch mit vom Schwure und von der Propaganda, sowie eine
jüngere Schwester Mose's und Aarons, Mirjam, ein begeistertes
Weib, das singen und pauken konnte. Besonders aber war Mose
einem Jüngling geneigt, der seinerseits mit Leib und Seele zu
ihm, seiner Verkündigung und seinen Plänen stand und ihm
nicht von der Seite wich. Eigentlich hieß er Hosea, der Sohn des
Nun (das ist ›Fisch‹), vom Stamme Ephraim. Aber Mose hatte
ihm den Jahwe-Namen Jehoschua, auch kurzweg Joschua, ver-

liehen, und den trug er nun mit Stolz, – ein gerade stehender, sehniger junger Mensch mit einem Krauskopf, vortretendem Adamsapfel und einem bestimmt eingezeichneten Faltenpaar zwischen seinen Brauen, der bei der ganzen Sache seinen eigenen Gesichtspunkt hatte: nicht so sehr den religiösen nämlich, als den militärischen; denn für ihn war Jahwe, der Vätergott, vor allem der Gott der Heerscharen, und der an seinen Namen geknüpfte Gedanke des Entweichens aus diesem Diensthause fiel für ihn zusammen mit der Eroberung neuen und eigenen Siedelgrundes für die ebräischen Sippen, – folgerichtigerweise, denn irgendwo mußten sie wohnen, und kein Land, verheißen oder nicht, würde ihnen geschenkt werden.

Joschua, so jung er war, hatte alle einschlägigen Fakten in seinem gerade und fest blickenden Krauskopf und besprach sie unaufhörlich mit Mose, seinem älteren Freunde und Herrn. Ohne über die Mittel zu einer genauen Volkszählung zu verfügen, hatte er veranschlagt, daß die Stärke der in Gosen zeltenden und in den Zwing-Städten Pitom und Ramses wohnenden Sippen, einschließlich ihrer als Sklaven über das weitere Land verstreuten Glieder, alles in allem ungefähr zwölf- oder dreizehntausend Köpfe betrug, was eine waffenfähige Mannschaft von ungefähr dreitausend ausmachte. Die Zahlen sind später ohne Maß übertrieben worden, aber Joschua wußte sie annähernd richtig, und er war wenig zufrieden damit. Dreitausend Mann war keine sehr schreckliche Streitmacht, selbst wenn man damit rechnete, daß, war man einmal unterwegs, allerlei verwandtes Blut, das im Wüsten umherschweifte, sich diesem Kerne zur Landgewinnung anschließen würde. Größere Unternehmungen konnte man, gestützt nur auf solche Macht, nicht ins Auge fassen; sich damit ins verheißene Land hineinzuschlagen, war untunlich. Joschua sah das ein, und darum trachtete er nach einem Ort im Freien, wo das Geblüt sich erst einmal festsetzen – und wo man es, unter leidlich günstigen Umständen, erst noch eine Weile seinem natürlichen Wachstum überlassen könnte, welches, wie Joschua seine Leute kannte, zweieinhalb aufs Hundert und auf jedes Jahr betrug. Nach einem solchen Hege- und Heckplatz, wo mehr Waffenkraft anwachsen könnte, schaute der Jüngling aus und beriet sich oft mit Mose darüber, wobei es sich erwies, daß er überraschend klar überblickte, wie Ort und Ort in der Welt zueinander lagen und eine Art von Karte der interessierenden Gebreite nach Strecken, Tagesmärschen und Wasserstellen im Kopfe hatte, sowie besonders noch nach der Streitbarkeit der Bewohner.

Mose wußte, was er an seinem Joschua hatte, wußte wohl, daß er ihn würde nötig haben, und liebte seinen Eifer, obgleich dessen unmittelbare Gegenstände ihn wenig beschäftigten. Mund und Bart mit der Rechten bedeckend hörte er den strategischen Auslassungen des Jünglings zu, indem er dabei an anderes dachte. Für ihn bedeutete Jahwe zwar ebenfalls den Auszug, aber nicht sowohl den Kriegszug zur Landgewinnung, sondern den Auszug ins Freie und in die Absonderung, daß er all dies ratlose, zwischen den Gesittungen schwankende Fleisch, diese zeugenden Männer, milchenden Weiber, sich versuchenden Jünglinge, rotznäsigen Kinder, seines Vaters Blut, für sich habe irgendwo draußen im Freien, ihnen den heilig-unsichtbaren Gott, den reinen, geistigen, einprägen, ihnen denselben zum sammelnden, formenden Mittelpunkt setzen könne und sie bilden möge zu seinem Gebilde, zu einer von allen Völkern verschiedenen, Gott gehörigen, durch das Heilige und Geistige bestimmten Volksgestalt, ausgezeichnet vor allen anderen durch Scheu, Unterlassung, Gottesfurcht, das wollte sagen: Furcht vor dem Gedanken der Reinheit, zügelnde Satzung, welche, da der Unsichtbare eigentlich der Gott aller Welt war, zukünftig alle binden, aber für sie zuerst erlassen und ihr strenges Vorrecht sein sollte unter den Heiden.

Dies war Mose's Lust zum Vaterblut, Bildnerlust, die ihm eines war mit des Gottes Gnadenwahl und Bundesgewilltheit; und da er dafür hielt, daß die Gestaltung in Gott allen Unternehmungen vorangehen müsse, die der junge Joschua im Kopfe hatte, ferner auch, daß Zeit dafür nötig sei, freie Zeit draußen im Freien, – so war's ihm nicht unlieb, daß es mit Joschua's Plänen noch haperte, und daß sie sich an der unzulänglichen Zahl von waffenfähiger Mannschaft stießen. Joschua brauchte Zeit, daß erst noch auf natürlichem Wege das Volk sich mehre, – übrigens auch dazu, daß er älter würde, er selbst, um sich zum Feldherrn aufwerfen zu dürfen; und Mose brauchte Zeit für das Bildungswerk, nach dem er in Gott begierig war. So stimmten sie überein unter verschiedenen Gesichtspunkten.

6

Unterdessen aber war der Beauftragte nebst seinen nächsten Anhängern, dem beredten Aaron, Eliseba, Mirjam, Joschua und einem gewissen Kaleb, der des Joschua gleichaltriger Busenfreund war, auch ein starker, einfacher, tapferer junger Mann, – unterdessen waren diese alle nicht einen Tag müßig, die Botschaft Jahwe's, des Unsichtbaren, und seines ehrenden Bundesangebots unter den Ihren zu verbreiten und gleichzeitig deren Bitterkeit über die Arbeit unterm ägyptischen Stock zu schüren, den Gedanken der Abschüttelung dieses Jochs und den der Auswanderung unter ihnen aufzubringen. Jeder übte es auf seine Art: Mose selbst mit stockenden Worten und unter Fäusteschütteln, Aaron in gaumig fließender Rede, Eliseba schwatzhaft überredend, Joschua und Kaleb kommandomäßig, in kurzangebundenen Losungen, und Mirjam, die bald ›die Prophetin‹ genannt wurde, tat es in höherem Ton, mit Paukenbegleitung. Auch fiel ihre Predigt nicht auf steinigen Boden; der Gedanke, sich Mose's bundeslustigem Gott zu verschwören, sich dem Bildlosen zum Volke zu weihen und unter ihm und seinem Verkünder ins Freie zu ziehen, schlug Wurzel unter den Sippen und begann, ihren einigenden Mittelpunkt zu bilden, – dies noch besonders, weil Mose versprach, oder doch in hoffnungsreiche Aussicht stellte, daß er an oberster Stelle, durch Verhandlungen, die Erlaubnis zu ihrer aller Auszug aus Ägyptenland erlangen werde, so daß dieser sich nicht in der Form gewagten Aufstandes werde vollziehen müssen, sondern nach gütlicher Übereinkunft vonstatten gehen könnte. Sie kannten, wenn auch ungenau, seine halb-ägyptische Schilfgeburt, wußten von der feinen Erziehung, die er zeitweise genossen, und von dunklen Beziehungen zum Hof, über die er verfügte. Was sonst ein Grund des Mißtrauens gegen ihn und der Ablehnung gewesen war, nämlich seine Halbblütigkeit, und daß er mit einem Fuß im Ägyptischen stand, wandelte sich jetzt in eine Quelle des Zutrauens und verlieh ihm Autorität. Gewiß, wenn einer, so war er der Mann, vor Pharao zu stehen und ihre Sache zu führen. Und so beauftragten sie ihn mit dem Versuch, bei Ramessu, dem Bau- und Zwingherrn, ihre Entlassung ins Freie zu erwirken, – ihn und seinen Milchbruder Aaron, denn diesen gedachte er mitzunehmen, erstens, weil er selbst nicht zusammenhängend zu sprechen vermochte, Aaron dies aber konnte, dann aber auch, weil dieser über gewisse Kunststücke gebot, mit denen man bei Hofe zu Ehren Jahwe's Eindruck zu machen hoffte: Er konnte eine Brillenschlange, indem er sie im Nacken drückte, stockssteif machen; warf er den Stock aber zu Boden, so ringelte er sich und »verwandelte sich in eine Schlange«. Weder Mose noch Aaron rechnete damit, daß Pharao's Magiern dieses Wunder auch bekannt sei, und daß es also nicht als erschreckender Beweis für Jahwe's Macht würde dienen können.

Überhaupt hatten sie kein Glück – es sei vorweggenommen –, so listig sie, dem Beschluß eines mit den Jünglingen Joschua und Kaleb gehaltenen Kriegsrates gemäß, die Sache anstellten. Beschlossen war nämlich worden, den König nur um die Erlaubnis zu bitten, daß die ebräischen Leute sich sammelten und drei Tage weit über die Grenze in die Wüste zögen, um dort draußen dem Herrn, ihrem Gott, der sie gerufen habe, ein Opferfest zu feiern und dann zur Arbeit zurückzukehren. Man erwartete kaum, daß Pharao sich von dieser Finte blenden lassen und glauben werde, sie würden zurückkehren. Es war nur eine mildere, höflichere Form, das Gesuch der Freilassung vorzubringen. Aber der König wußte ihnen keinen Dank dafür.

Erfolg allerdings hatten die Brüder darin, daß sie überhaupt in das Große Haus und vor Pharao's Stuhl gelangten, und zwar nicht nur einmal, sondern bei zäh andauernder Verhandlung wieder und wieder. Hierin hatte Mose seinen Leuten nicht zuviel versprochen, denn er fußte darauf, daß Ramessu sein heimlicher Lüsternheits-Großvater war, und darauf, daß beide wußten, daß jeder es wisse. Damit hatte Mose ein starkes Druckmittel in der Hand, und wenn es auch niemals ausreichte, dem König die Zusage zum Auszuge abzugewinnen, so machte es Mosen doch ernstlich verhandlungsfähig und verschaffte ihm ein übers andere Mal Zutritt zu dem Gewaltigen, da dieser ihn fürchtete. Zwar ist die Furcht eines Königs gefährlich, und Mose spielte die ganze Zeit ein gewagtes Spiel. Er war mutig – wie mutig er war, und welchen Eindruck er den Seinen machte, werden wir baldigst sehen. Leicht konnte Ramessu ihn still erwürgen und verscharren lassen, damit endlich wirklich nichts mehr übrig sei von seines Kindes Sinnengrille. Die Prinzessin aber bewahrte jenem Stündchen ein süßes Angedenken und wollte nun einmal nicht, daß ihrem Schilfknaben ein Leid geschehe, – in ihrem Schutze stand er, wie undankbar er ihrer Fürsorge, ihren Erziehungs- und Förderungsplänen auch begegnet war.

So durften Mose und Aaron vor Pharao stehen, aber die Opferferien im Freien, zu denen angeblich ihr Gott die Ihren berief, schlug er ihnen rundweg ab. Es nützte nichts, daß Aaron in salbungsvollem Zusammenhang redete und Mose leidenschaftlich dazu die Fäuste an seinen Schenkeln schüttelte. Es half auch nichts, daß Aaron seinen Stab in eine Schlange verwandelte, denn Pharao's Magier machten stehenden Fußes dasselbe, dadurch beweisend, daß dem Unsichtbaren, in dessen Namen die beiden redeten, keine überragende Macht zukomme und daß Pharao die Stimme dieses Herrn nicht hören müsse. »Aber unseren Sippen wird Pestilenz oder Schwert widerfahren, wenn wir nicht drei Tagereisen hinziehen in die Wüste und dem Herrn ein Fest bereiten«, sagten die Brüder. Aber der König antwortete: »Das geht uns nicht nahe. Ihr seid zahlreich genug, mehr als zwölftausend Köpfe, und könnt eine Abminderung wohl vertragen, sei es durch Pestilenz oder Schwert oder harte Arbeit. Du, Mose und Aaron, ihr wollt nichts, als den Leuten Müßiggang gewähren und sie feiern heißen von ihrem schuldigen

Dienst. Das kann ich nicht dulden und will's nicht gewähren. Ich habe mehrere unerhörte Tempel in Arbeit und will außerdem noch eine dritte Magazin-Stadt bauen, außer Pitom und Ramses, zu diesen noch obendrein, dazu brauche ich eurer Leute Arme. Ich danke für den geläufigen Vortrag, und dich, Mose, entlasse ich wohl oder übel sogar in besonderen Gnaden. Aber kein Wort weiter von Wüstenferien!«

Damit war diese Audienz beendet, und es war nicht nur nichts Gutes dabei herausgekommen, sondern entschieden Böses kam nachträglich dabei heraus. Denn Pharao, verletzt in seiner Baubegier und unmutig darüber, daß er Mose nicht wohl erwürgen konnte, da sonst seine Tochter ihm einen Auftritt gemacht hätte, gab Order aus, daß man die Gosen-Leute härter mit Arbeit drücke als bisher und nicht den Stock spare, wenn sie säumig wären; zu schaffen solle man ihnen geben, daß ihnen die Besinnung schwinde und alle müßigen Gedanken vergingen an Wüstenfeste für ihren Gott. Und so geschah es. Die Fron wurde härter von einem Tag auf den andern, dadurch, daß Mose und Aaron vor Pharao geredet hatten. Zum Beispiel wurde den Leuten das Stroh für die Ziegel nicht mehr geliefert, die sie zu brennen hatten, sondern selbst mußten sie in die Stoppeln gehen, das nötige Stroh zu sammeln, ohne daß darum die Zahl der beizustellenden Ziegel herabgesetzt worden wäre, sondern erfüllt werden mußte die Zahl, sonst tanzte der Stock auf den armen Rücken. Vergebens wurden die ebräischen Obmänner, die man über das Volk gesetzt, bei den Behörden wegen Überforderung vorstellig. Die Antwort war: »Ihr seid müßig, müßig seid ihr, darum schreit ihr und sprecht: ›Wir wollen ausziehen und opfern.‹ Es bleibt dabei: Selber das Stroh beschafft und dabei die gleiche Zahl Ziegel.«

7

Für Mose und Aaron war es keine kleine Verlegenheit. Die Obmänner sprachen zu ihnen: »Da habt ihr's, und das haben wir nun vom Bunde mit eurem Gott und von Mose's Beziehungen. Nichts habt ihr erreicht, als daß ihr unseren Geruch stinkend gemacht habt vor Pharao und seinen Knechten, und habt ihnen das Schwert in die Hand gegeben, uns damit umzubringen.«

Darauf war schlecht antworten, und Mose hatte schwere Stunden mit dem Gott des Dornbusches unter vier Augen, wo er ihm vorhielt, wie er, Mose, gleich dagegen gewesen sei, daß ihm dies aufgetragen werde, und gleich gebeten habe, wen immer sonst, nur ihn nicht zu senden, da er nicht ordentlich reden könne. Der Herr aber habe ihm geantwortet, Aaron sei ja beredt. Der habe nun freilich das Wort geführt, aber viel zu ölig, und es habe sich gezeigt, wie verkehrt es sei, eine solche Sache zu übernehmen, wenn man selbst eine schwere Zunge habe und andre rednerisch für sich eintreten lassen müsse. Aber der Gott tröstete und strafte ihn aus seinem Inneren und antwortete ihm von da, er solle sich seines Kleinmuts schämen; seine Entschuldigungen seien reine Ziererei gewesen, denn im Grunde habe er selbst auf die Sendung gebrannt, weil er nämlich ebenso große Lust zu dem Volk und seiner Gestaltung habe wie er, der Gott, ja, daß seine eigene Lust von der des Gottes gar nicht zu unterscheiden, sondern einerlei sei mit ihr: Gotteslust sei es, was ihn zum Werke getrieben, und er solle sich schämen, an ihr beim ersten Mißerfolg zu verzagen.

Dies ließ sich Moses gesagt sein, um so mehr, als man im Kriegsrat mit Joschua, Kaleb, Aaron und den begeisterten Weibern zu dem Beschluß gelangte, daß die verstärkte Bedrückung, so böses Blut sie mache, genau betrachtet kein schlechter Anfangserfolg sei; denn böses Blut schaffe sie nicht nur gegen Mose, sondern vorzüglich auch gegen die Ägypter und werde das Volk nur empfänglicher machen für den Ruf des Retter-Gottes und den Gedanken des Auszuges ins Freie. So war es auch; die Gärung wegen des Strohs und der Ziegel wuchs unter den

Fronenden, und der Vorwurf, Mose habe ihren Geruch stinkend gemacht und ihnen nur geschadet, trat zurück hinter dem Wunsch, Amrams Sohn möchte doch wieder seine Beziehungen spielen lassen und neuerdings für sie hineingehen zu Pharao.

Das tat er, jetzt nicht mehr zusammen mit Aaron, sondern allein, mochte es mit seiner Zunge gehen, wie es wollte; die Fäuste schüttelte er vor dem Stuhl und verlangte in stockenden, stürzenden Worten den Auszug der Seinen ins Freie unter dem Namen von Opferferien in der Wüste. Nicht einmal tat er so, sondern wohl zehnmal, denn Pharao konnte ihm den Zutritt zu seinem Stuhl nicht wohl verweigern, zu gut waren Mose's Beziehungen. Ein Kampf entspann sich zwischen dem König und ihm, zäh und gedehnt, der zwar nie dazu führte, daß jener in Mose's Ansinnen willigte, wohl aber dazu, daß man eines Tages die Gosen-Leute mehr aus dem Lande stieß und trieb, als daß man sie daraus entlassen hätte, nur froh schließlich, sie los zu sein. Über diesen Kampf und die Druckmittel, welche dabei auf den hartnäckig widerstrebenden König ausgeübt wurden, hat es viel Gerede gegeben, das nicht jedes Hintergrundes entbehrt, doch aber stark den Charakter der Ausschmückung trägt. Man spricht von zehn Plagen, die Jahwe eine nach der anderen über Ägypten verhängt habe, um Pharao mürbe zu machen, indem er zugleich dessen Herz absichtlich gegen Mose's Anliegen verstockte, um der Gelegenheit willen, mit immer neuen Plagen seine Macht zu beweisen. Blut, Frösche, Ungeziefer, Gewild, Grind, Seuche, Hagel, Heuschrecke, Finsternis und Sterben der Erstgeburt, so heißen diese zehn Plagen, und etwas Unmögliches ist an keiner von ihnen; nur fragt es sich, ob sie, die letzte ausgenommen, mit der es eine undurchsichtige, nie wirklich aufgeklärte Bewandtnis hat, zum Endergebnis wesentlich beitrugen. Der Nil nimmt unter Umständen eine blutrote Färbung an, sein Wasser wird vorübergehend untrinkbar und die Fische sterben. Das kommt so gut vor, wie daß die Frösche des Sumpfes sich über Gebühr vermehren oder die Propagation der immer vorhandenen Läuse sich der Heimsuchung annähert. Auch gab es der Löwen noch viele, sowohl am Rande der Wüste schweifend wie in den Dschungeln lauernd der toten Stromarme, und wenn die Zahl der reißenden Anfälle stieg auf Mann und Vieh, so mochte man's wohl eine Plage nennen. Wie häufig sind nicht Krätze und Grind in Ägyptenland, und wie leicht fahren nicht aus der Unsauberkeit böse Blattern auf und schwären pestilenzialisch im Volke? Meist ist der Himmel blau dortzulande, und desto tieferen Eindruck muß ein seltenes heftiges Unwetter machen, bei dem das niederfahrende Feuer der Wolken sich mit dem derben Grieße des Hagels vermischt, der die Saaten schlägt und Bäume zerdrischt, ohne daß eine bestimmte Absicht damit verbunden wäre. Die Heuschrecke ist ein nur allzu bekannter Gast, und gegen ihr Massen-Anrücken hat der Mensch mancherlei Scheuch- und Absperrungsmittel erfunden, über welche die Gier denn doch wohl obsiegt, so daß ganze Gebreite abgefressener Kahlheit verfallen. Und wer einmal die ängstlichdüstere Stimmung erfahren hat, die eine kosmisch verschattete Sonne auf Erden verbreitet, begreift recht wohl, daß ein lichtverwöhntes Volk einer solchen Finsternis den Namen der Plage gibt.

Damit aber ist die Zahl der berichteten Übel erschöpft, denn das zehnte, das Sterben der Erstgeburt, gehört eigentlich nicht in diese Zahl, sondern bildet eine zweideutige Begleiterscheinung des Auszuges selbst, unheimlich zu untersuchen. Die anderen mochten sich teilweise oder – auf einen größeren Zeitraum verteilt – sämtlich ereignen: man hat ihre Namen doch mehr oder weniger nur als schmuckhafte Umschreibungen für ein einziges Druckmittel anzusehen, dessen sich Mose gegen Ramessu bediente, nämlich einfach immer nur für die Tatsache, daß Pharao sein Lüsternheits-Großvater war, und daß es Mose in der Hand hatte, dies an die große Glocke zu hängen. Mehr als einmal war der König nahe daran, diesem Drucke zu unterliegen; zum mindesten machte er große Zugeständnisse. Er willigte darein, daß die Männer hinauszögen zum Opferfest, die Weiber, Kinder und Herden aber sollten zurückbleiben. Mose nahm das nicht an: Mit jung und alt, mit Söhnen und Töchtern, Schafen und Rindern müsse man ziehen, denn es gelte ein Fest des Herrn. Da bewilligte Pharao auch Weiber und Brut, und nahm nur das Vieh aus, das solle zum Pfande bleiben. Aber Mose fragte dagegen, woher sie denn Schlacht- und Brandopfer nehmen sollten zum Fest, wenn ihnen das Vieh fehle? Nicht eine Klaue, verlangte er, dürfe dahinten bleiben, – wodurch recht klar wurde, daß es sich nicht um Urlaub, sondern um Auszug handelte.

Wegen der Klauen kam es zwischen der ägyptischen Majestät und Jahwe's Beauftragtem zu einer letzten stürmischen Szene. Mose hatte während der ganzen Verhandlung große Geduld bewährt, doch ebenso wie diese lag fäusteschüttelnder Zornmut in seiner Natur. Es kam dahin, daß Pharao es auf alles ankommen ließ und ihn buchstäblich aus dem Saale jagte. »Fort«, rief er, »und hüte dich, mir je noch einmal vor die Augen zu kommen. Wo doch, so sollst du des Todes sterben.« Da wurde Mose, der eben noch hoch erregt gewesen, vollkommen ruhig und antwortete nur: »Du hast es gesagt. Ich gehe und will dir nicht mehr vor die Augen kommen.« Woran er dachte bei diesem furchtbaren, gelassenen Abschied, war nicht nach seinem Sinn. Aber Joschua und Kaleb, die Jünglinge, nach deren Sinn war es.

8

Dies ist ein dunkles Kapitel, in halben, verhüllten Worten nur abzufassen. Es kam ein Tag, besser gesagt: eine Nacht, eine arge Vesper, wo Jahwe umging, oder sein Würgengel, und die letzte, zehnte Plage über die Kinder Ägyptens, oder doch einen Teil von ihnen, das ägyptische Element unter den Bewohnern von Gosen sowie der Städte Pitom und Ramses, verhängte, indem er diejenigen Hütten und Häuser, deren Pfosten zu seiner Verständigung mit Blut bestrichen waren, ausließ und verschonend an ihnen vorüberging.

Was tat er? Er stellte ein Sterben an, das Sterben der Erstgeborenen des ägyptischen Elements, womit er manchem heimlichen Wünschen entgegenkam und manchem Zweitgeborenen zu Rechten verhalf, die ihm sonst vorenthalten geblieben wären.

Die Unterscheidung zwischen Jahwe und seinem Würgengel will wohl vermerkt sein: sie hält fest, daß nicht Jahwe selbst es war, der umging, sondern eben sein Würgengel, – richtiger gesagt wohl eine ganze, vorsorglich zusammengestellte Schar von solchen. Will man die vielen aber auf eine Einzelerscheinung zurückführen, so spricht vieles dafür, sich Jahwe's Würgengel als eine stracke Jünglingsfigur mit Krauskopf, vortretendem Adamsapfel und bestimmt gefalteten Brauen vorzustellen, als einen Engelstyp jenes Schlages, der jederzeit froh ist, wenn es mit nutzlosen Verhandlungen ein Ende hat und zu Taten geschritten werden kann.

An Vorbereitungen zu entschiedenen Taten hatte es während der zähen Verhandlungen Mose's mit Pharao nicht gefehlt: Für Mose selbst hatten sie sich darauf beschränkt, daß er, in Erwartung schwerer Ereignisse, Weib und Söhne unterderhand nach Midian, zu seinem Schwager Jethro zurückgeschickt hatte, um nicht bei dem Kommenden mit der Sorge um sie belastet zu sein. Joschua aber, dessen Verhältnis zu Mose unverkennbar demjenigen des Würgengels zu Jahwe ähnelt, hatte nach seiner Art gehandelt und, da er nicht die Mittel und auch noch nicht das Ansehen besaß, die dreitausend waffenfähigen Blutsgenossen unter seinem Befehl auf Kriegsfuß zu bringen, wenigstens eine Rotte daraus erlesen, bewaffnet, exerziert und in Zucht gebannt, so daß für den Anfang etwas damit zu leisten war.

Die Vorgänge von dazumal sind in Dunkel gehüllt, – in das Dunkel jener Vesper-Nacht, die in den Augen der Kinder Ägyptens eine Festnacht war für das fronende Blut, das unter ihnen lebte. Wie es schien, wollte dies Blut sich schadlos halten für das verwehrte Opferfest in der Wüste durch ein mit Schmauserei verbundenes Lampen- und Gottesfest an Ort und Stelle, und sogar goldene und silberne Gefäße hatte es sich dazu von der ägyptischen Nachbarschaft ausgeliehen. Unterdessen aber, oder statt dessen, ereignete sich jenes Umgehen des Würgengels, das Sterben der Erstgeburt in allen Wohnungen, die nicht der Ysopbüschel mit Blut gezeichnet hat, diese Heimsuchung, die eine so große Verwirrung, einen so plötzlichen Umsturz der Rechts-

und Anspruchsverhältnisse mit sich bringt, daß von einer Stunde zur anderen den Moseleuten der Weg aus dem Lande nicht mehr offensteht, sondern sie geradezu auf ihn gedrängt werden und ihn für die Ägypter nicht schnell genug einschlagen können. Tatsächlich scheint es, daß die Zweitgeborenen weniger eifrig waren, den Tod derer zu rächen, an deren Stelle sie rückten, als die Urheber ihrer Erhöhung zum Verschwinden anzuspornen. Die Einkleidung lautet: Diese zehnte Plage habe endlich Pharao's Stolz gebrochen, so daß er Mose's Vaterblut aus der Knechtschaft entlassen habe. Er schickte den Entwichenen jedoch sehr bald eine verfolgende Heeresabteilung nach, die nur wunderbarerweise verunglückte.

Sei dem wie ihm sei, auf jeden Fall nahm die Auswanderung die Gestalt der Austreibung an, und die Hast, mit der diese geschah, ist in der Einzelheit festgehalten, daß niemand Zeit hatte, sein Brot für die Reise zu säuern; mit unaufgegangenen Not-Fladen nur konnte man sich versehen, woraus dann Mose dem Volk einen Fest- und Gedenkbrauch machte für alle Zeiten. Im übrigen war man, so groß wie klein, zum Aufbruch völlig bereit gewesen. Die Lenden gegürtet, hatte man, während der Würgengel umging, bei gepackten Karren gesessen, die Schuhe schon an den Füßen, den Wanderstab in der Hand. Die goldenen und silbernen Gefäße, die man von den Landeskindern entliehen, nahm man mit.

Meine Freunde! Beim Auszuge aus Ägypten ist sowohl getötet wie auch gestohlen worden. Nach Mose's festem Willen sollte es jedoch das letzte Mal gewesen sein. Wie soll sich der Mensch auch der Unreinheit entwinden, ohne ihr ein letztes Opfer zu bringen, sich einmal noch gründlich dabei zu verunreinigen? Mose hatte den fleischlichen Gegenstand seiner Bildungslust, dies formlose Menschentum, seines Vaters Blut, nun im Freien, und Freiheit war ihm der Raum der Heiligung.

9

Die Wandermasse, sehr viel geringer nach ihrer Kopfzahl, als legendäre Ziffern es wahrhaben sollen, aber schwierig genug zu handhaben, zu leiten und zu versorgen, eine hinlänglich schwere Schulterlast für den, der die Verantwortung für ihr Los, ihr Fortkommen im Freien trug, schlug den Weg ein, der sich von selber ergab, wenn man, aus guten Gründen, die nördlich der Bitterseen beginnenden ägyptischen Grenzbefestigungen vermeiden wollte: er führte durch das Salzseengebiet, in das der größere, westliche der beiden Arme des Roten Meeres ausläuft, welche das Sinailand zur Halbinsel machen. Mose kannte diese Gegend, da er sie auf seiner Flucht nach Midian und von dort zurückkehrend passiert hatte. Besser als dem jungen Joschua, der nur abgezogene Karten im Kopfe hatte, war ihm ihre Beschaffenheit vertraut, die Natur dieser schilfischen Watten, die die zeitweilig offene Verbindung der Bitterseen mit dem Meerbusen bildeten und durch die man unter Umständen trockenen Fußes das Sinailand gewinnen konnte. Ging nämlich ein starker Ostwind, so boten sie, bei zurückgetriebenem Meere, einen freien Durchgang, – und in dieser Verfassung fanden die Flüchtigen, dank Jahwe's begünstigender Fügung, das Schilfmeer vor.

Es waren Joschua und Kaleb, die in der Menge die Nachricht verbreiteten, Mose habe unter Anrufung des Gottes seinen Stab über die Wasser gehalten und sie dadurch bewogen, zurückzutreten und dem Volke den Weg freizugeben. Wahrscheinlich hatte er das auch getan und war mit feierlicher Gebärde in Jahwe's Namen dem Ostwinde zu Hilfe gekommen. Jedenfalls konnte der Glaube des Volkes an seinen Führer um so mehr eine Stärkung brauchen, als dieser Glaube gerade hier, und hier zuerst, auf eine schwere Belastungsprobe gestellt wurde. Denn hier war es ja, wo Pharao's Heeresmacht, Mann und Wagen, grimme Sichelwagen, die man nur zu gut kannte, die Auswanderer einholte und um ein Haar ihrer Wanderung zu Gott ein blutiges Ende gesetzt hätte.

Die Kunde ihrer Annäherung, von Joschua's Nachhut ausgegeben, erregte äußersten Schrecken und wildes Verzagen im Volke. Sofort schlug die Reue darüber, daß man »diesem Mann Mose« gefolgt war, in hellen Flammen auf, und jenes Massen-Murren erhob sich, das sich zu Mose's Gram und Bitternis bei jeder Schwierigkeit wiederholen sollte, in die man danach noch geriet. Die Weiber zeterten, die Männer fluchten und schüttelten ganz ähnlich die Fäuste an ihren Schenkeln, wie Mose es in der Erregung zu tun pflegte. »Warum nicht Gräber in Ägypten«, hieß es, »darin wir friedlich zu unserer Stunde hätten eingehen können, wären wir zu Hause geblieben?« Auf einmal war Ägypten »Zu Hause«, da es doch sonst eine Fron-Fremde gewesen war. »Es wäre uns ja besser, den Ägyptern zu dienen, als in der Wildnis durchs Schwert zu verderben!« So hörte Mose es tausendfach, und es verbitterte ihm sogar die Rettung, die überwältigend war. Er war »der Mann Mose, der uns aus Ägypten geführt hat«, – was Lobpreisung bedeutete, solang' alles gut ging. Ging's aber schlecht, so wechselte es sofort die Färbung und meinte murrenden Vorwurf, dem der Gedanke der Steinigung niemals ferne war.

Nun denn, es ging, nach kurzer Beängstigung, beschämend und unglaubwürdig gut hier zur Stelle. Mose stand sehr groß da durch ein Gotteswunder und war »der Mann, der uns aus Ägypten geführt hat« – nun wieder anders herum gemeint. Das Geblüt wälzt sich durch die trockengelegten Watten, ihm nach die ägyptische Wagenmacht. Da stirbt der Wind, die Flut kehrt zurück, und gurgelnd verderben Mann und Roß in verschlingenden Wassern.

Der Triumph war beispiellos. Mirjam, die Prophetin, Aarons Schwester, sang paukend den Weibern im Reigen vor: »Singet dem Herrn – eine herrliche Tat – Roß und Mann – hat er ins Meer gestürzt.« Sie hatte es selbst gedichtet. Man muß es sich mit Paukenbegleitung denken.

Das Volk war tief ergriffen. Die Worte »Mächtig, heilig, schrecklich, löblich und wundertätig« hörten nicht auf, von seinen Lippen zu kommen, und es war unklar, ob sie der Gottheit galten, oder Mosen, dem Gottesmann, von dem man annahm,

daß sein Stab die ersäufende Flut über die Macht Ägyptens gebracht habe. Die Verwechslung lag immer nahe. Wenn gerade
das Volk nicht murrte, hatte Mose stets seine liebe Not, zu ver-
hindern, daß es ihn selber für einen Gott, für den hielt, den er
verkündete.

10

Das war im Grunde so lächerlich nicht, denn was er den Armseligen zuzumuten begann, ging über alles Menschengewöhn-
liche und konnte kaum im Kopf eines Sterblichen entstanden
sein. Der Mund blieb einem dabei offenstehen. Sogleich nach
Mirjams Singetanz verbot er jeden weiteren Jubel über den Untergang der Ägypter. Er verkündete: Jahwe's obere Scharen
selbst seien im Begriffe gewesen, in das Siegeslied einzustim-
men, aber der Heilige habe sie angelassen: »Wie, meine Geschöpfe versinken im Meer, und ihr wollt singen?« Diese
kurze, aber erstaunliche Geschichte brachte er in Umlauf. Er
fügte hinzu: »Du sollst dich des Falles deines Feindes nicht
freuen; nicht sei dein Herz froh über sein Unglück.« Es war das
erste Mal, daß dergestalt das ganze Gehudel, zwölftausend und
einige hundert Köpfe, die dreitausend Waffenfähigen eingeschlossen, mit Du angesprochen wurde, dieser Redeform, die
ihre Gesamtheit umfaßte und zugleich das Auge auf jeden einzelnen, Mann und Weib, Greis und Kind, richtete, einen jeden
wie mit dem Finger vor der Brust traf. »Du sollst kein Freudengeschrei machen über den Fall deines Feindes.« Das war
hochgradig unnatürlich! Aber sichtlich hing diese Unnatur mit
der Unsichtbarkeit des Gottes Mose's, der unser Gott sein
wollte, zusammen. Den Bewußteren unter dem braunen Gehudel fing es zu dämmern an, was er meinte, und wie Unheim-
lich-Anspruchsvolles es damit auf sich hatte, sich einem
unsichtbaren Gott verschworen zu haben.

Man war im Sinailande, und zwar in der Wüste Sur, einem
unholden Gelände, das man nur verlassen würde, um in ein
ebenso beweinenswertes, die Wüste Paran, zu gelangen. Warum

diese Wüsten verschiedene Namen hatten, war unerfindlich; sie stießen dürr aneinander und war alles dasselbe steinige, in toten Hügeln hinlaufende, wasser- und fruchtlose Fluchgebreite, drei Tage lang und vier und fünf. Mose hatte gut getan, das ihm beim Schilfmeer erwachsene Ansehen ungesäumt zu jener übernatürlichen Einschärfung zu benutzen: alsbald schon wieder war er »dieser Mann Mose, der uns aus Ägypten geführt« – das hieß: »ins Unglück gebracht hat«, und lautes Murren schlug an sein Ohr. Nach dreien Tagen wurde das mitgenommene Wasser schmal. Tausende dürsteten, die unerbittliche Sonne zu Häupten und unter den Füßen die bare Trostlosigkeit, ob es nun diejenige noch der Wüste Sur oder schon die der Wüste Paran war. »Was sollen wir trinken?« Sie riefen es laut, ohne Zartgefühl für das Leiden des Führers an seiner Verantwortlichkeit. Er wünschte, ganz allein nichts zu trinken – nie wieder etwas zu trinken zu haben, wenn sie nur etwas gehabt hätten, damit er nicht hören müßte: »Warum hast du uns lassen aus Ägypten ziehen?« Allein zu leiden ist leichte Qual im Vergleiche mit der, für solches Gehudel aufkommen zu müssen, und Mose war ein sehr geplagter Mensch, blieb es auch alle Zeit – geplagt über alle Menschen auf Erden.

Sehr bald denn auch gab es nichts mehr zu essen, denn wie lange hatten die eilig mitgenommenen Flachbrote wohl reichen können? »Was sollen wir essen?« Auch dieser Ruf erscholl nun, weinend und schimpfend, und Mose hatte schwere Stunden mit Gott unter vier Augen, wo er ihm vorhielt, wie hart es von ihm gewesen sei, die Last dieses ganzen Volkes auf ihn, seinen Knecht, zu legen. »Hab' ich denn all das Volk empfangen und geboren«, fragte er, »daß du zu mir sagen magst: ›Trag es in deinen Armen!‹ Woher soll ich Speise nehmen, daß ich all diesem Volk gebe? Sie weinen vor mir und sprechen: ›Gib uns Fleisch, daß wir essen!‹ Ich kann allein soviel Volks nicht tragen, es ist mir zu schwer. Und willst du so mit mir tun, so erwürge mich lieber, daß ich mein Unglück und ihres nicht sehen müsse!«

Und Jahwe ließ ihn nicht ganz im Stich. Die Tränkung angehend, so machten sie den fünften Tag, auf einer Hochebene, über die sie zogen, eine Quelle aus, mit Bäumen daran, die übrigens auch unter dem Namen ›Quelle Mara‹ auf der Karte verzeichnet war, die Joschua im Kopfe trug. Zwar schmeckte ihr Wasser widerlich, dank unzuträglicher Beisätze, was bittere Enttäuschung und weit hinrollendes Murren hervorrief. Aber Mose, erfinderisch gemacht durch die Not, setzte eine Art von Filter-Vorrichtung ein, die die üblen Beimengungen, wenn nicht ganz, so doch zum guten Teile zurückhielt, und verrichtete so ein Quell-Wunder, das das Gezeter in Beifallsjauchzen verwandelte und seinem Ansehen sehr auf die Füße half. Das Wort »der uns aus Ägypten geführt hat« nahm gleich wieder eine rosigere Färbung an.

Was aber die Speisung betraf, so geschah gleichfalls ein Wunder, über das zunächst freudiges Staunen herrschte. Denn es erwies sich, daß große Strecken der Wüste Paran mit einer Flechte bedeckt waren, die man essen konnte, der Manna-Flechte, einem zuckrigen Gefilz, rund und klein, wie Koriandersamen zu sehen und wie Bedellion, das sehr verderblich war und übel zu riechen begann, wenn man es nicht gleich aß, sonst aber, zerrieben, zerstoßen und als Aschenkuchen bereitet, eine recht leidliche Notspeise gab, beinahe wie Semmel mit Honig schmeckend, so fanden einige, und andere fanden: wie Ölkuchen.

So war das erste, günstige Urteil, das aber nicht vorhielt. Denn bald, schon nach einigen Tagen, waren die Leute des Mannas satt und müde, sich damit zu sättigen; als einzige Nahrung widerstand es sehr rasch und stieß ihnen auf zum Ekel, so daß sie klagten: »Wir gedenken der Fische, die wir in Ägypten umsonst aßen, der Kürbisse, Pheben, Lauchs, Zwiebeln und Knoblauchs. Nun aber ist unsere Seele matt, denn unsere Augen sehen nichts denn Man.«

So hörte es Mose mit Schmerzen, nebst der Frage natürlich: »Warum hast du uns lassen aus Ägypten ziehen?« Was er Gott fragte, war: »Wie soll ich tun mit dem Volk? Sie mögen kein Manna mehr. Du sollst sehen, es fehlt nicht weit, so werden sie mich noch steinigen.«

11

Davor war er allerdings so ziemlich geschützt durch Jehoschua, seinen Jüngling, und die reisige Mannschaft, die dieser sich schon zu Gosen herangezogen hatte und die den Befreier umringte, sobald bedrohliches Murren aufkam im Pöbelvolk. Es war eine kleine Mannschaft von Jugendlichen vorderhand, mit Kaleb als Leutnant, aber Joschua wartete nur auf eine Gelegenheit, sich als Feldherr und Vorkämpfer auszuweisen, um alle Waffenfähigen, die ganzen dreitausend, seinem Befehl zu verpflichten. Er wußte auch, daß diese Gelegenheit bevorstand.

Mose hatte viel an dem Jüngling, den er auf Gottes Namen getauft; er wäre ohne ihn manchmal ganz verloren gewesen. Er war ein geistlicher Mann, und seine Männlichkeit, stämmig und stark wie sie war, mit Handgelenken, breit wie die eines Steinmetzen, war eine geistliche, in sich gewandte, von Gott gehemmte und heftig befeuerte Männlichkeit, den äußeren Dingen fremd, ums Heilige nur besorgt. Mit einer Art von Leichtsinn, der in eigentümlichem Gegensatz stand zu der grübelnden Nachdenklichkeit, in der er Mund und Bart mit der Hand zu bedecken pflegte, war all sein Denken und Trachten darauf beschränkt gewesen, seines Vaters Geblüt in der Absonderung für sich allein zu haben, um es zu bilden und ungestört aus der heillosen Masse, die er liebte, eine heilige Gottesgestalt zu metzen. Um die Gefahren der Freiheit, die Schwierigkeiten der Wüste und um die Frage, wie soviel Pöbelvolk heil durch sie hindurchzubringen sei, ja auch nur, wohin er räumlich mit jenen wollte, hatte er sich wenig oder gar nicht bekümmert und sich mitnichten auf praktische Führerschaft vorbereitet. Nur froh konnte er darum sein, Joschua an seiner Seite zu haben, der nun gerade wieder die geistliche Männlichkeit in Mosen verehrte und ihm seine stracke, ganz aufs Äußere gerichtete Jung-Männlichkeit unbedingt zur Verfügung stellte.

Ihm war es zu danken, daß man überhaupt in der Wildnis zielgerecht von der Stelle und nicht verderblich darin herumirrte.

Er bestimmte die Marschrichtung nach den Gestirnen, berechnete die Tagesmärsche und sorgte dafür, daß man in erträglichen, manchmal freilich nur eben noch erträglichen Abständen zu Wasserstellen gelangte. Daß man die rundliche Bodenflechte essen könne, hatte er ausgemacht. Mit einem Wort: er sorgte für das Führeransehen des Meisters und dafür, daß das Wort: »– der uns aus Ägypten geführt hat«, wenn es zum Murren geworden war, wieder löblichen Sinn annahm. Das Ziel hatte er klar im Kopfe und steuerte ihm an der Hand der Sterne, im Einverständnis mit Mose, auf kürzestem Wege zu. Denn beide waren ja darin einig, daß man ein erstes Ziel, eine feste, wenn auch vorläufige Unterkunft brauche, einen Aufenthalt, wo sich leben ließe und wo man Zeit gewönne, sogar viel Zeit: teils (nach Joschua's Gedanken) damit das Volk sich hecke und ihm, dem Heranreifenden, eine stärkere Anzahl Waffenfähiger stelle, teils (nach Mose's Gedanken) damit er vor allem einmal das Gehudel zu Gott bilde und etwas Heilig-Anständiges, ein reines Werk, dem Unsichtbaren geweiht, daraus haue, – wonach ihm Geist und Handgelenke verlangten.

Das Ziel nun war die Oase Kadesch. Wie nämlich an die Wüste Sur die Wüste Paran stieß, so stieß an diese südlich die Wüste Sin, – aber nicht überall und nicht unmittelbar. Denn irgendwo dazwischen lag die Oase Kadesch, vergleichsweise eine köstliche Ebene, ein grünes Labsal im Wasserlosen, mit drei starken Quellen und einer Anzahl kleinerer noch obendrein, lang eine Tagereise und eine halbe breit, mit frischer Weide bedeckt und Ackerboden, ein lockender Landstrich, tierreich und fruchtreich und groß genug, eine Kopfzahl wie diese zu beherbergen und zu ernähren.

Jehoschua wußte von dem anziehenden Ländchen, es war bestens verzeichnet auf der Karte, die er im Kopfe hatte. Auch Mose wußte davon, aber daß man darauf lossteuerte und sich Kadesch zum Ziel nahm, war Joschua's Veranstaltung. Seine Gelegenheit – hier war sie. Eine solche Perle wie Kadesch lag selbstverständlich nicht ohne Besitzer da. Sie war in festen Händen, – in nicht allzu festen, hoffte Joschua. Wollte man sie haben, so mußte man darum kämpfen mit dem, der sie hatte, und das war Amalek.

Ein Teil des Stammes der Amalekiter hielt Kadesch in Besitz und würde es verteidigen. Joschua machte Mosen klar, daß Krieg sein, daß eine Schlacht sein müsse zwischen Jahwe und Amalek, und wenn ewige Feindschaft zwischen ihnen daraus erwachsen sollte von Geschlecht zu Geschlecht. Die Oase müsse man haben; sie sei der gegebene Raum des Wachstums sowohl wie der Heiligung.

Mose war sehr bedenklich. Für ihn war es eine der Implikationen der Unsichtbarkeit Gottes, daß man seines Nächsten Haus nicht begehren solle, und er hielt es seinem Jüngling vor. Aber dieser antwortete: Kadesch sei nicht Amaleks Haus. Er wisse nicht nur im Raume Bescheid, sondern auch in den Vergangenheiten, und er wisse, daß Kadesch ehemals schon – er konnte freilich nicht sagen, wann – von ebräischen Leuten, nahverwandtem Blut, Nachkommen der Väter, bewohnt gewesen sei, die von den Amalekitern versprengt worden seien. Kadesch sei ein Raub, und einen Raub dürfe man rauben.

Mose bezweifelte das, aber er hatte seine eigenen Gründe dafür, daß Kadesch eigentlich Jahwe-Gebiet sei und denen zukomme, die mit Jahwe im Bunde waren. Nicht nur seiner natürlichen Reize wegen hieß Kadesch, wie es hieß, nämlich ›Heiligtum‹. Gewissermaßen war es ein Heiligtum des midianitischen Jahwe, den Mose als den Gott der Väter erkannt hatte. Nicht weit davon, gegen Osten und gegen Edom, lag, in einer Zeile mit anderen Bergen, der Berg Horeb, den Mose von Midian aus besucht und an dessen Hang der Gott sich ihm im brennenden Busch offenbart hatte. Horeb, der Berg, war der Sitz Jahwe's, – einer zum mindesten. Sein ursprünglicher Sitz, wußte Mose, war der Berg Sinai, im Gebirge des tiefen Mittags. Aber zwischen Sinai und Horeb, der Stätte von Mose's Beauftragung, bestand eine enge Beziehung eben dadurch, daß Jahwe auf beiden saß: man konnte sie gleichsetzen, man konnte den Horeb auch Sinai nennen, und Kadesch hieß, wie es hieß, weil es, mit einiger Freiheit gesprochen, zu Füßen des heiligen Berges lag.

Darum willigte Mose in Joschua's Vorhaben und ließ ihn seine Vorbereitungen treffen für den Waffengang Jahwe's mit Amalek.

12

Die Schlacht fand statt, sie ist eine historische Tatsache. Es war eine sehr schwere, hin und her wogende Schlacht, aber Israel ging siegreich daraus hervor. Diesen Namen nämlich, Israel, das heißt: ›Gott führt Krieg‹, hatte Mose vor der Schlacht dem Geblüt zur Stärkung verliehen, mit der Erläuterung, es sei ein sehr alter Name, der nur in Vergessenheit geraten sei; schon Jakob, der Erzvater, habe ihn sich errungen und auch die Seinen damit genannt. Es tat dem Geblüt sehr wohl; so lose seine Sippen zusammengehangen hatten, sie hießen nun alle Israel und kämpften vereint unter diesem geharnischten Namen, in Schlachtreihe gebracht und angeführt von Joschua, dem feldherrlichen Jüngling, und Kaleb, seinem Leutnant.

Die Amaliker waren nicht im Zweifel gewesen über den Sinn der Annäherung des Wandervolkes; solche Annäherungen haben immer nur einen Sinn. Ohne den Angriff auf die Oase abzuwarten, waren sie in hellen Haufen daraus hervorgekommen in die Wüste, größer an Zahl als Israel, auch besser bewaffnet, und in hochaufwirbelndem Staub, Getümmel und Feldgeschrei entspann sich der Kampf, ungleich auch deshalb, weil Joschua's Leute vom Durst geplagt waren und seit vielen Tagen nichts anderes als Man zu essen gehabt hatten. Dafür hatten sie Joschua, den gerade blickenden Jüngling, der ihre Bewegungen leitete, und hatten Mose, den Gottesmann.

Dieser hatte sich zu Beginn des Gemenges, zusammen mit Aaron, seinem Halbbruder, und mit Mirjam, der Prophetin, auf einen Hügel zurückgezogen, von dem aus man die Walstatt überblickte. Seine Männlichkeit war nicht die des Kriegers. Vielmehr war es seine priesterliche Sache – und alle stimmten ohne Bedenken mit ihm überein, daß nur dies seine Sache sein könne –, mit erhobenen Armen den Gott anzurufen in befeu-

291

ernden Worten, wie etwa: »Steh auf, Jahwe der Myriaden, der Tausende Israels, daß deine Feinde zerstieben, daß deine Hasser fliehen vor deinem Angesicht!«

Sie flohen nicht und sie zerstoben nicht, oder taten beides vorderhand doch nur örtlich und ganz vorübergehend; denn wohl war Israel wütig vor Durst und Überdruß am Manna, aber der Myriaden Amaleks waren mehr, und sie drangen nach kurzer Entmutigung immer wieder vor, zuweilen bis in gefährliche Nähe des Aussichtshügels. Es stellte sich aber unzweideutig heraus, daß immer, solange Mose die Arme betend zum Himmel erhoben hielt, Israel siegte, ließ er aber die Arme sinken, so siegte Amalek. Darum, weil er aus eigener Kraft nicht unausgesetzt die Arme hochhalten konnte, unterstützten ihn Aaron und Mirjam beiderseits in den Achselhöhlen und faßten auch seine Arme an, daß sie oben blieben. Was das aber heißen will, mag man daran ermessen, daß die Schlacht vom Morgen bis an den Abend währte, in allwelcher Zeit Mose seine schmerzhafte Stellung einhalten mußte. Da sieht man, wie schwer die geistliche Männlichkeit es hat auf ihrem Gebetshügel, – wohl wahrlich schwerer als die, die drunten dreinhauen darf im Getümmel.

Auch war es den ganzen Tag lang nicht durchzuführen; die Beistehenden mußten zuweilen für den Augenblick des Meisters Arme herunterlassen, was aber immer sogleich die Jahwe-Streiter viel Blut und Bedrängnis kostete. Da hißten jene die Arme wieder, und aus dem Anblick schöpften die drunten frischen Mut. Hinzu kam die Feldherrngabe Jehoschua's, um einen günstigen Ausgang der Schlacht herbeizuführen. Er war ein planender Kriegsjüngling, mit Einfällen und Absichten, der Manöver erdachte, die völlig neu waren, bis dato ganz unerhört, wenigstens in der Wüste; dazu ein Befehlshaber, der den Nerv hatte, eine zeitweilige Preisgabe von Gelände ruhig mitanzusehen. Er versammelte seine beste Kraft, eine Auswahl, die Würgengel, am rechten Flügel des Feindes, drückte entschieden auf diesen, drängte ihn ab und war siegreich an dieser Stelle, während freilich indessen die Hauptmacht Amaleks ge-

gen Israels Reihen in großem Vorteil war und ihnen in stürmi-
schem Vordrang viel Raum abgewann. Vermittelst des Durch-
bruchs jedoch an der Flanke gelangte Jehoschua in Amaleks
Rücken, so daß dieser sich gegen ihn wenden, zugleich aber die
fast schon geschlagene, doch wieder ermutigt vorgehende
Hauptmacht Israels bekämpfen mußte, so daß Kopflosigkeit bei
ihm die Oberhand gewann und er an seiner Sache verzagte.
»Verrat!« rief er. »Es ist alles verloren! Hofft nicht mehr zu sie-
gen! Jahwe ist über uns, ein Gott von unergründlicher Tücke!«
Und unter dieser verzweifelten Losung ließ Amalek sich das
Schwert entsinken und wurde niedergemacht.

Nur wenigen der Seinen gelang die Flucht nach Norden, wo
sie sich mit dem Hauptstamm vereinigten. Israel aber bezog die
Oase Kadesch, die sich als durchzogen von einem breiten, rau-
schenden Bach, bestanden mit Nutzsträuchern und Fruchtbäu-
men und von Bienen, Singvögeln, Wachteln und Hasen erfüllt
erwies. Die in den Dorflagern zurückgelassenen Kinder Amaleks vermehrten die Zahl seines eigenen Nachwuchses. Die Weiber Amaleks wurden Israels Weiber und Mägde.

13

Mose, obgleich ihn noch lange die Arme schmerzten, war ein
glücklicher Mann. Daß er ein sehr geplagter blieb, über alle
Menschen auf Erden, wird sich erweisen. Vorderhand aber war
er sehr glücklich über den günstigen Gang der Dinge. Die Auswanderung war gelungen, Pharao's rächende Macht im Schilfmeer versunken, die Wüstenfahrt gnädig vonstatten gegangen
und die Schlacht um Kadesch mit Jahwe's Hilfe gewonnen worden. Groß stand er da vor seines Vaters Geblüt, im Ansehen des
Erfolges, als »der Mann Mose, der uns aus Ägypen geführt hat«,
und das war es, was er brauchte, um sein Werk beginnen zu
können, das Werk der Reinigung und Gestaltung im Zeichen des
Unsichtbaren, des Bohrens, Wegsprengens und Formens in
Fleisch und Blut, wonach er begehrte. Glücklich war er, dies

Fleisch abgesondert im Freien für sich zu haben in der Oase mit Namen ›Heiligtum‹. Sie war seine Werkstatt.

Er zeigte dem Volke den Berg, der unter anderen Bergen im Osten von Kadesch hinter der Wüste zu sehen war: Horeb, den man auch Sinai nennen mochte, buschig bewachsen zu zwei Dritteln hinauf und oben kahl, den Sitz Jahwe's. Daß er es war, schien glaubhaft, denn es war ein eigentümlicher Berg, ausgezeichnet vor seinen Geschwistern durch eine Wolke, die, niemals weichend, dachförmig über seinem Gipfel lag und tags grau erschien, nachts aber leuchtete. Dort, hörte das Volk, an dem buschigen Hange des Berges, unterhalb des felsigen Gipfels, hatte Jahwe zu Moses aus dem brennenden Dornstrauch geredet und ihn beauftragt, sie aus Ägypten zu führen. Sie hörten es mit Furcht und Zittern, die bei ihnen noch die Stelle von Ehrfurcht und Andacht einnahmen. Wirklich pflegten sie alle, auch die bärtigen Männer, mit den Knien zu schlottern wie wilde Memmen, wenn Mose ihnen den Berg mit der Dauerwolke zeigte und sie bedeutete, daß der Gott dort saß, der Lust zu ihnen hatte und ihr alleiniger Gott sein wollte, und Mose schalt sie, die Fäuste schüttelnd, ob dieses ordinären Gebarens und ließ es sich angelegen sein, sie mit Jahwe mutig-vertrauter zu machen, indem er ihm auch mitten unter ihnen, zu Kadesch selbst, eine Stätte errichtete.

Denn Jahwe hatte eine bewegliche Gegenwart, – das hing, wie so manches andere, mit seiner Unsichtbarkeit zusammen. Er saß auf dem Sinai, er saß auf dem Horeb, – nun schuf ihm Mose, kaum daß man sich zu Kadesch in den Dorflagern der Amalekiter ein wenig eingerichtet, ein Heim daselbst, ein Zelt in der Nähe des eigenen, das er das Begegnungs- oder Versammlungszelt, auch wohl die Stiftshütte nannte, und worin er heilige Gegenstände unterbrachte, die eine Handhabe zur Verehrung des Bildlosen boten. Vorwiegend waren es Dinge, die Mose nach der Erinnerung dem Kult des midianitischen Jahwe entnahm: eine Art von Kasten vor allem, mit Tragestangen, auf welchem nach Mose's Aussage – und er mußte es wissen – die Gottheit unsichtbar thronte, und die man würde mit ins Feld hinausnehmen und vor sich hertragen können zum Kampf, wenn etwa Amalek anrücken und Rache zu nehmen versuchen sollte. Ein eherner Stab mit Schlangenkopf, auch die Eherne Schlange genannt, war bei der Lade verwahrt, zum Andenken an Aarons gutgemeintes Kunststück vor Pharao, doch mit dem Nebensinn, daß es zugleich auch der Stab sein sollte, den Mose ausgereckt hatte über das Schilfmeer, daß es sich teile. Besonders noch aber barg das Jahwe-Zelt auch das sogenannte Ephod, die Schüttel-Tasche, aus der, als Ja oder Nein, Recht oder Unrecht, Gut oder Böse, die Orakel-Lose ›Urim und Tummim‹ sprangen, wenn man gezwungen war, in einer schweren Streitfrage, den Menschen unlösbar, unmittelbar Jahwe's Schiedsgericht anzurufen.

Meist nämlich richtete Mose selbst, an Jahwe's Statt, in allerlei Streit- und Rechtsfragen, die sich unter den Leuten aufwarfen. Es war sogar das erste, was er zu Kadesch tat, daß er eine Gerichtsstelle einrichtete, wo er an bestimmten Tagen Streitfragen schlichtete und Recht sprach: dort, wo die stärkste Quelle entsprang, die immer schon Me-Meriba, das ist: Prozeßwasser, geheißen hatte, dort sprach er Recht und ließ es heilig erfließen, wie das Wasser der Erde entquoll. Bedenkt man aber, daß es insgesamt zwölftausendfünfhundert Seelen waren, die seiner alleinigen Gerechtsame unterstanden, so ermißt man, was für ein geplagter Mann er war. Denn um so mehr Rechtsuchende drängten sich immer zu seinem Quellensitze, als das Recht dem verlassenen und verlorenen Geblüt etwas ganz Neues war und es bisher kaum gewußt hatte, daß es so etwas gäbe, – da es denn nun erfuhr, erstens, daß das Recht mit der Unsichtbarkeit Gottes und seiner Heiligkeit ganz unmittelbar zusammenhänge und in ihrem Schutze stehe, zweitens aber, daß es auch das Unrecht umfasse, was das Pöbelvolk lange Zeit nicht begreifen konnte. Denn es dachte, wo Recht erflösse, da müsse jeder recht bekommen, und wollte anfangs nicht glauben, daß einer zu seinem Recht kommen könne auch dadurch, daß er zu seinem Unrecht kam und mit langer Nase abziehen mußte. Ein solcher bereute dann wohl, daß er die Sache nicht lieber mit seinem Streitpartner nach früherer Art vermittelst eines Steins in der Faust ausgemacht habe, wodurch sie vielleicht einen anderen Ausgang genommen hätte, und lernte nur mühsam von Mose, daß dies gegen die Unsichtbarkeit Gottes gewesen wäre, und daß niemand mit langer Nase abzöge, der unrecht bekommen habe von Rechtes wegen; denn das Recht sei gleich schön und würdevoll in seiner heiligen Unsichtbarkeit, ob es einem nun recht oder unrecht gäbe.

So mußte Mose nicht allein Recht sprechen, sondern auch Recht lehren noch dazu und war sehr geplagt. Er hatte ja selbst im thebanischen Internat das Recht gelernt, die ägyptischen Gesetzrollen und den Codex Hammurapi's, des Königs am Euphrat. Das half ihm zur Urteilsklärung in vielen vorkommenden Fällen, so zum Beispiel, wenn ein Ochs einen Mann oder Weib zu Tode gestoßen hatte, so war der Ochse zu steinigen, und sein Fleisch sollte nicht gegessen werden, der Herr des Ochsens aber war unschuldig, ausgenommen der Ochse wäre bekanntermaßen schon immer stößig gewesen und der Herr habe ihn schlecht verwahrt: dann sei auch dessen Leben verwirkt, außer, er könne es ablösen mit dreißig Silberschekeln. Oder, wenn jemand eine Grube eröffnete und deckte sie nicht ordentlich zu, so daß ein Ochs oder Esel hineinfiel, so sollte der Herr der Grube den Mann des Schadens mit Geld versöhnen, das Aas aber sollte ihm gehören. Oder was sonst noch vorkam an Körperverletzung, Sklavenmißhandlung, Diebstahl und Einbruch, Flurschädigung, Brandlegung und Mißbrauch von Anvertrautem. In allen diesen Fällen und hundert anderen fand Mose das Urteil, in Anlehnung an Hammurapi, gab recht und unrecht. Aber es waren für einen Richter der Fälle zu viele, der Quellsitz war überlaufen, untersuchte der Meister das einzelne Vorkommnis nur einigermaßen treulich, so ward er nicht fertig, mußte vieles zurückstellen, Neues kam immer hinzu, und er war geplagt über alle Menschen.

Darum war es ein großes Glück, daß sein Schwager Jethro, von Midian, ihn zu Kadesch besuchte und ihm einen guten Rat erteilte, auf den er von selbst, seiner gewissenhaften Eigenmächtigkeit wegen, nicht gekommen wäre. Mose hatte nämlich bald nach der Ankunft in der Oase nach Midian hinabgeschickt zu seinem Schwäher, daß dieser ihm sein Weib Zipora und seine beiden Söhne zurücksende, die er ihm während der ägyptischen Tribulationen ins Zelt gegeben hatte. Jethro aber kam freundlicherweise selbst, ihm Weib und Söhne persönlich zu überhändigen, ihn zu umarmen, sich bei ihm umzusehen und von ihm zu hören, wie alles gegangen sei.

Er war ein beleibter Scheich, heiter blickend, mit ebnen, gewandten Gebärden, ein Weltmann, eines entwickelten, gesellschaftlich wohl geübten Volkes Fürst. Sehr festlich empfangen, kehrte er ein bei Mose, in dessen Hütte, und vernahm nicht ohne Erstaunen, wie einer seiner Götter, und gerade der Bildlose unter ihnen, sich an Mose und den Seinen so außerordentlich bewährt und wie er gewußt habe, sie von der Ägypter Hand zu erretten.

»Wer hätte es gedacht!« sagte er. »Er ist offenbar größer, als wir vermuteten, und was du mir erzählst, legt mir die Befürchtung nahe, daß wir seiner bisher zu lässig gepflegt haben. Ich will dafür sorgen, daß er auch bei uns zu höheren Ehren kommt.«

Auf den nächsten Tag wurden öffentliche Brandopfer anberaumt, wie Mose sie selten veranstaltete. Nicht übertrieben viel hielt er von Opfern; sie seien nicht wesentlich, sagte er, vor dem Unsichtbaren, und opfern täten die anderen auch, die Völker der Welt. Jahwe aber spreche: »Auf meine Stimme hört vor allen Dingen, das ist: auf die meines Knechtes Mose, dann werd' ich euer Gott sein und ihr mein Volk.« Diesmal aber gab es Schlacht- und Brandopfer, für Jahwe's Nase sowohl als auch zur Feier von Jethro's Ankunft. Und wieder am nächsten Tag, schon früh am Morgen, nahm Mose seinen Schwäher mit zum

Prozeßwasser, damit er einer Gerichtssitzung beiwohne und sähe, wie Mose saß, das Volk zu richten. Das stand um ihn herum von Morgen bis Abend, und war keine Rede von Fertigwerden.

»Nun bitte ich dich um alles, Herr Schwager«, sagte der Gast, als er mit Mose von der Stätte hinwegging, »was machst du Mann dir für Plage! Sitzest allein, und alles Volk steht um dich herum von Morgen bis Abend! Warum tust du denn das?«

»Ich muß doch«, antwortete Mose. »Das Volk kommt zu mir, daß ich richte zwischen einem jeglichen und seinem Nächsten und zeige ihnen Gottes Recht und seine Gesetze.«

»Aber Bester, wie kann man so ungeschickt sein!« sagte Jethro wieder. »Regiert man denn so, und muß sich ein Herrscher so schinden, daß er alles allein macht? Du müdest dich ab, daß es ein Jammer ist, und kannst kaum aus den Augen sehen, bist auch deiner Stimme verlustig vom Richten. Dazu ist das Volk nicht weniger müde. So fängt man doch das nicht an, du kannst auf die Länge nicht alle Geschäfte allein ausrichten. Es ist ja das gar nicht nötig, – höre auf meine Stimme! Wenn du das Volk vor Gott vertrittst und vor ihn bringst die großen Geschäfte, die alle angehen, so ist das völlig genug. Sieh dich aber um«, sagte er mit bequemen Bewegungen, »unter deinem Gehudel nach rechtlichen Leuten, ein bißchen angesehenen, und setze sie über das Volk: über tausend, über hundert, ja über fünfzig und zehn, daß sie sie richten nach dem Recht und nach den Gesetzen, die du dem Volk gestellt. Und nur wo eine große Sache ist, die sollen sie an dich bringen, alle geringen aber erledigen sie, – du brauchst davon gar nichts zu wissen. Ich hätte auch mein Bäuchlein nicht und wäre gar nicht abkömmlich gewesen, dich zu besuchen, wenn ich dächte, von allem wissen zu müssen, und es treiben wollte wie du.«

»Aber die Richter werden Geschenke nehmen«, antwortete Mose schwermütig, »und die Gottlosen recht haben lassen. Denn Geschenke machen die Sehenden blind und verkehren die Sachen der Gerechten.«

»Weiß ich auch«, erwiderte Jethro. »Weiß ich ganz gut. Aber

etwas davon muß man in den Kauf nehmen, wenn nur Recht gesprochen wird überhaupt und eine Ordnung ist, werde sie auch etwas verwickelter durch Geschenke, das macht nicht soviel. Siehe, die da Geschenke nehmen, das sind gewöhnliche Leut', aber das Volk besteht auch aus gewöhnlichen Leuten, darum hat es Sinn fürs Gewöhnliche, und wird ihm das Gewöhnliche gemütlich sein in der Gemeinde. Dazu aber, ist einem seine Sache verkehrt worden vom Richter über zehn, weil der vom Gottlosen genommen hat, so soll er den Dienstweg einschlagen und den Rechtszug verfolgen; er soll den Richter aufrufen über fünfzig und den über hundert und schließlich den über tausend, – der bekommt am allermeisten Geschenke und hat darum einen freieren Blick, bei dem wird er schon Recht finden, wenn's ihm nicht vorher zu langweilig geworden ist.«

So äußerte Jethro sich, mit ebenen Gebärden, die einem das Leben erleichterten, wenn man sie nur sah, und zeigte, daß er eines entwickelten Wüstenvolkes Priesterkönig war. Schwermütig hörte Moses ihm zu und nickte. Er hatte die bestimmbare Seele des einsamen, geistlichen Mannes, der nachdenklich nickt zu der Klugheit der Welt und einsieht, daß sie wohl recht haben mag. Auch befolgte er wirklich den Rat des gewandten Schwähers – es war ganz unumgänglich. Er setzte Laienrichter ein, die an der großen Quelle und an den kleineren Recht einfließen ließen nach seinen Belehrungen und die alltäglichen Fälle beurteilten (wenn etwa ein Esel in eine Grube gefallen war); und nur die Kapitalfälle kamen an ihn, den Priester Gottes, über die ganz großen aber entschieden die heiligen Lose.

So war er nicht länger über Gebühr in die Geschäfte verstrickt, sondern bekam die Arme frei für das weitere Bildungswerk, das er an dem ungestalten Volksleib zu tun gedachte, und für das ihm Joschua, der strategische Jüngling, die Werkstatt erstritten, nämlich die Oase Kadesch. Zweifellos war das Recht ein wichtiges Beispiel für die Implikationen der Unsichtbarkeit Gottes, aber doch nur ein Beispiel, und eine gewaltige, lange, in Zorn und Geduld zu bewältigende Arbeit würde es sein, aus den ungebärdigen Horden nicht nur ein Volk zu bilden wie andere mehr, dem das Gewöhnliche gemütlich war, sondern ein außergewöhnliches und abgesondertes, eine reine Gestalt, aufgerichtet dem Unsichtbaren und ihm geheiligt.

15

Das Geblüt merkte bald, was es heißen wollte, einem zornig-geduldigen, dem Unsichtbaren verantwortlichen Werkmann gleich Mosen in die Hände gefallen zu sein, und merkte, daß jene unnatürliche Weisung, es sei jedes Freudengeschrei zu unterlassen über des Feindes Ersaufen, nur ein Anfang gewesen war – und zwar ein vorwegnehmender Anfang, der schon weit im Gebiet der Reinheit und Heiligkeit lag und viele Voraussetzungen hatte, die zu erfüllen waren, ehe man dahin gelangte, eine solche Forderung nicht als völlig unnatürlich zu empfinden. Wie es aussah in dem Gehudel, und wie sehr es ein bloßer Rohstoff war aus Fleisch und Blut, dem die Grundbegriffe der Reinheit und Heiligkeit abgingen; wie sehr Mose von vorn anfangen und ihnen das Früheste beibringen mußte, das merkt man den notdürftigen Vorschriften an, mit denen er daran herumzuwerken, zu meißeln und zu sprengen begann – nicht zu ihrem Behagen; der Klotz ist nicht auf des Meisters Seite, sondern gegen ihn, und gleich das Früheste, was zu seiner Formung geschieht, kommt ihm am allerunnatürlichsten vor.

Immer war Mose unter ihnen, bald hier, bald da, bald in diesem und bald in jenem Dorflager, gedrungen, mit seinen weitstehenden Augen und seiner plattgetriebenen Nase, schüttelte die Fäuste an breiten Handgelenken und rüttelte, mäkelte, krittelte und regelte an ihrem Dasein, rügte, richtete und säuberte daran herum, indem er die Unsichtbarkeit Gottes dabei zum Prüfstein nahm, Jahwe's, der sie aus Ägypten geführt hatte, um sie sich zum Volk zu nehmen, und der heilige Leute an ihnen haben wollte, heilig, wie Er es war. Vorläufig waren sie nichts als Pöbelvolk, was sie schon dadurch bekundeten, daß sie ihre

300

Leiber ins Lager entleerten, wo es sich treffen wollte. Das war eine Schande und eine Pest. Du sollst außen vor dem Lager einen Ort haben, wohin du zur Not hinauswandelst, hast du mich verstanden? Und sollst ein Schäuflein haben, womit du gräbst, ehe du dich setzest; und wenn du gesessen hast, sollst du's zuscharren, denn der Herr, dein Gott, wandelt in deinem Lager, das darum ein heilig Lager sein soll, nämlich ein sauberes, damit Er sich nicht die Nase zuhalte und sich von dir wende. Denn die Heiligkeit fängt mit der Sauberkeit an, und ist diese Reinheit im Groben, aller Reinheit gröblicher Anbeginn. Hast du das aufgefaßt, Ahiman, und du Weib Naemi? Das nächste Mal will ich bei jedem ein Schäuflein sehen, oder der Würgengel soll über euch kommen!

Du sollst sauber sein und dich viel mit lebendigem Wasser baden um der Gesundheit willen; denn ohne die ist keine Reinheit und Heiligkeit, und Krankheit ist unrein. Denkst du aber, Pöbelei ist gesünder denn saubere Sitte, so bist du ein Blödian und sollst geschlagen sein mit Gelbsucht, Feigwarzen und Drüsen Ägyptens. Übst du nicht Sauberkeit, so werden böse schwarze Blattern auffahren und Keime der Pestilenz gehen von Blut zu Blut. Lerne unterscheiden zwischen Reinheit und Unreinheit, sonst bestehst du nicht vor dem Unsichtbaren und bist nur Pöbel. Darum, wenn ein Mann oder Weib einen fressenden Aussatz hat und einen bösen Fluß am Leibe, Grind oder Krätze, die sollen unrein sein und nicht im Lager gelitten werden, sondern hinausgetan sein draußen davor, abgesondert in Unreinheit, wie der Herr euch abgesondert hat, daß ihr rein wäret. Und was ein solcher angerührt hat, und worauf er gelegen, und der Sattel, worauf er geritten, das soll verbrannt werden. Ist er aber rein worden in der Absonderung, so soll er sieben Tage zählen, ob er auch wirklich rein ist, und sich gründlich mit Wasser baden, dann mag er wiederkommen.

Unterscheide! sage ich dir, und sei heilig vor Gott, sonst kannst du nicht heilig sein, wie ich dich haben will. Du ißt ja alles durcheinander, ohne Wahl und Heiklichkeit, wie ich sehen muß, das ist mir ein Greuel. Du sollst aber das eine essen und das andere nicht, und sollst deinen Stolz haben und deinen Ekel. Was da die Klauen spaltet und wiederkäut unter den Tieren, das magst du essen. Was aber wiederkäut und hat Klauen, spaltet sie aber nicht, wie das Kamel, das sei euch unrein, und sollt's nicht essen. Wohlgemerkt, das gute Kamel ist nicht unrein als Gottes lebendig Geschöpf, aber als Speise schickt es sich nicht, sowenig als wie das Schwein, das sollt ihr auch nicht essen, denn es spaltet die Klauen wohl, wiederkäut aber nicht. Darum unterscheidet! Alles, was Flossen und Schuppen hat in den Wassern, das mögt ihr essen, aber was ohne solche darin herumschlüpft, das Molchgezücht, das ist zwar auch von Gott, aber als Speise soll es euch eine Scheu sein. Unter den Vögeln sollt ihr verschmähen den Adler, den Habicht, den Fischaar, den Geier und ihresgleichen. Dazu alle Raben, den Strauß, die Nachteule, den Kuckuck, das Käuzlein, den Schwan, den Uhu, die Fledermaus, die Rohrdommel, den Storch, den Reiher und Häher sowie die Schwalbe. Ich habe den Wiedehopf vergessen, den sollt ihr auch vermeiden. Wer wird das Wiesel essen, die Maus, die Kröte oder den Igel? Wer ist so pöbelhaft, die Eidechse, den Maulwurf und die Blindschleiche zu verzehren oder sonst irgend etwas, was da auf Erden schleicht und auf dem Bauche kreucht? Ihr tut es aber und macht eure Seele zum Scheusal! Wen ich noch einmal eine Blindschleiche essen sehe, mit dem will ich abfahren, daß er's nicht wieder tut. Denn er stirbt zwar nicht dran, und es ist nicht schädlich, ist aber schimpflich, und euch soll vieles schimpflich sein. Darum sollt ihr kein Aas essen, das ist auch noch schädlich.

So machte er ihnen Speisevorschriften und schränkte sie ein in Dingen der Nahrung, aber nicht nur in diesen. Ebenso tat er es in Dingen der Lust und Liebe, denn auch darin ging es bei ihnen drunter und drüber nach rechter Pöbelart. Du sollst die Ehe nicht brechen, sagte er ihnen, denn sie ist eine heilige Schranke. Weißt du aber auch, was das sagen will, die Ehe nicht brechen? Hundert Einschränkungen bedeutet es mit Rücksicht auf Gottes Heiligkeit und nicht nur, daß du deines Nächsten Weib nicht begehren sollst, das ist das wenigste. Denn du lebst im Fleisch, bist aber dem Unsichtbaren verschworen, und die Ehe ist der Inbegriff aller Reinheit im Fleisch vor Gottes Angesicht. Darum sollst du nicht ein Weib nehmen und die Mutter dazu, um nur ein Beispiel zu nennen. Das schickt sich nicht. Und sollst nie und nimmer bei deiner Schwester liegen, daß du ihre Scham siehst und sie deine, denn es ist eine Blutschande. Nicht einmal bei deiner Tante sollst du liegen, das ist weder ihrer würdig noch deiner, und sollst davor zurückschrecken. Wenn ein Weib ihre Krankheit hat, sollst du sie scheuen und nicht herantreten an den Brunnen ihres Blutes. Wenn aber einem Mann was Schamhaftes zustößt im Schlaf, der soll unrein sein bis zum nächsten Abend und sich fleißig mit Wasser baden.

Ich höre, du hältst deine Tochter zur Hurerei an und nimmst Hurengeld von ihr? Tu das nicht mehr, denn beharrst du darauf, will ich dich steinigen lassen. Was fällt dir ein, beim Knaben zu schlafen wie beim Weibe? Das ist ein Unding und Völkergreuel, und sollen beide des Todes sterben. Treibt aber einer es mit dem Vieh, sei es Mann oder Weib, die sollen nun vollends ausgerottet sein und erwürgt werden mitsamt dem Vieh.

Man stelle sich ihre Bestürzung vor über all die Einschränkungen! Sie hatten zunächst das Gefühl, daß überhaupt vom lieben Leben beinahe nichts übrigbleibe, wenn man all dies befolgte. Er sprengte mit dem Meißel an ihnen herum, daß die Stücke flogen, und das war sehr wörtlich zu nehmen, denn mit den Ahndungen, die er auf die schlimmsten Überschreitungen der Schranken setzte, war es kein Spaß, und hinter seinen Verboten standen der junge Joschua und seine Würgengel.

»Ich bin der Herr, euer Gott«, sagte er, auf die Gefahr hin, daß sie ihn wirklich selbst dafür hielten, »der euch aus Ägyptenland geführt und abgesondert hat von den Völkern. Darum sollt ihr auch absondern das Reine vom Unreinen und nicht den Völkern nachhuren, sondern mir heilig sein. Denn ich, der Herr, bin heilig und habe euch abgesondert, daß ihr mein wäret. Das Aller-Unreinste ist, sich um irgendeinen Gott zu kümmern, außer um mich, denn ich heiße ein Eiferer. Das Aller-Unreinste ist, sich ein Bild zu machen, sehe es nun aus wie ein Mann oder Weib, ein

Ochs oder Sperber, ein Fisch oder Wurm, denn damit ist man schon abtrünnig von mir, auch wenn das Bild mich vorstellen soll, und könnte ebensogut mit seiner Schwester schlafen oder mit einem Vieh, das liegt ganz nahe dabei und ergibt sich gar bald daraus. Hütet euch! Ich bin unter euch und sehe alles. Hurt einer den Tier- und Totengöttern Ägyptens nach, dem will ich's einträngen. Ich will ihn in die Wüste jagen und ihn absondern wie einen Auswurf. Insgleichen wer da dem Moloch opfert, an den ihr, wie ich wohl weiß, auch noch eine Erinnerung habt, daß er ihm seine Kraft verbrennt, der ist ein Übel, und übel will ich mit ihm verfahren. Darum sollst du deinen Sohn oder deine Tochter nicht durchs Feuer gehen lassen nach blöder Völkerart, noch achten auf Vogelflug und -schrei, noch munkeln mit Wahrsagern, Tagewählern und Zeichendeutern, noch die Toten befragen und nicht Zauber treiben mit meinem Namen. Ist einer ein Schurke und führt dabei meinen Namen im Munde zur Zeugenschaft, der führt ihn am allerunnützlichsten, ich will ihn fressen. Aber Zauber und Völkergreuel ist es bereits, sich Male zu stechen, sich kahl zu scheren über den Augen und sich das Gesicht zu zerschneiden aus Trauer um einen Toten, – ich will's nicht dulden.«

Wie groß war ihre Bestürzung! Nicht einmal Trauerschnitte sollten sie sich machen und sich nicht ein bißchen tätowieren. Sie merkten, was es auf sich hatte mit der Unsichtbarkeit Gottes. Es bedeutete große Einschränkung, mit Jahwe im Bunde zu sein; da aber hinter Mose's Verboten der Würgengel stand und sie nicht gern in die Wüste gejagt werden wollten, so kam ihnen das, was er verbot, bald fürchterlich vor, – anfangs nur im Zusammenhang mit der Strafe; diese aber vefehlte nicht, die Sache zu einem Übel zu stempeln, bei dessen Begehung einem übel zumute war, der Strafe nicht einmal mehr zu gedenken.

Halte dein Herz im Zaum, sagte er ihnen, und wirf nicht dein Auge auf eines anderen Habe, daß du sie haben möchtest, denn leicht bringt dich das dazu, sie ihm zu nehmen, sei es durch heimliche Entwendung, was eine Feigheit ist, oder indem du ihn totschlägst, was eine Rohheit ist. Jahwe und ich wollen euch weder feig noch roh, sondern die Mitte davon sollt ihr sein, nämlich anständig. Habt ihr soviel begriffen? Stehlen ist schleichendes Elend, aber zu morden, sei es aus Wut oder Gier, oder gieriger Wut, oder wütender Gier, das ist eine lodernde Untat, und wer sie begeht, gegen den will ich mein Antlitz setzen, daß er nicht weiß, wo er sich bergen soll. Denn er hat Blut vergossen, da doch das Blut eine heilige Scheu und ein großes Geheimnis ist, mir eine Altargabe und eine Versöhnung. Blut sollt ihr nicht essen und kein Fleisch, wenn es im Blute ist, denn es ist mein. Wer nun aber gar beschmiert ist mit eines Menschen Blut, dessen Herz soll an kaltem Entsetzen kranken, und ich will ihn jagen, daß er vor sich selber davonläuft bis ans Ende der Welt. Sagt Amen dazu!

Und sie sagten Amen, in der Hoffnung noch, daß mit dem Mord eben nur Tötung gemeint sei, zu dem nicht gar viele Lust hatten, oder doch nur gelegentlich. Aber es stellte sich heraus, daß Jahwe dem Wort einen so weiten Sinn gab wie dem Ehebruch, und alles mögliche darunter verstand, so daß Mord und Totschlag sehr früh begannen: bei jeder Verletzung des anderen durch Falschheit und Übervorteilung, wozu doch fast alle Lust hatten, floß schon sein Blut. Sie sollten nicht fälschlich handeln untereinander, nicht gegen jemanden aussagen als Lügenzeuge, rechtes Maß brauchen, rechte Pfunde und rechten Scheffel. Es war höchst unnatürlich, und vorderhand war es nur die natürliche Furcht vor Strafe, die einen Schein von Natürlichkeit warf auf Gebot und Verbot.

Daß man seinen Vater und seine Mutter ehren solle, wie Mose verlangte, hatte ebenfalls einen weiteren Sinn, als man im ersten Augenblick gleich vermutete. Wer die Hand erhob gegen seine Erzeuger und ihnen fluchte, – nun ja, mit dem wolle er abfahren. Aber die Ehrerbietung sollte sich auf die erstrekken, die seine Erzeuger auch nur hätten sein können. Vor einem grauen Haupte sollst du aufstehen, die Arme kreuzen und dein dummes Haupt neigen, verstehst du mich? So will es der Gottesanstand. – Der einzige Trost war, daß, da der Nächste einen nicht erschlagen durfte, man Aussichten hatte, ebenfalls alt und grau zu werden, so daß dann die anderen vor einem aufstehen mußten.

Zuletzt aber zeigte sich, daß Alter ein Gleichnis war für das Alte im allgemeinen, für alles, was nicht von heute und gestern war, sondern von weither kam, das fromm Überlieferte, den Väterbrauch. Dem sollte man Ehre erweisen und Gottesfurcht. So sollst du meine Feiertage heiligen, den Tag, da ich dich aus Ägypten führte, den Tag der ungesäuerten Brote, und immer den Tag, da ich von der Schöpfung ruhte. Meinen Tag, den Sabbat, sollst du nicht mit Arbeitsschweiß verunreinigen, ich verbiete es dir! Denn ich habe dich aus dem ägyptischen Diensthause geführt, mit mächtiger Hand und mit ausgestrecktem Arm, wo du ein Knecht warst und ein Arbeitstier, und mein Tag soll der Tag deiner Freiheit sein, die sollst du feiern. Sechs Tage lang sollst du ein Ackerer sein, oder ein Pflugmacher, oder ein Topfdreher, oder ein Kupferschmied, oder ein Schreiner, aber an meinem Tag sollst du ein rein Gewand anlegen und gar nichts sein, außer ein Mensch, und deine Augen aufschlagen zum Unsichtbaren.

Du warst ein geschundener Knecht in Ägyptenland – gedenke dessen bei deinem Gehaben gegen die, die fremd sind unter dir, die Kinder Amaleks zum Beispiel, die dir Gott in die Hände gab, und schinde sie nicht! Sieh sie an wie dich selbst und gib ihnen gleiches Recht, oder ich will dreinfahren, denn sie stehen in Jahwe's Schutz. Mache überhaupt nicht einen so dummdreisten Unterschied zwischen dir und den anderen, daß du denkst, du allein bist wirklich und auf dich kommt's an, der andere aber ist nur ein Schein. Ihr habt das Leben gemeinsam, und es ist nur ein Zufall, daß du nicht er bist. Darum liebe nicht dich allein, sondern liebe ihn gleicherweise und tue mit ihm, wie du wünschen würdest, daß er mit dir täte, wenn er du wäre! Seid lieblich miteinander und küßt die Fingerspitzen, wenn ihr einander vorübergeht, und neigt euch mit Lebensart und sprecht den Gruß: »Sei heil und gesund!« Denn es ist ebenso wichtig, daß jener gesund ist, wie daß du es bist. Und ist's auch nur äußere Lebensart, daß ihr so tut und küßt die Fingerspitzen, so gibt euch die Gebärde doch etwas ins Herz von dem, was darin sein soll gegen euren Nächsten. – Sagt Amen zu alledem!

Und sie sagten Amen.

16

Mit dem Amen aber war wenig getan, – sie sagten es nur, weil er der Mann war, der sie mit Glück aus Ägypten geführt, Pharao's Wagen versenkt und die Schlacht um Kadesch gewonnen hatte, und bis ihnen leidlich, oder auch scheinbar nur, in Fleisch und Blut übergegangen war, was er sie lehrte und ihnen auferlegte, die Schranken, Gebot und Verbot, das dauerte lange, und ein gewaltiges Stück Arbeit war es, dessen er sich unterwunden: aus dem Gehudel dem Herrn ein heiliges Volk aufzurichten, eine reine Gestalt, die da bestände vorm Unsichtbaren. Im Schweiß seines Angesichtes werkte er daran zu Kadesch, seiner Werkstatt, indem er seine weitstehenden Augen überall hatte, – metzte, sprengte, formte und ebnete an dem unwilligen Klotz mit zäher Geduld, mit wiederholter Nachsicht und öfterem Verzeihen, mit loderndem Zorn und strafender Unerbittlichkeit, und wollte doch oft verzagen, wenn sich das Fleisch, in dem er arbeitete, so widerspenstig und vergeßlich-rückfällig erwies, wenn wieder die Leute mit den Schäuflein zu graben versäumten, Blindschleichen aßen, mit ihrer Schwester schliefen oder auch mit dem Vieh, sich Male stachen, mit Wahrsagern hockten, auf Diebstahl schlichen und einander totschlugen. »O Pöbelvolk!« sagte er dann zu ihnen. »Ihr werdet sehen, der Herr wird einmal plötzlich über euch kommen und euch vertilgen.« Zum Herrn selbst aber sagte er: »Was soll ich machen mit diesem Fleisch, und warum hast du deine Gnade von mir genommen, daß du mir aufhalst, was ich nicht tragen kann? Lieber will ich einen Stall ausmisten, der sieben Jahre nicht Wasser und Spaten gesehen, und ein Dschungel lichten mit bloßen Händen zum Fruchtfeld, als daß ich dir hieraus eine reine Gestalt errichte. Wie komme auch ich dazu, das Volk in den Armen zu tragen, als ob ich's geboren hätte? Ich bin ihm nur halb verwandt, von Vaters Seite. Darum, so bitte ich dich, laß mich meines Lebens froh werden und schenk mir die Aufgabe, sonst aber erwürge mich lieber!«

Aber Gott antwortete ihm aus seinem Inneren mit so deutlicher Stimme, daß er's mit Ohren hörte und aufs Angesicht fiel: »Gerade weil du ihnen nur halb verwandt bist, von seiten des Verscharrten, bist du der Mann, sie mir zu bearbeiten und sie mir aufzurichten zum heiligen Volk. Denn stecktest du mitten darin und wärst recht einer von ihnen, so sähst du sie nicht und könntest nicht Hand an sie legen. Außerdem ist das alles nur Ziererei, daß du wehklagst vor mir und willst dich losbitten vom Werke. Denn du siehst wohl, daß es schon anschlägt bei ihnen, und hast ihnen schon ein Gewissen gemacht, daß ihnen übel zumute ist, wenn sie Übles tun. Darum stelle dich nicht vor mir, als hättest du nicht die größte Lust zu deiner Plage! Es ist meine Lust, die du hast, Gotteslust ist es, und ohne sie würde dir das Leben zum Ekel, wie Manna dem Volk, schon nach wenigen Tagen. Nur wenn ich dich erwürgte, freilich, dann könntest du ihrer entraten.«

Das sah der Geplagte ein, nickte mit dem Kopf zu Jahwe's Worten, während er auf dem Angesicht lag, und stand wieder auf zu seiner Plage. Er war aber ein geplagter Mann nicht nur als Bildner des Volks, sondern Plage und Kummer reichten in sein Familienleben hinein: Da gab es Ärger, Scheelsucht und Zank um seinetwillen, und war kein Friede in seiner Hütte, – durch seine Schuld, wenn man wollte; denn seine Sinne waren Ursach' des Ungemachs, – die waren erregt vom Werk und hingen an einer Mohrin, an der bekannten Mohrin.

Man weiß, daß er damals mit einer Mohrin lebte, außer mit seinem ersten Weibe Zipora, der Mutter seiner Söhne, – mit einer Person vom Lande Kusch, die schon als Kind nach Ägypten gelangt war, unter dem Geblüte in Gosen gelebt und sich dem Auszuge angeschlossen hatte. Zweifellos hatte sie schon manchen Mann erkannt, und dennoch nahm Mose sie an sich als Bettgenossin. In ihrer Art war sie ein prachtvolles Stück, mit Bergesbrüsten, rollendem Augenweiß, Wulstlippen, in die sich im Kuß zu versenken ein Abenteuer sein mochte, und einer Haut voller Würze. Mose hing gewaltig an ihr um seiner Entspannung willen und konnte nicht von ihr lassen, obgleich er dabei die Gegnerschaft seines ganzen Hauses zu tragen hatte: nicht nur seines midianitischen Weibes und ihrer Söhne, sondern besonders auch die seiner Halbgeschwister Mirjam und Aaron. Zipora nämlich, die viel von dem ebenen Weltsinn ihres Bruders Jethro hatte, fand sich noch leidlich mit der Rivalin ab, besonders da diese ihren weiblichen Triumph über sie verbarg und sich sehr unterwürfig gegen sie hielt; sie behandelte die Mohrin mehr mit Spott als mit Haß und begegnete auch dem Mose eher ironisch in dieser Sache, als daß sie ihrer Eifersucht hätte die Zügel schießen lassen. Die Söhne aber, Gersom und Eliezer, die zu Joschua's reisiger Schar gehörten, besaßen des Sinnes für Zucht zuviel, daß sie sich empörerisch gegen den Vater hätten stellen mögen; man merkte ihnen nur an, daß sie sich ärgerten und schämten um seinetwillen.

Ganz anders lagen die Dinge bei Mirjam, der Prophetin, und Aaron, dem Salbungsvollen. Ihr Haß auf die Bett-Mohrin war giftiger als der der anderen, weil er mehr oder minder ein Auslaß war für eine tiefere und allgemeinere Mißgunst, die sie gegen Mose verband: Seit längerem schon hatten sie begonnen, ihm sein nahes Verhältnis zu Gott, sein geistliches Meistertum, seine persönliche Erwähltheit zum Werk zu neiden, die sie großenteils für Einbildung hielten; denn sie erachteten sich für ebenso gut, ja besser als ihn und sagten untereinander: »Redet denn der Herr allein durch Mose? Redet er nicht auch durch uns? Wer ist dieser Mann Mose, daß er sich so über uns erhoben hat?« – Dies lag dem Anstoß zugrunde, den sie an seinem Verhältnis zur Mohrin nahmen, und immer, wenn sie dem Bruder, zu seinem Leide, keifend mit Vorwürfen zusetzten von wegen der Leidenschaft seiner Nächte, bildeten diese nur den Ausgangspunkt für weitere Anklagen: bald kamen sie ab davon auf das Unrecht, das ihnen geschehe durch seine Größe.

So waren sie einst, als der Tag sich neigte, bei ihm in der Hütte und quälten ihn, wie ich sagte, daß sie ihn zu quälen pflegten: die

Mohrin hier und die Mohrin da, und daß er an ihren schwarzen Brüsten hinge, und welch ein Skandal es sei, welche Schmach für Zipora, sein erstes Weib, und welche Bloßstellung für ihn selbst, der doch beanspruche, ein Gottesfürst zu sein und Jahwe's alleiniges Mundstück auf Erden...

»Beanspruche?« sagte er. »Was Gott mir auferlegt hat zu sein, das bin ich. Wie häßlich aber von euch, wie gar sehr häßlich, daß ihr mir meine Lust mißgönnt und die Entspannung an meiner Mohrin Brüsten! Denn es ist keine Sünde vor Gott, und ist kein Verbot unter allen Verboten, die er mir eingab, daß man bei einer Mohrin nicht liegen solle. Nicht, daß ich wüßte.«

Ei, ja, sagten sie, er suche sich die Verbote aus nach eigenem Geschmack und werde wohl nächstens noch aufstellen, daß es geradezu geboten sei, bei Mohrinnen zu liegen, denn er halte sich ja für Jahwe's alleiniges Mundstück. Dabei seien sie, Mirjam und Aaron, Amrams, des Levi-Enkels, echte Kinder, er aber sei doch am Ende nur ein Findling aus dem Schiff und solle ein wenig Demut lernen, denn daß er so auf der Mohrin bestände, ungeachtet des Ärgernisses, daraus spreche auch nur sein Stolz und Dünkel.

»Wer kann für seine Berufenheit?« sagte er. »Und wer kann dafür, daß er auf den brennenden Dornbusch stößt? Mirjam, ich habe immer deine prophetischen Gaben geschätzt und nie geleugnet, daß du es wohl kannst auf der Pauke –«

»Warum hast du mir dann meine Hymne ›Roß und Mann‹ verboten?« fragte sie, »und mir untersagt, den Weibern vorzupauken im Reigen, weil angeblich Gott es seinen Scharen verwiesen habe, über den Untergang der Ägypter zu jubeln? Das war abscheulich von dir!«

»Und dich, Aaron«, fuhr der Bedrängte fort, »habe ich als Hohen Priester beim Stiftszelte angestellt und dir die Lade, das Ephod und die Eherne Schlange untergeben, daß du ihrer wartest. So schätze ich dich.«

»Das war das wenigste, was du tun konntest«, versetzte Aaron, »denn ohne meine Beredsamkeit hättest du nie das Volk für Jahwe gewonnen, bei der Blödigkeit deines Mundes, noch sie zum Auszug bewogen. Du aber nennst dich den Mann, der uns aus Ägypten geführt hat. Wenn du uns aber schätzest und dich nicht dünkelhaft über die echten Geschwister erhebst, warum hörst du denn nicht auf unsere Worte und verstockst dich gegen die Mahnung, daß du den ganzen Stamm in Gefahr bringst mit deiner Schwarzbuhlerei? Denn dieselbe ist ein gallenbitterer Trank für Zipora, dein midianitisch Weib, und ganz Midian stößest du damit vor den Kopf, also daß Jethro, dein Schwäher, uns noch mit Krieg überziehen wird, alles um deiner schwarzen Grille willen.«

»Jethro«, sagte Mose mit großer Selbstbeherrschung, »ist ein ebener, weltläufiger Herr, der wohl verstehen wird, daß Zipora – geachtet sei ihr Name! – einem hoch geplagten und schwer beauftragten Manne wie mir nicht mehr die nötige Entspannung zu bieten hat. Die Haut meiner Mohrin aber ist wie Zimmet und Nelkenöl in meiner Nase, an ihr hängt mein ganzer Sinn, und darum bitte ich euch, liebe Freunde, gönnt sie mir doch!«

Aber das wollten sie nicht. Sie heischten keifend, daß er sich nicht nur von der Mohrin trennen und sie seines Bettes verweisen solle, sondern daß er sie auch ohne Wasser hinaus in die Wüste stieße.

Da schwoll die Zornesader hoch auf, und heftig begann er mit den Fäusten zu beben an seinen Schenkeln. Bevor er jedoch den Mund öffnen konnte zu einer Erwiderung, geschah ein ganz anderes Beben, – Jahwe schritt ein, er setzte sein Angesicht gegen die hartherzigen Geschwister und nahm sich seines Knechtes Mose an, daß sie's nimmer vergaßen. Etwas Entsetzliches und nie Dagewesenes geschah.

17

Die Grundfesten bebten. Die Erde stieß, schütterte und schlingerte unter ihren Füßen, daß sie sich auf ihnen nicht halten konnten, sondern alle drei hin und her taumelten in der Hütte, deren Tragepfeiler wie von Riesenfäusten geschüttelt wurden. Es wankte aber die Feste nicht nur nach einer Seite, sondern auf ganz verzwickte und schwindlichte Weise nach allen zugleich, so daß es ein Grauen war, und in einem damit geschah ein unterirdisches Brüllen und Poltern und von oben und außen ein Schall wie von einer starken Posaune, noch dazu anderes Dröhnen, Donnern und Prasseln. Es ist sehr seltsam und eigentümlich beschämend, wenn man eben im Begriffe war, in Zorn auszubrechen, der Herr aber nimmt's einem vom Munde und bricht selber aus – viel mächtiger, als man hätte ausbrechen können, und schüttelt die Welt, da man nur seine Fäuste hätte schütteln können.

Mose war noch am wenigsten schreckensbleich, denn jederzeit war er auf Gott gefaßt. Aber mit Aaron und Mirjam, den Schreckensbleichen, stürzte er aus dem Hause: da sahen sie, daß die Erde ihr Maul aufgetan hatte, und ein großer Riß klaffte dicht vor der Hütte, der war sichtlich für Mirjam und Aaron bestimmt gewesen und hatte sie nur um ein paar Ellen verfehlt, sonst hätte sie beide die Erde verschlungen. Und sahen: der Berg im Morgen hinter der Wüste, Horeb oder Sinai, – ja, was begab sich mit Horeb, und was ging vor mit dem Berge Sinai! Ganz und gar stand der in Rauch und Flammen, schleuderte glühende Brocken zum Himmel mit fernem Knallgetöse, und Feuerbäche liefen an seinen Seiten hinunter. Sein Qualm, darin es blitzte, verdunkelte die Sterne über der Wüste, und ein langsamer Aschenregen fing an, auf die Oase Kadesch niederzugehen.

Aaron und Mirjam fielen auf ihre Stirnen, denn der ihnen zugedachte Riß hatte sie sehr entsetzt, und die Offenbarung Jahwe's am Berge belehrte sie, daß sie zu weit gegangen waren und törlich gesprochen hatten. Aaron rief:

»Ach, mein Herr, dieses Weib, meine Schwester, hat häßlich gefaselt, nimm doch meine Fürbitte an und laß die Sünde nicht auf ihr bleiben, womit sie sich versündigt hat an dem Gesalbten des Herrn!«

Und Mirjam schrie auch zu Mose und sprach:

»Herr, man konnte nicht törichter reden, als mein Bruder Aaron getan. Vergib ihm doch, und laß die Sünde nicht auf ihm bleiben, damit nicht Gott ihn verschlinge, weil er dich so lose mit deiner Mohrin geneckt!«

Mose war nicht ganz sicher, ob wirklich Jahwe's Kundgebung den Geschwistern galt und ihrer Lieblosigkeit, oder ob es sich nur so traf, daß er eben jetzt an ihn seinen Ruf ergehen ließ, damit er wegen des Volks und des Bildungswerks mit ihm rede, – denn solches Rufs war er stündlich gewärtig. Er ließ sie aber bei ihrer Annahme und antwortete:

»Ihr seht es. Fasset aber Mut, Kinder Amrams, ich will ein gutes Wort für euch einlegen droben bei Gott auf dem Berge, wohin er mich ruft. Denn nun sollt ihr sehen, und alles Volk soll sehen, ob euer Bruder entnervt ist von schwarzer Buhlschaft, oder ob Gottesmut in seinem Herzen wohnt wie in keinem sonst. Auf den feurigen Berg will ich gehen, ganz allein, empor zu Gott, daß ich seine Gedanken vernehme und furchtlos mit dem Fürchterlichen verkehre auf du und du, fern von den Menschen, aber in ihrer Sache. Denn längst schon weiß ich, daß Er alles, was ich sie gelehrt zu ihrer Heiligung vor ihm, dem Heiligen, ins Bündige bringen will und ins Ewig-Kurzgefaßte, damit ich's herniedertrage zu euch von Seinem Berge und das Volk es besitze im Stiftszelt, mit der Lade zusammen, dem Ephod und der Ehernen Schlange. Lebt wohl! Ich kann euch verderben in Gottes Aufruhr und in den Feuern des Berges, – das mag wohl sein, ich muß damit rechnen. Kehre ich aber wieder, so bringe ich euch aus Seinen Dornen das Ewig-Kurzgefaßte herab, Gottes Gesetz.«

Wirklich war dies sein fester Vorsatz, auf Leben und Tod hatte er's beschlossen. Denn um das Gehudel, das halsstarrige, immer rückfällige, in Gottesgesittung zu bannen und sie die Gebote fürchten zu lassen, war gar nichts wirksamer, als daß er sich bar und allein in Jahwe's Schrecken emporgetraute, auf den speienden Berg, und ihnen von da das Diktat herniedertrüge, – dann, dachte er, würden sie's halten. Darum, als sie von allen Seiten zu seiner Hütte gelaufen kamen, mit den Knien schlotternd ob dieser Zeichen und um des zerreißenden Wankens der Erde willen, das sich noch einmal und zweimal abgeschwächt wiederholte, verwies er ihnen das ordinäre Schlottern und sprach ihnen anständige Fassung zu: Gott rufe ihn, sagte er, um ihretwillen, und er wolle zu Jahwe steigen, oben auf den Berg, und ihnen, will's Gott, etwas mitbringen. Sie aber sollten nach Hause gehen und sich sämtlich auf einen Auszug vorbereiten: heiligen sollten sie sich und ihre Kleider waschen und sich ihrer Weiber enthalten, denn morgen sollten sie ausziehen aus Kadesch in die Wüste, näher zum Berge, und sollten ihm gegenüber ein Lager aufschlagen und da auf ihn warten, bis er vom furchtbaren Stelldichein zu ihnen zurückkäme und ihnen vielleicht etwas mitbrächte.

So geschah es, oder doch ähnlich. Denn Mose hatte, nach seiner Art, nur daran gedacht, daß sie ihre Kleider wüschen und sich den Weibern nicht nahten; Joschua bin Nun aber, der strategische Jüngling, gedachte dessen, was sonst noch nötig war für solchen Volksausflug, und sorgte mit seiner Schar für alles Erforderliche, was mitzunehmen war an Wasser und Zehrung für Tausende in der Wüste; ja auch für einen Verbindungsdienst sorgte er zwischen Kadesch und dem Lager draußen gegen den Berg. Kaleb, seinen Leutnant, ließ er mit einer Polizei-Abteilung zu Kadesch bei denen zurück, die nicht mitziehen konnten oder wollten. Die anderen aber, als der dritte Tag gekommen und alle Zurüstung getroffen war, zogen aus mit Karren und Schlachttieren dem Berge entgegen, eine Tagereise und noch eine halbe weit: da machte Joschua ihnen ein Gehege, noch in gemessener Entfernung von Jahwe's qualmendem Sitz, und verbot ihnen streng in Mose's Namen, daß keiner sich solle beikommen lassen, auf den Berg zu steigen, noch auch nur dessen Fuß zu berühren: dem Meister allein sei es vorbehalten, so nahe zu Gott zu gehen; auch sei es lebensgefährlich, und wer den Berg anrühre, der solle gesteinigt oder mit dem Bogen erschossen werden. Leicht ließen sie sich's gesagt sein, denn Pöbelvolk hat gar keine Lust, allzu nahe zu Gott zu gehen, und für den gemeinen Mann sah der Berg nicht im mindesten einladend aus, weder am Tage, wo Jahwe in einer dicken, von Blitzen durchzuckten Wolke auf ihm stand, noch gar bei Nacht, wo diese Wolke glühte und der ganze Gipfel dazu.

Joschua war außerordentlich stolz auf den Gottesmut seines Herrn, der schon am ersten Tag, vor allem Volk, allein und zu Fuß, am Wanderstabe, nur ausgerüstet mit einer irdenen Flasche, ein paar Wecken und einigem Werkzeug: Haue, Meißel, Spachtel und Stichel, sich auf den Weg zum Berge gemacht hatte. Sehr stolz war der Jüngling auf ihn, und glücklich über den Eindruck, den solche heilige Kühnheit auf die Menge machen mußte. Aber auch besorgt war er um den Verehrten und hatte ihn sehr gebeten, sich doch ja nicht zu unmittelbar nahe an Jahwe heranzutrauen und sich vor der heißen Schmelzbrühe zu hüten, die an den Seiten des Berges hinunterlief. Im übrigen, hatte er gesagt, werde er ihn schon dann und wann dort oben besuchen und bei ihm nach dem Rechten sehen, damit es dem Meister in Gottes Wildnis nicht am Nötigsten fehle.

18

Mose also durchschritt am Stabe die Wüste, die weitstehenden Augen auf den Berg Gottes gerichtet, der wie ein Ofen rauchte und öfters spie. Der Berg war eigentümlich gestaltet: mit umlaufenden Rissen und Einschnürungen, die ihn in verschiedene Stockwerke zu teilen schienen und hinaufführenden Wegen glichen, solche aber nicht waren, sondern eben nur Abstufungen mit gelben Rückwänden. Den dritten Tag langte der Berufene über Vorhöhen an des Berges rauhen Fuß: da begann er hinaufzusteigen, die Faust um den Wanderstab geschlossen, den er vor sich her setzte, und stieg ohne Weg und Steg, durch geschwärztes, verbrühtes Gebüsch hindurch, manche Stunde lang Schritt vor Schritt immer höher in Gottes Nähe, so weit, wie eben ein Mensch es vermochte, denn allmählich benahmen die schweflich nach heißen Metallen riechenden Dämpfe, von denen die Luft erfüllt war, ihm den Atem, und Husten befiel ihn. Aber bis zur obersten Einschnürung und Terrasse kam er, unter dem Gipfel, wo man einen weiten Blick auf die kahle, wilde Gebirgskette zu beiden Seiten und hinaus in die Wüste bis gegen Kadesch hatte. Auch das Gehege des Volks sah man näherbei klein in der Tiefe sich abzeichnen.

Hier fand der hustende Mose eine Höhle in der Bergwand, mit vorspringendem Felsdach, das ihn schützen konnte gegen geschleuderte Brocken und rinnende Brühe: darin nahm er Wohnung und richtete sich ein, um nach kurzem Verschnaufen das Werk in Angriff zu nehmen, das Gott ihm befahl, und das ihn unter beschwerlichen Umständen – denn die Metalldämpfe lagen ihm immer schwer auf der Brust und verliehen selbst dem Wasser einen Schwefelgeschmack – nicht weniger als vierzig Tage und vierzig Nächte hier oben festhalten sollte.

Warum aber so lange? Müßige Frage! Das Ewig-Kurzgefaßte, das Bündig-Bindende, Gottes gedrängtes Sittengesetz galt es zu befestigen und in den Stein Seines Berges zu graben, damit Mose es dem wankelnden Pöbelvolk, seines verscharrten Vaters Blut, herniedertrage in das Gehege, wo sie warteten, und es unter ihnen stehe, von Geschlecht zu Geschlecht, unverbrüchlich, eingegraben auch in ihre Gemüter und in ihr Fleisch und Blut, die Quintessenz des Menschenanstandes. Gott befahl ihm laut aus seiner Brust, zwei Tafeln zu hauen aus dem Berg und das Diktat hineinzuschreiben, fünf Worte auf die eine und fünf auf die andere, im ganzen zehn Worte. Die Tafeln zu schaffen, zu glätten und zu einigermaßen würdigen Trägern des Ewig-Kurzgefaßten zu machen, war keine Kleinigkeit; für den einsamen Mann, mochte er auch die Milch einer Steinmetzentochter getrunken und breite Handgelenke haben, war es ein vielem Mißlingen ausgesetztes Stück Arbeit, das von den vierzig Tagen allein ein Viertel in Anspruch nahm. Die Beschriftung aber war ein Problem, dessen Lösung die Zahl der Bergtage Mose's leicht sogar auf über vierzig hätte bringen können.

Denn wie sollte er schreiben? Im thebanischen Internat hatte er sowohl die schmuckhafte Bildschrift Ägyptens nebst ihrer geläufigen Zurichtung wie auch das keilig-heilige Dreiecksgedränge vom Euphrat erlernt, in welchem die Könige der Welt auf Tonscherben ihre Gedanken tauschten. Er hatte dazu bei den Midianitern die Bekanntschaft eines dritten Bedeutungzaubers aus Augen, Kreuzen, Käfern, Bügeln und verschieden gestalteten Schlangenlinien gemacht, der, im Sinailande gebräuchlich, mit Wüsten-Ungeschick den Bildern Ägyptens abgesehen war, dessen Marken aber nicht ganze Worte und Ding-Ideen, sondern nur Teile von solchen, offene Silben bezeichneten, die zusammenzulesen waren. Keine dieser drei Methoden der Gedankenbefestigung wollte ihm passen, – aus dem einfachen Grunde nicht, weil eine jede an die Sprache gebunden war, die sie bedeutungsweis' redete, und weil Mose sich vollkommen darüber ihm klaren war, daß er unmöglich und nimmermehr das Zehn-Worte-Diktat auf babylonisch, ägyptisch oder im Sinai-Beduinen-Jargon würde zu Stein bringen können. Das konnte und durfte allein in der Sprache des Vatergeblütes, der Mundart geschehen, die es redete, und in der er es sittlich bearbeitete, – ob sie's nun würden ablesen können oder nicht. Und wie sollten sie's ablesen, da man es schon gleich gar nicht schreiben konnte und ein Bedeutungzauber für ihre Rede schlechterdings nicht zur Hand war?

Inbrünstig wünschte Mose einen solchen herbei, – nämlich einen, den sie bald, recht bald würden ablesen können, also einen, den Kinder, wie sie waren, in wenigen Tagen würden lernen können, folglich auch einen, der in wenigen Tagen, mit Hilfe von Gottes Nähe, auszudenken und zu erfinden war. Denn ausgedacht und erfunden mußte die Schriftart sein, da sie nicht vorhanden war.

Was für eine drängende und gedrängte Aufgabe! Er hatte sie im voraus gar nicht erwogen, hatte nur ›Schreiben‹ gedacht und nicht bedacht, daß man so ohne weiteres gar nicht schreiben könne. Sein Kopf glühte und rauchte davon wie ein Ofen und wie der Gipfel des Berges, befeuert vom inbrünstig volkstümlichen Wunsche. Ihm war, als gingen ihm Strahlen vom Kopfe, als träten ihm Hörner oben aus der Stirn vor wünschender Anstrengung und einfacher Erleuchtung. Er konnte nicht Zeichen für alle Worte erfinden, deren das Blut sich bediente, oder für

Silben, aus denen sich seine Worte zusammensetzten. War auch der Wortschatz gering derer dort unten im Gehege, zu viele Marken würden es sein, daß man sie schüfe in gemessenen Bergtagen, und vor allem auch, daß man sie rasch möchte lesen lernen. Darum machte er's anders, und Hörner standen ihm ab von der Stirn vor Stolz auf den Gotteseinfall. Er sammelte die Laute der Sprache, die mit den Lippen, mit Zunge und Gaumen und mit der Kehle gebildet wurden, indem er die wenigen leer tönenden davon absonderte, die, von jenen eingefaßt, abwechselnd in den Worten vorkamen und von ihnen erst zu Worten gemacht wurden. Auch der umgebenden Geräuschlaute waren es nicht übermäßig viele, kaum zwanzig; und wenn man ihnen Zeichen verlieh, die zum Hauchen und Fauchen, zum Mummeln und Rummeln, zum Platzen und Schmatzen nach Übereinkunft aufforderten, so konnte man sie, unter Aussparung der Grundlaute, die sich von selbst aus ihnen ergaben, zu Worten und Dingbildern zusammenfügen, – zu jedem beliebigen, zu allen, die es gab, nicht nur in der Sprache des Vaterbluts, sondern in allen Sprachen, – man hätte sogar ägyptisch und babylonisch damit schreiben können.

Ein Gotteseinfall. Eine Idee mit Hörnern. Sie sah demjenigen ähnlich, von dem sie kam, dem Unsichtbaren und Geistigen, dessen die Welt war, und der, obgleich er sich das Blut dort unten besonders erlesen, der Herr auf Erden war allenthalben. Sie war auch höchst angemessen ihrem nächsten und dringendsten Zweck, für den und aus dem sie geboren war: dem Text der Tafeln, dem bündig-bindenden. Denn wohl war dieser zunächst gemünzt auf das Blut, das Mose aus Ägypten geführt, weil Gott und er gemeinsam Lust zu ihm hatten; wie aber mit der Handvoll Zeichen notfalls die Worte aller Sprachen der Völker geschrieben werden konnten, und wie Jahwe der Gott der Welt war allenthalben, so war auch, was Mose zu schreiben gedachte, das Kurzgefaßte, von solcher Art, daß es als Grundweisung und Fels des Menschenanstandes dienen mochte unter den Völkern der Erde – allenthalben.

So probierte denn Mose feurigen Kopfes in loser Anlehnung

an die Marken der Sinaileute Zeichen aus an der Felswand für die lallenden, prallenden und knallenden, die zischenden und gischenden, schnurrenden und murrenden Laute mit seinem Stichel, und als er die Sigel in einer gewissen Gefälligkeit wohl unterschieden beisammen hatte, – siehe, da konnte man die ganze Welt damit schreiben, das, was da Raum einnahm, und was keinen Raum einnahm, das Gemachte und das Gedachte, – reinweg alles.

Und er schrieb, will sagen: er stichelte, meißelte und spachtelte in den splittrigen Stein der Tafeln, die er mühsam zuerst gemacht, und mit deren Erstellung diejenige der Buchstaben schon Hand in Hand gegangen war. Daß aber dies alles vierzig Tage dauerte, darüber kann es kein Wundern geben.

Ein paarmal kam Joschua, sein Jüngling, zu ihm hinauf, um ihm Wasser und Fladen zu bringen, ohne daß das Volk es gerade zu wissen brauchte; denn es dachte, Mose lebte dort oben von Gottes Nähe und seinem Gespräch allein, und aus strategischen Gründen wünschte es Joschua, es bei dieser Annahme zu lassen. Darum waren seine Besuche nur kurz und geschahen bei Nacht.

Mose aber saß vom Aufgang des Tageslichts über Edom bis zu seinem Erlöschen hinter der Wüste und werkte. Man muß ihn sich vorstellen, wie er dort oben saß, mit bloßem Oberleib, die Brust mit Haaren bewachsen und von sehr starken Armen, die er wohl von seinem mißbrauchten Vater hatte, – mit seinen weitstehenden Augen, der eingeschlagenen Nase, dem geteilten, ergrauenden Bart, und, an einem Fladen kauend, zuweilen auch hustend von den Metalldämpfen des Berges, im Schweiße seines Angesichts die Tafeln behaute, abmeißelte, glattscheuerte, wie er vor den an die Felswand gelehnten kauerte und sorglich im Kleinen schuftend seine Krähenfüße, diese alles vermögenden Runen in die Flächen einsenkte, nachdem er sie mit dem Stichel vorgezeichnet.

Er schrieb auf eine Tafel:

Ich, Jahwe, bin dein Gott; du sollst vor mir keine
  anderen Götter haben.
Du sollst dir kein Gottesbild machen.
Du sollst meinen Namen nicht liederlich führen.
Meines Tages gedenke, daß du ihn heiligst.
Ehre deinen Vater und deine Mutter.

Und auf die andere Tafel schrieb er:

Du sollst nicht morden.
Du sollst nicht ehebrechen.
Du sollst nicht stehlen.
Du sollst deinem Nächsten nicht Unglimpf tun als
  ein Lügenzeuge.
Du sollst kein begehrliches Auge werfen auf
  deines Nächsten Habe.

Dies war es, was er schrieb, unter Auslassung der tönenden
Leerlaute, die sich von selbst verstanden. Und immer war ihm
dabei, als stünden ihm Strahlen gleich einem Paar Hörner aus
dem Stirnhaar hervor.

Als Joschua das letzte Mal auf den Berg kam, blieb er ein wenig länger, zwei ganze Tage; denn Mose war noch nicht fertig
mit seiner Arbeit, und sie wollten zusammen hinuntergehen.
Der Jüngling bewunderte aufrichtig, was sein Meister geleistet,
und tröstete ihn ob einiger Lettern, die trotz aller aufgewandten
Liebe und Sorgfalt zu Mose's Kummer zersplittert und unkennt-
lich waren. Aber Joschua versicherte ihm, daß der Gesamtein-
druck dadurch keinen Abtrag leide.

Was Mose zuletzt noch tat in Joschua's Anwesenheit, war,
daß er die vertieften Buchstaben mit seinem Blute ausmalte,
damit sie sich besser hervorhöben. Kein anderer Farbstoff
war zur Hand, womit es zu leisten wäre; so stach er sich mit
der Stichel in den starken Arm und wischte das tröpfelnde
Blut in die Lettern, daß sie rötlich leuchtend im Steine standen.
Als die Schrift trocken war, nahm Mose unter jeden Arm eine
Tafel, gab seinen Stab, an dem er gekommen war, dem Jüng-

ling zu tragen, und so stiegen sie miteinander vom Berge Gottes herab, dem Gehege des Volkes zu, gegenüber dem Berg in der Wüste.

19

Als sie nun in gewisse Nähe des Lagers gekommen waren, in entfernte Hörweite, drang ein Geräusch zu ihnen, dumpf, mit Gequiek, wovon sie sich keine Rechenschaft zu geben wußten. Mose war es, der es als erster hörte, aber es war Joschua, der es zuerst zur Sprache brachte.

»Hörst du den seltsamen Krach da«, fragte er, »den Tumult, das Getöse? Da ist was los, meiner Meinung nach, eine Rauferei, ein Handgemenge, wenn ich nicht irre. Und es muß heftig und allgemein sein, daß man's hört bis hierher. Ist es, wie ich denke, so ist's gut, daß wir kommen.«

»Daß wir kommen«, antwortete Mose, »ist jedenfalls gut, aber soviel ich unterscheide, ist das keine Schlägerei und kein Raufgemenge, sondern eine Lustbarkeit und etwas wie ein Singetanz. Hörst du nicht höheres Gejohle und Paukenkrach? Joschua, was ist in die gefahren? Laß uns ausschreiten!«

Damit nahm er seine beiden Tafeln höher unter die Achseln und schritt schneller aus mit dem kopfschüttelnden Jehoschua. »Ein Singetanz... Ein Singetanz...« wiederholte er immer nur beklommen und schließlich in offenem Schrecken; denn daß man es mit keiner Balgerei zu tun hatte, bei der einer oben lag und der andere unten, sondern mit einem Gaudium in Einigkeit, litt bald keinen Zweifel mehr, und fragte sich nur, was für eine Art von Einigkeit das war, in der sie jodelten.

Auch das fragte sich bald nicht mehr, wenn es sich je gefragt hatte. Die Bescherung war fürchterlich. Als Mose und Joschua das hohe Balkentor des Lagers durcheilten, bot sie sich ihnen dar in schamloser Unzweideutigkeit. Das Volk war los. Es hatte alles abgeworfen, was Mose ihnen heiligend auferlegt, die ganze

Gottesgesittung. Es wälzte sich in haarsträubender Rückfälligkeit.

Gleich hinter dem Tor war ein freier Platz, von Hütten frei, der Versammlungsplatz. Da ging es zu, da trieben sie es, da wälzten sie sich, da feierten sie eine elende Freiheit. Vor dem Singetanz hatte alles sich vollgefressen, man sah es auf den ersten Blick, überall trug der Platz die Spuren der Schlachtung und Völlerei: Und wem geopfert, geschlachtet, sich vollgeschlagen? Da stand's. Inmitten der Blöße auf einem Stein, einem AltarSockel stand es, ein Bild, ein Machwerk, ein Götzenunfug, ein güldenes Kalb.

Es war kein Kalb, es war ein Stier, der richtige, ordinäre Fruchtbarkeitsstier der Völker der Welt. Ein Kalb heißt es nur, weil es nicht mehr als mäßig groß war, eher klein, auch mißgegossen und lächerlich gestaltet, ein ungeschickter Greuel, aber als Stier allerdings nur allzugut zu erkennen. Um das Machwerk herum ging ein vielfacher Ringelreigen, wohl ein Dutzend Kreise, von Männern und Weibern Hand in Hand, zu Cymbelgeläut und Paukenknall, die Köpfe verdrehten Auges im Nakken, die Knie zum Kinn geschleudert, mit Kreischen, Röhren und krasser Huldigung der Gebärden. Verschieden herum ging es, ein Schandringel immer nach rechts, der andere nach links; im Innern aber des Wirbels, vorm Kalbe, sah man Aaron hopsen, in dem langen Ärmelkleid, das er als Verweser der Stiftshütte trug, und das er hochgerafft hatte, damit er seine langen, haarigen Beine schleudern könnte. Und Mirjam paukte den Weibern vor.

Dies war nur die Reigenrose ums Kalb. Aber ringsherum in der Freiheit ereignete sich das Zubehör; es ist hart, zu gestehen, wie das Volk sich entblödete. Einige aßen Blindschleichen. Andere lagen bei ihrer Schwester und das öffentlich, dem Kalbe zu Ehren. Wieder andere saßen da einfach und leerten sich aus, des Schäufleins uneingedeckt. Man sah Männer dem Stier ihre Kraft verbrennen. Irgendwo tachtelte einer seine leibliche Mutter rechts und links.

Bei diesem entsetzlichen Anblick schwoll Mosen die Zornader zum Platzen. Hochroten Angesichts, schlug er sich, die Ringe des Reigens zerreißend, der taumelnd zum Stillstand kam und dessen Verüber mit betretenem Grinsen glotzten, da sie den Meister erkannten, geraden Wegs zum Kalbe durch, dem Kerne, der Quelle, der Ausgeburt des Verbrechens. Hoch hob er die eine Gesetztafel mit gewaltigen Armen und schmetterte sie nieder auf das lachhafte Biest, daß es in den Beinen zusammenknickte, schlug wieder und aber zu mit solcher Wut, daß zwar auch die Tafel in Stücke ging, das Machwerk aber bald eine formlose Masse war; schwang dann die zweite Tafel und gab dem Greuel den Rest, zermalmte ihn gänzlich, und, da die zweite noch heil war, zerschmetterte er sie mit einem Hieb am steinernen Sockel. Da stand er mit bebenden Fäusten und stöhnte aus tiefster Brust:

»Du Pöbelvolk, du gottverlassenes! Da liegt, was ich dir herniedergetragen von Gott und was Er für dich geschrieben mit eigenem Finger, daß es dir ein Talisman sei gegen die Misere der Unbildung! Da liegt's in Scherben bei deines Abgottes Trümmern! Was fang' ich nun an mit dir vor dem Herrn, daß er dich nicht fresse?«

Und sah Aaron, den Springer, bei sich stehen, mit niedergeschlagenen Augen und öligen Löckchen im Nacken, lang und blöde. Den nahm er vorn am Gewand und schüttelte ihn und sprach:

»Wo kommt der güldene Belial her, der Unflat, und was hat das Volk dir getan, daß du es in solches Verderben stößest, wo ich auf dem Berge bin, und böckelst ihm selber vor im Luderreigen?«

Aaron aber antwortete:

»Ach, lieber Herr, laß deinen Zorn über mich nicht ergrimmen und auch über meine Schwester nicht, wir mußten weichen. Du weißt, daß dies Volk böse ist, es hat uns gezwungen. Verzogst du doch allzulange und bliebst auf dem Berg eine Ewigkeit, so dachten wir alle, du kämst nicht mehr. Da sammelte sich das Volk wider mich und schrie: ›Niemand weiß, was aus diesem Mann Mose geworden ist, der uns aus Ägypten geführt hat. Er kommt nicht mehr. Wahrscheinlich hat ihn das Maul des Berges verschlungen, womit er speit. Auf, mache uns Götter, die vor uns hergehen können, wenn Amalek kommt! Wir sind ein Volk wie ein anderes und wollen eine Ausgelassenheit haben vor Göttern, die wie anderer Leute Götter sind!‹ – So sprachen sie, Herr, denn, mit Verlaub gesagt, sie glaubten, sie wären dich los. Sage aber, was hätte ich machen sollen, da sie sich wider mich sammelten? Ich befahl ihnen an, mir alle ihre güldenen Ohrringe zu bringen von ihren Ohren, die schmolz ich im Feuer und machte eine Form und goß das Kälblein, ihnen zum Gott.«

»Ganz unähnlich gegossen war's auch noch«, warf Mose verächtlich ein.

»Es eilte so sehr«, erwiderte Aaron, »denn schon den nächsten Tag, das ist heute, wollten sie ihre Ausgelassenheit haben von herzhaften Göttern. Darum händigte ich ihnen das Gegossene ein, dem du alle Ähnlichkeit doch nicht absprechen solltest, und sie freuten sich und sprachen: ›Das sind deine Götter, Israel, die dich aus Ägypten geführt haben.‹ Und wir bauten einen Altar davor, und sie brachten Brandopfer und Dankopfer und aßen, und danach spielten und tanzten sie etwas.«

Mose ließ ihn stehen und schlug sich wieder zurück durch die aufgelösten Glieder des Reigens zum Tore hin, da stellte er sich unters Borkengekreuz mit Jehoschua und rief aus aller Macht:

»Her zur mir, wer dem Herrn angehört!«

Da kamen viele zu ihm, die gesunden Herzens waren und es nicht gern getrieben hatten, und Joschua's Waffenjugend sammelte sich um die beiden.

»Ihr Unglückseligen«, sagte Mose, »was habt ihr getan, und wie soll ich nun eure Sünde versühnen vor Jahwe, daß er euch nicht verwirft als ein unverbesserlich halsstarrig Volk und frißt euch auf? Macht euch einen güldenen Belial, sobald ich den Rücken drehe! Schmach über euch und mich! Seht ihr die Trümmer da, ich meine nicht die des Kalbes, die hole die Pest, ich meine die anderen? Das ist die Gabe, die ich euch verhieß und euch herniederbrachte, das Ewig-Kurzgefaßte, der Fels des Anstandes. Die zehn Worte sind's, die ich bei Gott für euch schrieb in eurer Sprache, und schrieb sie mit meinem Blut, mit dem Blut meines Vaters, mit eurem Blute schrieb ich sie. Nun liegt das Mitgebrachte in Scherben.«

Da weinten viele, die es hörten, und war ein großes Schluchzen und Schneuzen auf dem Lagerplatz.

»Es wird sich vielleicht ersetzen lassen«, sagte Mose. »Denn der Herr ist geduldig und von großer Barmherzigkeit und vergibt Missetat und Übertretung – und läßt niemand ungestraft«, donnerte er plötzlich, indem ihm das Blut zu Kopfe schoß und die Ader ihm wieder zum Platzen schwoll, »sondern heim suche ich, sagte er, die Missetat bis ins dritte und vierte Glied als der Eiferer, der ich bin. Hier wird ein Gericht gehalten werden«, rief er, »und eine blutige Reinigung verordnet sein, denn mit Blut war's geschrieben. Ausgemacht sollen die Rädelsführer sein, die da zuerst nach güldenen Göttern geschrien und frech behauptet haben, das Kalb habe euch aus Ägypten geführt, wo ich allein es getan habe – spricht der Herr. Die sollen des Würgengels sein, und soll nicht die Person dabei angesehen werden. Zu Tode soll man sie steinigen und mit Geschoß erschießen, und wären's dreihundert! Die anderen aber sollen allen Schmuck von sich tun und trauern, bis ich wiederkehre – denn ich will wieder hinaufgehen auf Gottes Berg und sehen, was ich allenfalls noch für dich ausrichten kann, halsstarrig Volk!«

20

Mose wohnte den Hinrichtungen nicht bei, die er des Kalbes wegen angeordnet hatte, sie waren des stracken Jehoschua's Sache. Er selbst war wieder auf dem Berg, vor seiner Höhle unter dem rumorenden Gipfel, während das Volk trauerte, und blieb abermals vierzig Tage und vierzig Nächte allein in den Dünsten. Warum aber wieder so lange? Die Antwort lautet: Nicht nur, weil Jahwe ihn anwies, die Tafeln noch einmal zu machen und das Diktat aufs neue hineinzuschreiben; denn damit ging es ein wenig schneller diesmal, da er schon Übung hatte und vor allem die Schrift schon besaß. Sondern auch, weil er mit dem Herrn, bevor dieser die Erneuerung gewährte, einen langen Kampf zu bestehen hatte, ein Ringen, bei dem Zornmut und Barmherzigkeit, Werkmüdigkeit und Liebe zum Unternommenen einander das Feld streitig machten, und bei dem Mose viel Überredungskunst und klugen Appell aufbieten mußte, um Gott davon abzuhalten, daß er den Bund für gebrochen erkläre und sich nicht nur von dem halsstarrigen Pöbelvolk lossage, sondern es auch zerscheitere, wie Mose in loderndem Zorn mit den Tafeln des Gesetzes getan.

»Ich will nicht vor ihnen herziehen«, sagte Gott, »um sie ins Land der Väter zu führen, bitte mich nicht darum, ich kann mich auf meine Geduld nicht verlassen. Ich bin ein Eiferer und lodere, und du sollst sehen, eines Tages kenne ich mich nicht mehr und fresse sie unterwegen auf.«

Und er bot Mosen an, er wolle das Volk, das nun einmal mißgegossen sei wie das güldene Kalb und an dem nichts zu bessern sei, – unmöglich könne man sich's zum heiligen Volk aufrichten, sondern nichts bleibe übrig, als es zusammenzuschlagen, – er bot ihm an, Israel, wie es da sei, zu zerschmettern und auszutilgen, ihn selbst aber, Mosen, zum großen Volk zu machen und mit ihm im Bunde zu leben. Was Mose aber nicht wollte, sondern: »Nein, Herr«, sagte er, »vergib ihnen ihre Sünde; wo nicht, so tilge mich auch aus deinem Buch, denn ich will's nicht überleben und kein heilig Volk werden für meine Person statt ihrer.«

Und er nahm Gott bei der Ehre und sprach: »Stelle dir, Heiliger, das doch vor: Wenn du dies Volk nun tötest wie einen Mann, so würden die Heiden sagen, die das Geschrei vernähmen: ›Pah! Der Herr konnte mitnichten dies Volk ins Land bringen, das er ihnen geschworen hatte, er war's nicht imstande; darum hat er sie geschlachtet in der Wüste.‹ Willst du dir das nachsagen lassen von den Völkern der Welt? Darum laß nun die Kraft des Herrn groß werden und sei gnädig der Missetat dieses Volkes nach deiner Barmherzigkeit!«

Namentlich dies Argument war es, womit er Gott überwand und ihn zur Vergebung bestimmte, wenn auch noch immer mit Einschränkung nur, denn die Verkündigung wurde ihm allerdings, daß von diesem Geschlechte keiner das Land der Väter sehen solle, außer Joschua und Kaleb. »Eure Kinder«, entschied der Herr, »will ich hineinbringen. Aber die jetzt über zwanzig sind ihres Alters, die sollen das Land nicht mehr sehen, sie sind mit ihren Leibern der Wüste verfallen.«

»Gut, Herr, es soll gut sein«, antwortete Mose. »Dabei wollen wir's lassen.« Denn da der Bescheid mit seinen und Joschua's eigenen Absichten wohl übereinstimmte, argumentierte er nicht weiter dagegen. »Laß mich nun die Tafeln erneuern«, sagte er, »daß ich den Menschen dein Kurzgefaßtes herniederbringe. Am Ende war es ganz gut, daß ich die ersten im Zorn zerschmetterte. Es waren ohnedies ein paar ungeratene Lettern darin. Ich will dir nur gestehen, daß ich unterhand daran dachte, als ich sie zerscheiterte.«

Und wieder saß er, von Joschua heimlich getränkt und geatzt, und metzte und meißelte, schrubbte und glättete, – saß und schrieb, mit dem Handrücken manchmal die Stirn wischend, griffelnd und spachtelnd die Schrift in die Tafeln, – die wurden besser sogar als das erstemal. Danach strich er wieder die Lettern mit seinem Blute aus und stieg hinab, das Gesetz unter den Armen.

Israel aber ward angesagt, daß es die Trauer beenden und seinen Schmuck wieder anlegen solle, – ausgenommen die Ohrringe natürlich: die waren zu bösem Zwecke vertan. Und alles Volk kam vor Mose, daß er ihm das Mitgebrachte überhändige, die Botschaft Jahwe's vom Berge, die Tafeln mit den zehn Worten.

»Nimm sie hin, Vaterblut«, sagte er, »und halte sie heilig in Gottes Zelt, was sie aber besagen, das halte heilig bei dir im Tun und Lassen! Denn das Bündig-Bindende ist es und Kurzgefaßte, der Fels des Anstandes, und Gott schrieb's in den Stein mit meinem Griffel, lapidar, das A und O des Menschenbenehmens. In eurer Sprache hat er's geschrieben, aber in Sigeln, mit denen

327

man notfalls alle Sprachen der Völker schreiben kann; denn Er ist der Herr allenthalben, darum ist sein das ABC, und seine Rede, möge sie auch an dich gerichtet sein, Israel, ist ganz unwillkürlich eine Rede für alle.

In den Stein des Berges metzte ich das ABC des Menschenbenehmens, aber auch in dein Fleisch und Blut soll es gemetzt sein, Israel, so daß jeder, der ein Wort bricht von den zehn Geboten, heimlich erschrecken soll vor sich selbst und vor Gott, und soll ihm kalt werden ums Herz, weil er aus Gottes Schranken trat. Ich weiß wohl, und Gott weiß es im voraus, daß seine Gebote nicht werden gehalten werden; und wird verstoßen werden gegen die Worte immer und überall. Doch eiskalt ums Herz soll es wenigstens jedem werden, der eines bricht, weil die doch auch in sein Fleisch und Blut geschrieben sind und er wohl weiß, die Worte gelten.

Aber Fluch dem Menschen, der da aufsteht und spricht: ›Sie gelten nicht mehr.‹ Fluch ihm, der euch lehrt: ›Auf, und seid ihrer ledig! Lügt, mordet und raubt, hurt, schändet und liefert Vater und Mutter ans Messer, denn so steht's dem Menschen an, und sollt meinen Namen preisen, weil ich euch Freiheit verkündete.‹ Der ein Kalb aufrichtet und spricht: ›Das ist euer Gott. Zu seinen Ehren tuet dies alles und dreht euch ums Machwerk im Luderreigen!‹ Er wird sehr stark sein, auf goldenem Stuhl wird er sitzen und für den Weisesten gelten, weil er weiß: das Trachten des Menschenherzens ist böse von Jugend auf. Das aber wird auch alles sein, was er weiß, und wer nur das weiß, der ist so dumm wie die Nacht, und wäre ihm besser, er wäre nie geboren. Weiß er doch von dem Bunde nichts zwischen Gott und Mensch, den keiner brechen kann, weder Mensch noch Gott, denn er ist unverbrüchlich. Blut wird in Strömen fließen um seiner schwarzen Dummheit willen, Blut, daß die Röte weicht aus den Wangen der Menschheit, aber sie kann nicht anders, gefällt muß der Schurke sein. Und will meinen Fuß aufheben, spricht der Herr, und ihn in den Kot treten, – in den Erdengrund will Ich den Lästerer treten hunderundzwölf Klafter tief, und Mensch und Tier sollen einen Bogen machen um die Stätte, wo Ich ihn hineintrat, und die

Vögel des Himmels hoch im Fluge ausweichen, daß sie nicht darüber fliegen. Und wer seinen Namen nennt, der soll nach allen vier Gegenden speien und sich den Mund wischen und sprechen: ›Behüte!‹ Daß die Erde wieder die Erde sei, ein Tal der Notdurft, aber doch keine Luderwiese. Sagt alle Amen dazu!«

Und alles Volk sagte Amen.

Thomas Mann

Die Romane

Buddenbrooks
Verfall einer Familie
Band 9431

**Königliche
Hoheit.** Band 9430

**Bekenntnisse
des Hochstaplers
Felix Krull**
Der Memoiren er-
ster Teil. Band 9429

Der Zauberberg
Band 9433

**Joseph und
seine Brüder**
I. Die Geschichten
Jaakobs. Band 9435
II. Der junge Joseph
Band 9436
III. Joseph in
Ägypten
Band 9437
IV. Joseph der
Ernährer. Band 9438

Lotte in Weimar
Band 9432

Doktor Faustus
Das Leben des
deutschen Ton-
setzers Adrian
Leverkühn erzählt
von einem Freunde
Band 9428

**Die Entstehung des
Doktor Faustus**
Roman. Band 9427

Der Erwählte
Roman. Band 9426

Erzählungsbände

Herr und Hund
Ein Idyll. Band 85

Der Tod in Venedig
und andere
Erzählungen
Band 54

**Tonio Kröger/
Mario und der
Zauberer**
Zwei Erzählungen
Band 1381

**Der Wille
zum Glück**
und andere Erzäh-
lungen. 1893-1903
Band 9439

Schwere Stunde
und andere Erzäh-
lungen.1903-1912
Band 9440

**Unordnung und
frühes Leid** und
andere Erzählungen
1919-1930
Band 9441

Die Betrogene und
andere Erzählungen
1940-1953
Band 9442

Fischer Taschenbuch Verlag

Thomas Mann

Fischer Taschenbuch Verlag

Marcel Reich-Ranicki
Thomas Mann und die Seinen

Band 6951

Marcel Reich-Ranicki gehört zu den besten Kennern der an herausragenden Begabungen und Persönlichkeiten reichen Familie Mann. »Aber so glücklich wir sein müssen, daß es diese einzigartige Familie gibt, so aufschlußreich, so faszinierend ihre Geschichte ist, so wenig brauchen wir (und die Manns) einen Hofberichterstatter.« Von einem solchen freilich ist Reich-Ranicki weit entfernt. »Entmonumentalisierung« heißt vielmehr sein Gebot. Gerade wer über Thomas Mann schreibt, »der, allen Interpreten mißtrauend, die Deutung seines Lebens und seines Werkes schon früh in die eigenen Hände genommen hat«, kann die Aufgabe nur erfüllen, »wenn sie aus der direkten oder indirekten Polemik gegen sein Autoporträt hervorgeht.« Was Reich-Ranicki über Golo Mann schreibt, der sich »nur mit oder gegen, doch nicht ohne Thomas Mann entfalten konnte«, gilt für alle Mitglieder der Familie, in höherem Maße für die Söhne Golo und Klaus, in geringerem für die Tochter Erika, möglicherweise sogar noch für den Bruder Heinrich. In ihm finden wir die zweite charakterliche und künstlerische Autorität, den einzigen Widerpart, mit dem oder gegen den auch Thomas Mann sich nur entfalten konnte. Die Gegensätze und Abhängigkeiten, die Kämpfe und der Zusammenhalt der Familie werden von Reich-Ranicki in biographischen und literaturkritischen Studien, vor allem aber vor dem Hintergrund der Tagebücher und Korrespondenzen untersucht.

Fischer Taschenbuch Verlag

fi 1578 / 2

Marianne Krüll
Im Netz der Zauberer

Eine andere Geschichte
der Familie Mann

Band 11381

»Was für eine sonderbare Familie sind wir! Man wird später Bücher über uns - nicht nur über einzelne von uns - schreiben«, ahnte Klaus Mann bereits 1936. Jetzt, da neben den Werken auch Briefe und Tagebücher von Thomas, Heinrich, Erika und Klaus Mann vorliegen, dazu die Erinnerungen anderer Familienmitglieder, ist dieses »Später« erreicht, um ihre erlebten und Literatur gewordenen Geschichten im Vergleich mit - und zueinander kritisch zu beleuchten. Die Soziologin und Familienforscherin Marianne Krüll folgte in ihrer, auf langjährigen intensiven Forschungen basierenden Biographie der Familie Mann den Fäden des Netzes, in dem sie alle verstrickt waren. Ihr Ausgangspunkt ist der Selbstmord von Klaus Mann, den sie vor dem Hintergrund des Generationen umspannenden Gewebes von Schuld, Verzweiflung, Hoffnungslosigkeit und Tod betrachtet. Sie legt dar, wie Erfolg und Scheitern, Selbstverwirklichung und Selbstvernichtung auf unterschiedlichste Weise von den Mitgliedern dieser Familie gelebt wurden. Mit ihrer – biographische Details und Werkzitate unkonventionell zusammenführenden – Betrachtungsweise entwickelt Marianne Krüll ein faszinierendes Panorama und Psychogramm einer Familie, die für die Literatur des 20. Jahrhunderts von eminent wichtiger Bedeutung war.

Fischer Taschenbuch Verlag

Joachim Fest

Die unwissenden Magier

Über Thomas und Heinrich Mann

Band 11259

Mit den Betrachtungen zweier Unpolitischer, unwissender
Magier, setzt Joachim Fest sich in diesen beiden Essays auseinander. »Unwissend, weil schlecht informiert, weil wirklich-
keitsfern, Magier, weil sich andere Wirklichkeiten erträumend
oder Lieblingsträume mit Wirklichkeit gleichsetzend«, hat
Golo Mann das Politisieren seines Vaters Thomas und seines
Onkels Heinrich genannt. Gegensätzlichkeit der Tempera-
mente – aus Thomas' Sicht »ethischer Individualist« der eine,
»Sozialist« der andere – und Rivalität im Repräsentations-
bedürfnis bestimmen nach Fest die Ausgangspositionen ihrer
»politisch gebundenen Dienstleistungen« (Th. Mann). Thomas'
ästhetisierender Kunstbegriff ließ ihn Heinrichs Romane kritisch, ja verächtlich beurteilen, Heinrich provozierte ihn darauf-
hin durch »parteiergreifenden Übertritt ins Politische« (Fest),
indem er Volk, Fortschritt und Menschheitsglück zum The-
ma seines Schreibens machte. Thomas blieb als Erzähler von
»Verfalls- und Verfeinerungsgeschichten« ein Betrachter, in
dessen Werk das »gesamte politische Faszinationsvokabular der
Zeit« (Fest) ohne Echo blieb. Erst Hitler hat es bewirkt, daß
Thomas seine Haltung änderte, das Menschenrecht, unpolitisch
zu sein, aufgab und in Sendungen der BBC von 1940-1945
»Deutsche Hörer« zum Widerstand aufrief.

Fischer Taschenbuch Verlag

Willi Jasper
Der Bruder
Heinrich Mann
Eine Biographie

Band 11885

Es gibt wenige deutsche Schriftsteller von Rang, denen in ihrer Überlieferungsgeschichte so erfolgsverhindernd mitgespielt wurde wie Heinrich Mann. Bis heute sind noch nicht einmal alle Texte aus dem Nachlaß ediert; und nicht zufällig fehlte bis vor kurzem eine biographische Untersuchung, die sich angemessen mit Leben und Werk von Heinrich Mann auseinandersetzte. Zeitlebens stand Heinrich Mann im Schatten seines Bruders Thomas, des Prominenteren, des Nobelpreisträgers. Dabei hat Heinrich mit Büchern wie ›Der Untertan‹, ›Professor Unrat‹ oder den beiden ›Henri IV‹-Romanen Werke hinterlassen, die es nach Qualität und Bedeutung gewiß mit den Werken von Thomas aufnehmen können. Heinrich war Radikaldemokrat, der politisch Entschiedenere, früher Antifaschist. Das ist ihm nicht gut bekommen. » ›Eigentlich haben sie mich nie gemocht‹, kommentierte Heinrich Mann kurz vor seinem Tode im kalifornischen Exil die eigene Wirkungsgeschichte.« So lautet der erste Satz dieser sorgfältig recherchierten und solide gearbeiteten Biographie. Von der ersten Seite bis zum Schluß kann der Leser verfolgen, warum Heinrich Mann bei den einen als einer der größten deutsch-sprachigen Satiriker dieses Jahrhunderts und bei den anderen als der ›Boulevard-Moralist‹ schlechthin gilt. Vor allem zeigt Jasper, daß Heinrich Mann ein höchst eigenständiger Schriftsteller war, einer der wichtigsten Autoren zwischen Kaiserreich und Exil.

Fischer Taschenbuch Verlag